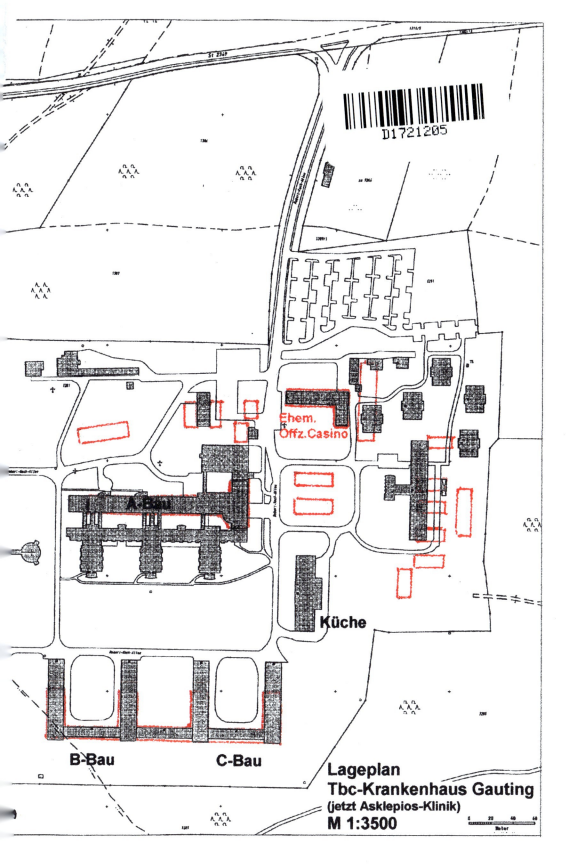

D1721205

Ehem.
Offz.Casino

A.Bau

Küche

B-Bau   C-Bau

**Lageplan
Tbc-Krankenhaus Gauting**
(jetzt Asklepios-Klinik)
M 1:3500

Fürnrohr · Muschialik

Überleben und Neubeginn
DP-Hospital Gauting ab 1945

Diese Arbeit zur Zeitgeschichte entstand im Rahmen der Gesellschaft für Archäologie und Geschichte Oberes Würmtal e.V. in Gauting.

Walter Fürnrohr · Felix Muschialik

Überleben und Neubeginn DP-Hospital Gauting ab 1945

mit Faksimile-Abdruck der Patientenzeitung
«Unser Leben» von 1947–1948

P. Kirchheim Verlag

Die Erlaubnis zum Abdruck nach Kopien der Original-Ausgaben von «Unser Leben» erhielten wir vom YIVO Archiv, New York, soweit es einige Originale aus der „Record Group 294.2, Displaced Persons Camps – Germany" betrifft. Weitere Ausgaben von «Unser Leben» und die Festschrift zur 1000. Sendung von «Radio Gauting» wurden uns als Originale von der Verwaltung der Asklepios Fachkliniken in Gauting zur Reproduktion zur Verfügung gestellt. Schließlich erhielten wir Kopien von Yad Vashem, Jerusalem, mit der Abdruckerlaubnis.

Verlag und Autoren danken der Gesellschaft für Archäologie und Geschichte Oberes Würmtal e. V. und namentlich für Förderungen der Gemeinde Gauting, der Kulturstiftung der Sparkasse der Gemeinde Gauting, dem Verein Gegen Vergessen Für Demokratie e. V. und für private Spenden der Buchhandlung Luitgard Kirchheim und von Herrn Dr. Ekkehard Knobloch.

Der Landeszentrale für politische Bildungsarbeit in Bayern danken wir dafür, dass sie durch den Mitdruck einer größeren Stückzahl die breite Wirkung der historischen Aufklärung dieses Kapitels der jüngsten Geschichte verstärken hilft.

Umschlag: Cornelia Wimmer
Umschlagfoto: Ingo Hugger
Satz: Fischer's DTP-Studio, München
Druck und Bindung: Interpress, Budapest
ISBN 3-87410-102-9
Printed in Hungary

www.kirchheimverlag.de

Inhalt

Vorwort

Der vorliegende zweite Band unserer Dokumentation über die Gautinger Kriegsopfer befasst sich mit den (nahezu ausschließlich) ausländischen Patienten des Gautinger Lungensanatoriums, von denen in den Jahren 1945 bis 1952 mehr als 450 verstorben sind. Diese Kriegstoten sind also – wie viele im Band 1 dokumentierte Kriegsopfer – an Kriegsfolgen nach dem Ende der Kampfhandlungen im Mai 1945 verstorben, und zwar in Gauting, während es in Band 1 ja nur wenige waren – fast nur die Opfer des Luftangriffs vom 21. 7. 1944 –, die in Gauting starben.

Es lag uns daran, nicht allein die Namen und Daten dieser Menschen der Öffentlichkeit zugänglich zu machen, sondern auch die Umstände aufzuzeigen, unter denen sie oft viele Jahre hindurch in Gauting lebten, in der Regel aus Gründen der Ansteckungsgefahr von der Gautinger Bevölkerung streng abgeschlossen; aufzuzeigen, wie sie diese schwierige Lebenssituation bewältigten, d. h. womit sie sich beschäftigten, um diese Zeit nicht als eine Art Gefängnisaufenthalt zu erleben, sondern als Zeit der Wiedergenesung und des Wiedererstarkens, als Zeit der Hoffnung auf Rückkehr ins volle Leben und als Zeit der Vorbereitung hierauf, jedenfalls aber als eine lebenswerte Phase ihres Daseins, die freilich, wie erwähnt, bei einem erheblichen Teil der Patienten kein „happy end" hatte, sondern eben doch noch zum Tode führte, längst nach den kriegerischen Ereignissen und nach dem Ende der Konzentrationslager, nach Verschleppung und Zwangsarbeit, nach den Zeiten des Hungers und der Entbehrungen.

Eine Dokumentation haben wir angekündigt, keine ausgereifte Darstellung aller Einzelheiten. Unser Text bietet einen Werkstattbericht, der Einblick gewährt in unsere Nachforschungen nach all dem, wovon die einheimische Bevölkerung bisher nur wenig bis nichts wusste.

Wir haben Quellen, Daten und Fakten aufgespürt, gesammelt und in lesbare Schrift gebracht. Vieles, vor allem die weithin vergessene Patientenzeitung „Unser Leben", wollen wir im Anhang als Quelle publizieren – so gut das gelingen kann bei ziemlich primitiv maschinengeschriebenen, hektographierten Texten auf miserablem Nachkriegspapier, das vielfach schon ganz vergilbt war. Etwa die Hälfte dieser Texte verdanken wir dem Geschäftsführer der Asklepiosklinik Gauting, Herrn Rehermann, der uns einen Ordner mit schriftlichen und bildlichen Zeugnissen aus den frühen Nachkriegsjahren zugänglich gemacht hat, in dem sich diese Zeitungsnummern fanden. Die andere Hälfte der publizierten Zeitungsnummern erhielten wir zunächst über Yad Vashem, Jerusalem, in Form von Kopien von Mikrofilmen aus dem YIVO-Archiv, New York, später direkt von dort als Kopien von den Originalen, die wir nicht selbst zur Verfügung hatten. Allen Archiven und Archivaren, die uns den Bestand der Patientenzeitung zu vervollständigen geholfen haben, möchten wir an dieser Stelle herzlich danken.

Wir danken auch Herrn Krystof Merks, München, und Frau Irmgard Mrutzek, Bochum, für die Übersetzung einer Reihe von polnischen Artikeln aus der Patientenzeitung, die aus Raumgründen hier nicht abgedruckt werden kann.

Solche Erschließungshilfen ersetzen noch keine im Detail ausgewogene zeitgeschichtliche Darstellung des Lebens im Sanatorium, besonders des aus der Situation erwachsenen kulturellen Eigenlebens der Patientenschaft und ihrer einzelnen nationalen Gruppen, unter denen die Juden die herausstechende Gruppe darstellen, weil sie ja erst an Ort und Stelle eine Gruppe für sich wurden. Vorher waren polnische Juden eben jüdische Polen, wie es in Russland jüdische Russen und in Deutschland jüdische Deutsche gegeben hatte. Diese Menschen empfanden sich bis zum Ende des Zweiten Weltkriegs in erster Linie als Polen, Russen und Deutsche, auch wenn sie traditionsbedingt der jüdischen Religion anhingen. Sie fühlten sich der polnischen, der russischen oder der deutschen Nation zugehörig, in der sie lebten. Für diese Nation leisteten sie auch ihren Wehrdienst und zogen im Kriegsfall für sie ins Feld. Wir wissen, dass im Ersten Weltkrieg 12.000 deutsche Juden für Deutschland ihr Leben gelassen haben.

Durch die nationalsozialistischen Judenverfolgungen vor und besonders während des Zweiten Weltkriegs fühlten sich die Juden, die dieses Inferno überlebt hatten, mehr denn je mit anderen Juden aus anderen Nationen verbunden, zumal nicht wenige Polen, Russen, Balten und Ukrainer – um nur einige zu erwähnen – sich in der deutschen Besatzungszeit mit Angehörigen der Besatzungsmacht gemeinsam gegen die dort lebenden Juden wandten. Nach dem Zweiten Weltkrieg wollten die von deutscher Zwangsherrschaft befreiten Juden, insbesondere Osteuropas, keine Polen, Balten und Ukrainer etc. mehr sein, sondern Juden. Sie bemühten sich um eine vorher so nicht bestehende jüdische nationale Identität und setzten großenteils ihre Hoffnungen auf das zu dieser Zeit in Palästina entstehende Land Israel. Dort in „Erez Israel" sollte sich die neue jüdische Nation herausbilden, eine wehrhafte Nation, die Juden aus aller Welt mit offenen Armen aufnimmt, ihnen eine dauernde Heimstatt bietet und sie vor allen Übergriffen von Menschen anderer Nationen aus eigener Kraft schützen kann.

Wo hätte sich der Prozess der Nationwerdung effizienter abspielen sollen als in einem Sanatorium mit Menschen aus etwa 30 Nationen, die krankheitshalber oder jedenfalls wegen der Ansteckungsgefahr über Jahre hinweg auf engem Raum beisammen wohnten? Die anfangs größte Patientengruppe der Juden aus verschiedensten Nationen bereitete sich hier durch Sprachenlernen und durch Erwerb anderer, besonders beruflicher Fähigkeiten auf die Auswanderung vor: die neuhebräische Sprache, die sich damals in Palästina durchsetzte, wo 1948 der Staat Israel gegründet wurde, und wer in Amerika oder Australien einwandern wollte, lernte vor allem Englisch. Auch diese Juden wurden vom Werden des Judenstaates ergriffen und spendeten wie die Juden in aller Welt für den Existenzkampf der Juden um ihr Israel.

Dieser Bewusstseinswandel lässt sich hervorragend in der Patientenzeitung „Unser Leben" verfolgen. Wir glauben, dass wir durch unsere ersten Erschließungsarbeiten im Rahmen unserer Dokumentation das Tor für weitere wissenschaftliche Arbeiten geöffnet haben, die schon in der Kollegstufe des Gymnasiums und natürlich in universitären Seminararbeiten und Dissertationen erfolgen könnte. Die jiddisch und polnisch abgefassten Beiträge bieten noch viel Material.

Auch die Polen führten ein bemerkenswertes Eigenleben im Sanatorium, und als sich die Patienten ihr eigenes Rundfunkstudio einrichteten, konnten auch kleinere nationale Gruppen muttersprachliche Sendungen hören.

Es war nur ein knappes Jahrzehnt, in dem Gauting, ohne dass es die Gautinger selber merkten, durch all das, was wir oben skizzierten, zu einem multikulturellen Zentrum wurde. Sichtbar geblieben sind hiervon lediglich Spuren auf dem Gautinger Friedhof: der jüdische Friedhof mit 172 Gräbern und dem wohl ältesten Holocaustdenkmal auf deutschem Boden sowie eine Steintafel, die an verstorbene Ausländer erinnert, und eine Zeile von Ausländergräbern aus jener Zeit im Gräberfeld 25.

Dieser Band soll die Erinnerung an jene Menschen, die damals hier lebten und starben, auf breiterer Wissensgrundlage neu beleben.

Wir danken neben den Archivaren auch allen Zeitzeugen, die uns aus jener Phase ihres Lebens berichteten und die uns aus ihren persönlichen Beständen Bilder (Fotos) und auch Urkunden zur Reproduktion überliesen. Solche Bild- und Textquellen erfüllen die Berichte über die Zeit im Sanatorium mit Leben.

Zuletzt war es für die Publikation von entscheidender Bedeutung, dass wir von verschiedenen Seiten namhafte Druckkostenzuschüsse erhalten haben: von der Stiftung der Gemeindesparkasse Gauting (Geschäftsführer Wolfgang Vogt), von der Gemeinde Gauting (Bürgermeisterin Brigitte Servatius) und von Gegen Vergessen – Für Demokratie e. V. (Bundesminister a. D. Dr. Hans-Jochen Vogel). Auch die Buchhandlung Luitgard Kirchheim und Herr Altbürgermeister Dr. Ekkehard Knobloch, der sich mehr als alle anderen Mitbürger der Pflege des Andenkens an die jüdischen Opfer des Krieges angenommen hat, spendeten persönlich für diese Veröffentlichung. Diese Zuschüsse sollen helfen, den Band zu einem erschwinglichen Preis auf den Markt zu bringen.

Allen, die zum Gelingen des Werkes beigetragen haben, sei hiermit herzlich gedankt!

1. Die Vorgeschichte des Sanatoriums

Auf einen Machtspruch des nationalsozialistischen Regimes hin entstand im Zuge der deutschen Aufrüstung in den Jahren 1938/39 in einem menschenleeren Waldgebiet zwischen Gauting und Unterbrunn auf 38 ha, südlich der Unterbrunner Straße, ein Kasernenkomplex für die damals noch sehr junge deutsche Luftwaffe. Fünf große zweistöckige Gebäude wurden als Truppenunterkünfte gebaut, dazu ein Offiziersheim und ein Wachgebäude, vier große Gerätehallen und mehrere Baracken und Wellblechhallen kamen während des Krieges noch hinzu. Die Hallen und geteerten Plätze innerhalb des – jedenfalls für Gautinger Verhältnisse – riesigen Kasernenareals waren geplant für eine Flak-Scheinwerfer-Abteilung, bei der jeder Scheinwerfer ja ein Zugfahrzeug und eine eigene Lichtmaschine benötigte und natürlich auch ein Mannschaftsfahrzeug.

Es scheint, dass 1940 keine Scheinwerferabteilung[1] diese Kaserne bezog; vielmehr berichten Zeitzeugen, dass sich bereits im Mai dieses Jahres hier die 15., 16. und 17. Ersatzkompanie des Luftnachrichtenregiments 3 der Ausbildung junger Luftwaffensoldaten widmete. Sie kamen zur militärischen „Grundausbildung", also für die ersten Monate bei der Wehrmacht, hierher, durchliefen aber auch eine Fahrschule oder eine spezielle nachrichtentechnische Ausbildung. Der Stamm des Regiments war bei der Legion Condor in Spanien gewesen und trug daher einen entsprechenden Ärmelstreifen.

Im Winter 1942/43 gab der Luftflottenarzt des Luftgaues VII in München den Auftrag, einen Gebäudekomplex „südlich der Donau" zu suchen, der sich als Speziallazarett für Lungenkranke eigne. Es war der Winter der Schlacht um Stalingrad. Die deutsche Wehrmacht hatte an allen Fronten wesentlich höhere Verluste als in den ersten Kriegsjahren. Bei immer härteren Strapazen und immer schlechterer Versorgung mit Nahrung und Kleidung war auch die Zahl der tuberkulosekranken Soldaten stark angestiegen.

Als der mit der Platzsuche beauftragte Militärarzt u. a. auch die Situation in Gauting prüfte, traf er auf den jungen Militärarzt Dr. Hans Haßler, der gerade von Rußland zurückgekommen und hier als Truppenarzt eingesetzt worden war. Die beiden Ärzte erkannten die hervorragende Eignung des Gautinger Kasernengeländes und der dort errichteten Bauten für solch eine Umfunktionierung. Binnen kurzer Zeit wurde die Kaserne in ein Lazarett umgewandelt, so dass bereits Mitte 1943 das Luftwaffenlazarett 5/VII mit

500 Betten für Tuberkulosekranke zur Verfügung stand. Wegen des ständig steigenden Bedarfs an Betten für Kranke aller Waffengattungen wurde die Kapazität zweimal erweitert: auf 720 und schließlich auf 1200 Krankenbetten.[2]

Das Lazarett war gegliedert in die Krankenabteilungen A, B und C mit jeweils fünf Stationen. Als zuletzt auch die erweiterte Bettenzahl nicht mehr ausreichte, wurde in die Gautinger Volksschule ein Teillazarett als vierte Krankenabteilung gelegt.

Im A-Bau war die thoraxchirurgische Abteilung. Das Krankenhaus hatte sein eigenes Laboratorium und als Außenstelle für Patienten in einem fortgeschrittenen Heilungsprozeß ein Teillazarett in Eibsee bei Garmisch-Partenkirchen. Von dort aus erfolgte in der Regel dann die Entlassung.

Als Krankenpersonal dienten zunächst freie Schwestern, zu denen während des Krieges Franziskanerinnen kamen, die in Aachen ausgebombt worden waren. Sie übernahmen die pflegerischen Schlüsselstellungen, wurden aber einige Zeit nach dem Krieg wieder nach Nordwestdeutschland zurückgerufen.

Zur räumlichen Orientierung im Krankenhausareal

Die heute – nach dem Jahr 2000 – sichtbaren hochmodernen Kranken-
hausbauten lassen auf den ersten Blick so gut wie nichts mehr von dem ursprünglichen Zustand erkennen aus der Zeit der Luftwaffenkaserne und des
Lazaretts der letzten Kriegsjahre. Tatsächlich stecken aber die einstigen Ka-
sernengebäude noch in den außen und innen mehr oder weniger stark ver-
wandelten Baukörpern.

Auf einer Karte 1:25000 (vorderer Vorsatz), sieht man südlich der
Straße von Gauting nach Unterbrunn ziemlich in der Mitte zwischen diesen beiden Orten die Zufahrt, später „Robert-Koch-Allee" genannt, die bis
heute (2005) die einzige benannte Straße des gesamten Komplexes geblieben ist. Sie zieht sich in Windungen durch das riesige Areal, so dass alle Gebäude, die dort stehen, mit Hausnummern an der Robert-Koch-Allee bezeichnet werden.

Die auf dieser Karte am deutlichsten sichtbaren vier größeren schwarzen, sich nord-südlich erstreckenden Gebäude waren ursprünglich Fahr-
zeug- und Gerätehallen im Hintergrund des Kasernenareals. Der eigentliche Bereich der Truppenunterkünfte, die später zum Krankenhaus wurden,
liegt östlich davon an der Zufahrt. Auf dieser Karte sind hier erkennbar:
links der Straße, also im Osten, zwei größere Bauten, das west-östlich sich
erstreckende ehemalige Offiziersheim (bzw. „-casino"), das im Hintergrund
einen rechten Winkel nach Süden zu bildet, daneben ein sich nord-südlich
hinziehendes Gebäude, wohl eine Personalunterkunft, die später abgerissen
wurde. Die daneben sichtbaren kleineren Gebäude, die auf der Karte als etwas dickere schwarze Striche erscheinen, waren wohl Baracken.

Der Kernraum der Kaserne und mithin des späteren Lungenkrankenhauses lag rechts der Zufahrt. Gleich hinter dem kleinen Wachtgebäude
und den kleineren Häuschen daneben, die später der Krankenhausver-
waltung dienten, liegt westlich der „A-Bau", heute wie einst das Hauptge-
bäude; damals mit einer eigenartigen T-Form. Er hatte eine ca. 50 m lange
Front im Osten an der Robert-Koch-Allee; vom Mittelteil dieses Gebäudes
zog sich dieser A-Bau im rechten Winkel nach hinten, d. h. nach Westen zu,
noch ca. 130 m weit hin!

Die Karte zeigt südlich davon noch ein Stückchen Wald, ca. 100 x 150 m,
an dessen Südostecke die Robert-Koch-Allee eine enge rechtwinklige Kurve
nach Westen macht. Hier liegen südlich der Straße neben einander der „B-

Bau" mit dem jüdischen Kultraum im Erdgeschoss und der „C-Bau", beide hufeisenförmig nach Norden zu geöffnet. In beiden Bauten waren die Stationen 1 und 3 unten, 2 und 4 oben. Die niedrigen Mitteltrakte zwischen beiden Flügeln dienten als „Funktionsbau" mit den medizinischen Apparaten, Untersuchungs- und Ärztezimmern. Mit solch einem Mitteltrakt waren auch der B- und der C-Bau verbunden. Hier ist der alte Zustand der Truppenunterkünfte äußerlich noch relativ gut erhalten, wenn auch die vier Seitenflügel später nach Norden zu ein Stück verlängert wurden.

Die genannten späteren Veränderungen an der Bausubstanz sind am besten zu ersehen aus dem Lageplan des Krankenhausgeländes im Maßstab 1 : 3500 (s. rückwärtiges Vorsatzblatt), in dem der Bauzustand von 1949 durch rote Zeichnung der damaligen Gebäudeumrisse kenntlich gemacht ist. Auf diesem Plan sieht man an der Robert-Koch-Allee schräg gegenüber von A- und C-Bau im Osten den 1951 errichteten Küchenbau, und man kann die bisher erwähnten Bauten genau erkennen: Wo Bauten von einst weggerissen wurden, was z. B. bei allen Baracken der Fall war, erscheinen die Umrisse der einstigen Bauten auf weißem Grund, wo heute noch damals errichtete Gebäude stehen, ist die überbaute Fläche grau gerastert. Freilich sind die Bauten aus den 40er Jahren in der Regel so verändert, dass man sie als alte Bausubstanz kaum mehr erkennt.

Bewegt man sich vom einstigen B- und C-Bau aus auf der Robert-Koch-Allee nach Westen, so kam man einst durch einen Waldstreifen, von dem bis heute nur noch Reste geblieben sind, zu den vier jeweils 50 m von einander entfernt stehenden einstigen Hallen, die sich parallel neben einander, heute noch wie einst, ca. 75 m lang nord-südlich erstrecken.

Die beiden östlichen Hallen wurden 1951 (s. u.) auf ihrer Nordseite durch einen neu gebauten Funktionstrakt verbunden, aufgestockt und im Innern ausgebaut, wodurch hier der „D-Bau" entstand, der von diesem Jahre an sehr wichtig war, weil durch ihn die Bettenkapazität der Gesamtanlage wesentlich gesteigert wurde.

Bleiben noch die beiden westlichen Hallen. In der zweiten von links, der Kfz-Halle, war die Fahrbereitschaft untergebracht und auch das Kino; denn Filmvorführungen gab es hier seit den Zeiten der Luftwaffe, bezeugt seit dem Lazarett. Und am Nordende des Blocks hatte zeitweise auch noch die Pathologie ihren Platz.

In der westlichsten Halle arbeitete die Wäscherei, die in all diesen Jahrzehnten eine außerordentliche Arbeitsleistung erbringen musste und deshalb Anfang der 60er Jahre modernisiert wurde, bei Einführung eines neuen schonenden Waschverfahrens, das die Gebrauchsdauer der Wäsche erheblich verlängerte (so Haßler in seiner Anstaltschronik, S. 12).

Südlich der vier erwähnten alten Hallen, die alle später umgebaut wurden, war einst das Zentrum der Landwirtschaft des Krankenhauses u. a. mit Schweine- und Schafzucht und entsprechenden Stallungen. Später trat an die Stelle der Viehwirtschaft eine große Gärtnerei.

Nördlich dieser vier alten Hallen wurde ab 1953 der „Luttensee-Bau" errichtet für die berufliche Aus- und Weiterbildung der schon weitgehend genesenen Patienten. Hier entstanden im Laufe jener Jahre vier größere und dazu noch kleinere Bauten; heute ist dort ein Kindergarten.

Das gesamte riesige Gelände war von einem Zaun umgeben, den anfangs die Amerikaner bewachten, später die DP-Polizei. Außerhalb der Anlage, ca. 500 m nördlich von ihr, lag an der Pentenrieder Straße eine für die Kaserne gebaute Kläranlage, deren Existenz bereits bei der Standortsuche für ein Lungenfachlazarett eine erhebliche Rolle gespielt hatte.

So können wir aus dem noch vorhandenen Kartenmaterial ersehen, in welchem Zustand der Krankenhauskomplex in den Jahren 1945 bis 1951, also in den Jahren als „DP-Hospital" zunächst der Amerikaner, dann der UNRRA und der IRO sich befand.

Lageplan
des Zentralkrankenhauses Gauting.

Garage

Fernheizwerk

Pathologisches
Institut.

Einfahrt

N ←

Malerai   Schreinerei   Lehrwerkstätten   Näscherai   Kino und   K...
                                                      Garage

Wohngebäude

Wohngebäude

FUNKTIONSBAU: Apotheke, Zentralsterilisation, Krankengimnastik
Radiologischesinstitut, O.P.-saal, Lungenfunktion-Labor-EKG,
Institut für Laboratoriumsdyagnostik.

Krankenbau A

Personal u. Schwesternwohnhaus

Zentralküche

nkenbau-D

Anstaltskirche

Schweinestall und
Landw.-Gebäude.

Krankenbau

Krankenba

H.Mierenc

Angefertigt um 1970

17

Standort einer Luftnachrichtenabteilung

Im „Drillich"

Rekruten der Nachrichten-Abteilung

Beim Appell

Pause am massiven Kasernenzaun

2. Zum allgemeinen Hintergrund des Geschehens in Gauting

Displaced persons, abgekürzt DPs, waren im englischen Sprachgebrauch der Westalliierten nicht-deutsche Personen, die sie nach der Landung der Alliierten am 6. Juni 1944 und bei ihrem Vormarsch auf Deutschland hin in den vorher deutsch besetzten Gebieten vorfanden, ohne dass sie dorthin gehörten. Sie waren während des Zweiten Weltkriegs durch Kriegseinwirkungen und deren Folgen aus ihrer Heimat geflohen, vertrieben oder verschleppt worden[3], also durch den Krieg in diese Gebiete und natürlich auch ins Deutsche Reich verschlagen worden, und zwar in der Regel als Arbeitskräfte. Da sich in den besetzten Gebieten nur wenige Menschen freiwillig als Arbeitskräfte für und in Deutschland meldeten, waren die deutschen Besatzungsbehörden dazu übergegangen, arbeitsfähige Männer und Frauen zwangsweise aus West und Ost nach Deutschland oder an kriegswichtige Arbeitsstellen in den (deutsch) besetzten Gebieten zu holen.

Einen Sonderfall stellten die polnischen Kriegsgefangenen des Jahres 1939 dar, die großenteils in der deutschen Landwirtschaft, also auf Bauernhöfen zum Einsatz kamen und die von deutscher Seite bereits 1940 aus dem polnischen Wehrdienst entlassen wurden – jedoch ohne Recht auf Rückkehr in ihre Heimat. Dadurch wurden sie in Deutschland zu Zivilarbeitern, die in der Regel als Fremdarbeiter bezeichnet wurden.

Reguläre Kriegsgefangene aus den verschiedenen Staaten, die gegen Deutschland kämpften, fielen zunächst auch unter den alliierten Verwaltungsbegriff der Displaced persons. Die französischen Kriegsgefangenen aus dem Jahre 1940 waren wie die Polen ebenfalls großenteils in der Landwirtschaft eingesetzt. Sie hatten aber während des Krieges grundsätzlich jeden Abend in ihr Gefangenenlager zurückzukehren, während die polnischen Fremdarbeiter ganz offiziell auf den Bauernhöfen, denen sie zugeteilt waren, wohnten.

Natürlich bemühten sich die alliierten Sieger bei Kriegsende, die Kriegsgefangenen sofort in ihre Heimatländer zurückzuführen, was im Westen Europas auch weithin problemlos vonstatten ging; nicht aber bei den Ostländern (s. u.).

Eine besondere Position unter den DPs nahmen die Juden aus den von Deutschland eroberten und jahrelang besetzten Staaten ein, weil sie vom NS-Regime besonders grausam verfolgt und in Massen umgebracht worden waren. Obwohl man die genaue Zahl der jüdischen Todesopfer nicht mehr exakt feststellen kann, geht die Forschung doch im Hinblick auf ganz Europa von 6.000.000 Toten aus, die in der einen oder anderen Form den nationalsozialistischen Verfolgungsmaßnahmen zum Opfer gefallen sind. Gleichwohl gab es bei Kriegsende Millionen von Juden in Osteuropa, also in Polen (wo etwa ein Drittel der dort beheimateten Juden den Krieg überlebte), in den baltischen Ländern (d. h. in Litauen, Lettland und Estland) und in Russland einschließlich der Ukraine, die alle damals zur Sowjetunion gehörten, in der (damaligen) Tschechoslowakei, Ungarn, Rumänien und den übrigen südosteuropäischen Staaten. Sehr viele von ihnen waren in Konzentrationslagern der SS und unter SS-Bewachung in Rüstungsbetrieben zu Arbeiten eingesetzt, die diese Menschen bei mangelhaftester Verpflegung nicht auf Dauer leisten konnten. So viele von ihnen auch bis Kriegsende „durch Arbeit vernichtet" worden waren, haben doch auch unter diesen unmenschlichen Bedingungen Hunderttausende von ihnen das Kriegsende überlebt und konnten durch den Zusammenbruch des NS-Regimes und den raschen Vormarsch der Alliierten noch gerettet werden. Diese KZ-Häftlinge hatten jedenfalls in der amerikanischen Besatzungszone eine gewisse wohlbegründete Vorzugsposition.

Es war das erklärte Ziel der Westalliierten, alle in Deutschland befreiten Kriegsgefangenen, KZ-Häftlinge und sonstigen DPs so rasch wie möglich in ihre Herkunftsländer zurückzuführen. Bei Juden sollte auch die Auswanderung in andere Länder der Welt gefördert werden. Bei nicht wenigen DPs aber, insbesondere bei den sowjetischen DPs, löste die schnelle Repatriierung keineswegs uneingeschränkte Freude aus. Vielfach erwies es sich, dass die Russen nur ungern die Stätte ihrer Zwangsarbeit in Deutschland verließen. Sie hatten sich – wie auch viele Franzosen und andere – an Ort und Stelle relativ wohl gefühlt und ahnten, was sie in der Sowjetunion erwartete: langjährige Lagerhaft, mindestens gesellschaftliche Ächtung, weil sie pauschal als Kollaborateure der Deutschen galten.

Bei der Konferenz von Jalta im Februar 1945 versprachen die Briten und Amerikaner die rasche Rücksendung der DPs aus ihrer Besatzungszone in die Sowjetunion und hielten sich nach Kriegsende zunächst auch weitgehend an ihre Zusagen. Das war in vielen Fällen, in denen Betroffene auf keinen Fall dorthin zurück wollten, ein Verstoß gegen das Recht auf Asyl, das sonst in den westlichen Staaten prinzipiell galt. Als sich eine überraschend große Zahl Betroffener der Zwangsrepatriierung verweigerte und es Fälle von Selbstmord gab, überdachten und änderten die westlichen Alliierten ihre Praxis.

Da sich die Sowjetunion nicht an die alte polnisch-russische Grenze aus der Vorkriegszeit hielt, sondern die wesentlich weiter westlich gelegene „Curzonlinie" für sich als Westgrenze beanspruchte, gerieten Millionen von Polen und Juden aus Ostpolen (heute Teile Weissrusslands und der Ukraine) in die Situation, dass sie in eine sowjetisch gewordene Heimat nicht zurückkehren wollten oder auch nicht konnten, weil die Polen gerade in dieser Zeit von dort in das von den Großen Drei in Jalta nach Westen „verschobene" Polen ausgewiesen wurden. Auch weil die Sowjetunion den Polen im Zuge ihrer Eroberung des Landes eine von Moskau abhängige provisorische Regierung aufgezwungen hatte, wollten viele Polen dorthin nicht mehr zurück. Dies alles zusammen bewirkte, dass die Polen noch über Jahre hinweg die größte Gruppe unter den DPs in Deutschland blieben. Hinzu kamen die Balten (Litauer, Letten und Esten) und die Ukrainer, von denen viele nicht in die Sowjetunion zurückkehren wollten, zumal nicht wenige von ihnen erst mit der zurückweichenden Wehrmacht nach Deutschland gekommen waren (s. o. das Problem der Kollaborateure). Bei den DPs handelte es sich eben um eine „bevölkerungs- und arbeitspolitische Hinterlassenschaft der nationalsozialistischen Herrschaft im Zweiten Weltkrieg" (so Jacobmeyer)[4], die sich in der unmittelbaren Nachkriegszeit ganz erheblich in Deutschland auswirkte und sich in Resten bis in unsere Gegenwart hinzieht.

Bei Kriegsende gab es in Deutschland viele Millionen Ausländer, also DPs, davon 1,9 Millionen in Arbeitslagern untergebrachte Kriegsgefangene. In der US-Zone erhielten anfangs nur diejenigen den Status von DPs, die vor dem 1. August 1945 in diese Besatzungszone gekommen waren. Von dieser Einschränkung wurden jedoch rassisch und politisch Verfolgte ausgenommen. Sie wurden auch dann noch als Verschleppte anerkannt, wenn sie erst nach ihrer Befreiung nach Deutschland gekommen waren.[5] An die Rückführung von DPs in die Sowjetunion gemäß Abkommen vom 11. 2. 1945 hielten sich die Amerikaner, wie wir gesehen haben, schon relativ bald nicht mehr, und im Februar 1946 verlangte eine Resolution der Vereinten Nationen, dass die Repatriierung nur freiwillig sein dürfe.

Was Bayern betrifft, so wurden hier 1944 allein 385.000 erwerbstätige Ausländer gezählt – natürlich ohne die ebenfalls zur Arbeit eingesetzten Kriegsgefangenen, die ‚KZler' und nicht-erwerbstätigen Ausländer. Gerade in diesem letzten Kriegsjahr strömten Hunderttausende von nicht-deutschen Flüchtlingen aus Ost- und Südost-Europa in unser Land – ganz abgesehen von den deutschen Flüchtlingen und, seit Kriegsende, Heimatvertriebenen, die in mindestens gleichem Maße einströmten. Die Zahl der Ausländer, die sich im Mai 1945, also bei Kriegsende hier aufhielten, wird auf mindestens 650.000 geschätzt. Obgleich sich die Amerikaner um sofortige Repatriierung der Kriegsgefangenen und der Zwangsarbeiter, z.T. gegen deren Willen bemühten, stand diesem Rückstrom von Ausländern ein weiterer Zustrom nicht nur deutscher Flüchtlinge und Heimatvertriebener, sondern auch ausländischer Flüchtlinge, insbesondere aus dem Osten, gegenüber.

Ende Juli 1945 wurden in Bayern 455.000 Ausländer gezählt: 214.000 aus Polen, 88.000 aus Südosteuropa, 77.000 Russen, 22.000 Italiener, 10.000 Tschechen u. a.[6] Bei dieser Zählung wurden die Juden offenbar noch nicht als eigene Gruppe erfasst, sondern nach ihrer Staatsangehörigkeit. In der amerikanischen Zone wurde den dort lebenden Juden im Herbst 1945 ein ‹genuin jüdischer Status› zuerkannt. Bald folgte die Einrichtung jüdischer Lager.[7] Zusammengenommen wirkte sich das alles auf die Bevölkerung so aus, dass die Gesamtbevölkerung allen Kriegsverlusten an den Fronten des Zweiten Weltkriegs und durch den Bombenkrieg gegen die Städte zum Trotz nicht ab-, sondern zunahm: Hatte die Volkszählung von 1939 eine Bevölkerungszahl von 8.222.982 Einwohnern erbracht, so ergab die Volkszählung von 1950 9.126.010 Einwohner Bayerns (obgleich zu Nachkriegsbayern die Rheinpfalz nicht mehr zählte). Um 1950 war jeder fünfte Bewohner Bayerns ein Flüchtling oder Heimatvertriebener. Als DPs aber galten ausschließlich die nicht-deutschen Flüchtlinge.

Noch während des Krieges als sich im Zuge der Rückeroberung all jener Gebiete, die NS-Deutschland angegriffen, erobert und besetzt hatte, die Aufgabe deutlich abzeichnete, dass Millionen von Menschen, die durch den Krieg aus ihrem Lebenskreis herausgerissen worden waren, nunmehr wieder dorthin gebracht werden sollten, wo sie gelebt hatten und leben wollten, gründeten 44 Staatsregierungen am 9. November 1943 die UNRRA (United Nations Relief and Rehabilitation Administration). Diese Hilfsorganisation sollte den Kriegsgefangenen, Flüchtlingen und Verschleppten eine menschenwürdige Unterkunft, Nahrung und Kleidung geben, dazu die Möglichkeit einer Beschäftigung sowie berufliche Aus- und Weiterbildung. Sie sollte ihnen Rechtsschutz gewähren und medizinische Betreuung, ihre Repatriierung vorbereiten und in schonender Weise durchführen und ihnen dann bei der Wiedereingliederung in die Gesellschaft ihres Heimatlandes helfen. Auch erwies sich ein Suchdienst als nötig und eine Dokumentationsstelle, um vermissten Personen nachzuforschen und Toterklärungen ausstellen zu können.

Das alles war so nicht vorauszusehen gewesen, es hat sich aus den Umständen ergeben. Die UNRRA aber erschien vielen Beobachtern im alliierten Lager nicht fähig, die Probleme zu lösen. Insbesondere war man unzufrieden, dass es zeitweise nicht weniger, sondern mehr DPs gab. Das lag aber nicht an der UNRRA, sondern an den Verhältnissen im Osten Europas. Nach antisemitischen Pogromen im polnischen Kielce kam es im Sommer und Herbst 1946 zu einer Welle der jüdischen Auswanderung aus Polen. 140.000 Menschen ergossen sich, vielfach auf illegalen Routen über die tschechische und österreichische Grenze, nach Deutschland, in ihrer großen Masse in die amerikanische Zone, während es in der britischen Zone nie mehr als 15.000 Juden in Lagern gab und in der französischen Zone nur weniger als 2.000 Juden. Dieses krasse Missverhältnis bei der zahlenmäßigen Verteilung der jüdischen DPs hing mit der Tatsache zusammen, dass Großbritannien als Mandatsmacht von Palästina die dortige jüdische Einwanderung wegen des bewaffneten arabischen Widerstandes gegen den Zustrom der Juden aus aller Welt begrenzen wollte. Deswegen kam Großbritannien auch als Besatzungsmacht in Deutschland den Wünschen der jüdischen Einwanderer nicht so weit entgegen wie Amerika. Die Folge war dann eben der massenhafte Zustrom der Juden in die amerikanische Zone, insbesondere nach Bayern mit seiner langen Grenze zu Österreich, der Tschechoslowakei und der sowjetisch besetzten Zone Deutschlands.

Das größte Ballungsgebiet der ostjüdischen Einwanderung nach Deutschland dürfte der Raum um München gewesen sein. Obgleich die Juden die größten Verfolgungen erlitten hatten und vielfach ihr persönliches und familiäres Umfeld verloren hatten, entwickelte doch gerade diese Immigrantengruppe in jener Zeit erstaunlich schnell ein eigenes kulturelles und religiöses Zusammenleben, das sich weitgehend aus der osteuropäisch-jiddischen Tradition speiste. Die neu gebildeten Lagerselbstverwaltungen bemühten sich auch um zusätzliche Lebensmittel und Medikamente, koschere Küche und Kulträume (Synagogen etc.). Bei der immer noch größten nationalen Gruppe der (nicht-jüdischen) DPs, den Polen, gab es Kirchen und Hunderte von Lagerpriestern, die großenteils Überlebende des Konzentrationslagers Dachau waren. Am 30. 6. 1947 beendete die UNRRA ihre Arbeit in Deutschland. Sie hat durchaus Bedeutendes geleistet.

Wegen der an verschiedenen Stellen der Literatur weit auseinander gehenden Zahlen, um wie viele „Displaced Persons" es sich insgesamt von vorn herein gehandelt hat, gehen wir hierauf etwas genauer ein. Im Internet kann man finden:[8] „Nach Kriegsende im Mai 1945 gab es in Deutschland 9.620.000 ‚Heimatlose Ausländer', sogenannte DPs... 1,9 Millionen von ihnen waren als Kriegsgefangene in Arbeitslagern ... bis zum 30. Juni 1947 ... hatte (die UNRRA) es geschafft, allein in Deutschland 6.173.213 DPs zu repatriieren." Demgegenüber berichtet Juliane Wetzel in ihrem Aufsatz „Displaced Persons"[9] mit Bezug auf Mark Wyman, vom Beginn des Wirkens der UNRRA bis 30. 6. 1947 seien 741.987 DPs repatriiert worden. Diese Zahlen können nicht einfach als Widerspruch gegen einander gesetzt werden. In der Encyclopedia Judaica ist unter „Displaced Persons" von nahezu acht Millionen DPs bei Kriegsende im Mai 1945 die Rede, wobei die Kriegsgefangenen wohl nicht mitgezählt sind. Rund fünf Millionen dieser DPs seien von den Siegermächten bereits im Jahre 1945 oder jedenfalls bis zum Beginn des Wirkens der UNRRA, das von Ort zu Ort verschieden lag zwischen Herbst 1945 und Frühjahr 1946, in ihre Heimatländer zurückgebracht worden. Diese Repatriierungen können also nicht auch noch der UNRRA gutgeschrieben werden. Auch klaffen – so gesehen – die Zahlen nicht mehr so weit auseinander. Offensichtlich ist es aber immer noch schwierig bis unmöglich, über diese – in Deutschland jedenfalls – chaotischen Zeiten exakte Aussagen zu machen.

Auch scheint in der Geschichtsschreibung über Bewährung oder Versagen der UNRRA das letzte Wort noch nicht gesprochen zu sein. Damals versuchte man jedenfalls einen neuen Anfang mit der IRO (International Refugees Organisation), die im Dezember 1946 gegründet wurde und die Aufgaben ihrer Vorgängerorganisation effizienter erfüllen sollte. Ihr wurden nunmehr 718.600 DPs zur Betreuung und Rückführung übergeben. Seit einem Abkommen vom 15. 10. 1946 steht in den Ausweisen der hier Gebliebenen „heimatloser Ausländer".

Die IRO, die praktisch erst ab 1947 tätig wurde, hatte einen doppelten Vorteil für sich: Die Zeit des großen Chaos lag hinter ihr. Die Masse der DPs war in ihre Länder heimgekehrt, die Zurückgebliebenen stellten eine überschaubare Aufgabe dar. Auch hatten sich die politischen Nachkriegsverhältnisse geklärt, eine Zweiteilung der Welt war unübersehbar. Churchill hatte bereits vom „Eisernen Vorhang" gesprochen, der sich mitten durch Europa, speziell durch Deutschland, ziehe.

Der zweite Vorteil war, dass die IRO einem erheblichen Teil der DPs Auswanderung nach Übersee in Aussicht stellen konnte. Es wurden „Regional Processing Centres" errichtet und „heimatlose Ausländer", für die Alliierten DPs, in verschiedene Staaten der Welt weitergeleitet, besonders nach Australien, den USA, Kanada und Großbritannien. Nach Gründung der Bundesrepublik Deutschland (1949) wurde die Verwaltung der DP-Lager in deutsche Hände übergeben.

Angesichts all der vielen Grenz- und Überschneidungsfälle hat die IRO sehr klare Abgrenzungen getroffen. Von der Betreuung ausgeschlossen waren:

„1. Kriegsverbrecher, Quislinge und Verräter,

  2. Personen, die dem Feind halfen (Kollaborateure),

  3. gewöhnliche Verbrecher, die laut Vertrag auslieferbar sind,

  4. Personen volksdeutscher Abstammung, ob deutscher Nationalität oder Mitglieder von deutschen Minoritäten in anderen Ländern, die

    a) schon nach Deutschland gebracht worden sind oder von anderen Ländern nach Deutschland gebracht werden sollen,

    b) während des Zweiten Weltkriegs von Deutschland in andere Länder evakuiert worden sind,

    c) von oder nach Deutschland oder in ihren Wohnsitzen in anderen Ländern nach Deutschland geflohen sind, um nicht in die Hände der alliierten Armee zu fallen,

  5. Personen, die finanzielle Unterstützung vom Land ihrer Nationalität erhalten,

  6. Personen, die sich seit Beendigung des Zweiten Weltkrieges an Organisationen des Terrors beteiligten."[10]

Bei der letzten großen Einwanderungswelle nicht-deutscher Zuwanderer aus dem Osten, immer noch im Zusammenhang mit dem Geschehen des Zweiten Weltkriegs, handelte es sich, wie erwähnt, um jene Ostjuden, die ab Sommer 1946 hierher kamen, weil sie sich in Polen nicht mehr sicher fühlten. Sie kamen in eigene Lager, sprachen hier ihr gewohntes Jiddisch und lebten in ihren mitgebrachten Traditionen weiter. In Ober- und Niederbayern waren sie großenteils in den Lagern in München, Föhrenwald bei Wolfratshausen, Feldafing am Starnberger See, Pocking, Landsberg am Lech, Lechfeld auf der schwäbischen Seite des Lechs und in Deggendorf an der Donau untergebracht worden. Ihre große Mehrheit wanderte nach der Staatsgründung Israels 1948 und nach der Liberalisierung der amerikanischen Einwanderungsgesetze ebenfalls in dieser Zeit in jene Länder aus. Manche konnten das wegen schwerer Krankheit oder aus Altersgründen nicht tun, weil die Einwanderungsstaaten in der Regel verlangten, dass die Einwanderer jung und gesund seien. Diese verhinderten Auswanderer blieben in den einzelnen Sammellagern (Assembly Centers), bis 1957 auch das Lager Föhrenwald, das hierzulande das letzte DP-Lager überhaupt war, geschlossen wurde. Es hatte seit 1951 unter deutscher Verwaltung gestanden. Die verbliebenen 1500 DPs wurden anderweitig untergebracht. In Schleswig-Holstein wurden übrigens die letzten DPs erst 1962 von ihrem Lagerleben befreit und in kleine Sozialwohnungen eingewiesen.[11)]

3. DP-Krankenhaus der Amerikaner, der UNRRA und IRO (1945 - 1951)

Als die Amerikaner am 30. April 1945 Gauting besetzten, übernahmen sie dieses Lazarett mit 729 deutschen und 18 anderen Patienten und 20 Ärzten. Sie fassten den Entschluss, Gauting ausschließlich den DPs vorzubehalten, und wiesen bereits in den nächsten Tagen befreite ‚KZler' von dem Todesmarsch der Insassen des Konzentrationslagers Dachau hier ein, die sie zwischen dem Starnberger See und Waakirchen ostwärts von Bad Tölz aus den Händen der SS befreit hatten. Die großenteils jüdischen ‚KZler' erhielten von der US-Armee Nahrung, Kleidung und medizinische Hilfe, wobei sich ergab, dass sie fast verhungert und vielfach schwer krank waren. Viele von ihnen wurden unverzüglich ins Gautinger Hospital gebracht. Daneben kamen nach und nach „Fremdarbeiter" der verschiedensten Nationalitäten aus allen vier deutschen Besatzungszonen hierher, vor allem auch nichtjüdische Osteuropäer aus Polen, der Ukraine, den baltischen und anderen slawischen Ländern – ein Gemisch verschiedener europäischer Völker und Religionen.

Die mehr oder weniger ausgeheilten deutschen Soldaten wurden aus dem Gautinger Lazarett entlassen, die schwerkranken nach Sonthofen überführt und so das Gautinger Lazarett frei gemacht für die DPs.

Einen großen Teil dieses Personenkreises stellten die jüdischen Menschen dar, die Krieg und Verfolgung irgendwie überlebt hatten. Gerade unter ihnen war wegen der unmenschlichen Behandlung, die sie über sich ergehen lassen mussten, der Anteil der Tbc-Kranken besonders hoch. In Gauting waren das über lange Zeit hinweg 600-700 von insgesamt 1.000 Patienten.[12] Das Lazarett erhielt von den Amerikanern die Bezeichnung DP-Hospital 2002 (DY 7248) der US-Army. Nach Haßler betrug unter den Kranken der Anteil ehemaliger KZ-Häftlinge 60-70 %. „Die restlichen 30-40 % rekrutierten sich aus zwangsverschleppten Zivilarbeitern" (S. 4). Die Mehrheit dieser Patienten stammte aus Polen; viele der Juden waren auf dem Balkan beheimatet, daneben gab es eine erhebliche Zahl von Ukrainern, Balten und Angehörigen anderer slawischer Völker. Alle ehemaligen KZ-Häftlinge waren traumatisiert.

Während sich nun also die Belegung mit Patienten völlig geändert hatte, war das Personal zunächst unverändert geblieben. Die Amerikaner behielten sich lediglich die Oberaufsicht über die deutschen Ärzte, das

Pflege-, Haus- und Hilfspersonal vor. Das war vernünftig, führte aber zu verständlichem Misstrauen auf Seiten vieler Patienten, die noch vom KZ her ihr Lagertrauma in sich trugen, die geglaubt hatten, dass sie nun endlich frei würden, sich jetzt aber wieder in einer geschlossenen Anstalt befanden. Bei manchen entlud sich „die seit Jahren aufgespeicherte Wut gegen die für sie greifbare Gruppe helfender Menschen. Was in dieser Zeit an ideeller und praktischer Wiedergutmachung für all das erlittene Leid von deutschen Ärzten und Pflegepersonal geleistet wurde, muss hoch angerechnet werden." So schreibt der spätere Chefarzt Dr. Hans Haßler in seiner Sanatoriumschronik von 1965 (S. 4f).

Für diese Einschätzung von Seiten eines deutschen Arztes haben wir eine ergreifende Bestätigung aus dem Jahre 1947, und zwar aus der Feder eines ehemaligen KZ-Häftlings, der damals in Nr. 7/8 der Patientenzeitung „Unser Leben" über den Abschied von den abberufenen Ordensschwestern schrieb: „Wir haben uns sehr ungern von den Franziskanerinnen getrennt... Sie waren die ersten, die uns halb Tote, in letzter Minute dem Tode Entronnenen, geholfen haben, die ersten Schritte ins neue Leben zu machen. Sie schienen uns engelsgleich, als sie unsere ermüdeten Glieder in weiche Kissen betteten, als sie unseren vom Fieber ausgetrockneten Kehlen einen Trunk reichten, und ihre leisen Stimmen wirkten nach den SS-Kommandorufen so beruhigend."

Im März 1946 übergab die amerikanische Armee das DP-Hospital an die UNRRA, die einen jüdischen Medical-Director Dr. Weiß einsetzte und neben dem deutschen Personal auch Ausländer als Ärzte und Pflegepersonal verwendete. Im übrigen lief der Betrieb weiter wie bisher.

Überaus wichtig war, dass die Amerikaner in dieser Zeit eine beschränkte Menge von damals in Deutschland noch unbekannten Antibiotika zur Tuberkulosebehandlung in Gauting zur Verfügung stellten, was die Heilungschancen der Patienten drastisch verbesserte. Haßler berichtet über eine erste Tuberkulosetagung nach dem Krieg im September 1946, druckt das ganze Programm ab und zählt namhafte auswärtige Teilnehmer auf. Er berichtet von Einweisung in neue Behandlungsmethoden, die die Ärzte bei dieser Gelegenheit kennenlernten. Namentlich erwähnt er die Tuberkulostatica, „durch die sich unsere Pneumothorax- und Plastikindikation in der Zukunft erheblich änderte" (S. 5), sowie das Streptomycin, also ein bislang in Deutschland und Europa nicht bekanntes Antibiotikum, das hier erstmals von den Amerikanern in ihrer Zone in begrenzter Menge zur Verfügung gestellt wurde (1946), so dass hiermit erste Erfahrungen gemacht werden konnten.

Auch hatten die Amerikaner einen umfassenderen Ansatz bei der Rehabilitation. Die Arbeitstherapie wurde groß ausgebaut, um die Patienten bei ihren endlosen Liege- und Wartezeiten nicht zu entmutigen, nicht in Lethargie verfallen zu lassen, sondern sie sinnvoll zu beschäftigen. Das lenkt ab von der Krankheit, bietet Erfolgserlebnisse, gibt Auftrieb und kann gerade bei den Patienten die berufliche Wiedereingliederung in die Gesellschaft vorbereiten, die nach der Entlassung aus Krankenhaus und Sanatorium nicht mehr in ihrem früher ausgeübten Beruf tätig werden können, sondern sich einem anderen Berufsfeld zuwenden müssen.

Die IRO, d. h. die Weltflüchtlingsorganisation, die das Sanatorium Gauting von der UNRRA im November 1947 übernahm, war erst 1947 gegründet worden, um die 1,6 Millionen Flüchtlinge und DPs, die es – abgesehen von deutschen Flüchtlingen und Vertriebenen – zwei Jahre nach Kriegsende immer noch gab, zu betreuen. Sie setzte nach Dr. Weiß noch eine Reihe anderer Medical-Direktoren ein, die in der Regel durch Auswanderung wieder ausschieden: Dr. Siegfried, Dr. Rosenkranz, Dr. Levis, Dr. Zawadski, Dr. Fischer und Dr. Smythe. Die IRO löste kleinere Häuser auf, die nun nicht mehr voll belegt waren – zunächst die DP-Hospitäler Wörishofen und Merxhausen –, und konzentrierte die Patienten in Gauting.

Dann richtete die IRO in der vormaligen Gebirgspionierkaserne am Luttensee über Mittenwald ein berufliches Ausbildungszentrum ein, das 1953 nach Gauting kam und weiterentwickelt wurde zu einem beruflichen Umschulungs- und Qualifizierungszentrum, welches in mehrjährigen Kursen zu beruflichen Abschlüssen führte, besonders zu Gesellen- bzw. Gehilfenprüfungen. Aber auch schon vorher gab es in Gauting seit 1948 ein buntes Angebot an beruflicher Aus- und Weiterbildung auf verschiedenen Gebieten: Herren- und Damenschneiderei, Weberei, Handarbeiten und Kunstgewerbe, Maschinenschreiben und Stenografie, Fotografie und Radiotechnik sowie Sprachkurse. „Der durch seine Ansteckungsfähigkeit von der Gesellschaft gemiedene, an das Krankenhaus gebundene Patient sollte durch eine von ihm gewählte Beschäftigung von dem ständigen Denken an seine Erkrankung abgelenkt und durch die allmähliche Leistungssteigerung auf die Wiedereingliederung in den Arbeitsprozess nach Krankenhausentlassung vorbereitet werden" (Haßler, S. 5).

Statistik über die Zahl der Lagerinsassen in den DP-Lagern, hier die Zahlen für das Tb-Sanatorium Gauting

Über die Belegung der DP-Lager mit Insassen haben wir relativ genaue statistische Angaben,[13] und zwar vom 19.10.1946 bis zum 19.10.1951, abgedruckt bei Juliane Wetzel im Anhang ihrer Dissertation.[14] Hier wird das „TB-Sanatorium Gauting" unter 26 Lagern als 21. genannt, wobei grundsätzlich innerhalb der Gesamtzahl auch die Zahl der jüdischen Lagerinsassen angegeben wird. Beim Gautinger Sanatorium (und nur bei diesem) wird neben der Zahl der Patienten auch noch beim Stab („Staff") unterschieden zwischen der Gesamtzahl und der Zahl der jüdischen Stabsangehörigen, es wird aber nicht definiert, was als Stab anzusehen ist und ob die angegebene Gesamtzahl nur alle DPs im Stab umfasst. So viel steht jedenfalls fest, dass das Gesamtpersonal wesentlich umfangreicher war als die hier angegebenen 178 bis 211 Personen und dass unter der Oberhoheit von UNRRA und IRO auch DPs im Sanatorium beschäftigt werden mussten. Die Statistik erweckt an mehreren Stellen den Eindruck, dass die Verwaltungspersonen, die die Zahlen liefern mussten, die Fragen der Statistiker nicht verstanden.

So finden sich unter dem 5. 12. 1947 noch 425 jüdische Patienten bei einer Gesamtzahl von 782 Patienten (und 106 jüdische Stabsangehörige von insgesamt 148 DPs, die dem Stab angehörten); 8 Wochen später am

Datum	19.10.46	22.3.47	28.6.47	23.8.47	6.9.47
Patienten				407/752	403/739
	624/1251	532/987	524/925		
Stab				130/196	129/195

Datum	20.9.47	3.10.47	17.10.47	31.10.47	5.12.47
Patienten	396/736	391/734	395/747	413/779	425/782
Stab	128/194	128/195	124/182	125/185	106/148

Datum	30.1.48	5.3.48	9.4.48	20.5.48	7.7.48
Patienten	503/503	493/957	492/958	514/983	508/988
Stab	-/492				

30. 1. 1948 wären es 503 jüdische Patienten von insgesamt 503 Patienten (und 0 jüdische Stabsangehörige von insgesamt 492 Angehörigen des Stabes) gewesen – wieder 5 Wochen später am 5. 3. 1948 werden 493 Juden von insgesamt 957 Sanatoriumsinsassen genannt (ohne Einzelangaben über den Stab). Diese Art der Pauschalangaben ohne Unterscheidung von Patienten und Stabsangehörigen zieht sich vom 5. 3. 1948 bis zum 17. 1. 1949 hin. Vom 25. 4. 1949 bis zum 24. 4. 1951 wird dann wieder unterschieden zwischen jüdischen Patienten und Patienten insgesamt sowie zwischen jüdischen Stabsangehörigen und DPs im Stab insgesamt. Ist „k. A." eingetragen, so bedeutet das „keine Angaben".

Die gesamte Statistik ist mit Vorbehalt zu nehmen. So existiert ein Schreiben der Militärregierung an den bayerischen Ministerpräsidenten vom 26. 6. 1947, in dem 14 „UNRRA-tones"[15] in Bayern erwähnt werden, darunter aus dem Landkreis Starnberg: Gauting mit 1269 DPs und mit 634 Nicht-DPs. Diese Zahl liegt 344 DPs über der Gesamtzahl der Patienten im Sanatorium zu dieser Zeit, wie wir sie bei J. Wetzel angegeben finden. Sie enthält ohne Zweifel alle DP-Ärzte und sonstigen Mitglieder des Stabes und wohl noch andere: geheilt Entlassene, die weiter dort wohnten, weil sie anderwärts keine Unterkunft fanden, und vielleicht auch Angestellte des UNRRA-Medical-Depots in der ehemaligen Zigarettenfabrik, der heutigen Grundschule. Möglicherweise sind auch Außenstellen des Sanatoriums wie Luttensee und das Kraillinger Waldsanatorium mit gezählt.

Datum	26.7.48	18.10.48	22.11.48	17.1.49	25.4.49
Patienten	502/984	440/931	441/949	422/956	329/814
Stab					86/178

Datum	25.7.49	30.9.49	30.1.50	25.4.50	19.7.50
Patienten	296/858	274/806	273/816	251/799	206/797
Stab	81/182	73	65/211	62/210	61/195

Datum	1.11.50	24.4.51	19.10.51
Patienten	187/763	170/753	k.A.
Stab	58/166	38/113	k.A.

Verhältnis zum Umfeld

Bereits Karl Mayr ging in seinem mehrfach erwähnten Buch „Gauting und Stockdorf 1870-1978" (München 1985, hier S. 289f) auf die Angst der Gautinger Bevölkerung vor den Sanatoriumsinsassen ein. Tatsächlich hat es Aufsässigkeiten der Sanatoriumspatienten gegenüber deutschen Behörden und Bürgern gegeben und natürlich auch deren Angst vor Ansteckung durch Tuberkulosekranke. Über die an dieser Stelle erwähnten Ängste hinaus hatten viele auch Angst vor Raub und nächtlichen Überfällen.

Nicht nur der Gemeinderat befasste sich mit diesem Thema, es war auch ein immer wiederkehrendes Thema in den Berichten der Starnberger Militärregierung. Im ersten Jahresbericht für die Zeit vom 1. 5. 1945 bis 30. 6. 1946 wird unter „öffentliche Sicherheit" berichtet: Wegen der hohen Zahl an DPs von rund 10.000 im Landkreis habe es anfangs viele Schwarzmarktgeschäfte und Plünderungen gegeben. Durch Zusammenarbeit der amerikanischen „Security troops" mit der deutschen Polizei habe man allmählich alles unter Kontrolle bringen können.[16]

Das war sicherlich zu optimistisch gesehen. Im zweiten Jahresbericht (für 30. 6. 1946 - 30. 6. 1947) finden wir unter dem gleichen Betreff, dass in der Umgebung des UNRRA-Lagers Feldafing und des UNRRA-Sanatoriums Gauting die Beschwerden über lebhafte Schwarzmarktgeschäfte von Insassen dieser Lager angestiegen seien. Es wird der Schluss gezogen, dass die Verhältnisse geändert werden könnten, „wenn die Polizei verstärkt und die Lebensverhältnisse und die Währung stabilisiert würden". In einem Vierteljahresbericht aus dieser Zeit (für 1. 10. - 31. 12. 1946) steht der Satz: „Besonders mit der Landbevölkerung versuchen sie auf extrem aufdringliche Weise mit Kaufgeschäften in Verbindung zu treten." Ein Monatsbericht vom Februar 1946 übernimmt die deutsche Klage, dass auch das Gautinger Schulgebäude noch immer als Tbc-Krankenhaus (das dem Sanatorium zugeordnet war) genutzt werde, so dass die Schulsituation in Gauting unbefriedigend sei. Kurze Zeit danach wurde das Schulgebäude wieder dem deutschen Schulbetrieb überlassen. Der Monatsbericht für Mai 1946 weist auf Serien von Diebstählen und Überfällen im Raum Gauting und Herrsching hin und bezeichnet beide Orte als „heiße Flecke".

Den Gipfel dieser Berichterstattung stellt der Bericht vom 25. 11. 1947 dar, unterzeichnet vom Public Safety Officer James Wade, unter dem Betreff: Criminality Status in Gauting: Die Kriminalität erreiche hier den

34

höchsten Stand im Landkreis. Das Gautinger Krankenhaus „für jüdische DPs" (das war eine unstatthafte Übertreibung - vgl. die Patientenstatistik) werde „als Brutstätte für Schwarzmarktgeschäfte verdächtigt" (hier läßt der amerikanische Berichterstatter Zweifel an den Erzählungen von deutscher Seite erkennen). Er schreibt weiter: „Gauting ist bei der Polizei bekannt als Versteck solcher Gangster, denen das Münchner Pflaster etwas zu heiß ist..." Über 80 Häuser in Gauting und seiner Umgebung seien durch Angehörige der amerikanischen Luftwaffe vom Flugplatz Oberpfaffenhofen belegt, da seien Herumtreiber und Einbrecher keine Seltenheit. Die Zahl der Einbruchdiebstähle habe sich verfünffacht, weshalb man die Landpolizei um drei reguläre Patrouillenmänner (mit Familien) verstärkt habe, zeitweilig auch um drei Kriminalbeamte und drei uniformierte Polizisten. In Gauting fehlten aber entsprechende Unterbringungsmöglichkeiten, so dass diese Sonderzuweisung wohl wieder zurückgenommen werden müsse.

Vielleicht waren solche Berichte aus Starnberg über Gauting (sicherlich nicht allein, aber doch wohl mit) Ursache, dass der bayerische Wirtschaftsminister Dr. Rudolf Zorn damals erklärte, die verschleppten Personen unterstützten den Schwarzmarkt und wollten sich nicht in die Ordnung fügen. Mit dieser Äußerung befasste sich General Clay vor dem Länderrat und sagte: „Mir erscheint dieser Vorwurf sinnlos. Sie kennen die Reichweite des schwarzen Marktes ebenso gut wie ich. Es ist zumindest unfair und unkorrekt, wenn ein deutscher Beamter die Verantwortung für die Schwarzmarktgeschäfte ablehnt, die von der deutschen Bevölkerung getätigt werden, und statt dessen die Schuld ausschließlich den verschleppten Personen in der amerikanischen Zone zuschreibt. Wir werden mit solchen aufreizenden öffentlichen Erklärungen nie einen Zustand der Toleranz und des gegenseitigen Verständnisses erreichen." Diese Meldung brachte die Süddeutsche Zeitung, und sie wurde abgedruckt im „Spiegel der Presse" auf S. 15 der Nr. 4 von „Unser Leben", also der Patientenzeitung des Sanatoriums Gauting, vom 5. 9. 1947.

Die Äußerungen aller Beteiligten waren bis zu einem gewissen Grade verständlich; General Clay brauchte als Oberbefehlshaber der amerikanischen Truppen in Deutschland angesichts der Spannungen mit der Sowjetunion Ruhe in seiner Besatzungszone, er wollte eine demokratische Atmosphäre schaffen und setzte sich darum für Toleranz und Verständnis ein. Minister Zorn hatte von seiner Aufgabe als bayerischer Minister her ein Interesse an funktionierendem legalem Handel. Für ihn war der Schwarzmarkt ein großes Ärgernis. Und die DPs im Sanatorium freuten sich natürlich über den Beistand von Seiten des amerikanischen Befehlshabers und über die Kritik an diesem bayerischen Minister (der übrigens zur SPD gehörte), weil sie sich pauschal verdächtigt fühlten. Sie druckten die Meldung der Süddeutschen Zeitung kommentarlos ab.

Die Redakteure der Patientenzeitung wussten sehr wohl, dass es Probleme mit dem Verhalten einzelner Patienten gab. So wurde z. B. ein Patient, der sich in einer Unterhaltungsveranstaltung als rücksichtsloser Störer hervorgetan hatte, in dieser Zeitung namentlich genannt: Es wurde allgemein bekannt gegeben, dass ihm mit Zustimmung des Chefarztes für längere Zeit der Besuch solcher Veranstaltungen verboten wurde.

Der Chronist der Anstalt Dr. Hans Haßler geht auch auf das Problem mit starken Rauchern und Trinkern ein, die durch ihr Verhalten nicht nur ihren eigenen Genesungsprozess sabotierten, sondern auch ihre Mitpatienten störten und beeinträchtigten. Verhaltensprobleme gab es natürlich bei einer so großen Patientenzahl, und da bestanden gleitende Übergänge von Fehlverhalten im Bereich des Benehmens bis zum Schwarzhandel und regelrechter Kriminalität. Naturgemäß gab es daneben auch in der deutschen Bevölkerung Schwarzhandel im Kleinen und gelegentlich auch im Großen und darüber hinaus die „Besatzungskriminalität". Der Hinweis von General Clay war berechtigt. Uns ist auch nicht bekannt, ob ein überproportionaler Anteil der DPs an der damaligen Kriminalität wissenschaftlich nachgewiesen werden konnte. Jedenfalls hatte auch jener amerikanische Sicherheitsoffizier recht, der nicht nur eine Verstärkung der Polizei forderte, sondern auch eine Stabilisierung der Lebensverhältnisse und der Währung.

Was war gemeint mit den Lebensverhältnissen? Ausreichende Nahrung zu einem erschwinglichen Preis in Geld mit stabilem Wert. Das erscheint heute als selbstverständlich, damals aber war alles rationiert, und die Rationen waren viel geringer als der Bedarf. So kostete ein Kilo Butter auf Lebensmittelmarken ca. 2,50 RM, auf dem Schwarzen Markt aber 250,- RM. Die Reichsmark war zu einem reinen Papiergeld geworden, von dem jeder wußte, dass es eigentlich nichts wert ist, nur im Zusammenhang mit Lebensmittelmarken oder einigen „Punkten" der „Kleiderkarte" oder einem „Bezugschein" konnte man dafür etwas kaufen. Nahrung war knapp, Kleidung war knapp, Wohnungen gab es eigentlich überhaupt nicht mehr, weil vom Wohnungsamt jeder Wohnungsinhaber gezwungen wurde, seinen Wohnraum mit Flüchtlingen bzw. Heimatvertriebenen zu teilen. Statistisch kamen auf jeden Wohnraum in Gauting zwei Personen. Auch war es natürlich das Gegenteil von stabilen Lebensverhältnissen, wenn der vorhandene Wohnraum immer noch weiter verknappt wurde, weil die Besatzungsmacht immer noch weiteren Wohnraum beschlagnahmte, um ihre Offiziere darin unterzubringen. Und solange man eben für gediegene Arbeit mit wertlosem Geld entlohnt wurde, hatten auch viele keine Motivation zu angestrengter Arbeitsleistung. Auf dem Schwarzmarkt war mehr zu verdienen.

In der Tat stabilisierte sich nach der Währungsreform im Juni 1948 binnen kurzer Frist mit den Lebensverhältnissen und der Wirtschaft auch die Sicherheitslage.

Mit der westdeutschen Währungsreform eskalierte aber auch die Auseinandersetzung der Westmächte mit der Sowjetunion: Es kam zur Blockade Berlins und der westalliierten Luftbrücke zur Versorgung Berlins; es kam zur Konstituierung der westdeutschen demokratischen „Bundesrepublik Deutschland" (1949) und auf östlicher Seite zur Konstituierung der „Deutschen Demokratischen Republik", die in Wahrheit ein Satellitenstaat der Sowjetunion war. Auch der Staat Israel wurde in dieser Zeit gegründet, und nun strömte die Masse der entwurzelten Juden aus Europa dorthin bzw. nach Amerika, wo die Einwanderungsgesetze liberalisiert worden waren.

Die meisten DPs waren repatriiert oder in andere Staaten ausgewandert. Nun wollte die IRO ihre Tätigkeit in Deutschland einstellen und ihre hier bestehenden Einrichtungen in deutsche Hände übergeben. Diesen Prozess hatte der Chef ihrer Hauptverwaltung, Mr. Donald Kingsley, abzuwickeln.

Für Gauting bedeutete das konkret, dass der Komplex des IRO-Sanatoriums zunächst dem Bund angeboten wurde, weil es sich um militärischen Grund gehandelt hatte. Der Bund verzichtete, weil er Gebäude und Grund nicht brauchte und angesichts der Verpflichtungen zur Abwicklung, die er hätte übernehmen müssen, auch nicht wollte. Also sollte das Ganze an das Land Bayern fallen, in dessen Regierung das Ministerium für Flüchtlinge, Arbeit und soziale Fürsorge rechtlich zuständig war, einen Sanatoriumsbetrieb aber weder führen noch medizinisch beaufsichtigen konnte. Geeignet erschien hierfür von vorn herein lediglich die LVA (Landesversicherungsanstalt) für Oberbayern, die aber auch die Folgekosten scheute.

Im Sommer 1950 sandte die IRO ihren Tbc-Konsulenten Dr. Gellner zu Regierungsdirektor Peschel von der LVA nach München. Erst nach weitergehenden Zusagen der IRO für einen Ausbau des Sanatoriums in Gauting – es ging um einen Zuschussbetrag von 2.000.000 DM, eine für jene

Zeit schwindelerregende Geldsumme! – fand sich die LVA bereit, den Betrieb zu übernehmen. Eigentümerin war vorläufig nicht sie, sondern der bayerische Staat. Wollte man doch alle 1200 erwachsenen heimatlosen Ausländer der amerikanischen Zone, die „an einer stationär behandlungsbedürftigen Lungentuberkulose litten" (S. 6), nach Gauting in das IRO-Sanatorium bringen.

Nach geradezu dramatischen Verhandlungen hatte man sich am 6. 4. 1951 dahingehend geeinigt, dass in Gauting der Raum für Patienten erweitert werden musste, dass eine neue Grossküche geschaffen werden musste und dass Liegehallen zu bauen seien. Diese Baumaßnahmen wurden auf den oben erwähnten Betrag von 2.000.000 DM geschätzt, und die Bezahlung dieser Summe übernahm der Chef der Hauptverwaltung der IRO Mr. Donald Kingsley. Durchzuführen waren die Arbeiten bereits in deutscher Verantwortung. Die deutschen Stellen erklärten sich bereit, die Verantwortung für die Anstalten in Amberg, Gauting und Kempten zu übernehmen und die Richtlinien der IRO für Betreuung, Einweisung und Entlassung anzuerkennen. Auch willigten sie ein, die erwachsenen Lungenpatienten von Amberg nach Gauting zu überführen, sobald hier die entsprechenden Unterbringungsmöglichkeiten geschaffen waren. Auch die IRO sah in der LVA Oberbayern die auf deutscher Seite für solche Aufgaben am besten legitimierte Einrichtung. Nachdem die Bedingungen nun feststanden und für die LVA Direktor Peschel eingewilligt hatte, wurde am 9. August 1951 hierüber ein Staatsvertrag zwischen dem bayerischen Ministerpräsidenten Hans Ehard und dem US-Hochkommissar Mr. McCloy abgeschlossen.

Der bayerische Staat, der nun alles übernommen hatte, schloss seinerseits mit der LVA einen Verwaltungsvertrag auf zunächst fünf Jahre, dem zufolge die Landesversicherungsanstalt die Verwaltung der Sanatorien sofort übernahm und dabei auf die Verpflichtungen festgelegt war, die der bayerische Staat gegenüber den Amerikanern bzw. der IRO eingegangen war.

Überblickt man diesen Zeitraum von 1945 bis 1951 als Ganzes, in dem amerikanische und internationale Institutionen die Leitung von Lungenkrankenhaus und -Sanatorium in Gauting innehatten, so ist das die Phase, in der Tausende von großenteils jüdischen DPs lungenkrank nach Gauting kamen, hier fachärztlich behandelt wurden und dann den Ort – geheilt – wieder verließen, um an anderer Stelle in der Welt ein neues Leben zu beginnen. Viele zog es nach Israel, das in jenen Jahren erst entstand; andere nach den USA und nicht wenige auch in sonstige Länder der Welt. Für

Hunderte von Tuberkulosekranken kam jedoch die Behandlung zu spät; sie starben in Gauting und wurden in der Regel auch hier begraben: Ihnen ist ein eigener Teil dieses Buches (S. 82 – S. 119) gewidmet.

Die drei Entscheidungsträger

Dr. Gellner, Tbc-Konsulent
der IRO in Paris

Mr. Donald Kingsley, Chef
der IRO-Hauptverwaltung

Max Peschel, Direktor
der LVA-Oberbayern

Vom täglichen Leben im Sanatorium

Womit war nun bei den vielen, die im Lungenkrankenhaus und -sanatorium auf Heilung hofften, in jenen Jahren die Zeit ausgefüllt? Und wie lebten diese Menschen verschiedenster Herkunft, die das Schicksal hier zusammengewürfelt hatte, miteinander? Wir haben die Möglichkeit, vor allem in ihr geistiges Gemeinschaftsleben aus der Rückschau Einblick zu nehmen.

Bei vielfach langer Verweildauer im Anstaltsbereich bildeten sich – angeregt vom „American Joint Distribution Committee" – ein jüdisches Patientenkomitee und eine kulturell interessierte Untergruppe hiervon heraus: eine „Kultur- und Bildungskommission", die, gefördert von einer Betreuungsstelle, mehrere Initiativen ergriffen: Zielbewusst wurde eine Bibliothek aufgebaut mit Unterhaltungsliteratur, auch Neuerscheinungen moderner Schriftsteller, Büchern über Kultur und Wissenschaft, die 1954 ganze 5000 Bücher anbieten konnte. Es gab da Bücher in nahezu allen europäischen Sprachen, wobei der Bestand an deutschen Büchern gegen Ende dieser Zeit sehr vermehrt wurde, als die Zahl der Ausländer stark ab-, die der Deutschen ebenso zunahm. Auch konnten nun viele Ausländer besser deutsch und interessierten sich auch für diese Literatur. 1954 gab es:

1500 deutsche Bücher	600 jüdische Bücher	354 litauische Bücher,
1022 ukrainische	570 polnische	weiter estnische, englische und andere Bücher.
663 lettische	470 russische	

Daneben wurde 1948 ein Lesesaal eingerichtet, und bald entstand ein Lesezirkel, der sich vor allem um Zeitungs- und Zeitschriftenlektüre bemühte: 1954 umfasste er 40 illustrierte Zeitschriften; im Umlauf auf den Stationen befanden sich weitere 200 Exemplare, so dass im Laufe eines Monats ca. 1000 Zeitungen und Zeitschriften in die Krankenzimmer kamen. Für die bettlägerigen Patienten standen vier Tageszeitungen zur Verfügung.

Stolz war man auf das von Anfang an bestehende Hauskino – eine Erbschaft von dem vorherigen Lazarett – das bereits 1947 mit erheblichem Aufwand renoviert wurde. 1954 ging hier zweimal wöchentlich das Programm des Gautinger Kinos über die Leinwand. Für bettlägerige Patienten gab es Schmalfilme. Im Kinosaal fand aber auch mehrmals im Jahr ein großer Unterhaltungsabend mit kabarettistischen Einlagen statt, der über die Lautsprecher in alle Krankenzimmer übertragen wurde. Es gab Schachturniere und die Möglichkeit, an einer Theaterfahrt nach München teilzunehmen und zwei- bis dreimal im Jahr an einem gemeinsamen Ausflug unter Aufsicht eines Arztes in die weitere Umgebung. 1954 hatte man bereits vor, „mehrere Fernsehapparate aufzustellen" – man versuchte also bei der Kommunikation auf der Höhe der Zeit zu bleiben. Die beiden wichtigsten Einrichtungen waren aber ohne Zweifel die selbstgefertigte Patientenzeitung „Unser Leben" seit Mitte 1947 und die eigene Radiostation des Sanatoriums „Radio Gauting"!

Vom 25. 07. 1947 bis zum 01. 10. 1948 sind insgesamt 14 Nummern dieser „Zeitung" erschienen, von denen wir in Gauting (in der jetzigen Asklepios Fachklinik), in Jerusalem (Yad Vashem) und New York (YIVO-Institut) insgesamt 13 Nummern aufspüren konnten. Sie enthalten Artikel und Informationen in drei Sprachen: deutsch, jiddisch und polnisch, manchmal auch einen kurzen Text in einer anderen Sprache, z. B. auf Ungarisch. Viele Seiten dieser Zeitung sind mit Illustrationen grafisch gestaltet.

Die Beiträge sind sehr verschieden – weniger an Niveau, vielmehr was die Standpunkte der einzelnen Autoren betrifft. Neben sachlichen Erklärungen eines Arztes zu verschiedenen Lungenkrankheiten und entsprechenden Behandlungsmethoden finden wir einen auf Frieden und Versöhnung abgestimmten optimistischen Appell zum Kampf nicht gegeneinander, sondern gemeinsam gegen die Tuberkulose, aber auch immer wieder sehr engagierte jüdische Artikel, die stets aufs neue in Erinnerung rufen, was der Welt und speziell den Juden von den Nazis angetan wurde; die das Andenken an die sechs Millionen jüdischer Opfer wachhalten, aber auch das Andenken an den jüdischen Widerstand, gleichgültig ob er von einzelnen, kleinen Gruppen oder Massen (z. B. im Warschauer Getto) geleistet wurde; Artikel, die Pietät gegenüber den Toten, Wiedergutmachung an den dem Tode Entronnenen und gerechte Bestrafung der Schuldigen fordern. Da wird dann deutlich Kritik geübt an der Milde, mit der die Gerichte gegenüber den Schuldigen vorgehen (z. B. in Nr. 14, die besonders auf den Gedenktag für die Opfer des Faschismus abgestellt war).

Mit bitterer Ironie und makabren Anspielungen wird die Berliner Luftbrücke kommentiert, bei der „die Engländer jede Untat der Deutschen mit Wohltaten für die Deutschen vergelten": Mehl dafür, dass sie halb Europa verhungern ließen; Fleisch für Dachau und Mauthausen; Kohle für die Krematorien in Auschwitz, Treblinka und Majdanek; Arzneien für die Experimente an Wehrlosen; Bekleidung für Millionen, die nackt in die Gaskammern geschickt wurden. „Man liefert alles den gestrigen Todfeinden, den bisherigen Freunden zum Trotz... Die Opfer leiden weiter – die Täter bekommen Belohnung und Schutz. Das ist die Gerechtigkeit unserer Welt!"

Wer könnte es den immer noch leidenden jüdischen Menschen nach allem, was ihnen der Nationalsozialismus angetan hatte, verdenken, dass sie die Geschehnisse so sahen?

Zwar hatte damals (1947/48) der Nürnberger Hauptkriegsverbrecher- prozess bereits stattgefunden, die Nürnberger Nachfolgeprozesse gegen schwer belastete Personengruppen waren aber ebenso im Gange wie die „Entnazifizierung". Da zu dieser Zeit (vor 1949) noch kein einheitlicher Nachfolgestaat des Deutschen Reiches existierte und gerade bei der „Be- freiung von Nazismus und Militarismus", wie sich das Militärregierungsge- setz ausdrückte, in jeder Besatzungszone anders verfahren wurde als in den übrigen drei Besatzungszonen, bestand keine einheitliche Rechtspraxis im Umgang mit Kriegsverbrechen und „Verbrechen gegen die Menschlich- keit", und es gab auch noch keinen anerkannten Stil für die geistige Aus- einandersetzung mit der NS-Vergangenheit. Erst allmählich schälte sich das heraus , was man einige Jahre später als (geistige) „Vergangenheitsbewälti- gung" bezeichnete: die intensive Auseinandersetzung mit allen historischen Quellen und Darstellungen, auch mit mündlichen Zeitzeugenaussagen zu den Vorgängen an den militärischen Fronten, im jeweiligen Hinterland (den besetzten Gebieten) und zu dem Geschehen in der „Heimat", also im Deutschen Reich selbst, wo das totalitäre System des Nationalsozialismus, je länger der Krieg dauerte und je aussichtsloser die militärische Lage wurde, um so brutaler durchgriff. Die Gautinger – vorwiegend jüdischen – DPs, in ihrer großen Mehrheit ehemalige ‚KZler', vertraten jedenfalls in ihrer Pati- entenzeitung diesbezüglich einen klaren Standpunkt und sie sorgten auch dafür, dass sie nicht vergessen, sondern gehört und berücksichtigt wurden.

Auf ihre Initiative hin war das Monument für die sechs Millionen jü- discher Nazi-Opfer geschaffen worden, das am 19. Oktober 1947 im jüdi- schen Teil des Gautinger Friedhofs in einer Feierstunde enthüllt wurde, bei der eine grosse Zahl von Ehrengästen erschienen war: Vertreter der Militär- regierung und der amerikanischen Armee, des Kommissariats für religiös, politisch und rassisch Verfolgte, Vertreter verschiedener jüdischer Institutio- nen und auch deutscher Behörden, u. a. der Bürgermeister von Gauting, der Landrat von Starnberg und der bayerische Staatssekretär für das Flücht- lingswesen.

In Gegenwart einer Ehrenwache der DP-Polizei hielt ein ehemaliger Patient, Herr Lipszic, als eigentlicher Initiator der Errichtung des Monuments, die Eröffnungsansprache. Staatssekretär Auerbach und Medical-Direktor Dr. Weiß, beide selber Juden, enthüllten das Denkmal, an dem zahlreiche Kränze niedergelegt wurden. Es sprach Rabbiner Schnitzer, der selber Patient war und im Sanatorium jüdische Gottesdienste gehalten hatte, nunmehr als Vorsitzender des Kommissariats für rassisch und politisch Verfolgte im Landkreis Starnberg; auch Landrat und Bürgermeister sprachen sowie der Gouverneur der Starnberger Militärregierung, „der Vorsteher vom ‹Joint› und der Föderation polnischer Juden, der Deputationsdirektor des Sanatoriums Dr. Siegfried und Direktor Dr. Weiß. Großen Eindruck hat die Rede des Vorstehers des Gesundheitsamtes beim Zentralkomitee Dr. Pliskin gemacht. In seinen Worten kam tiefe Sorge um das Wohl der Gautinger Patienten zum Ausdruck" (H. Bloch als Berichterstatter in „Unser Leben" Nr. 6, S. 10). Die Abschlussrede hielt der Staatskommissar für politisch, religiös und rassisch Verfolgte Dr. Auerbach, der auch Kritik an der deutschen und amerikanischen Politik zum Ausdruck brachte. Was die Gautinger Patienten betraf, forderte er, „mit allen Mitteln den Kranken entgegenzukommen und ihnen die Möglichkeit zu geben, als gesunde Mitglieder ihrer Nation in ihre neu gewählte Heimat zu gehen."

Hiermit war das für die jüdischen Patienten beherrschende Thema angesprochen, die Sehnsucht nach dem Land Israel und die vorher in Gauting nötige Rehabilitation. Eine Reihe von Artikeln über die aktuelle Situation der Juden bzw. des Judentums auf der ganzen Welt wird durchweht von diesem Sehnen nach einem sicheren und besseren Leben in „unserm Land Erez Israel": Leidenschaftlich wird ein Film „Grüne Felder" über jüdische Bauern diskutiert. 1947 schreibt ein Patient, niemand werde es verhindern können, wenn jetzt dort ein zusammenhängendes Land Erez Israel, unsere „Medina" entsteht. Es sei unrealistisch zu glauben, dass die Millionen Juden aus allen Ländern, wo sie wohnen, nun nach Israel kämen. Aber während früher die Juden auch in Palästina versklavt waren, so dass andere ihre Sprache, ihre Schulen, ihre Ziele bestimmten, käme jetzt endlich die Zeit, alles Fremde abzuwerfen, eine eigene „spezielle Staatlichkeit", eigene Bildung und Wissenschaft usw. zu entwickeln. Die Juden müssten es aber vermeiden, dass zwischen den Juden in Palästina und denen in der übrigen Welt ein Riss entsteht (Nr. 7/8, S. 10-13).

In Nr. 14 endigt ein leidenschaftlicher Artikel über „stumme Gräber" mit dem Appell: Heute sollten die Juden beim heiligen Andenken an ihre Opfer schwören, die Opfer des Faschismus niemals zu vergessen und so schnell wie möglich das Land hier zu verlassen, um sich in „unserem Lande Israel" fest zusammenzuschließen.

In der gleichen Nummer (S. 13) der Zeitung greift ein Patient „Boss" ein zeitgeschichtliches Problem auf: „Seit dem letzten Krieg hören wir so oft den Ausdruck ‹Kriegsverbrecher›. Solche gab es wohl immer, wo Krieg geführt wurde. Nur dass sie harmlos erscheinen im Vergleich zu jenen, die uns aus dem letzten Krieg bekannt sind. Daher schlage ich vor, einen neuen Ausdruck zu prägen..." Das war eine interessante Forschungsfrage, und die entsprechenden Ausdrücke haben sich inzwischen eingebürgert: Holocaust bzw. Schoa für die Ausrottungsmaßnahmen gegenüber den Juden, und allgemeiner gesehen, spricht man bei solchen Verbrechen heute von Genocid bzw. Völkermord. In dieser Patientenäußerung kündigte sich aber auch bereits der spätere deutsche „Historikerstreit" an, bei dem es ja maßgeblich um die Singularität der nazistischen Judenverfolgungen ging – ein bemerkenswertes Zeugnis für das Niveau der Gautinger Sanatoriumspatienten.

Neben den politischen Artikeln, die grossen Raum in der Zeitung „Unser Leben" einnahmen, stehen die mehr oder weniger nostalgischen Erinnerungen, z.T. in Gedichtform; sachliche Informationen zum gemeinsamen Leben, besonders dem Kulturleben im Sanatorium; eine – meist heitere – geistvolle „Seite der Frau", Rätsel und Humor; ja, das Lachen oder wenigstens das stille Lächeln hatten sich diese Menschen trotz Hunger und Quälerei, Krankheit und Schmerzen nicht abgewöhnt. Sie suchten eben auf allen Gebieten wieder zur Normalität zurückzukehren. Die letzte Seite jeder Nummer war wie bei den großen Illustrierten den Karikaturen – hier aus dem Sanatoriumsleben – vorbehalten, auch dies ein Zeichen von Humor.

Ein Radiofachmann ging in Nr. 7 auf Patientenbeschwerden über den Rundfunkempfang in der Heilstätte ein, erklärte, was mit der bestehenden Anlage machbar und sinnvoll war, und entwickelte dabei ein Konzept für eine eigene „Rundfunkstation": Man könnte auch innerhalb des Sanatoriums lokale Sendungen einschieben über Probleme, an denen jeder interessiert wäre, ebenso örtliche Nachrichten. Damit würde ein Kontakt zum inneren und äusseren Leben geschaffen..." Wenige Monate später trafen sich kulturell aufgeschlossene Patienten und begannen am 19. August 1948 mit Sendungen von «Radio Gauting» – zunächst nur in den Sendepausen des

Bayerischen Rundfunks. Weil die Gruppe der Idealisten aber allen Unkenrufen zum Trotz durchhielt, konnte das Programm von anfangs nur zwei Stunden an zwei Tagen der Woche auf beinahe tägliche Sendungen erweitert werden, und es gab dabei einige Publikumsrenner wie die „Glückswelle", „Glückwünsche und Telegramme" und „Zauber der Melodie". Eine große Liste der vorhandenen Musikstücke auf Platten und Tonbändern wurde verteilt, so dass sich die Patienten ihre Wünsche heraussuchen konnten. Bis zur 1000. Sendung 1954[17] war diese Liste auf 23 Seiten angeschwollen, gegliedert nach klassischer Musik, Opern, Operetten und Filmen, Tanz und Unterhaltung – im ganzen an die 500 Titel. Daneben wurden Hörspiele, kleine Rätselsendungen und Life-Musik geboten.

Bei der multinationalen Zusammensetzung der Patientenschaft ersehnten viele wenigstens eine Sendung pro Woche in ihrer Muttersprache: Solche Sendungen fanden auf Ukrainisch, in baltischen Sprachen, auf Polnisch und Russisch oder Serbisch jeweils an einem bestimmten Wochentag statt. Um eine Vorstellung von dieser Multinationalität zu vermitteln, entnehmen wir der Festschrift zur 1000. Sendung die folgende Zusammenstellung. 1954 gab es demnach 1033 Patienten, das waren 771 Männer und 262 Frauen. Während es anfangs keine deutschen Patienten gegeben hatte, waren nun neben 580 Ausländern bereits 453 Deutsche im Sanatorium, weil – inbesondere nach Gründung des Staates Israel 1948 – viele Patienten dorthin oder in die USA und natürlich auch in andere Länder ausgewandert waren. Im Sanatorium lebten immer noch Patienten aus 24 Nationen, und zwar aus:

Albanien	2	Griechenland	6	Polen	135
Bulgarien	6	Italien	2	poln. Ukraine	100
Weissrussland	7	Jugoslawien	25	rumän. Ukraine	1
CSR	21	Juden	37	Rumänen	5
Estland	13	Lettland	66	Saarland (!)	1
Frankreich	1	Litauen	33	USSR	29
Frz. Marokko	1	Österreich	3	USSR Ukraine	21
				Ungarn	23

Dazu die erwähnten 453 Deutschen und 42 „Nansen", was ein Sammelbegriff für alle mit dem (schon in Völkerbundszeiten nach dem Ersten Weltkrieg eingeführten) Nansenpass war – Menschen, die natürlich auch aus irgendeinem Land kamen.

Nach bisherigen Forschungen lebten kurz nach Kriegsende Zehntausende jüdischer DPs auf zahlreiche Lager verteilt in München und Oberbayern. Auch dort gab es für kurze Zeit ein Wiederaufleben der untergegangenen osteuropäischen Schtetl-Kultur. All diese Lager trugen aber eher den Charakter von Durchgangslagern, deren Insassen nur auf eine Auswanderungsgelegenheit warteten. Dann ließen sie das alte Europa hinter sich, um in Palästina, Amerika oder Australien ein neues Leben zu beginnen. Gauting scheint wegen der krankheitsbedingten längeren Verweildauer einen Sonderfall darzustellen: Nicht wenige verblieben hier fünf bis acht Jahre, zumal auch im Heilstättenpersonal zeitweise Hunderte ehemaliger Patienten und anderer DPs mitarbeiteten. Das lange Zusammenleben so vieler Menschen aus so vielen Nationen in einem relativ abgeschlossenen Gebäudekomplex begünstigte das gegenseitige Kennenlernen und die unvermeidliche Gewöhnung an das deutsche Umfeld, besonders als seit ca. 1950 die Zahl der deutschen Patienten anwuchs. Die deutschen Ärzte, das deutsche Personal, deutsches Radio und deutsche Presse hatten von Anfang an in dieser Richtung gewirkt.

Der eigene Sender – die erste Sendung

Am 19. August 1948 erklang die Stimme von Frau Davidowitsch, einer Patientin, aus der Lautsprecheranlage: „Hallo, hallo, hier ist Radio Gauting, der Haussender des Sanatoriums. – Wir beginnen mit der Serie unserer regelmäßigen Sendungen. Keiner darf unser heutiges Programm versäumen! Wir bringen Ihnen viel Wichtiges und Interessantes, und deshalb ergeht an Sie eine kleine Bitte: Schauen Sie schnell zu Ihrem Nachbarn von nebenan und gegenüber hinein und vergewissern Sie sich, ob auch sie ihren Lautsprecher eingeschaltet haben. Wir lassen jetzt eine Platte laufen. Und Sie sorgen inzwischen dafür, dass keinem unsere heutige Sendung entgeht.

Sind Sie schon meiner Bitte nachgekommen? Vielen Dank! Ich freue mich, Sie alle jetzt vollzählig an den Lautsprechern versammelt zu wissen. Ich begrüße Sie nun, meine lieben Hörer und Hörerinnen, liebe Patienten des Sanatoriums, und erlaube mir, mich Ihnen vorzustellen. Mein Name ist – Sahara. Eigentlich ist das mein Künstlername. Ja, ich bin nämlich Lebenskünstlerin. Sie lächeln? Sie sollten es nicht tun; denn es ist mein Ernst. Schenken Sie mir einige Augenblicke Gehör, und Sie werden sich von der Richtigkeit meiner Behauptung überzeugen. – Nun, ich habe zwei Weltkriege hinter mir, habe das KZ mit allen seinen Grausamkeiten und Schrecknissen überlebt. – Seit 1945 bin ich ununterbrochen Patientin des Sanatoriums Gauting und bei alledem bin ich, wie Sie hören, vergnügt und munter." (Festschrift zur 1000. Sendung)

Mit spürbarer Begeisterung bemühten sich aufgeschlossene Patienten, mit ihren Sendungen anderen Patienten das Leben leichter und angenehmer zu machen. Über all diese Jahre hinweg haben sie das Programm ständig erweitert bis zu täglichen Sendungen, und inhaltlich immer reichhaltiger gestaltet.

Hunderte von Patienten arbeiteten aktiv mit. 1954 feierte man die 1000. Sendung!

„Barackenmilieu" bis in die 50er Jahre

Die Zentralküche

Vor dem Neubau

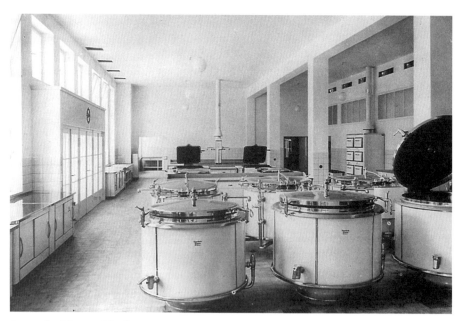

Inneneinrichtung Neubau

Der Neubau (von Westen)

Inneneinrichtung Neubau

Richtfest

Bauarbeiter, Gäste und Patienten beim Richtfest „Küche"

Bauarbeiter, Gäste und Patienten beim Richtfest „Küche"

Richtschmaus der Bauarbeiter (9.8.1951)

Ehrengäste

Krankenbauten

Krankenbau A (von Westen)

vorn Bau B, hinten Bau A

Krankenbau D

Krankenbau D

Patientenleben

Krankenhauszimmer mit drei Betten und Patienten

Gemeinschaftsveranstaltung unterm schrägen Dach

„DP-Policeman" mit weißem Helm

– an einer Zaunlücke

4. Staatliches Tbc-Sanatorium und Krankenhaus Gauting in Verwaltung der LVA Oberbayern 1951 bis 2000

1951 ging das IRO-Krankenhaus in deutsche Verwaltung (durch die Landesversicherungsanstalt Oberbayern) über. Nach Haßler (S. 6) hieß die Gautinger Heilstätte bereits ab 1. Mai 1951 „Staatliches Tbc-Sanatorium und Krankenhaus Gauting in Verwaltung der LVA Oberbayern".

Die IRO stellte ihre Tätigkeit in Deutschland ein, ihre internationalen Nachfolgeorganisationen aber wollten „an der weiteren Ausgestaltung des Heilstättenbetriebs in Gauting zu einer Musterheilanstalt für Tuberkulosekranke tätig mithelfen".[18] Die Weltgesundheitsorganisation WHO in Genf unterstützte diese Bestrebungen. So wurde der Gautinger Anstalt eine Zentralstelle für Resistenzbestimmung angegliedert: „Bei Behandlung der Tuberkulose mit Chemotherapeutika und Antibiotika (PAS, TB I, Streptomycin, Isonicotinylhydracidpräparate) werden die Tuberkulosebakterien gegen diese Heilmittel mehr oder weniger resistent. Man muss also die Empfindlichkeit der Tuberkulosebakterien bzw. ihre Empfindlichkeitsänderung während der Behandlung messend verfolgen, um bei eingetretener Resistenz einerseits nicht zwecklos Heilmittel zu vergeuden und andererseits eventuell andere therapeutische Wege einschlagen zu können." (Ebenda)

Der deutschen Anstaltsleitung standen Ende April 1951 lediglich drei Tage zur Übernahme des Gesamtkomplexes zur Verfügung; denn ab 1. 5. 1951 galt die Heilstätte als deutsche Einrichtung, nicht mehr als IRO-Sanatorium und -Krankenhaus. Zu diesem Zeitpunkt gab es in Gauting 746 DP-Patienten und einen Personalstand von 568 Personen. Dieses Personal war durch die IRO ausnahmslos gekündigt worden. Die neue Leitung übernahm unverzüglich 514 von diesen gekündigten Personen, was auf eine Einsparung von 10 % des Personals hinauslief.

Demnach trafen auf einen Beschäftigten nicht mehr 1,32 Patienten, wie das bis zum 1. 4. 1951 der Fall war, sondern jetzt 1,48 Patienten. Das war eine Annäherung an die Gegebenheiten, wie sie sonst in Bayern überall anzutreffen waren. Da die Krankenanstalt seit 1945 praktisch auf Besatzungskosten geführt und unterhalten wurde, konnte man bei ihrer Verwaltung mit den nötigen Mitteln großzügig umgehen. So lag der Pro-Kopf-Verbrauch hier bei 16,10 DM täglich, während er bei deutschen Heilanstalten 9,- DM pro Patient und Tag nicht erreichte. Es musste also gespart werden.

Die von der LVA neu aufzubauende Verwaltung hatte sich aber um vieles zu kümmern, was UNRRA- und IRO-Verwaltung einfach verlangt und von Militärregierung und Besatzungsbehörden dann auch – letztlich auf deutsche Kosten – erhalten hatten: Löhne und Gehälter mussten in den deutschen tarifrechtlichen Rahmen eingepasst werden, Verträge für Dienstleistungen und Sachlieferungen waren zu schließen, Arznei-, Verpflegungs- und Verbrauchsmittel mussten eingekauft und bewirtschaftet werden, auch Brennmaterial und Treibstoffe. Bei normalen Patienten gibt es Kostenträger für die medizinische Behandlung. Diese mussten nun ermittelt werden, was bei Patienten aus mehr als 20 Nationen an sich schon ein uferloses Bemühen war. Tatsächlich verlangten die große Ausdehnung des Gautinger Sanatoriumsbereiches, der vorhandene Wald und die Grünflächen sowie die verschiedenen Einrichtungen an Ort und Stelle nach einem höheren Personalstand, als er sonst üblich war. Nicht zuletzt war es die erweiterte Beschäftigungstherapie, die als Arbeitstherapie und als Umschulung der Patienten auf neue Berufe in der Rehabilitationsphase auch an das Personal neue Anforderungen stellte.

Ende November 1951 wurde die Beschlagnahmung der Anstalt aufgehoben. „Das bayerische Landesamt für Vermögensverwaltung und Wiedergutmachung nahm im Auftrag der bayerischen Staatsregierung von da an die Eigentumsinteressen wahr." (1951/52, S. 11).

Bei Übernahme Ende April 1951 gab es im einstigen Kasernen- und Lazarett-, jetzt Krankenhausbereich
1 über 100 m langen zweigeschossigen Hauptbau,
2 große zweistöckige hufeisenförmige Krankenbauten,
1 Wohnhaus mit Einzelzimmern und Gemeinschaftsräumen für Ärzte,
3 große Fahrzeuggaragen, die als Lagerräume Verwendung fanden,
1 Großwäscherei mit mtl. 20.000 kg Leistungsvermögen.

Die Küche war in einer ausgebauten Holzbaracke untergebracht und musste sofort durch einen Neubau ersetzt werden. Die Werkstätten und Nebenbetriebe befanden sich ebenso in Holzbaracken und sollten einen Neubau erhalten. 420 Beschäftigte, die großenteils in Gauting und seiner Umgebung keine andere Beschäftigung finden konnten, wohnten auch noch im Barackenbereich, ebenso wie die ca. 30 Patienten, die jeweils im Rahmen des Aufnahme- bzw. Entlassungsverfahrens aus Raumnot kurzfristig dort untergebracht wurden.

Der gesamte Baubestand war durch Kriegs- und Nachkriegszeit herunter-
gekommen, wobei die großenteils nicht auf Fundamenten stehenden Holzbaracken und die Straßen innerhalb des Anstaltsbereichs am schlechtesten
aussahen. Immer noch gab es durch Fliegerbomben zerstörte Hallen und
beschädigte Gebäude, und der gesamte Baukomplex trug noch seinen
schmutzigbraunen Tarnanstrich (Peschel, 1951/52, S. 13). Positiv schlug
dagegen zu Buche, dass die Anstalt eine intakte moderne Kläranlage in ca.
600 m Entfernung hatte und einen noch brauchbaren Zaun um das Gelände der gesamten Anlage herum.

Das sollte nun alles möglichst bald saniert und durch den Neubau der
Küche, des Krankenhausbaues für 350 Patienten und durch ein spezielles
abseits gelegenes Gebäude für Arbeitstherapie bzw. Umschulung (den „Lut-
tenseebau") ergänzt werden. Unverzüglich wurde mit den Vorbereitungen
begonnen, vor allem um die Neubaumaßnahmen durchführen zu können.
Die Küche wurde nahe beim Eingang errichtet, der neue Krankenbau im
Westen als Verbindung zwischen zwei Fahrzeughallen, die aufgestockt wurden, so dass ein hufeisenförmiger Komplex entstand, mit Terrassen an den
Sonnenseiten, damit hier Heliotherapie bei Knochentuberkulose angewandt werden konnte. Auch eine Röntgenstation kam hierher.

Noch vor Jahresende, am 19. 12. 1951, wurden 250 Patienten des DP-
Hospitals Amberg planmäßig nach Gauting verlegt und im Neubau untergebracht. Da die tuberkulosekranken Ausländerkinder des Krankenhauses in
Kempten auf andere Heilanstalten verteilt worden waren, musste zur Erfüllung des Staatsvertrages mit der IRO nun nur noch die Arbeitstherapie –
das „Rehabilitation Center" – von der einstigen Gebirgspionierkaserne in
Luttensee bei Mittenwald nach Gauting verlegt werden.

Alle Patienten waren heimatlose Ausländer, die nach Behandlungsab-
schluss nur dann in den Arbeitsprozess sinnvoll eingegliedert werden konnten, wenn sie einen Beruf hatten. Da viele den erlernten Beruf nicht mehr
ausüben konnten, andere niemals einen Beruf hatten erlernen können, versuchte man hier im Sanatorium diesen Menschen nicht nur eine sechsmo-
natige Kurzausbildung zu vermitteln (wie das in Luttensee geschah), sondern eine voll gültige zweijährige Facharbeiterausbildung mit einer
Abschlussprüfung, also einer Gesellen- bzw. Gehilfenprüfung.

Bei der Planung der Lehrwerkstätten wurde ebenso wie beim Ausbau
des Krankenhauses darauf hingearbeitet, dass an die Stelle jedes heimatlosen
Ausländers, sobald sein Platz auf Dauer frei wurde, ein deutscher Patient

und/oder Umschüler treten konnte. So finanzierte das Ministerium für Arbeit und soziale Fürsorge zusammen mit den bayerischen Landesversicherungsanstalten dieses aufwendige Rehabilitationsprogramm, d. h. zunächst die Lehrwerkstätten im Westen des Sanatoriumsgeländes, so dass am 1. 1. 1953 mit den Ausbildungskursen für Dreher und Mechaniker, technische Zeichner (für Maschinenbau) und Elektriker sowie Mechaniker im Bereich des Rundfunk-, Fernseh- und Fernsprechwesens begonnen werden konnte. Nach einander entstanden Neubauten für die einzelnen Ausbildungszüge. Unter Leitung von Helmut Last wurden die Lehrwerkstätten zu einer musterhaften Einrichtung.

Direktor Dr. Resenberg ließ widrigen Umständen zum Trotz den Altbaubestand, der immer noch im tristen Tarnanstrich der Kriegszeit verharrte, freundlich streichen. Das heruntergekommene Krankenhausgelände wurde in einen Park umgewandelt.

Nahezu alle technischen Einrichtungen mussten repariert oder erneuert werden, von der Heizung und der Wäscherei bis zur Kläranlage. Immer noch standen Baracken aus dem Jahre 1938 da, die inzwischen von unten her verfaulten. Und nun mussten weitere Patienten aufgenommen werden aus Herrsching (25. 1. 1954), Kempfenhausen und Planegg (Waldsanatorium), wo die bestehenden Tbc-Krankenhäuser bzw. -abteilungen aufgehoben wurden. In dieser Zeit bemühte sich Dr. Resenberg, einen Krankenhausträger zu finden, weil es sich bei so vielen Vorhaben als ungünstig erwies, dass die Gautinger Heilstätte dem Staat Bayern gehörte, dem sie aufgedrängt worden war, und dass die Landesversicherungsanstalt Oberbayern lediglich in einem Verwaltungsvertrag die medizinische und verwaltungsmäßige Führung auf Zeit übernommen hatte. Mitten in entsprechenden Verhandlungen starb Dr. Resenberg Anfang 1954. Seine Stelle übernahm der Werkstättenleiter, Helmut Last.

Eine wichtige Sparmaßnahme im medizinischen Bereich war es, in den Krankenhausabteilungen jeweils die fünfte Station auf die anderen Stationen aufzuteilen, wobei der Abteilungsleiter selbst eine der vier Stationen übernahm. Das führte bei Ärzten und dem verbliebenen Personal zu Mehrarbeit, war aber dringend nötig zur Angleichung der Verhältnisse in Gauting an die im Lande allgemein herrschenden Verhältnisse. Da es in dieser Phase in der Patientenschaft immer weniger heimatlose Ausländer gab und statt dessen mehr Plätze für deutsche Patienten, war eine gewisse Werbung nötig, damit Deutsche von der vorher nicht gegebenen Möglichkeit, in die-

Luttensee-Bau (Lehrwerkstätten)

Blick von Südosten

Ehrengäste

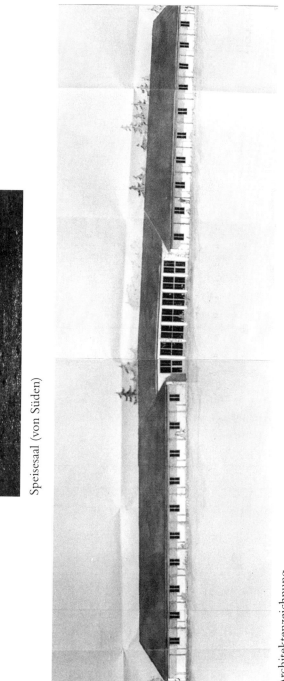

Speisesaal (von Süden)

Architektenzeichnung

63

Patienten bei der Beschäftigungs- und Arbeitstherapie

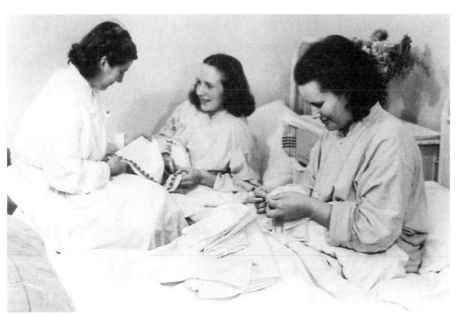

ses Krankenhaus zu gehen, Gebrauch machten. Der spätere Chefarzt Dr. Haßler hat sich als Fürsorgearzt des Kreises Starnberg in besonderer Weise und mit Erfolg hierum bemüht.

Ab Mitte der Fünfziger Jahre schmolz die Zahl der ausländischen Patienten rasch ab, die fruchtbare multikulturelle Phase des Sanatoriums war vorüber, und der Gesamtkomplex wurde eine von vielen deutschen Lungenheilstätten, allerdings mit hochmoderner Therapie und einer leistungsstarken Umschulungs- und Facharbeiterausbildungsstätte. Hierin wirkte die UNRRA- und IRO-Zeit noch nach.

Ab Dezember 1957 arbeitete das in der Nordwestecke des Areals errichtete Fernheizwerk mit seinem 30 m hohen Schornstein. 1959 starb Direktor Last, und an seine Stelle trat Rudolf Böhm (1918-1996), der 1951/52 das staatliche Tbc-Sanatorium und -Krankenhaus in Amberg verwaltet hatte, von da an (mit den dortigen Patienten nach Gauting gekommen) in der Verwaltung des Gautinger Sanatoriums tätig war, seit 1955 als stellvertretender Verwaltungsdirektor und seit 1. 4. 1959 nun als verantwortlicher Verwaltungsdirektor. In die 15 Jahre seiner aktiven Tätigkeit in Gauting fielen eine Anzahl wesentlicher Neuerungen, zumal sich seit 1963 der Übergang der Trägerschaft des Gesamtkomplexes auf die LVA Oberbayern als den neuen Eigentümer anbahnte.

Am 26. Juni 1965 kam es zum Abschluss des Kaufvertrages zwischen dem bayerischen Finanzministerium und der LVA Oberbayern, die als Preis für das Ganze 8 Millionen DM an den bayerischen Staat entrichtete. Die gesamte Anstalt, die nun auch Patienten mit inneren Krankheiten aufnahm, erhielt den kürzeren Namen: „Zentralkrankenhaus Gauting der LVA Oberbayern" und wurde modern ausgebaut zu einer pneumologischen und thoraxchirurgischen Fachklinik. Die ärztliche Leitung übernahm 1965 für Jahrzehnte Professor Herbert Blaha.

Bereits 1963 war an die Stelle der schon weitgehend verrotteten Baracken ein Personalhaus mit 95 Einzel- und 26 Zweierappartements getreten. 1965 wurde die Großgärtnerei, die nun statt der anstaltseigenen Landwirtschaft betrieben wurde, mit Personalwohnungen versehen. Ein Jahr später begann die Renovierung des A-Baues (bis 1968), daneben entstand 1966/67 die sehr schöne moderne Anstaltskirche für die beiden christlichen Konfessionen: die katholische und die evangelische Kirche. 1968 wurde mit drei wichtigen Bauarbeiten begonnen: In drei Jahren, also bis 1971, wurde nach Norden zu an den A-Bau ein Gebäude angefügt, der Funktionsbau, in dem Apotheke und Zentralsterilisation, Krankengymnastik und das Radiologieinstitut untergebracht wurden, dazu ein Operationssaal, ein Labor und ein Institut für Laboratoriumsdiagnostik (Lungenfunktion und EKG etc.), auch Endoskopie und Röntgen.

Ebenfalls 1968 wurde die Kläranlage erneuert (bis 1969); wiederum 1968 (bis 1970) folgte der erste Bauabschnitt der Renovierung des B-Baues; der zweite Bauabschnitt kam 1970 an die Reihe (bis 1971). 1969/70 wurde das Personalwohnheim um 43 Appartements erweitert. 1970 wurden Wäscherei und Heizungshaus umgebaut und die Küche modernisiert. 1970/71 baute man das Pförtnerhaus neu, 1972 wurde der C-Bau renoviert und der A-Bau aufgestockt. Ein Jahr später wurden im Dachgeschoss des C-Baues Massage- und Inhalationsräume sowie ein Gymnastiksaal eingebaut und im Untergeschoss eine großzügige physikalische Therapieeinheit.

1974 wurde ein Tierstall für Versuchstiere erstellt und es wurden Ärztehäuser errichtet. 1976 musste ein Brandschaden im Funktionsbau behoben werden. Bei dieser Gelegenheit wurde eine Isotopenstation für Nuklearmedizin eingebaut. Drei Jahre später waren abermals Wäscherei und Gärtnerei zu modernisieren.

1985 übernahm die ärztliche Leitung der Thoraxchirurgie Professor O. Thetter und 1986 die Pneumologie Professor Dr. K. Häußinger sowie die Funktion des ärztlichen Direktors Professor Dr. K. Feldmann. Die Wandlung in eine moderne pneumologische Klinik war vollzogen. Alle drei üben ihr Amt über die Jahrtausendwende hinweg aus.

1996 wurden fünf Wohnhäuser mit über 70 Wohnungen für Klinikmitarbeiter, insbesondere Pflegepersonal, errichtet. Im März 1998 wurde ein neuer Bettentrakt bezogen. Hiermit war das Pavillonsystem aufgegeben.

Die Betriebsführung wurde am 1. 7. 1998 der Asklepios GmbH übergeben, die zum 1. 1. 1999 die Klinik übernahm. Neuer Name:
„Asklepios-Fachkliniken München-Gauting"
Zentrum für Pneumologie und Thoraxchirurgie.
Am 1. 11. desselben Jahres wurde die erste Schule für operationstechnische Assistenten in Bayern in Kooperation mit dem IB Medizinische Akademie hier eröffnet. Im Jahr 2000 wurde das Kooperationszentrum für chronische Ateminsuffizienz gegründet. Mit der Universität München wurde ein Vertrag über Kooperation bei der Thoraxchirurgie geschlossen.
2001 wurde der D-Bau nach Sanierung von der Fachklinik für Psychiatrie und Psychotherapie bezogen.

1945 – 1952

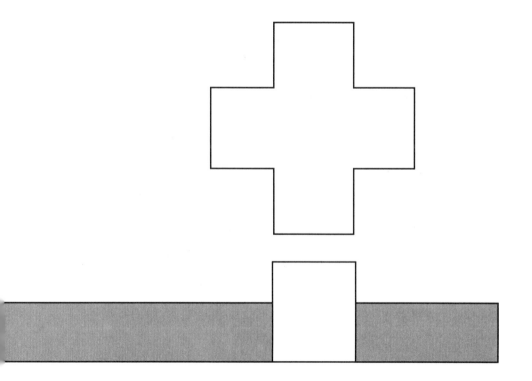

Die Sterbefälle

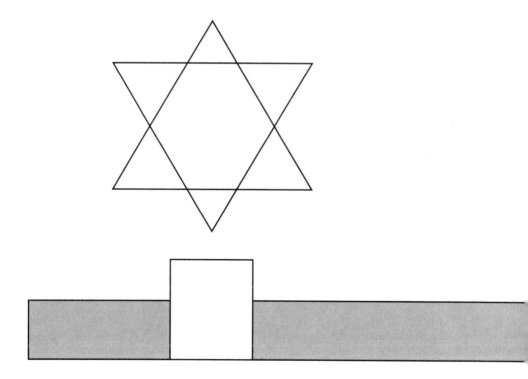

5.1 Schwere Krankheit– Sterben – Tod

Die Tuberkulose (Tbc) war noch bis zur Mitte des 20. Jahrhunderts eine der großen ansteckenden Massenkrankheiten, die in schweren Fällen ohne ärztliche Hilfe mit Sicherheit zum Tode führte. Gefährdet war grundsätzlich jeder Mensch, weil ja auch zahlreiche Tierarten von Tuberkulose befallen waren, u. a. Rinder und Geflügel. Schon die Milch tuberkulosekranker Kühe war ansteckend. Daneben war die Tröpfcheninfektion eine stete Gefahr im täglichen Leben. Nahezu jeder Mensch war so mindestens zeitweise leicht angesteckt, und es hing von seiner genetischen Disposition und von seiner körperlichen Konstitution ab, ob der Körper sich mit seinem Immunsystem gegenüber der Krankheit durchsetzen und sie abwehren konnte. In Zeiten hoher körperlicher Beanspruchung und schlechter Ernährung hatten die Tuberkelbazillen große Chancen, dass sich in den angesteckten Menschen ein Infektionsherd bildete und beispielshalber gesundes Lungengewebe befallener Menschen zerstört wurde, so dass sich in ihrer Lunge eine „Kaverne" bildete.

Dann sprach man von einer „offenen" Tuberkulose, die man durch Anlegen eines Pneumothorax operierte. Dabei wurde Luft eingepumpt, um die Kavernen zusammenzudrücken und so die Tuberkelbazillen zum Absterben zu bringen. Patienten mit offener Tuberkulose wurden wegen der Ansteckungsgefahr von anderen streng isoliert, Patienten mit geschlossener Tuberkulose mussten ständig kontrolliert werden, weil auch alte Krankheitsherde wieder aufflammen konnten. Prinzipiell durften diese Patienten aber mit ärztlicher Bescheinigung den Sanatoriumsbereich verlassen.

Das Gautinger Sanatorium war das erste Krankenhaus in der amerikanischen Besatzungszone, (vielleicht in Deutschland), das von den Amerikanern Streptomycin und andere Tuberkulostatika, also eine bestimmte Form von Antibiotika, zum Spritzen erhielt, was die Heilungschancen bei Tuberkulose entscheidend erhöhte und die nötige Verweildauer der Patienten im Sanatorium signifikant reduzierte. Gleichwohl findet sich bei den Patienten des Sanatoriums noch häufig eine Verweildauer von 5 bis 8 Jahren, was für das dortige Gemeinschaftsleben von hoher Bedeutung war (vgl. S. 38f und 44 sowie unten die Dokumentation der Patientenzeitung „Unser Leben"). Umgekehrt bot gerade dieses Gemeinschaftsleben die Chance, in den repräsentativen Gremien der Patientenschaft oder in ihrem Kulturleben mit eigener Zeitung und eigenem Rundfunk („Radio Gauting") mitzuwirken und somit der heimtückischen Krankheit eigene Aktivität als Lebenselixier entgegenzusetzen, die mindestens ebenso wirksam war wie die Arbeitstherapie (s. S. 29).

Im Zusammenhang mit der traurigen Tatsache, dass alles ärztliche Bemühen in zahlreichen Fällen den Tod der Patienten nicht verhindern konnte, gewann die Frage einer geistlichen Betreuung erhebliche Bedeutung. Hierbei ist zu unterscheiden zwischen der Betreuung

1) jüdischer Patienten,
2) römisch-katholischer Patienten und
3) anderer christlicher und nicht-christlicher Patienten.

Zu 1) Die jüdischen Gläubigen haben immer eigene Gottesdienste (am Sabbat) gefeiert und auf eigene Begräbnisse auf einem jüdischen Friedhof Wert gelegt. Zwar gab es in Deutschland und in den Ländern des Westens, also in Europa und Amerika, viele weitgehend säkularisierte oder zumindest „liberale" Juden, unter den Gautinger Patienten befanden sich aber nur wenige Juden aus diesen westlichen Ländern, und nach den Verfolgungen durch die nationalsozialistischen Machthaber in ganz Europa, insbesondere im Osten des Kontinents, besannen sich gerade auch aus diesem Personenkreis der mittel- und westeuropäischen Juden, soweit sie den Krieg und die Verfolgung lebend überstanden hatten, viele wieder auf ihre jüdische Religion. Die Ostjuden waren demgegenüber wesentlich konservativer, „orthodox-jüdisch" geprägt und versuchten im Gautinger Sanatorium, wo sie unter den jüdischen Patienten die große Mehrheit stellten, sich auch religiös neu zu formieren. Neben ihren kulturellen Bemühungen um die jüdische Identität durch Erlernen der neuhebräischen Sprache sowie der politischen Option für Israel und die Auswanderung dorthin finden wir in der Patientenzeitung „Unser Leben" auch religiöse Ansätze zur Identitätssuche, insbesondere in dem Bericht über den „Oneg Szabat" (Nr.7/8 vom 26. 11. 1947, S. 23).

Offenbar war eine der ersten jüdischen Forderungen im Sanatorium ein eigener jüdischer Friedhof: Das jüdische Patientenkomitee verlangte für die verstorbenen jüdischen Patienten Beerdigung im jüdischen Ritus, aber nicht im christlichen Friedhof. So wurden bereits 1945 „die ersten Toten jüdischen Glaubens in dem eingezäunten und für eine spätere Friedhofserweiterung vorgesehenen Grundstück südlich des bestehenden Friedhofs beerdigt" (K. Mayr, S. 305). Es ist uns nichts überliefert von Beerdigungen mit großer Publikumsbeteiligung; auch wurden die Toten des Sanatoriums ohne besondere Feierlichkeiten auf einem Brückenwagen der Papierfabrik zum Friedhof gebracht, oft mehrere Särge auf einmal. Die eigentliche Beerdigung aber fand offenbar nach dem jeweiligen Ritus statt, und es besteht auch kaum ein Zweifel, dass noch in den Räumen des Sanatoriums eine entsprechende Totenfeier vorherging.

Der Name des jüdischen Rabbiners Schnitzer[19] ist uns überliefert, der zunächst selbst Patient im Sanatorium war, dort auch jüdische Gottesdienste durchführte, sich nach seiner Entlassung in Starnberg niederließ und Vorsitzender des Kommissariats für rassisch und politisch Verfolgte wurde. In dieser Eigenschaft war er bei der Enthüllung des Denkmals zu Ehren der sechs Millionen jüdischer Opfer des Nationalsozialismus – sicher eines der ersten, wenn nicht das erste Holocaustdenkmal überhaupt auf deutschem Boden – im jüdischen Friedhof Gauting am 19. Oktober 1947 anwesend. Bei dieser Gelegenheit fand die offizielle Einweihung dieses Friedhofs statt. Insgesamt wurden hier 172 Tote beerdigt, darunter etliche, die nicht im Gautinger Sanatorium gestorben sind, sondern im Lager Föhrenwald bei Wolfratshausen. Seit 1955 wurde hier grundsätzlich niemand mehr bestattet, es gab aber noch bis gegen Ende des Jahrhunderts einzelne Ausnahmen.

Um die Betreuung und Gestaltung des Friedhofs nahm sich zuerst das jüdische Patientenkomitee an, danach der Landesverband der israelischen Kultusgemeinden in Bayern und seit 1957 die bayerische Verwaltung der staatlichen Schlösser, Gärten und Seen. 145 von diesen Gräbern zählen gemäß Kriegsgräbergesetz zu den Kriegsgräbern, die nicht aufgelassen werden dürfen (so K. Mayr, a.a.O.).

Es ist klar, dass bei einer Belegung des Krankenhauses mit zeitweise mehr als 600 jüdischen Patienten und Personalangehörigen ein Raum ausschließlich dem jüdischen Kult gewidmet sein musste, auch wenn ein erheblicher Teil der hier wohnenden Juden an den rituellen Veranstaltungen nicht teilnehmen wollte oder (krankheitshalber) konnte. Dieser Raum befand sich im Erdgeschoss des B-Baues. Ob es im Sanatorium nach Schnitzer noch einen eigenen Rabbiner gab oder ob das Sanatorium von Starnberg oder München aus geistlich betreut wurde, war nicht mehr feststellbar. Tatsächlich schrumpfte die jüdische Patientenzahl im Laufe der Fünfziger Jahre wie in der Gesamtbevölkerung, so auch hier im Anstaltsbereich auf ein Minimum zusammen.

Zu 2) Gauting war bis Kriegsbeginn ein katholisches Dorf. Die evangelischen Christen waren bis Kriegsbeginn eine bescheidene Minderheit (915) unter den damals gut 4500 Einwohnern der Gemeinde. Im Laufe der letzten Kriegsjahre und im Zusammenhang mit dem Kriegsende veränderte sich die Bevölkerung durch Zuwanderung und besonders durch den Zustrom der Flüchtlinge und Heimatvertriebenen ganz erheblich. Die Bevölkerungszahl verdoppelte sich, wobei sich die Zahl der evangelischen Christen wesentlich stärker erhöhte als die der Katholiken, auf ein gutes Viertel der Gemeindeeinwohnerschaft, und es gab nun auch noch eine größere Anzahl von Christen, die keiner der beiden großen Konfessionen angehörten: griechisch- bzw. russisch-orthodoxe Christen, einige Muslime und Buddhisten sowie „Gottgläubige" oder „Freireligiöse". Im Sanatorium machten anfangs über längere Zeit hinweg die Juden mehr als die Hälfte der rund 1.000 Patienten aus, bei im Allgemeinen sinkender Tendenz, so dass um die Mitte der 50er Jahre der Anteil der Juden nur noch unerheblich war. Mit den ca. 500 Personen des Personals zusammengerechnet, gab es hier also 1.000 bis (zuletzt, d. h. 1960) 1.500 Bewohner des Sanatoriumsbereiches, die sich im Hinblick auf ihr religiöses Bekenntnis größtenteils aus Katholiken, zum geringeren Teil aus Anhängern anderer christlicher Bekenntnisse sowie Nicht-Christen zusammensetzten.

Für alle Katholiken, die keinen Ausgangsbeschränkungen unterworfen waren, lag es nahe, grundsätzlich am religiösen Leben des Dorfes teilzunehmen, also dort die Gottesdienste zu besuchen. In der frühen Zeit des Lungenkrankenhauses gab es aber diesbezüglich einige Besonderheiten:

So hatten alle wichtigen Stellen im Pflegebereich seit dem Krieg die Franziskanerinnen inne, die, in Köln und Aachen ausgebombt, nach Gauting in das Lazarett gekommen waren und hier ihren Dienst taten, bis sie nach dem Krieg wieder ins Rheinland zurückgerufen wurden. Wir haben oben (S. 30) berichtet, dass nicht wenigen Patienten der Abschied von diesen Nonnen schwer fiel. Wenn im Seelsorgebericht der Pfarrei Gauting vom Jahr 1946 steht, dass alle Ordensniederlassungen in Gauting ihre Kapelle besitzen, ist daraus zu schließen, dass sie auch im Sanatorium einen als Kapelle eingerichteten Raum hatten, in dem auch für Nicht-Ordensangehörige eine Möglichkeit zum Gebet und vielleicht zur Teilnahme an gottesdienstlichen Handlungen, Aussegnungen und Totengottesdiensten bestand. Tatsächlich erinnern sich Zeitzeugen, dass im C-Bau (in C 4) unter dem Dach eine Kapelle war. Auch nennt der Chronist Dr. Haßler zwei katholische „Hausgeistliche", die Pfarrer Mayer und Jäger, die diese Funktion „nahezu kontinuierlich" ausgeübt hätten (Haßler, S. 11). In den Gautinger Seelsorgeberichten der Nachkriegsjahre werden die beiden nicht erwähnt, aber der Franziskanerpater Borius-Borissa, der auch die Schwestern betreute.

Die zweite Besonderheit im katholischen Sanatoriumsleben waren die Polen, die nach den Juden die größte Patientengruppe stellten. Die Polen waren zu allen Zeiten römisch-katholisch ausgerichtet und sahen in ihrer Konfessionszugehörigkeit einen wesentlichen Bestandteil ihrer nationalen Identität. In Polen galten Protestanten als Preußen und Orthodoxe als Russen. Es war also von vorn herein anzunehmen, dass die Polen auf Seelsorge in polnischer Sprache bestanden, zumal sie vorher in deutscher Gefangenschaft froh sein konnten, wenn sie an deutschsprachigen katholischen Gottesdiensten teilnehmen durften. Diese verlangten und erhielten sie auch in den anderen DP-Lagern. Noch viel dringlicher war die Aufgabe hier im Hospital, wo sie mit einer Mehrheit Nichtpolen unter demselben Dach lebten und wo von der Tuberkulose her stete Lebensgefahr drohte, der auch viele von ihnen zum Opfer fielen. Sie brauchten geistliche Betreuung für die Lebenden, die Sterbenden und die Toten.

Der Gautinger Seelsorgebericht stellt – etwas zu kurz – fest: „Ein polnischer Pfarrer, früher im KZ, kommt regelmäßig ins Sanatorium zur Betreuung der katholischen Polen." Da im Diözesanarchiv hierüber nichts zu eruieren war, haben wir uns an die Münchner Polenmission gewandt. Dort erinnerte sich ein Geistlicher, dass ein polnischer Pfarrer Kajka, ein Dachauer Häftling, nach Kriegsende nicht nach Polen zurückgekehrt sei, sondern in München blieb und hier und im Münchner Umland Jahrzehnte lang polnische Seelsorge betrieb. Ob er es war, der nach Gauting kam, war bisher noch nicht feststellbar. Da aber von Schleswig-Holstein überliefert ist, dass dort nach dem Krieg in den Polenlagern 25 polnische Geistliche tätig waren, von denen die meisten ehemalige Dachauer Häftlinge waren, wäre es ja auch seltsam, wenn in Gauting keine solche Polenseelsorge in polnischer Sprache stattgefunden hätte.

Schließlich muss noch Direktor Alexander Micas erwähnt werden, der Leiter des Mädchenheims, der als Litauer die meisten Ostsprachen beherrschte und zahlreiche Versehgänge im Sanatorium übernahm, weil er mit den Beistand suchenden Patienten in ihrer Sprache kommunizieren konnte. In den Seelsorgeberichten wird ausdrücklich erwähnt, dass er stets bereit war, Aushilfstätigkeit zu übernehmen. Für deutschsprachige Gottesdienste zog man ihn aber nicht heran, weil er die deutsche Sprache nicht so gut beherrschte.

Zu 3) Haßler berichtet, dass die evangelische Seelsorge in Händen der Gautinger Ortspfarrer Schutzka, Burkert und Preuss lag (a. a. O., S. 11), und Zeitzeugen erinnern sich, dass im Ärzteheim, dem ehemaligen Offizierscasino, ein Geistlicher mit Frau wohnte. Sie vermuten, dass es sich dabei um einen christlich-orthodoxen Priester handelte. Wie lange er hier wirkte, ist nicht bekannt. Ob es darüber hinaus im ersten Nachkriegsjahrzehnt weitere Personen und vielleicht auch einen Raum gab, wo geistliche Betreuung dieser dritten Gruppe stattfand, entzieht sich vorläufig unserer Kenntnis. Es muss aber erwähnt werden, dass sich in Gauting ein Ausländerbegräbnisbuch am Friedhof erhalten hat, in dem alle Begräbnisse der nachfolgenden Totenlisten enthalten sind und darüber hinaus einige wenige Ausländer, die damals hier begraben wurden, aber offenbar nicht im Sanatorium starben. Wie überall, so lebten eben auch in Gauting Ausländer, von denen alljährlich einige starben.

Wenden wir uns nun noch einmal der DP-Population im Sanatorium zu, weil uns statistische Erhebungen der UNRRA von damals in die Lage versetzen, zu einer bestimmten Zeit nach Nationen, Lebensalter und Geschlecht zu unterscheiden. Die Zahlen stammen vom September/Oktober 1946.

In einer Statistik vom 19. 10. 1946 werden die Patienten ihrer nationalen Zugehörigkeit nach wie folgt aufgegliedert:

Gauting DP-Hospital A.C. NR 95-426	Polen	Ukrainer	Russen	Litauer	Esten	Letten	Jugosl.	Staatenlos	andere	Total
	205	57	69	44	29	59	56	–	732	1251

In dieser statistischen Erhebung erscheinen die Juden noch nicht als eigene Kategorie. Weil sie sich aber nicht mehr gemäß ihres Geburtsortes als Polen, Russen, Letten oder Jugoslawen bezeichnen wollten, erscheinen sie hier unter „andere". Aus weiteren statistischen Erhebungen ergibt sich, dass zu dieser Zeit 624 Juden als Patienten im Sanatorium waren. Demnach bleiben noch 108 Patienten, die sich herkunftsmäßig auf andere Nationen verteilen, z. B. auf Österreich, Italien, Bulgarien, Ungarn, Rumänien etc. Bei Polen wird in dieser Zeit vielfach unterschieden zwischen Polen, „Polen (Ukr)“ und „Polen (BR)“, also zwischen Polen aus den Grenzen von 1944/ 45, und Polen aus den Ostgebieten, die inzwischen zur Sowjetunion geschlagen wurden, d. h. zu sowjetisch Weißrussland bzw. zur Sowjetukraine.

Der 5. Distrikt der US-Armee umfasste vor allem Bayern südlich der Donau. Hier lebten ungefähr 135.000 Displaced Persons von 410.000 DPs insgesamt in der US-amerikanischen Zone, die außerdem Bayern nördlich der Donau, SW-Deutschland (ohne die französische Zone), Hessen, Bremen und einen Berliner Sektor umfasste.

	Männer im Alter von			Frauen im Alter von			Kinder im Alter von			Total
	14-17	18-44	45-	14-17	18-44	45-	0-1	1-5	6-13	
Gauting	37	705	98	33	225	26	1	25	96	1246
Total im 5. Distrikt US-Zone	3816	52173	10710	3191	36624	7854	4350	6666	9345	134729
Total in der US-Zone	9896	157109	28389	8777	115547	24397	15527	22776	27740	410159

Bei einem Spezialkrankenhaus wie dem DP-Hospital Gauting mit hoher Sterberate hinkt jeder Vergleich mit der Gesamtpopulation, der die Patienten angehören, in diesem Falle also mit der Gesamtzahl der DPs im Besatzungszonendistrikt und in der Besatzungszone insgesamt. Dennoch soll an Hand der zur Verfügung stehenden statistischen Zahlen ein erster Vergleich versucht werden, der Probleme sichtbar machen und Fragen wenigstens aufwerfen kann.

Von den 410.000 DPs in der Zone waren am 21. 9. 1946 laut einer Statistik 195.500 Männer, 148.500 Frauen und 66.000 Kinder. Im Gautinger Sanatorium gab es zu dieser Zeit 1.246 DPs, davon 840 Männer, 284 Frauen und 122 Kinder (von 0-13 Jahren). Das Zahlenverhältnis zwischen den tuberkulosekranken DP-Männern und -Frauen war also 3:1, während es in der US-Zone insgesamt bei den DPs 4:3 betrug. An Kindern gab es in Gauting ziemlich genau ein Zehntel von der Gesamtzahl der DPs, was immer noch überrascht, weil uns überliefert ist, dass nach Gauting keine tuberkulosekranken Kinder kamen, nur Erwachsene. Handelte es sich also um gesunde Kinder? Dann wären das gesunde Kinder Tbc-kranker Eltern gewesen! Solche Fragen nach den Kindern sind vorläufig nicht beantwortbar.

Bei den Erwachsenen scheinen die Frauen für Tuberkulose nicht so anfällig gewesen zu sein wie die Männer, was mit der Lebensweise zusammenhängen könnte: Unter Frauen war damals das Rauchen viel weniger verbreitet als unter den Männern. Das allein kann einen so großen Unterschied aber schwerlich erklären. Kein Zweifel, dass unter KZ-Bedingungen bei Schwerstarbeit vor allem Männer an Tbc erkrankten und sich dann auch gegenseitig ansteckten. Auch waren die DPs, soweit es sich um „Zwangsverschleppte" handelte, an sich schon in ihrer Mehrheit Männer, weil die deutsche Besatzungsmacht während des Krieges vor allem die männlichen Arbeitskräfte ausbeuten (und mit nationalsozialistischer Brutalität besonders die Juden „durch Arbeit vernichten") wollte. Gleichwohl bleibt die relativ geringe Zahl der Patientinnen eine offene Frage, solange wir nicht mehr darüber wissen.

Gegenüber den gut 700 Männern mittleren Alters (unter 45) waren die 37 männlichen Jugendlichen zwischen 14 und 17 Jahren eine auffallend kleine Gruppe, nur der 19. Teil der Männer, während die Zahl dieser Jugendlichen im Besatzungsdistrikt und in der US-Zone insgesamt zwischen einem Dreizehntel und einem Sechzehntel lag. Bei den weiblichen Jugendlichen dieses Alters war die Zahl in umgekehrtem Sinne auffällig: Im Distrikt und in der gesamten Zone erreichten auch sie ein Zwölftel oder Dreizehntel der Frauen (unter 45), in Gauting aber waren es nicht wie bei ihren männlichen Altersgenossen verhältnismäßig wenige, sondern mit einem Siebtel verhältnismäßig viele. Wieder bleibt offen, wie man das erklären kann.

Die älteren Männer (über 45) waren im Sanatorium nur knapp ein Siebtel derer in mittleren Jahren, während ihre Zahl im Distrikt und in der Zone ein Fünftel bzw. ein Sechstel betrug. Die älteren Frauen waren in Gauting nur ein gutes Achtel oder ein knappes Neuntel derer in mittleren Jahren – Zufall? Sieht die Zahl dieser Altersgruppe nicht sehr danach aus, dass da eben schon früher, d. h. während des Krieges und in seinen Endwirren viele ihrer Krankheit (oder irgendwelchen Brutalitäten) erlegen sind?

Zahlenmäßig geben die Totenlisten aus dem Sanatorium zunächst die Gesamtzahl der verstorbenen Patienten in der Zeit vom 23. Mai 1945 bis zum 31. März 1952 mit 469 an. Freilich muss man – wie wir bereits oben bemerkten – hinzufügen, dass es da noch 34 im Ausländerbegräbnisbuch der Gemeinde Gauting vermerkte Begräbnisse von Personen gibt, die wohl großenteils auch Displaced Persons waren, aber eben keine Tbc-Kranken des Sanatoriums. Etliche stammten aus nahegelegenen DP-Lagern, z.B. aus Föhrenwald bei Wolfratshausen, waren wohl auch dort verstorben, wurden aber nach Gauting überführt und hier auf dem jüdischen Friedhof begraben. Insofern werden sie von der Thematik dieser Dokumentation nicht erfasst und bleiben hier unberücksichtigt.

Die Gesamtzahl setzt sich aus der Zahl der 128 verstorbenen jüdischen DP-Sanatoriumspatienten und der Zahl der 341 nicht-jüdischen verstorbenen DP-Patienten zusammen.[20] Der zeitliche Verlauf der Mortalität im Sanatorium zeigt deutlich, dass die Sterberate am Anfang dieser knapp sieben Jahre am höchsten war. So starben die von der Zeit ihrer Verfolgung her ausgemergelten jüdischen Patienten in auffallend hoher Zahl: 47 in sieben Monaten! Aber auch bei den nicht-jüdischen Patienten fielen in diesen sieben Monaten über 50 der Tuberkulose zum Opfer. Von dieser Zeit an ging die Sterberate in den Folgejahren kontinuierlich zurück: 1946 sind nur 15 Juden im Sanatorium gestorben, aber 83 andere Tbc-kranke DP-Patienten. 1947/48 sind es 20 und 21 jüdische sowie 46 und 50 nicht-jüdische Patienten. In den nächsten beiden Jahren (1949/50) sinkt die Sterberate der Juden auf 7 und 10 Fälle, die der übrigen DP-Patienten auf 25 und 31 Fälle. Mit dem Jahre 1951 wird die Zahl 10 bei den jüdischen Patienten auf Dauer unterschritten, bis 1956 der letzte jüdische Patient dieses Jahrzehnts stirbt. Das ist nicht nur auf die Verbesserung der Therapie zurückzuführen, sondern vor allem auf die Abwanderung der jüdischen DPs, besonders nach Israel und den USA, die wir ja oben ausführlicher beschrieben haben.

Wie wirksam aber auch die neuen Heilmittel und -methoden waren, erkennt man an dem Rückgang der Todeszahlen auch bei den anderen Patienten: 1956 sind es noch 12, 1957 sogar 19 Sterbefälle, in den folgenden Jahren aber sank diese Sterberate ab 1960 unter 10 Todesfälle im Jahr; 1961 waren es noch 6, 1962 nur mehr 3 im Jahr. Auch das wiederum nicht nur wegen der verbesserten Heilungschancen, sondern natürlich auch deswegen, weil die Zahl der heimatlosen Ausländer im Sanatorium stetig zurückging und jeder auf Dauer freiwerdende Platz eines Ausländers durch einen deutschen Patienten ersetzt wurde. Waren es 1954 noch 580 ausländische neben 453 deutschen Patienten, so ist ab 1960 das Sanatorium praktisch eine deutsche Heilstätte wie alle anderen Lungenheilstätten auch mit einem kaum noch größeren Ausländeranteil als in der Gesamtbevölkerung.
Bleibt noch die Frage, weshalb die Namenslisten der Verstorbenen nur bis

zum 31. März 1952 reichen und nicht darüber hinaus. Das hängt mit der deutschen Gesetzgebung zusammen. Am 27. 5. 1952 wurde ein deutsches Kriegsgräbergesetz erlassen, dass bestimmte Gräber, die unter dem Schutz dieses Gesetzes stehen, dauernd zu erhalten sind, und zwar für Todesfälle im militärischen Dienst, auch für Zivilpersonen, die durch Kriegseinwirkungen oder Kriegsfolgen bis 31. 3. 1952 ums Leben gekommen sind, sowie für Opfer nationalsozialistischer Gewaltmaßnahmen. Im Unterschied hierzu bestimmte § 1, Abschnitt 11, Ziffer 10 dieses Gesetzes, dass Gräber der von einer internationalen Flüchtlingsorganisation in Sammellagern oder in einer Krankenanstalt betreuten Ausländer nur, wenn sie bis zum 30. 6. 1950 verstorben sind, unter dem Schutz dieses Gesetzes stehen. Wir haben in unserer Zusammenstellung aber auch bei den zu diesem Personenkreis gehörenden Gautinger DP-Patienten die namentliche Wiedergabe bis 31. 3. 1952 beibehalten und erwähnen zahlenmäßig auch die später noch Verstorbenen (bis 1960), um den Vorgang des Abschmelzens der ausländischen Patientenschaft im hiesigen Sanatorium deutlich zu machen.

Da die Namen der Verstorbenen in der Regel von deutschen Angestellten in deutscher Schrift niedergeschrieben wurden, kommt es in den verschiedenen Originalquellen zu Divergenzen der Schreibweise, die teilweise auf noch ältere schriftliche Vorlagen zurückgehen. Soweit erkennbar, haben wir die überzeugendste Schreibweise übernommen. Im Übrigen sind die Namen belassen, wie sie uns überliefert sind, so daß mitunter gröbliche Fehler in der Schreibweise auftreten können. – Auch bei den angegebenen Ortsnamen, insbesondere bei den Geburtsorten, dürften solche Irrtümer und Fehler in der Schreibweise auftreten, z. B. bei den Zischlauten, die sich in slawischen Sprachen häufig finden: s, sz, ch, cz, rz, tsch u. a. Weitere unvermeidliche Irrtümer sind sicherlich bei der Übertragung aus griechischer oder kyrillischer Schrift, erst recht aus der (offiziell abgeschafften) türkischen und der arabischen Schrift und selbstverständlich auch bei hebräischer Schrift schon bei unseren Vorlagen entstanden. Hieran konnten wir nichts ändern. Eine Dokumentation übernimmt Personen- und Ortsnamen sowie in Zahlen vorgegebene Daten und gibt sie möglichst getreu wieder.

Ein letztes Wort zu den Sterbefällen im Sanatorium:

So tragisch es ist, daß noch so viele DPs, also Zwangsverschleppte, in jenen Jahren an den Spätfolgen des Krieges und der Verfolgungen sterben mussten, so besteht doch kein Zweifel, dass es ein Unterschied ist, ob jemand gequält, hungernd und frierend, beschimpft, verhöhnt und geschlagen und darum hoffnungslos und verzweifelt stirbt, in der Überzeugung, daß alles verloren ist, oder ob er mitten in einem kaum noch für möglich gehaltenen überwältigenden Sieg der eigenen Sache über das nationalsozialistische Deutschland stirbt. Gerade auch die Patienten, die den Aufbruch ins neue Nachkriegsleben nicht mehr oder nur noch kurze Zeit persönlich mitmachen konnten, waren erfüllt vom Sieg der Alliierten über ihre Peiniger, der nun allen Völkern neue Aussichten eröffnete, und hatten somit Anteil an der Hochstimmung eben dieses Aufbruchs in bessere Zeiten.

Auch das eigene Leben und Leiden erschien nicht mehr sinnlos, es hatte seinen Platz in der großen Abrechnung der Weltgeschichte mit den Verächtern von Gott und den Menschen, von Kriegsrecht, Weltfrieden und Menschlichkeit.

Anmerkungen

1) Immerhin haben wir Belege dafür, dass hier 1940/41 der Stab der „Flak-Scheinwerfer-Ersatzabteilung 15" untergebracht war. (Vgl. Reichert, Rüdiger von: Als die Amis kamen. Kriegsende im Würmtal 1945. München 2004, S. 20ff.)

2) Der erwähnte junge Militärarzt Dr. Haßler blieb sein weiteres Berufsleben in diesem Krankenhaus: zuerst bei der Wehrmacht, nach Einmarsch der Amerikaner unter UNRRA und IRO (s. u.) und schließlich unter der Trägerschaft der LVA Oberbayern in den letzten Jahrzehnten seines Wirkens als Chefarzt. Er hat eine Chronik hinterlassen: Haßler, Hans: Chronik des heutigen Zentralkrankenhauses der Landesversicherungsanstalt Oberbayern, o. O., o. J. (Gauting 1965), hier S. 3.

3) Wetzel, Juliane: „Displaced Persons". Ein vergessenes Kapitel der deutschen Nachkriegsgeschichte. In: Aus Politik und Zeitgeschichte, B 7-8, 1995, S. 34-39. Auch zum folgenden.

4) Jacobmeyer, Wolfgang: Vom Zwangsarbeiter zum heimatlosen Ausländer, Göttingen 1985

5) Wyman, Mark: DP. Europe's Displaced Persons. London-Toronto 1989, S. 58

6) Fehn, Hans: Das Land und seine Bevölkerung. In: Spindler, Max (Hg.): HB der bayerischen Geschichte, Bd. IV,2, München 1975, S. 647ff, hier 702

7) Wetzel, Juliane: a. a. O.

8) Internet-Projekt „Displaced Persons" des „Projektkurses Geschichte" des 13. Jahrgangs der Integrierten Gesamtschule Mühlenberg in Hannover (Geschichtslehrer Reinhard Tegtmeier-Blanck) 2002

9) Wetzel, Juliane, a.a.O.

10) Wie Anm. 8

11) Dölger, Karsten: „Polenlager Jägerslust" (Quellen und Forschungen zur Geschichte Schleswig-Holsteins, Bd. 110), Neumünster 2000.

12) Diese Zahlenangaben dürften für das erste Nachkriegsjahr gelten (bis Mitte 1946)

13) Nach ITS Arolsen (International Trace Service = Internationaler Suchdienst), Kopien im Institut für Zeitgeschichte München unter Fi 01.30-01.34. Sobald diese Zahlen mit Zahlen von anderer Seite verglichen werden, ergeben sich oft Ungereimtheiten.

14) Wetzel, Juliane: Jüdisches Leben in München 1945 - 1951, Diss. München, (Miscellanea Bavarica Monacensia, Bd. 135)

15) „tones" hier wohl: Gliederinstitutionen

16) Akten der amerikanischen Militärregierung (Office of Military Government for Bavaria = OMGB, Field Operations Division = FOD, Branch E Oberbayern, Detachment Starnberg) 1945-1951: Verfilmte Kopien im Bayerischen Hauptstaatsarchiv, München. Wir danken Herrn Reinhard Hennings für seine detaillierte Auswertung dieser Aktenbestände.

17) Vgl. „1000. Sendung Radio Gauting", (Gauting 1954) - s. u. im Anhang S.387ff

18) 1951-1952. Ein Jahr Heilstättenarbeit im Staatl. Tbc-Sanatorium u. -Krankenhaus Gauting in Verwaltung der Landesversicherungsanstalt Oberbayern, München. (München 1952) S. 11.

19) Schnitzer, Ernest, verwitwet, Beruf: Kantor, ★21. 4. 1897 in Calinesti, staatenlos, Religion jüdisch. Zugezogen am 6. 8. 1946 aus dem Lager Feldafing; am 23. 10. 1948 laut Sanatorium „unbekannt verzogen".

20) Die Patientenzeitung bringt in Nr. 13 vom 10. 8. 1948, S. 23, zwei weitere Todesfälle von Patienten („Kameraden"): Stefanowicz, John, ★5. 6. 1887 in Philadelphia/USA(!), † 24. 7.1948; Niewiadomski, Stanislaus, ★7. 4. 1915 in Blankenburg/PL, † 31. 7.1948. Beide wurden der Gemeinde nicht als Verstorbene gemeldet. Waren sie vielleicht Amerikaner?

REMINISCERE – GEDENKE!

Holocaust-Denkmal

Im Tbc-Krankenhaus Gauting
von Mai 1945 – 31. März 1952
verstorbene Juden (DPs)

Jüdischer Friedhof in Gauting

St.-R. Name	Vorname	Geb.-Dat.	Geburtsort

1945

St.-R. Name	Vorname	Geb.-Dat.	Geburtsort
43 Bescha	Josef	1914	Griechenland
45 Werdiger (Werdinger)	Betin-Sefrit	16.03.1914	Bensburg O/S
47 Tuchschneider	David	17.04.1926	Bensburg O/S
48 Süsskind	Arthur	27.04.1903	b.M.GIadbach
49 Schwarz	Nelly	22.09.1922	Österreich
52 Heitner	Laib	31.12.1905	Antwerpen
54 Lipschitz	Abraham	11.03.1914	Antwerpen
55 Fischmann	Mayel	05.05.1926	Tschenstochau
58 Knobler	Selig	04.05.1923	Dombrowa
60 Dreisinger	Desider	07.08.1927	Schatororjuheli
63 Loonstein	Juda	09.02.1909	Amsterdam
67 Moschokowitz	Fanni	?	?
68 Reimann Dr.	Helene	22.01.1900	Scharburgerd
69 Farkosch	Jenda	18.11.1928	Hust
72 Windmann	Abraham	29.08.1923	Lodz
74 Markmann	Jakob	14.02.1923	Wilna
83 Breier	Edith	27.04.1922	Deregsuje
88 Zeitlin	David	07.10.1923	Warschau
90 Perl	Aron	06.10.1914	Ulst
91 Schapiro	David	17.04.1918	Suwalki
94 Farkas	Haschel	15.12.1902	Strednic
95 Moscowitsch	Wladislaus	26.06.1926	Niereghaso
99 Weiss	Aron	02.09.1914	Sallödynaftu
105 Himmelfarb	Wolf	21.07.1921	Donbrowa
106 Block	Marton	24.04.1927	Schadorja
107 Selbar	Laib	21.10.1909	Lodz
109 German	Salomon	13.11.1895	Kowno
111 Sabetta	Mosse	1921	Saloniki
112 Sieradski (Schier)	Szya	01.08.1923	Lodz
116 Maras	Robert	1928	Kowno
117 Samson	Wladislaus	01.08.1929	Klausenburg
118 Listmann	Aranka	08.10.1921	Beregazasz
121 Markowitz	Adolf	31.12.1918	Sigatur Marmac.

Nation.	Sterb.-Dat.	Beruf	Bemerkungen
Griech.	23.05.45	Arbeiter	
Deutsch.	30.05.45	Autoschlosser	
Pole	02.06.45	Schüler	
Deutsch.	03.06.45	Kaufmann	Theresienstadt
Österr.	08.06.45	Hausgehilfin	
Belgien	10.06.45	Diamant-Arbeiter	
Belgien	15.06.45	Händler	
Polen	16.06.45	Glaser	
Polen	21.06.45	Schneider	
Ungarn	22.06.45	Tischler	
Holland	29.06.45	Fabrikant	
Tschech.	05.07.45	?	verheiratet
Slowak.	07.07.45	Ärztin	
Tschech.	07.07.45	Schlosser	
Polen	11.07.45	Arbeiter	
Polen	13.07.45	Landarbeiter	
Ungarn	20.07.45	?	
Polen	27.07.45	Kunstmaler	
Ungarn	30.07.45	Kaufmann	
Polen	30.07.45	Bäcker	
Tschech.	01.08.45	Landwirt	
Ungarn	02.08.45	Schüler	
Ungarn	05.08.45	Oberrabbiner	Whg.: Hidaumasch/Ungam
Polen	13.08.45	Zimmermann	KZ.-Opfer
Ungarn	14.08.45	ohne	KZ.-Opfer
Polen	14.08.45	Schuhmacher	KZ.-Opfer
Litauen	15.08.45	Buchhalter	KZ.-Opfer
Griech.	18.08.45	Arbeiter	KZ.-Opfer
Polen	19.08.45	Fabrikarbeiter	
Litauen	28.08.45	Schüler	KZ.-Opfer
Ungarn	28.08.45	Schüler	KZ.-Opfer
Ungarn	03.09.45	ohne	
Rumän.	07.09.45	Beamter	KZ.-Opfer

St.-R.	Name	Vorname	Geb.-Dat.	Geburtsort

1945

122	Fainas (Famas)	Serge	18.12.1904	Kaumas (Kaunas)
126	Vajena Dr.	Andor	11.06.1902	Alvinc (Alvine)
140	Rubinstein	Erna	20.06.1930	Paks
148	Marmareschi (Maramoschi) Ludwig		12.02.1901	Betes (Botes)
156	Kwartowska	Frieda	29.01.1926	Wilna
161	Krzesiwo	Chi!	16.05.1925	Tziodosize
163	Dobiase	Hella	03.03.1922	Tschenstochau
170	Steiner	Georg	16.01.1930	Fücesgyarmad
171	Plager	Georg	07.09.1929	Orandea
172	Cygiel	Aron	03.03.1923	Stachawizce
175	Dorfmann	Israel	03.05.1892	Bogdanoncer
178	Wertheim	Aron	15.06.1900	Radom
183	Pawlovicz	Chaim	10.04.1912	Pabienice
185	Vogelmann	Regina	15.08.1919	Lody (Lodz)

1946

14	Eichenbaum	Salomon	19.04.1929	Bilowaritz
17	Berkowitsch	Emil	16.02.1901	Schomscha (Schomasc
46	Kamunarsch	Max	16.03.1904	Lodz
74	Gross	Robert	22.07.1924	Budapest
91	Igdalska	Dora	15.06.1922	Wilna
97	Luft	Antzel	15.02.1922	Novikorczin
106	Burakowsky	Hermann	25.10.1925	Schadek
107	Lenga	David	17.01.1912	Lodz
115	Friedmann	Josef	24.08.1901	Koblitschinze
?	Gutermann	David	02.01.1913	Lujblin (Lublin)
155	Goldstein	Jaudar (Jandor)	12.08.1912	Major.Labosch
160	Farkas	Bela	22.07.1919	Kranikowa
178	Pelze!	Aron	29.05.1924	Zabic
180	Eisenmann	Moses	15.05.1926	Bendzin
194	Flasz	Israel	07.04.1919	Manjawicz

Nation.	Sterb.-Dat.	Beruf	Bemerkungen
Litauen	09.09.45	Ing.	KZ.-Opfer
Rumän.	19.09.45	Dr. med	KZ.-Opfer
Ungarn	02.10.45	ohne	DP-Camp Feldafing
Rumän.	18.10.45	Notar	KZ.-Opfer
Litauen	27.06.45	Schneiderin	KZ.-Opfer
Polen	02.11.45	Tischler	KZ.-Opfer
Polen	09.11.45	ohne	KZ.-Opfer
Ungarn	17.11.45	Schüler	KZ.-Opfer
Rumän.	21.11.45	Elek. Lehrl.	Whg. Szentes/Ungarn
Polen	23.11.45	Maler	KZ.-Opfer
Polen	25.11.45	Maurer	KZ.-Opfer
Polen	04.12.45	Konditor	
Polen	14.12.45	Schneider	KZ.-Opfer
Polen	17.12.45	Schneiderin	
Tschech.	03.02.46	ohne	
Rumän.	08.02.46	Landwirt	
Polen	01.04.46	Schuhm.	
Ungarn	22.04.46	Tischler	
Polen	11.05.46	Krankenpfleg.	
Polen	19.05.46	Metallarb.	
Polen	31.05.46	Fleischer	
Polen	01.06.46	Friseur	
Polen	16.06.46	Kaufmann	
Polen	10.07.46	Buchhalter	
Rumän.	15.10.46	Kürschner	
Tschech.	24.10.46	Metzger	
Polen	25.11.46	Schüler	
Polen	30.11.46	ohne	
Polen	30.12.46 ?	ledig	

St.-R. Name	Vorname	Geb.-Dat.	Geburtsort
1947			
5 Sajons	Viktor	15.03.1914	Chmielnik
25 Dicker	Aron	09.01.1921	Lubatschow
26 Rosenfeld	Bela	28.07.1925	Neumarkt
33 Segalsohn	Anna	15.04.1900	Riga/Lettl.
40 Pietruschka	Mayer	25.02.1911	Lamscha
45 Fryszman	Israel	15.11.1903	Bialobrzegi
57 Auerbach	Heinrich	25.07.1893	Sempolno
59 Henachowicz	Mosche	23.02.1920	Pirtkow
66 Flasch	Cipe	08.06.1917	Wlodimir
67 Rothstein	Abraham	13.01.1910	Lodz
71 Roth	Hermann	21.08.1919	?
75 Garbarsz (Gorbarz)	Sara	10.04.1905	Tauszin
76 Slomovitz	Mendel	28.07.1894	Strelniolschow
84 Golinski (Gelinski)	Eduard	28.09.1910	Czenstochau
88 Braun	Leo	18.02.1878	Würzburg
87 Dzialowski	Max	24.04.1923	Lodz
102 Zac	Rosa	01.08.1906	Samosch (Zamose)
104 Weiss	David	04.10.1914	Belehovov (Lehovov)
113 Senicki	Geniek	23.07.1929	Wilna
117 Olsztein	Jadzia	04.08.1914	Lublin
1948			
6 Fischmann	Lili	30.11.1926	Bodrogkerestur
26 Schreiber	Niuta (Sinta)	11.11.1931	Warschau
31 Klein	Hermann	18.03.1923	Hust (Rust)
32 Kossberg (Krosberg)	Moses	13.07.1923	Kletzk
43 Salzberg	Josef	13.03.1907	Rotow
44 Klein	Gitta	21.06.1898	Lodz
50 Kurlianczik	Simon	30.10.1926	Kauen
56 Benkiel	David	10.02.1917	Lodz
61 Weiss	Ryfka–Klara	03.03.1927	Mad
62 Rochman	Chana	07.10.1913	Warschau

Nation.	Sterb.-Dat.	Beruf	Bemerkungen
Polen	10.01.47	Schuhmacher	
Polen	21.02.47	?	ledig
Rumän.	28.02.47	?	ledig
Litauen	06.03.47	Apoth.-Frau	
Polen	19.03.47	Schneider	
Polen	27.03.47	Polierer	Lg. Landsberg
Polen	05.05.47	Landwirt	Ehefr. Mindelheim
Polen	11.05.47	Schuster	UNRRA Feldafing
?	30.05.47	Hausfr.	Whg. Gauting
Polen	02.06.47	Schneider	Lg. Neu-Freimann
Ungarn	15.06.47	Bäcker	
Polen	01.07.47	ohne	
Tschech.	14.07.47	Kantor	
Polen	29.07.47	Ing.	
Deutschl.	27.08.47	Kaufmann	Whg. München
Polen	26.08.47	Schüler	
Polen	30.10.47	Lehrerin	Camp Traunstein
Tschech.	03.11.47	Landwirt	
Polen	03.12.47	Schüler	
Polen	12.12.47	Schneiderin	Camp Lampertheim
Ungarn	18.01.48	Hausfrau	Camp Fürth i. B.
Polen	08.03.48	Schneiderin	
Tschech.	17.03.48	Mechaniker	DP-Camp Pöcking
UDSSR	21.03.48	Kraftf.	
Polen	05.04.48		verh., Whg. München
Polen	04.04.48		verw.
Litauen	18.04.48	Installateur	
Polen	03.05.48	Schneider	Lg. Freimannsiedl.
Ungarn	16.05.48	ohne	
Polin	19.05.48		verh., Whg. bei Kassel

St.-R. Name	Vorname	Geb.-Dat.	Geburtsort
1948			
69 Cymberknopf	Helene	06.10.1920	Belchadur
72 Hellstein (-stayn)	Mundel	15.01.1931	Marachowicze
79 Reisman	Beno	15.01.1908	Tiscosavor
90 Rotblit	Ella	20.06.1925	Freiburg/Brsg.
93 Fajgenbaum	Giena	26.01.1911	Krakau
95 Oelbaum	Moses	04.05.1927	Mokaschevo
98 Ryback	Chaim	16.03.1920	Partschew
104 Wygoda	Scheina	01.06.1898	Poltusk
110 Gross	Simcha	07.04.1917	Gorlicze
125 Mortek	Lander	04.11.1926	Warschau
129 Eckstein	Bernhard	16.09.1905	Stanislau
1949			
10 Kapuch	Michael	25.09.1893	Schwawel
30 Teitel	Zundel	13.12.1894	Ostrow
43 Breitbart	Rachmil	15.01.1913	Lodz
44 Babat	Sroll	02.09.1896	Krassnebrot
45 Sznaper	Rachmil	20.03.1912	Zloczow
50 Unger	Abraham	02.10.1910	Biacora (Blakora)
79 Majl	Benjamin	15.03.1915	Lublin
1950			
2 Aschenstein	Berko	30.01.1919	Rowno
3 Lewit	Koppel	02.03.1902	Skidel/Groano
6 Goldfeld	Ischak	03.05.1872	Jozefo
27 Halperin	Slama	07.05.1926	Uhla
28 Friedman	Abraham	01.05.1926	Lublin
45 Kittel	Jan	15.01.1906	Tschenstochau
57 Bergler	Salomon	17.11.1896	Nadrurna
60 Koszusmann	Julian	25.03.1927	Graudenz
92 Schönbach	Salomon	05.10.1899	Sanok

Nation.	Sterb.-Dat.	Beruf	Bemerkungen
Polen	06.06.48		verh., Whg. Regensburg
Polen	27.06.48	Schüler	Whg. Gauting
Tschech	11.07.48	Kaufmann	
Polin	17.08.48		verh., Whg. Bamberg
Polin	26.08.48		verh., Whg. Landsberg
Tschech.	26.08.48	Schüler	
Polen	03.09.48	Schmied	
Polin	24.09.48		verh., Camp Wasseralfing
Polen	14.10.48	Maler	Camp Pocking-Wal.
Polen	04.12.48	Uhrmacher	
Polen	16.12.48	Schneider .	
Litauen	13.02.49	Schuhm.	
Polen	05.04.49	Bräuer	Lg. Eschwege
Polen	10.06.49	Schuster	Lg. Eschwege
Polen	14.06.49	Fleischer	Lg. Feldafing
Polen	15.06.49	Schneider	
Polen	02.07.49	Schneider	
Polen	21.11.49	Tischler	
Polen	03.01.50	Arbeiter	
Polen	05.01.50	Gerber	
Polen	09.01.50	Schuhm.	Lg. Feldafing
Tschech.	12.03.50	Zahntechn.	
Polen	12.03.50	Zahntechn.	
Polen	15.04.50	Elek. Techn.	
Polen	25.05.50	Gärtner	
Polen	06.06.50	ohne	
Polen	18.09.50	ohne	Lg. Lechfeld

St.-R. Name	Vorname	Geb.-Dat.	Geburtsort
1950			
112 Feuerwerker	Simon	02.02.1927	Bogdan/Rachow
1951			
2 Celcer	Pola	10.05.1900	Malchow
32 Horowicz	Mirjam	01.03.1918	Lodz
38 Dawidowitsch	Golda	01.04.1904	Memel
42 Hubermann-Zaif	Henryk	16.10.1927	Kalisch
58 Kahn	Erich	10.04.1891	Bochum
75 Berenbaum	Tola	23.12.1916	Warschau
88 Berkowic	Wolf	05.12.1919	Marmos
1952 (bis 31. März 1952)			
21 Jutkiewisz	Rena	08.07.1934	Konien

Nation.	Sterb.-Dat.	Beruf	Bemerkungen
Tschech.	04.12.50	Schuster	
Polen	01.01.51	Hausfrau	
Polen	15.04.51	Hausfrau	Lg. Traunstein
deutsch	03.05.51	Buchhalterin	verheiratet
Polen	23.05.51	ohne	led.
deutsch	22.07.51	Börsenmakler	
Polen	07.09.51	ohne	verh.
Rumän.	11.12.51	ohne	led.
Polin	21.02.52	Schülerin	Elt. M.-Freising

REMINISCERE – GEDENKE!

Gedenkstein am Reihengrab

Im Tbc-Krankenhaus Gauting von Mai 1945 – 31. März 1952 verstorbene Ausländer (DPs)

(ohne Angehörige jüdischen Glaubens)

Ausländer (DPs) – Reihengrab auf dem Gautinger Friedhof

Gedenkstein auf dem Gautinger Friedhof (aufgenommen am Volkstrauertag 2003).
Die Inschrift lautet: „Zum Gedenken an die in diesem Friedhof beerdigten Männer
und Frauen aus 18 Nationen, die an den Folgen des Krieges 1939 – 1945 in Gauting
gestorben sind".

Die Gräber der verstorbenen DP-Patienten im Gautinger Friedhof

Karl Mayr bringt die Ausländerbegräbnisse im Gautinger Friedhof in Zusammenhang mit den Toten des Sanatoriums, was sicher für den größten Teil dieser Beerdigungen zutrifft, aber nicht für alle. Er schreibt: „In der Zeit bis 1961 wurden 270 Ausländer, davon 118 Polen, 94 Sowjetbürger, 41 Personen aus Balkanstaaten, 4 Tschechen, 4 Türken und 8 mit ungeklärter Nationalität im Gautinger Friedhof beerdigt. Der Religionszugehörigkeit nach waren es vorwiegend Katholiken, aber auch orthodoxe Christen und Moslems [...] Zum 1. Januar 1962 wurden 229 Gräber, deren Ruhefrist von 12 Jahren abgelaufen war, mit Genehmigung der Regierung von Oberbayern aufgelassen." (S. 304f) Die Gemeinde ließ einen Gedenkstein von Bildhauer Thaler aufstellen mit der Inschrift: „Zum Gedenken an die in diesem Friedhof beerdigten Männer und Frauen aus 18 Nationen, die an den Folgen des Krieges 1939 - 1945 in Gauting gestorben sind". Bei 41 Gräbern war die zwölfjährige Ruhezeit noch nicht abgelaufen, so dass sie erhalten blieben, bis das Bundesgräbergesetz vom 01.7. 1965 bestimmte: „Gräber von Personen, die als Opfer nationalsozialistischer Gewaltmaßnahmen seit dem 30. 1. 1933 ums Leben gekommen sind oder an deren Folgen bis 31. 03. 1952 gestorben sind," müssten auf Dauer bestehen bleiben. Darum blieben diese Gräber weiter erhalten, bis sie der „Volksbund deutsche Kriegsgräberfürsorge" exhumieren ließ, um sie im Gräberfeld 25 in einer gemeinsamen Grabanlage gemeinsam zu bestatten.

Neben dem jüdischen Friedhof gibt es also im gemeindlichen Friedhof die Sammelgedenkstätte für die 229 (nicht-jüdischen) toten Ausländer und das Gräberfeld 25 mit den 41 Ausländergräbern.

St.-R. Name	Vorname	Geb.-Dat.	Geburtsort
1945			
44 Baruschniko	Wladimir	20.10.1925	Kalinin
• 56 Wdoschen	Alex	29.03.1925	Snaninka
59 Mischnjo	Andrey	01.06.1925	Wienko(Charkow
64 Sturen	Nikolai	25.11.1925	Stuhlmiwo
70 Jüdin	Jenor	? (46 Jahre)	Omlessd (Kursk)
71 Fargas	Anton	07.08.1903	Bibiano
76 Bobunoff	Anton	21.02.1921	Stalino
• 80 Grigorenko	Peter	07.12.1887	Kiew
81 Hronow	Wassili	04.05.1911	Neschniherajnuka
• 84 Lukaschenko	Wassili	14.09.1921	Bobrisk-Kiew
• 85 Palaschka	Jolasa	10.05.1926	Keiskaloblasti-Ku
92 Tagmatscho	Iwan	10.10.1926	Omlessol-Kursk
93 Breuer	Alada	?	Temeschburg
96 Kalpinski	Andreas	29.04.1916	Samosch
97 Pitrik	Johann	20.02.1912	Nigniroda
103 Kulbatzki	Iwan	25.03.1900	Nowo Alexandro
110 Kupratschik	Iwan	20.05.1925	Zirr/Wolin
119 Kowallo	Gregor	01.06.1918	Dnyopereloid
120 Alpatzki	Iwan	29.06.1915	Werchnespakoi
123 Bocovski	Adam	02.01.1910	Korschen
124 Wawreniuk	Katja	16.03.1921	Brestlidowsk
128 Deschupi	Sanka	24.10.1924	Sportkje–Poltawa
129 Stankewicz	Adam	01.04.1891	?
130 Simcick	Karl	01.04.1926	Viume
133 Feketi Gezar v. N.	Elisabeth	26.10.1900	Besztercebanya
134 Kalendarow	Istkander	1923	Stalinabad
• 136 Danjelenko	Wladimir	19.04.1924	Hoynyk
137 Cedzik	Jan	01.08.1922	Godula
139 Latacz	Valentin	22.02.1900	Warschau
142 Wojtylla	Roman	07.02.1916	Majtan
145 Waldewski	Maija	20.04.1923	Mietau
146 Sedlic	Milerad	02.11.1921	Siekowaz
147 Wardas	Leon	21.02.1901	Karwina

Nation.	Sterb.-Dat.	Beruf	Bemerkungen
UDSSR	24.05.45	ohne	
Ukraine	16.06.45	Arbeiter	
UDSSR	21.06.45	Arbeiter	
UDSSR	29.06.45	Maler	
UDSSR	08.07.45	Bauer	
Polen	09.07.45	Beamter	W.-Ort: Jelvin Rineck
UDSSR	14.07.45	Schreiner	
Ukraine	15.07.45	Drechsler	
UDSSR	18.07.45	Arbeiter	
Ukraine	24.07.45	Schüler	KZ-Opfer
Ukraine	25.07.45	?	
UDSSR	01.08.45	Bauer	
Rumänien	01.08.45	Schuhm.	
Polen	02.08.45	Schreiner	
Tschech.	03.08.45	Bergmann	W.-O.Morakwa,Krs. Frieden
UDSSR	10.08.45	Bauer	KZ-Opfer
UDSSR	17.08.45	ohne	KZ-Opfer
UDSSR	03.09.45	Bauer	
UDSSR	04.09.45	Kraftfahrer	
Polen	09.09.45	Landarb.	KZ-Opfer
Polin	14.09.45	?	
UDSSR	21.09.45	Schüler	KZ-Opfer
Polen	21.09.45	Arbeiter	DP-Camp Mühldorf/lnn
Jogoslaw.	24.09.45	Elektro-Techn.	KZ-Opfer
Ungarn	26.09.45	?	Wohg./Kinnber b.Traunstein
UDSSR	27.09.45	Landarb.	
UDSSR	28.09.45	Elektriker	KZ-Opfer
Polen	28.09.45	Arbeiter	KZ-Opfer
Polen	01.10.45	Tischler	KZ-Opfer
Polen	05.10.45	Arbeiter	
Lettland	12.10.45	Hausverwalterin	
Jugoslaw.	15.10.45	Arbeiter	KZ-Opfer
Polen	15.10.45	Steiger	KZ-Opfer

St.-R. Name	Vorname	Geb.-Dat.	Geburtsort
149 Angelow	Boris	24.12.1918	Nowo Sele
150 Socha	Jan	24.07.1904	Slofiki
151 Domanski	Leon	29.03.1892	Zcerwisk
152 Gorbatscho	Wassili	01.08.1916	Leningrad
153 Heidukow	Iwan	12.04.1899	Kiew
154 Kotschetkow	Levint	15.01.1914	Schuja
158 Kerbowska	Waclava	12.05.1925	Satenscheman
159 Zysko	Jan	02.02.1925	Jakrew
• 162 Bochmolow	Georg	03.05.1923	Kiew
166 Twardowski	Josef	07.01.1899	Kutnow
167 Gozdzikowski	Edmund	15.10.1924	Warschau
168 Oczadly	Josef	18.02.1900	Kattowitz
173 Wasniewski	Michrau	Juli 1925	?
176 Bimilow	Alexander	10.11.1891	Cekarlo
181 Czarnecki	Josef	?	Jadlowka–Krakau
182 Wierbicki	Wladimir	19.08.1922	Warschau
186 Semjonow	Nikolai	16.09.1925	Locnia-Kartowa
187 Magaija	Stephan	22.10.1926	Tatovci
188 Trupcos	Nico	12.05.1918	Welia

1946

2 Slodawski	Paul	26.05.1895	Kronstadt
5 Süberreg	Boleslav	06.05.1922	Warschau
2 Pardu	Constantin	31.05.1896	Tallin
9 Scharikow	Sergie	18.07.1922	Woronesch
11 Schreiner	August	26.11.1869	Kongota
12 Lukanskas	Kasimir	24.01.1917	Zvirblian
13 Schereika	Anton	13.03.1898	Kaunas
15 Kur	Wazlaw	08.09.1912	Wichel
19 Kamerut	Harry	09.10.1911	
21 Madrala	Josef	17.02.1926	Zarzyse Wielke
22 Wikareck	Anella	11.02.1912	Wujescu
23 Smukovice	Anton	07.01.1903	Postumawas
24 Tiritsch	Stefan	06.11.1921	Novakowic

Nation.	Sterb.-Dat.	Beruf	Bemerkungen
Jugoslaw.	19.10.45	Heizer	Fremdarbeiter
Polen	19.10.45	Bauer	KZ-Opfer
Polen	23.10.45	?	KZ-Opfer
UDSSR	22.10.45	Koch	KZ-Opfer
Ukraine	23.10.45	Bauer	KZ-Opfer
UDSSR	23.10.45	Schlosser	KZ.Opfer.W.-OrtUstera
Polen	29.10.45	Hausangestellte	KZ-Opfer
Polen	29.10.45	Arbeiter	W.-Ort: Lublin
Ukraine	04.11.45	Dreher	KZ-Opfer
Polen	10.11.45	Chemiker	KZ-Opfer
Polen	13.11.45	Schlosser	KZ-Opfer
Polen	13.11.45	Invalide	KZ-Opfer
Ukraine	22.11.45	Arbeiter	KZ-Opfer
UDSSR	26.11.45	Arbeiter	
Polen	10.12.45	Landarbeiter	
Polen	14.12.45	?	KZ-Opfer
UDSSR	20.12.45	Arbeiter	Kz-Opfer
Jugoslaw.	21.12.45	Landarbeiter	W.-Ort:Luba(Jugosl.)
Griechenl.	28.12.45	Konditor	
Pole	03.01.46	Masch.-Bauer	KZ-Opfer, W.-OrtGrdnia-Polen
Polen	05.01.46	Gutsbesitzer	
Estland	08.01.46	Kaufmann	Augsburg,Baltenlager
UDSSR	16.01.46	Schüler	
Estland	20.01.46	Schnapsbr.-Meister	
Litauen	23.01.46	Buchhalter	W.-Ort: Zvirblian
Litauen	27.01.46	Rechtsanwalt	
Polen	07.02.46	Landarbeiter	
Lettland	13.02.46	Landwirt	Lettenlg.Kleinkötz b.Günzburg
Polen	16.02.46	Schüler	KZ-Opfer
Polen	16.02.46	Arbeiterin	
Jugoslaw.	19.02.46	Wagner	
Jugoslaw.	19.02.46	Landarbeiter	

St.-R. Name	Vorname	Geb.-Dat.	Geburtsort
25 Rissa	Gentschely	15.02.1900	Stambul
29 Karas	Stanislaus	08.07.1920	Wolbram/Miecho
34 Jers	Konstantin	31.12.1893	Baranovka
35 Schuba	Anna	27.10.1923	Sportava
36 Brodzinski	Antoni	01.07.1921	Warschau
37 Kusmin	Wassil	06.06.1892	Jesowska
39 Pieczynski	Leo	06.03.1923	Ostrowa
42 Samadinov	Karatei	28.06.1922	Dinow
43 Petscaifino	Anela	22.12.1919	Wilkeischkes
48 Mykyta	Miroslawa	03.05.1911	Tzenicz
54 Tilk	Ewald	01.03.1919	Weissenstein
58 Miszel	Eugenia	26.05.1928	Strin
59 Sloma	Leo	12.09.1904	Pfauzburg
62 Padaschow	Jakob	11.10.1898	Lemberg
64 Viscomann	Josef	27.09.1919	?
68 Kuuskma	Ilmar	10.09.1914	Dallin
71 Majedricz	Iwan	20.09.1920	Dudio
72 Safarow	Rassul	20.09.1923	Agdan
77 Wasilewski	Stanislaus	03.11.1916	Biskoice
80 Stark	Alexander	24.07.1915	Petersburg
82 Baskalew	Konstantin	18.08.1923	Lukaran
86 Guiffre	Konstantin	19.05.1923	Messina,Sicilia
87 Keller	Vihmos	14.10.1923	Belgrad
88 Matkowski	Franz	20.02.1898	Nihawa
89 Geraudowski	Irenewusch	25.03.1903	Naschelsk/Warsc
90 Madgir	Maria	16.05.1898	Tarnopol
92 Bröcker	Albert	02.10.1909	Warschau
96 Scheiber	Boleslav	03.01.1925	Samusch
98 Piotkowski	Stanislaus	09.04.1896	Warschau
? Bey	Josef	01.04.1882	Bochalow
? Unan-Ogly	Anna	05.06.1923	Bawlograd-Ukra
109 Korys	Anton	19.02.1918	Wosznow
110 Stojanowicz	Fragoljuk	25.08.1923	Alegsmid
? Wayda	Josefa	08.12.1927	Smekov
113 Rubowitsch	Anton	04.08.1924	Dünaburg

Nation.	Sterb.-Dat.	Beruf	Bemerkungen
Türkei	22.02.46	Bauarbeiter	W.-Ort Stambul
Polen	07.03.46	Bauarbeiter	
UDSSR	21.03.46	Karusselbes.	
UDSSR	18.03.46	Hilfsarbeiterin	
Polen	19.03.46	Kaufmann	
UDSSR	22.03.46	Tischler	
Polen	25.03.46	Arbeiter	
UDSSR	28.03.46	Landarbeiter	
Litauen	30.03.46	ohne	Litau.-Lg. Mühldorf/Inn
staatenlos	03.04.46	ohne	Lager Karlsfeld
Estland	08.04.46	?	Lg.Haunstetten b. Augsburg
Polen	11.04.46	?	
Polen	12.04.46	?	
Polen	11.04.46	Schlosser	Stain-Lg.Kraiburg b.Mühldorf
Ungarn	15.04.46	Landarbeiter	
Estland	19.04.46	Jurist	DP-Camp 150 Altenstadt
Jugosl.-Bos	20.04.46	Automech.	
UDSSR	22.04.46	Automech.	
Polen	24.04.46	Schuhm.	
staatenlos	29.04.46	Radiotechniker	
Bulgarien	03.05.46	Elektromonteur	
Italien	03.05,46	Matrose	
Ungar	04.05.46	Dreher	W.-Ort Budapest
Polen	09.05.46	Schuster	
Polen	10.05.46	?	
Polen	11.05.46	ohne	verh. Lg. Karlsfeld
Poien	11.05.46	Elektromonteur	
Polen	15.05.46	?	
Polen	19.05.46	Büroangest.	
Polen	25.05.46	Beamter	
Türkin	29.05.46	Lehrerin	Whg. Weissenburg b.Lindau
Polen	01.06.46	Chauffeur	
Jugoslaw.	03.06.46	Kranführer	
Polen	23.05.46	Schülerin	
Lettland	13.06.46	Kraftfahrer	

St.-R. Name	Vorname	Geb.-Dat.	Geburtsort
114 Blaszcynski	Jan	23.10.1901	Lisevo
116 Gworis	Ladislaus	25.05.1899	Tubchochau
118 Dobrazejunas	Thomas	16.09.1913	Pirsen
121 Falba	Jan	07,10.1926	Warschau
124 Pareigis	Annemarie	13.03.1930	Kolaten/Memel
126 Beve	Karl	16.11.1921	Arasdorf
127 Pernak	Boleslaw	04.12.1921	Warschau
128 Lawzel	Stanislaus	10.05.1921	Tomaschow
129 Barginosch	Damasis	19.01.1912	Athen
130 Strzelinski	Andreas	14.11.1899	Bogufalow
131 Bruno-Brants	Alfred	03.08.1886	Balvi
134 Ploom	Erika	18.09.1920	Bernau
138 Kraft	Anna	16.08.1926	India
140 Molonowitsch	Nedelko	04.01.1924	Ossok
143 Obradowic	Borisav	17.03.1918	Vlakca
145 Winzileu	Angelika	14.09.1921	Naxus
147 Korini	Gereo	14.08.1910	Woraschinow
148 Tomczyk	Jan	12.01.1908	Brzezinki
150 Schabelnikawa	Godelina	12.09.1922	Kremoteskaija
152 Zukowski	Wladislaw	24.06.1901	Pruszkow
153 Kosta	Jakonic	03.09.1913	Kikinda
154 Kramer	Anna	11.07.1914	Tarnopol
159 Ostrowski	Josef	01.03.1924	Wola Sklobienska
162 Kämpf	Katharina	06.08.1913	Badsch
165 Plojovic	Rasin	22.12.1922	Novibasar
170 Orychiwski	Jury	18.08.1889	Kowel
171 Lakademenko	Iwan	15.02.1903	Poltawa
175 Procyk	Dmitro	06.03.1928	Bukazow
176 Kowalczyk	Wlodimir	28.09.1908	Dobroslaw
177 Pczycki	Mecislav	12.04.1908	Likowka/Grodne
185 Pogosian	Georg	20.04.1906	Kars/Armenien
186 Nagy	Agnes	11.05.1930	Baktalorandalich
187 Pitula	Stefan	16.12.1914	Wlachima
188 Lagzdins	Janis Karlis	24.03.1902	Wintspils
191 Epp	Katharina	25.02.1905	Franzfeld

Nation.	Sterb.-Dat.	Beruf	Bemerkungen
Polen	13.06.46	Beamter	Whg. Knuruw b.Rybnik
Polen	24.06.46	Briefträger	
Litauen	27.06.46	Schreiner	
Polen	07.07.46	Schüler	
Litauen	10.07.46	Schülerin	Whg. Leipnitz/Sa.
Jugoslaw.	12.07.46	Bergmann	Whg. Jurkkloster b.Celle Jugosl
Polen	17.07.46	Schüler	
Polen	27.07.46	Arbeiter	
Griechenl.	29.07.46	Schlosser	
Polen	02.08,46	Landwirt	
Lettland	08.08.46	Lehrer	Lettenlg. Betzigau b.Kempten
Estland	16.08.46	ohne	verw.,Whg. Ehingen a.D.
Jugoslaw.	26.08.46	Arbeiterin	Whg. Augsburg
Jugoslaw.	02.09.46	Fleischer	
Jugoslaw.	18.09.46	Techniker	
Griechenld.	28.09.46	Hausgehilfin	UNRRA-Lg. Mittenwald
UDSSR	04.10.46	Kraftf.	
Polen	04.10.46	Arbeiter	
Jugoslaw.	09.10.46	Schneiderin	Whg. München
Polen	14.10.46	Briefträger	
Jugoslaw.	14.10.46	Kaufmann	
Polen	15.10.46	Hausfrau	Whg. Oberstaufen Bhf.
Polen	23.10.46	Landwirt	
Jugoslaw.	28.10.46	ohne	verw. Whg. Hohenward
Jugoslaw.	03.11.46	Kellner	
Polen	08.11.46	Kraftf.	UNRRA-Lg. Schleissheim
Pole	10.11.46	Landarbeiter	seine Frau z.Zt. Lg. Füssen
Polen	19.11.46	Landarbeiter	
Polen	23.11.46	Lehrer	
Polen	25.11.46	Dipl.Elektro-Ing.	
UDSSR	10.12.46	Landwirt	
Ungarn	12.12.46	Schülerin	
Polen	16.12.46	?	
Lettland	15.12.46	Beamter	
UDSSR	28.12.46	Hausfr.	

St.-R.	Name	Vorname	Geb.-Dat.	Geburtsort
1947				
2	Kalabuchow	Paul	07.12.1911	Kowno
3	Zarnowska	Lidia	26.08.1926	Warschau
6	Griwninski	Wladimir	01.08.1926	Kowno
8	Koski	Slavko	26.04.1926	Koschga
11	Osijuk	Isidor	14.06.1919	Schreino-Ukraine
12	Holm	Johanna	09.11.1916	Wien
14	Grdyn	Johann	02.06.1925	Grehow
19	Groma	Grzegorz	20.11.1887	Krilaw/Lublin
22	Posperschinski	Tadäus	03.05.1924	Warschau
28	Reimontas	Viktoras	25.02.1898	Telsche
31	Kortinko	Michael	02.03.1916	Tarnopol
32	Islamor	Michael	20.02.1919	Ufa-UDSSR
39	Niemetz	Jan	15.10.1900	?
44	Hönsch	Klara	21.12.1922	Madejooce
48	Lisenko	Semen	13.08.1904	Mozdok/Kaukasu
51	Schmidt	Elfrieda	07.05.1923	Budapest
52	Castrin	Richard	02.03.1913	Triest
61	Szurowski	Roman	25.08.1921	Kowno
64	Potczynski	Zdzislav	30.08.1908	Warschau
65	Derfelden von	Chrystof	13.08.1888	Reval
68	Hola	Kasimir	12.11.1921	Bielschowitz
74	Czorak	Maria	10.10.1908	Sinacz/Like
77	Zawieszko	Leon	09.02.1913	Libawa
78	Potspiw	Andris	15.10.1888	Terskaija
79	Tauris	Eduards	20.10.1912	Riga
80	Kesminene	Stefania	25.01.1919	Raselni
81	Zivkovie	Bogosav	05.04.1911	Oglodenowac
85	Cyganski	Marian	06.07.1912	Wlocwawik
86	Bahry	Teofin	01.12.1924	Myszigorsky
89	Bowajen	Basang	05.06.1924	Belgrad
90	Kusnetsov	Alexander	04.10.1921	Jekaterinenburg
92	Malo	Wolodimir	08.07.1920	Telawa
93	Janik	Eduard	06.03.1923	Lublin

Nation.	Sterb.-Dat.	Beruf	Bemerkungen
Litauen	07.01.47	Schmied	
Polen	09.01.47	Schülerin	Whg. Wildflecken b. Kissingen
Litauen	12.01.47	ohne	
Jugoslaw.	22.01.47	Teppichmacher	
Pole	23.01.47	Schuster	UNRRA-Lg. Neu-Ötting
Polin	26.01.47	Laborantin	Mutter in Sulgostow-Polen
Pole	30.01.47	Bauarbeiter	
Polen	01.02.47	Priester	UNRRA Ingolstadt
Polen	06.02.47	Schüler	
Litauen	28.02.47	Fliegeroberst i.R.	
Pol.-Ukrain.	04.03.47	Schlosser	
Türke	05.03.47	Schneider	
Pole	16.03.47	Bergarbeiter	
Tschech.	27.03.47	Buchhalterin	
UDSSR	07.04.47	Drechsler	
Ungarn	17.04.47	Artistin	
Jugoslaw.	29.04.47	Dolmetscher	Vater in Marburg a.d. Drau
Pole	21.05.47	Kunstmaler	
Polen	23.05.47	Metzger	
Estland	26.05.47	Landwirt	
Polen	03.06.47	?	
Jugoslaw.	21.06.47	?	verh. SS-Kas. Freimann
Lettland	15.07.47	Kaufmann	Ehefrau in Lauingen
Jugoslaw.	16.07.47	Arbeiter	
Litauen	21.07.47	Weber	DP-IRO-Lg. Neu-Ötting
Litauen	21.07.47	Schneiderin	SS-Kas. Freimann DP-Camp
Jugoslaw.	25.07.47	Grenzpolizist	
Polen	11.08.47	Eisenbahner	
Polen	18.08.47	Arbeiter	
Chinese	29.08.47	Arbeiter	
UDSSR	31.08.47	Student	
Polen	06.09.47	Schüler	
Polen	21.09.47	Schlosser	

St.-R. Name	Vorname	Geb.-Dat.	Geburtsort
98 Gionis	Wasylius	1903	Krandion
99 Bonk	Wasyl	23.04.1893	Ciemerzovice
101 Ciunyk	Maria	06.11.1926	Dubiwci
103 Hudym Dr.	Petro	02.01.1915	Tartakiw
108 Kowgun	Jewdokija	26.06.1926	Oeroweska
109 Czarnomas	Janina	28.05.1923	Marciwko
110 Klymko	Wladimir	07.09.1923	Drohobycz
112 Stals	Hugo	13.08.1924	Riga
114 Blagojewic	Janko	14.11.1919	Guplensko
115 Galanevich	Vasyly	20.07.1886	Kaukas
118 Martiniszen	Jan	03.12.1924	Zoeczow
123 Szewczenko	Barbara	05.07.1922	Stariczilacz
124 Lemiczewski	Basilli	05.10.1926	Czarnowa

1948

St.-R. Name	Vorname	Geb.-Dat.	Geburtsort
1 Kurinnyj	Wasyl	01.01.1901	Kanew
3 Ugrinow	Eugen	07.08.1885	Petersburg
7 Tolubiak	Iwan	13.11.1914	Lemberg
10 Rzeznik	Janina	24.06.1928	Oposzow
11 Kruppa	Anna	01.04.1899	Lemberg
12 Mezulis	Jania	01.07.1927	Riga
14 Klostermann	Pawel	09.09.1899	Sewastopol
15 Sabaliauskas	Benediktas	20.07.1901	Subacius
16 Koptis	Athanasius	18.10.1915	Saloniki
20 Hohol	Anna	27.05.1927	Tymericzi
21 Gailis	Arwits	09.08.1906	Cirgabi
22 Jakubenko	Natalia	28.10.1920	Nestrava
23 Domalewski	Antoni	27.07.1890	Karaczun
28 Kotowych	Stephan	11.09.1898	Nimiruy
30 Kasprowski Dr.	Anatoli	13.04.1881	Kreminez
33 Ripko	Joachim	07.09.1889	Borzna
35 Szymczak	Feliks	24.12.1916	Piatek
36 Salkin	Ilumscha	18.08.1889	Katjuniskowskaja
39 Prociv	Wasyl	26.08.1924	Mikolajero

Nation.	Sterb.-Dat.	Beruf	Bemerkungen
Griechenld.	21.10.47	Fischer	
Russ.Ukr.	22.10.47	Gärtner	
Poln.Ukr.	29.10.47	?	led.
Poln.Ukr.	01.11.47	Dr.phiLu.med.	
Poln.Ukr.	17.11.47	Arbeiterin	Vater im Lg. Oberstdorf
Polen	17.11.47	ohne	DP-Camp Pfaffenhofen
Poln.Ukr.	23.11.47	Mechaniker	Camp Berchtesgaden-Strup
Lettland	05.12.47	Elektro-Mech.	
Jugoslaw.	06.12.47	Schmied	Whg. München (privat)
UDSSR	06.12.47	Beamter	
Poln.Ukr.	14.12.47	Arbeiter	
Jugoslaw.	27.12.47	Hausfrau	
Polen	27.12.47	Landwirt	
Russ.Ukr	01.01.48	Arbeiter	
UDSSR	06.01.48	Jurist	Whg. München
Poln.Ukr.	20.01.48	Buchhalter	
Polen	25.01.48	Landarbeiterin	Whg. Nowe Bobrowice b.Stettin
Polen	25.01.48	?	verh. Lg. Gernlinden
Lettland	27.01.48	Schüler	
UDSSR	30.01.48	Baumeister	
Litauen	02.02,48	Landwirt	
Griechenld.	06.02.48	Mechaniker	Whg. München
Poln.Ukr.	22.02.48	verh.	DP-Camp Stefansk.b. Rosenh.
Lettland	25.02.48	Postbeamter	DP-Camp Memmingen
Polen	27.02.48	Arbeiterin	
Polen	03.03.48	Landwirt	Polen-Lg. Kempten, Schlosskas.
Poln-Ukr.	10.03.48	Schreiber	
Poln.Ukr.	14.03.48	Jurist	
Polen	24.03.48	Kaufmann	Whg. Krakau
Polen	27.03.48	Schlosser	
UDSSR	28.03.48	Arbeiter	
Poln.Ukr.	31.03.48	Arbeiter	

St.-R. Name	Vorname	Geb.-Dat.	Geburtsort
42 Heleta	Gregor	24.02.1921	Tschercze
45 Della	Hugo	05.10.1877	Modolin
46 Balagin	Arkadiusz	06.01.1908	Pskow
47 Sacharow	Alexander	27.08.1925	Kostowo
48 Zaric	Dobrivoje	16.05.1913	Dvrdic
54 Lillewälli	Ludwig	19.09.1893	Paderma
57 Bielkonj	Peter	06.12.1902	Nedoharki
58 Eftimiadis	Maria	28.11.1923	Osiek
63 Kapica	Jan	16.07.1925	Ugori
64 Mizgaitiene	Gene	12.10.1926	Kiparde
66 Suchowicz	Iwan	12.07.1923	Kokoschenica
76 Staresinic	Nikola	08.08.1923	Mischinici
78 Mantons	Ilona	26.07.1926	Riga
83 Czepan	Jan	21.11.1921	Rohodno
87 Wysozkj	Mykola	18.07.1885	Sambot
89 Alikber	Kuliew	13.02.1903	Lenkovan
94 Borjanovic	Milorat	01.09.1921	Sofia
99 Krupenskin	Platon	15.04.1880	Narwa
101 Mitic	Zivota	10.10,1890	Dubrovica
102 Russanowitsch	Nikolaus	14.03.1910	Kertsch
106 Bayerawska	Felija	04.06.1917	Schaskowitz
111 Kurtowic Dr.	Wojislav	04.12.1912	Niksic
112 Jelzewa	Anna	07.10.1925	Shitonia
114 Hajdukowic	Michaile	21.11.1919	Jabuka
115 Sabolowic	Verra	05.02.1928	Sagrec
116 Milovanovic	Cedemir	03.02.1911	Dezovo
122 Veremeitchik	Maxim	05.09.1910	Minsk
123 Schaurius	Martha	18.03.1903	Turaida
126 Szczolga	Stefan	01.01.1893	Rawaruska
127 Szajerman	Alfreda	18.05.1918	Szerade
134 Sulmanow	Erendshen	07.11.1912	Altenbulik

1949

3 Wolozkoj	Wassiliy	26.01.1890	Stawnpol

Nation.	Sterb.-Dat.	Beruf	Bemerkungen
Poln.Ukr.	04.04.48	Pfleger	
Lettland	05.04.48	Lehrer	DP-Camp Augsburg-Hochfeld
UDSSR	06.04.48	Buchhalter	
UDSSR	06.04.48	Schüler	
Jugoslaw.	07.04.48	Schmied	
Estland	29.04.48	Landwirt	
Russ.Ukr.	03.05.43	Finanzverwalter	
Griechenld.	06.05.48	?	verh., Whg. München
Polen	22.05.48	Landwirt	DP-Augsburg, Inf. Kaserne
Litauen	23.05.48	Hausfr.	verh., DP-Camp, Memmingen
Poln.Ukr.	20.05.48	Landwirt	DP-Camp Neu Ulm
Jugoslaw.	28.05.48	Metzger	Whg. München
Lettland	06.07.48	Schülerin	Whg. Augsburg-Haunstetten
Polen	22.07.48	?	
Poln.Ukr.	03.08.48	Tischler	Lg. Mittenwald, Pionierkaserne
Türkei	06.08.48	Lehrer	
Jugoslawe	26.08.48	Schlosser	
Estland	05.09.48	Buchhalter	
Jugoslaw.	21.09.48	Landwirt	Ehefr. in Dubrovica
UDSSR	22.09.48	Hilfsarbeiter	
Polen	01.10.48	Fabr.Arbeiterin	
Jugoslaw.	15.10.48	Rechtsanwalt	
Russ.Ukr.	21.10.48	?	verh.
Jugoslaw.	21.10.48	Bauer	
Jugoslaw.	30.10.48	Arbeiterin	
Jogoslaw.	31.10.48	Landwirt	
UDSSR	28.11.48	Landwirt	
Lettland	01.12.48	?	verw.
Polen	06.12.48	Mechaniker	
Polen	09.12.48	Hausfrau	Lg. Manching b. Ingolstadt
UDSSR	22.12.48	Arbeiter	Kalmücke

| UDSSR | 04.01.49 | Holzschnitz.-Meist. | |

St.-R.	Name	Vorname	Geb.-Dat.	Geburtsort
4	Osmanowic	Alija	01.02.1925	Nis
5	Russ	Oie	25.07.1926	Reval
7	Moschkina	Salma	14.04.1931	Belgrad
14	Haritonovich	Vladimir	13.05.1886	Lipeck
24	Karimoglu	Mahmethusen	20.12.1910	?
32	Paziak	Stefan	08.06.1922	?
40	Liepa	Biruta	15.09.1925	?
47	Lysenko	Prokop	20.07.1896	?
55	Pocius	Kazys	30.12.1901	Dolscei
57	Speshneff	Vladimir	07.01.1911	Kiew
60	Stadnyk	Damian	18.08.1902	Kobeczince
63	Miskiv	Maksym	12.01.1900	Utysbaak Stary
66	Stepanowicz	Melanie	12.07.1895	?
69	Gluschenko	Gregory	08.01.1907	?
71	Szymanski	Anton	07.01.1904	?
73	Kowalski	Ilia	14.10.1897	Trembovla
77	Borell	Peter	26.06.1922	Engelsbrunn
80	Norkowic	Dusan	19.05.1920	?
81	Kwacnycia	Dimitro	31.10.1892	Belzec-Tarnopol
82	Ojaveer	Valdeko	20.04.1923	?
85	Filipenko	Iwan	30.01.1900	Taganrog
86	Madziar	Stefan	09.12.1925	Groszki
88	Autic	Bogomir	26.12.1911	Zlic/Serbien
89	Pokrovsky	Michael	08.11.1892	Orel

1950

St.-R.	Name	Vorname	Geb.-Dat.	Geburtsort
5	Chencinski	Alexander	13.08.1913	Lask
8	Gilis	Edwards	05.01.1924	Bebrano
• 10	Wischnewsky	Peter	17.06.1921	Kiemianek
11	Hlibowycka	Ewhenia	27.08.1862	?
• 14	Bogdzeviciene	Maria	22.06.1920	Siauliai
• 17	Bevinow	Balti	17.05.1898	Don
25	Sulatyckyj	Bohdan	26.01.1932	Prag
• 31	Marinkovic	Dusan	01.02.1900	Tecelica

Nation.	Sterb.-Dat.	Beruf	Bemerkungen
Jugoslaw.	12.01.49	Schmied	
Estland	15.01.49	Verkäuferin	
Jugoslaw.	25.01.49	Schülerin	Vater im Lg.Pfaffenhofen
UDSSR	17.02.49	Ingenieur	
Türkei	10.03.49	Bauer	Lg.Mittenwald
Ukraine	11.04.49	?	
Lettland	15.05.49	Hausfr.	Verh.,Lg.Neuburg
Poln.Ukr.	29.06.49	Arbeiter	
Litauen	21.07.49	Schuhmacher	Whg. Gauting
Ukraine	31.07.49	Rel.-Lehrer	Mutter im Lg. Landshut
Poln.Ukr.	15.08.49	Buchhalter	
Ukraine	19.09.49	Maurer	Whg. Buchsheim b. Eichstädt
Poln.Ukr.	06.10.49	Hausfrau	Lg. Sillingen
Poln.Ukr.	21.10.49	Landwirt	Augsburg-Sommekaserne
Polen	22.10.49	Landwirt	
Poln.Ukr.	29.10.49	Landwirt	DP-Camp Ulm
Rumänien	10.11.49	Bauer	
Jugoslaw.	21.11.49	Soldat	
Poln.Ukr.	23.11.49	Buchhalter	DP-Lg. Mittenwald
Estland	24.11.49	Schüler	
UDSSR	11.12.49	Beamter	DP-Lg. Schleissheim
Polen	16.12.49	Automechaniker	Polen-Lg. Bd. Reichenhall
Jugoslaw.	17.12.49	Landwirt	DP-Lg. Bad Aibling
UDSSR	27.12.49	Automechaniker	Whg. in München
Polen	07.01.50	Sattler	
Lettland	18.01.50	Arbeiter	
Polen	22.01.50	Techniker	
Poln.Ukr.	24.01.50	?	verw.
Litauen	31.01.50	?	verw.
Kalmücke	05.02.50	Arbeiter	Vater im Lg. Pfaffenhofen
Poln.Ukr.	09.03.50	?	Mittenwald, Jägerkaserne
Jugoslaw.	18.03.50	Metzger	

St.-R. Name	Vorname	Geb.-Dat.	Geburtsort
• 40 Lewenko	Gabriel	14.03.1897	Mogilew
• 46 Telegin	Alexander	10.04.1890	Kubania
• 51 Alioglu	Milas	25.10.1920	Kars
• 53 Mickevicius	Juszas	19.03.1872	Budweczaj
58 Tagats	Alla	10.06.1883	Petersburg
• 59 Kabatnik	Jan	14.07.1895	Lasenice
• 62 Djurdjevic	Dragoljub	07.03.1920	Zarina
• 63 Stanic	Milerad	18.11.1886	Nich
• 66 Buja	Stanislav	28.10.1915	Jaroslau
• 67 Karo	Stefan	28.10.1907	Ktodawa
• 70 Krok	Edward	03.04.1922	Siemiechow
• 71 Janovsky	Osyp	04.12.1888	Kasanj
• 77 Mykietczuk	Michael	05.08.1911	Preslup
• 79 Kreicbergs	Krisus	04.08.1914	?
• 80 Hulboj	Anton	21.04.1914	Koscarawa
• 89 Blaszyk	Felix	01.04.1923	Czenstochau
• 93 Blahuta	Rosalia	05.04.1910	Lukawyzia
94 Otfinovski	Olga	11.07.1864	Schitomir
• 101 Zilitis	Lilija	13.12.1915	Riga
• 106 Petrenko	Nikolai	15.03.1897	Bubno
• 109 Szerszewickyj	Boris	20.09.1882	Romny
• 114 Pilch	Anna	10.11.1920	Sambor
• 116 Podgajny	Michael	24.12.1912	Sida

1951

• 6 Honczar	Iwan	12.02.1925	Parchamiwska
• 9 Undritis	Arvids	29.09.1909	Ufa
• 16 Grigoluns	Edward	19.10.1915	Libau
• 23 Kurtovic	Iwan	05.07.1924	Plinovei
• 24 Matuleviciute	Grazina	10.02.1925	Lizey
• 26 Scigula	Hamid	10.05.1920	Maikop
• 27 Jakubik	Jan	22.06.1883	Pinsk
• 29 Petrovic	Mychajlo	12.05.1913	Zagradje
• 33 Jakobsons	Olga	05.01.1918	Hapsala/Estl.

114

Nation.	Sterb.-Dat.	Beruf	Bemerkungen
UDSSR	08.04.50	Zimmermann	
UDSSR	23.04.50	Uhrmacher	Lg.: Mittenwald
UDSSR	05.05.50	ohne	
Litauen	09.05.50	Landwirt	Ehefr.im Lg. Kempten
Lettin	03.06.50	Schneiderin	Ehemann Offizier
CSR	04.06.50	Fabrikdirektor	Whg. Prag
Jugoslaw.	08.06.50	Landwirt	
Jugoslaw.	09.06.50	Beamter	München,Luitpoldkaserne
Polen	13.06.50	Meteger	
Polen	15.06.50	Verw.O-lnspektor	
Polen	20.06.50	Landarbeiter	
Russ.Ukr.	26.06.50	Landmesser	
Polen	08.07.50	Landarbeiter	
Lettland	10.07.50	?	
Polen	10.07.50	?	DP-Lg. Weinsberg
Polen	17.08.50	Student	Vater lebt in Frankreich
Poln.Ukr.	21.09.50	Hausfrau	Lg. Weilau b. Rosenheim
Polin	23.09.50	?	verw.,Whg.in Gauting
Lettland	20.10.50	Schneiderin	
Polen	08.11.50	Automechaniker	
Russ.Ukr.	13.11.50	Professor	(Chemie)
Polen	14.12.50	?	ledig
Polen	28.12.50	Beamter	
Poln.Ukr.	18.01.51	Schlosser	
UDSSR	28.01.51	? ledig	
Lettland	17.02.51	Korbmacher	Whg.in Gauting
Jugoslaw.	13.03.51	Fassbinder	
Litauen	18.03.51	Studentin	Lg. Ingolstadt
Tscherkesse	02.03.51	Buchhalter	
Polen	29.03.51	Bautechniker	Lg. Ingolstadt
Jugoslaw.	06.04.51	Angestellter	
Lettin	16.04.51	Hausfrau	Ehemann in Luttensee, Reha-Center

St.-R. Name	Vorname	Geb.-Dat.	Geburtsort
• 34 Dolata	Wincenty	31.03.1898	Kaschnitz
40 Wozniak	Jan	24.06.1916	Jezewo
41 Arandjelovic	Nikola	27.11.1912	Lisch
45 Rucinski	Miecislaw	24.09.1922	Jaslo
46 Leonow	Sergej	25.09.1907	Odessa
51 Tolli	Hella	27.09.1920	Patremar
52 Horbenko	Sergej	10.02.1888	Poltawa
55 Daugubic	Bozena	25.10.1926	Zagreb
60 Choina	Alexander	09.03.1908	Cholodiv
61 Postyka	Maria	25.08.1898	Jawer
65 Kaliszewicz	Antoni	06.01.1898	Wysoko-Litewski
66 Henger	Iwan	30.10.1913	Antonieka
67 Gesiarz	Marina	27.08.1922	Omsk
69 Polutrenko	Leontij	31.12.1906	Lemberg
70 Lebedews	Leonids	02.09.1902	Baltinohas
74 Stagniunas	Algirdas	30.08.1934	Kiberdai
79 Jansons	Janis Woldem.	25.01.1889	Alt Pebalg
80 Sereda	Paul	24.05.1918	Dnepropetrowsk
83 Szucs	Maria	02.10.1921	Bobiceni
84 Przybycien	Maria-Salomea	19.11.1921	Kolkowka
86 Herzog	Maria	17.10.1923	Rajc
87 Dmytryk	Iwan	22.09.1883	Jasenicza
89 Strulowits	Israel	18.10.1913	Hust-CSR
94 Szmigiel	Marian	12.10.1920	Lwow

1952 (bis 31.März)

1 Maszcak	Stefan	09.01.1924	Lodz
6 Ilikos	Stawro	20.04.1920	Saloniki
7 Dziwulski	Jan	15.02.1928	Laticzow
8 Buday geb.Albrecht	Gitta	08.03.1912	Wien
9 Moess	Josef	03.05.1912	Soguf
10 Katnik	Josef	09.07.1913	Loncut
11 Dreimanis	Robert	27.08.1897	Ternejas
12 Hazek	Mykola	05.01.1895	Kremence

Nation.	Sterb.-Dat.	Beruf	Bemerkungen
Polen	23.04.51	Arbeiter	Lg. Aibling
Polen	16.05.51	Maler	
Jugoslaw.	23.05.51	Angestellter	
Polen	04.06.51	Arbeiter	
Ukraine	13.06.51	Maler	
Estland	06.07.51	Kunsthandarbeiterin	
Ukraine	11.07.51	Schuster	
Jugoslaw.	17.07.51	Dolmetscherin	
Ukraine	26.07.51	?	led.
Ukraine	30.07.51	ohne	Lg. Schleissheim
Polen	15.08.51	Tischler	
Ukraine	20.08.51	ohne	
UDSSR	24.08.51	ohne	
Poln.Ukr.	27.08.51	Mechaniker	
Lettland	28.08.51	Landwirt	Lg, Memmingen
Litauen	06.09.51	Schüler	
Lettland	18.10.51	Techniker	Lg. Schleissheim
Ukraine	04.11.51	?	
Rumänien	19.11.51	Hausfrau	Ehemann in München
Polen	18.11.51	Hausgehilfin	
Jugoslaw.	27.11.51	ohne	led.
Poln.Ukr.	09.12.51	Bauer	
staatenlos	15.12.51	Bäcker	
Pole	30.12.51	Beamter	

Polen	02.01.52	Verkäufer	Ehefrau in Amerika
Griechenld.	09.01.52	Schlosser	
Polen	11.01.52	ohne	
Polin	11.01.52	Schauspielerin	
Polen	15.01.52	Bauer	Lg. Augsburg-Hochfeld
Polen	15.01.52	Schuhm.	
Lettland	20.01.52	Beamter	
Poln.Ukr.	22.01.52	Dozent	Funkkas. München

St.-R. Name	Vorname	Geb.-Dat.	Geburtsort
13 Basler	Otto	09.03.1930	Vel.Kikinda
15 Zebergs	Ernest	31.08.1873	Kuldiga
17 Rudy	Wasily	01.01.1898	Dniepropetrowsk
22 Vidovic	Sylvester	07.05.1922	Lubeschki
23 Sapko	Nikolai	15.11.1925	Kursk
24 Borowy	Iwan	10.04.1911	Werblaue
26 Osyczenko	Halyna	23.11.1923	Kirowograd
27 Semeniuk	Iwan	05.08.1925	Woloszki
28 Oidermaa	Mihkel	19.01.1902	Sauga
30 Warchol	Wasyl	31.12.1904	Borvinok
31 Rozenbergs	Emils	03.07.1894	Riga
33 Trutenko	Maria	11.08.1924	Rudki/Polen
37 Borek	Wladislaw	25.11.1925	Krosno

• Die Gräber dieser Verstorbenen sind in einer Gräberreihe auf dem Gautinger Friedhof vorhanden

118

Nation.	Sterb.-Dat.	Beruf	Bemerkungen
Jugoslaw.	24.01.52	ohne	
Lettland	28.01.52	Ingenieur	Ehefr.: in New York
UDSSR	02.02.52	Landwirt	
Jugoslaw.	21.02.52	ohne	Eltern in Jugosl.
UDSSR	21.02.52	Tischler	
Poln.Ukr.	22.02.52	Bauer	
Russ.Ukr.	24.02.52	Hausfrau	Ehemann in Bd.Wimpfen-Kaltenbg
Poln.Ukr.	24.02.52	Bauer	Eltern in Woloszki
Estland	25.02.52	Angestellter	Eltern in Estland
Polen	29.02.52	Tischler	
Lettland	01.03.52	Ofensetzer	Ehefr.,geb.Kocius i.Lg.Schleißh.
staatenlos	07.03.52	Hausfrau	Ehemann im Lg.Feldafing
Polen	26.03.52	Bäcker	Eltern in Polen

Abbildungsverzeichnis und Bildnachweis

Register

Personen (einzelne):

«Unser Leben»

Die Patientenzeitung des DP-Hospitals Gauting 1947–1948, 13 von 14 erschienenen Ausgaben,

gefolgt von der Festschrift zur 1000. Sendung des Senders «Radio Gauting»

Zur Patientenzeitung

Wie oben bereits dargelegt, erschien die Patientenzeitung „Unser Leben" in den drei Sprachen Deutsch, Jiddisch und Polnisch.

Nicht übersetzen konnten wir die jiddischen Artikel, obwohl viele von uns manches darin verstehen. Hierzu eine Erläuterung.

Die jiddische Sprache war in den vergangenen Jahrhunderten die Sprache der aschkenasischen Juden, also der Juden im Osten Europas, bis zu den gnadenlosen Verfolgungen durch die deutsche Besatzungsmacht im Zweiten Weltkrieg, an denen sich nicht wenige aus der Bevölkerung der osteuropäischen Staaten beteiligten.

Die Tatsache, dass die germanischen Bestandteile die Grundlage der jiddischen Sprache bilden, verweist darauf, dass ein großer Anteil des Ostjudentums seit dem Mittelalter in Wellen aus dem deutschsprachigen Raum nach Osten ausgewandert ist, weil es im westlichen und mittleren Europa immer wieder zu Judenverfolgungen gekommen ist. Zwar mussten die Juden im Osten Europas oft bis ins 20. Jahrhundert hinein in Gettos leben, und es kam auch hier zu wiederholten Judenverfolgungen („Pogromen"), die aber alle nicht so systematisch waren wie die nationalsozialistische „Endlösung der Judenfrage", welche die Vernichtung des europäischen Judentums schlechthin zum Ziel hatte.

Die Juden, die vom Westen Europas her einwanderten, brachten ihre Sprache mit. Das war zunächst (bis zum 16. Jahrhundert) das Mittelhochdeutsche, mit dem sich nun in den slawischen Ländern mehr und mehr slawische Ausdrücke verbanden, weil sich die Juden bei ihrer Kommunikation mit ihrem nicht-jüdischen Umfeld natürlich der hier einheimischen Sprachen bedienten. Dazu kamen aus ihrer Kultsprache hebräische Ausdrücke als dritter großer Bestandteil des Jiddischen.

Bis in die Zeit der deutschen Klassik, also bis zur Wende vom 18. zum 19. Jahrhundert, kannte das Deutsche keine verbindliche Rechtschreibung. Auch die Juden hatten keine Normen für den schriftlichen und mündlichen Sprachgebrauch, und zwar bis ins 20. Jahrhundert herein. Das dem deutschen Sprachraum benachbarte westliche Jiddisch unterschied sich erheblich von dem östlichen Jiddisch z. B. in Russland. So sind auch manche Jiddischtexte in „Unser Leben" für Deutsche verhältnismäßig einfach zu verstehen, andere – ostjiddische – Texte so gut wie unverständlich. Immer aber sind ins Jiddische aufgenommene Wörter, Ausdrücke und Begriffe in dieser Sprache und ihre Grammatik eingeschmolzen worden, so dass es schwer ist, sie zu erkennen und zu verstehen.

Völlig unverständlich wäre diese Sprache für uns, wenn sie – wie es bei den aschkenasischen Juden Brauch war – auch in der Patientenzeitung in hebräischen Buchstaben geschrieben worden wäre. Offensichtlich gab es nur eine deutsche Schreibmaschine, mit der alle Texte in den drei Sprachen geschrieben wurden, so dass die Jiddischtexte nicht in der für Juden gewohnten Weise von rechts nach links geschrieben werden konnten und nur in den im Westen üblichen Buchstaben in einer Art Lautschrift, wie wir sie etwa bei Mundarttexten anwenden. Darin liegt nun unsere Chance, eine Reihe von Jiddischtexten mehr oder weniger vollständig zu verstehen, wenn wir die ungewohnte Schreibweise und Grammatik wie eine uns nicht geläufige Mundart einfühlsam lesen. Immer wieder aber gibt es da – oft sinntragende – Wörter und Begriffe, die uns unbekannt sind und bei denen es oft auch schwer möglich ist, sie mit einem Jiddischlexikon in unsere Sprache zu übersetzen.

Diese jiddische Sprache lebt in Resten noch bei Juden in osteuropäischen Ländern und in Israel. Sie hatte damals in den ersten Nachkriegsjahren, als zeitweise weit über 100.000 Juden, und zwar nicht nur vereinzelte Verschleppte, sondern ganze Familien, in die amerikanische Zone Deutschlands – größtenteils in den Raum München – emigriert waren, eine letzte kulturelle Blütezeit mit einer aus dem Boden gestampften eigenen Presse, mit eigenem Theater und Kabarett, mit neu erblühendem religiösen Leben und im Zusammenhang hiermit auch mit dem Bekenntnis zum eigenen Land: Erez Israel und zu einem neuen politischen Bewusstsein, das die jüdische Identität betonte.

All das ist in der Gautinger Patientenzeitung „Unser Leben" fassbar.

P.C.I.R.O. Gauting-Sanatorium
for D.P.'s

Gauting, den 25. Juli 1947.

PATIENTEN KOMMEN ZUM WORT

IN DER ERSTEN

ZEITUNGS-AUSGABE

Inhalt:

Greetings and best wishes from the members of the staff of the Preparatory Commission International Refugee Organization in Gauting Sanatorium!

May this bulletin be the bearer of much goodwill and understanding, and may it help to pave the way to your speediest recovery.

.·.·.·.·.·.·.·.·

An unsere Leser!

Unsere kleine Sanatorium-Gemeinschaft lebt ihr eigenes, abgesondertes Leben. Entfernt von normalem Leben ist sie für lange Monate, manchmal Jahre mit dem Hospital gebunden, hat eigene Probleme und Sorgen, selten auch Freuden.

Wir sind nicht nur Kranke, sondern meistens auch Heimatlose.

Menschen in unserer Umgebung haben nicht immer Verständnis für unsere schwere Lage und vergessen oft, auf welche Weise wir zu der Krankheit und zu der Sanatorium-Gemeinschaft gekommen sind.

Trotz dieser Verhältnisse sind wir Optimisten. Wir glauben an eine Rückkehr zur Gesundheit, eine Rückkehr zum normalen menschlichen Leben, glauben an Menschen, die guten Willens sind, uns zu dieser Rückkehr zu verhelfen.

Wir wünschen, dass Alle, die ihren Gefährten was mitzuteilen haben und diejenigen, die durch Anteil von ihrem guten Willen in der Lage sind, unser Leben leichter, besser und angenehme zu gestalten - Korrespondenten dieser Zeitung werden.

Durch Veröffentlichung dieser Zeitung hofft die Kulturkommission des Patienten-Komitees manche Lücken in unserem alltäglichen Leben auszufüllen und glaubt, sie mit grossem Interesse und wahrer Freudigkeit von Allen begrüsst zu sehen.

Redaktion.

Dr. I. Siegfried.

Kilka slow o stanie psychicznym naszych chorych.

Niejednokrotnie slyszalo sie w obozie: "jesli
przypadkiem uda mi sie przezyc, to zycie i tak nie bedzie
przedstawialo wiecej dla mnie wartosci, ani uroku. Znajde
sie w swiecie zupelnie samotny, bez rodziny i bliskich,
bez domu i wlasnego kata, i jest rzecza niemozliwa, zeby
wyjsc z tego piekla zdrowy na ciele i umysle."

Niestety, dla nas, ktorzy znajdujemy sie na tym
terenie, przewidywania te spelnily sie. Ogromna czesc ludzi,
wyzwolonych z nowoczesnego stanu niewolniczego, w jakim kilka lat zyli, zdumiewajaco szybko wrocila do poprzedniego normalnego stanu. Czlowiek bowiem na ogromna, cudowna moc re-
generacji fizycznej i psychicznej. Kazden o tym wie z wlasnego doswiadczenia. Kiedy po ciezkich przejsciach wydawalo
mu sie nieraz, ze jest juz u kresu swoich sil i bliski zala-
mania sie, ze dalej juz ciagnac nie potrafi, nastapilo nagle,
niespodziewanie, jakby cudowne odrodzenie sie wewnetrzne.
Istnieje tez inne prawo natury, ktore pomoglo nam w wewnetrz-
nym przezwyciezeniu nawet takiego kataklizmu, jaki niedawno
temu przezylismy, - jest to prawo zapominania. Odnosi sie to
jednak do ludzi naprawde zdrowych, ktorzy odrazu po wyzwoleniu znalezli sie w gronie rodziny, w dawnym otoczeniu i mogli
pracowac jako normalni czlonkowie spoleczenstwa. Dla tych
ludzi ta okropna przeszlosc, to tylko koszmarny sen.

W zupelnie innym polozeniu znalezli sie nasi
chorzy, ktorzy odzyskali wolnosc z pietnem choroby zakaznej,
i tej wolnosci wogole nie zaznawszy znalezli sie odrazu
w zamknietym zakladzie.

Jest rzecza zupelnie zrozumiala, ze ci ludzie
nie mogli tak latwo przezwyciezyc odniesionego urazu psy-
chicznego. Momentem utrudniajacym jest fakt, ze chorzy nasi
musza dalej przebywac na przekletej ziemi niemieckiej i ze
wiekszosc personelu sanitarnego, to Niemcy, ci sami Niemcy,
z lona ktorych rekrutowali sie mordercy, oprawcy naszych
najblizszych. Dlatego niech sie nie dziwia postronni, niezaw-
sze zreszta zyczliwi obserwatorzy, ze chorzy u nas sa nieraz

niedelikatni i przewrazliwieni! Składa sie na to wiele przyczyn, spowodowanych nietylke przeszloscia. Kto nabawil sie gruzlicy w niemieckim obozie koncentracyjnym i obecnie spozywa gorzki chleb "zawleczonych osob", samotny i bezdomny, ktorego najblizsza przyslosc przedstawia sie niebardzo rozowo, ktory bardzo czesto nie znajduje zrozumienia dla swoich problemow nawet u przyjaciol, ma prawo ku temu by byc nieraz "niegrzecznym". Ale uswiadomiwszy sobie to wszystko, nie wyciagajmy z tego zdania falszywych wnioskow. Nie frymarczmy przedewszystkim naszymi przejsciami i ofiara naszych najblizszych. Wyliczanie naszych przejsc i ofiar przy kazdej sposobnosci i na kazde zwolanie zakrawa poprostu na profanacje! Nie wmawiajmy tez sobie innym, ze jestesmy spowodu naszej przeszlosci psychicznie chorzy. Jest to wielce niebezpieczne i nie odpowiada tez prawdzie.

Plucno chorzy, zmuszeni do przebywania w zamknietym zakladzie spowodu zarazliwosci choroby wszedzie zawsze mieli troche swoisty sposob odczuwania i reagowania. Obserwujemy to u naszych chorych, ale nie ma w tym nic chorobliwego i mija bez sladu z chwila opuszczenia sanatorium. Natomiast nikt nie moze zaprzeczyc, ze przejcia ostatnich lat pozostawily w psychice nas wszystkich chorych i zdrowych niezatarte slady poznalismy zycie w calej jego ohydzie, utracilismy wiare w dobro czlowieka i w rozne idealy, w ktore dotychczas wierzylismy. Zostalismy pozbawieni wszelkich iluzji, stalismy sie nieufni, zamknieci w sobie, ale nie znaczy to, ze jestesmy psychicznie chorzy! Nie sa nimi tez napewno nasi plucno chorzy. Natomiast sa oni podwojnie nieszczesliwi: sa chorzy i bezdomni. Ciezko jest w obecnym swiecie nowe zycie rozpocza jeszcze ciezej jest chorym. Naczelna dewiza nas wszystkich je dopomoc chorym do jaknajszybszego wyzdrowienia, robimy co le w granicach naszych mozliwosci. Chory powinnien jednak z nami wspolpracowac, przedewszystkim wyrobic w sobie wole do wyzdr wienia i unikac wszystkiego, co moze wyzdrowienie opoznic, chociazby to bylo polaczone z czasowym ograniczeniem tak dlu oczekiwanej i tylu ofiarami oplaconej wolnosci ososbistej.

-.-.-.-.-.-.-.-

Die glücklichen "Schweizer Bürger".

Bereits im Januar d.J. haben die Patienten des
hiesigen Sanatoriums erfahren, dass in der nächsten Zeit eine
gewisse Zahl jüdischer Kranker in ein Schweizer Sanatorium verlegt werden soll. Mehrere Monate mussten die Glücklichen, für
den Transport Bestimmten, auf die Abfahrt warten. Sie erfolgte
endlich in den frühen Morgenstunden des 18. Juli.

Einige Tage vor der Abreise standen unter dem Zeichen der Vorbereitungen.

Mehrere von uns mussten von Leuten Abschied nehmen,
mit denen sie gewohnt waren, zusammen zu leben.

Wir, die hier Verbliebenen, freuen uns sehr, dass
ca. 50 Personen die Möglichkeit haben werden, unter günstigen
Bedingungen zu leben, welche ihnen zur baldigen Rückkehr zur
Genesung behilflich sein werden.

Wir hoffen, dass der Kontakt zwischen den Abgerei-
sten und uns auch weiterhin bleibt, in der Form öfterer Kor-
respondenz-Verbindung.

Wir wünschen unseren Kollegen vom ganzen Herzen viel
Glück und Erfolg auf dem neuen Lebensweg!

T.

-.-.-.-.-.-.-

(Vom Brief des Zahnarztes, Herrn E.K.
aus der Schweiz, 1.7.47, Sanatorium
Höhwald, Davos-Wolfgang.)

..." Die Umgebung ist herrlich. Das Sanatorium liegt
direkt am See. Mein Zimmer hat 4 Fenster und durch alle sieht
man das Wasser, in welchem sich die Gipfel der Alpen abspiegeln. Wenn das Wetter schlecht ist (leider sehr oft), verstek-
ken sich die Berge hinter den Wolken, und man sieht nur noch
den See. Unser Sanatorium ist eher eine elegante Pension wie
ein Krankenhaus. Das Personal besteht aus einem Arzt, einer
Krankenschwester, einer Laborantin, einem Verwalter und einigen Putzfrauen. Es sind 20 Patienten zu betreuen, von welchen
die Hälfte bereits gesund ist. Das haben wir dem grossen Interesse und den Fachkenntnissen des Arztes zu verdanken, wie
auch der guten Luft und der sehr guten Verpflegung. Das Essen ist sehr schmackhaft und man hat von allem genug. Die
Hauptsache ist aber, dass man hier ein normales Leben führt

und ich finde, es ist ein Glück für jeden, der hier sein
kann. Mein Sanatorium hat zwar nicht so viel Luxus wie Mon-
Repos, es liegt aber in schöner Umgebung. Die Patienten aus
Gauting, welche mit dem nächsten Transport hierher kommen,
können von Glück sprechen. Hier haben sie eine wahre Möglichkeit, gesund zu werden. Grüsse mir alle Gautinger Patienten und ich wünsche Allen baldige Genesung.

—.—.—.—.—

Halina Paryz

A R Y J K A .

Udawac aryjke to byla sztuka.
Zawsze serce w strachu dlawi sie i stuka
A smiac sie trzeba, lzy zdusic,
Do smiania i zartow sie zmusic.

I takie tez bylo zycie moje
Kiedy mialam dusz dwoje.
Jedna, to rozpacz i tesknota,
Druga, pelna nienawisci i blota.

Klamalam i smialam sie
Choc ciagle w sobie plakalam.
Jeczalam. A zamiast jeku
Wychodzil smiech pelen leku.

Stanelam po aryjskiej stronie.
Wciaz na druga na zydowska strone spogladalam
A ciagle sie smialam,
Bo smiac sie musialam.

Naraz zdawalo mi sie, ze widze
Ojca mego, wszystkich moich.
Biegne, chce do nich,
A w oczach sie dwoi, troi...

Slysze krzyki, strzaly.
Czyjes rece mnie za wlosy porwaly
I ciagna na druga
Na aryjska strone,
A ty chciwcze, ty podle dziecko zatracone
Po zloto do zydow lecialas?
Teraz pewnie dosc tego zlota mialas?!

—.—.—.—.—.—.—.—.—.—

Henryk Mierzwa.

List do przyjaciela (Felieton).

Kochany Kumotrze!

Krotko mowiacy lozchorowalek sie. Zajechalo przed
chalupe takie pudlo co bez kuniow jezdzi, a odpowiedzialnie
smierdzi, z czerwonym krzyzem z wirchu, z przodku i lod zadku.
Wpakowali moje tobolecki no i mnie na dodatek tyz i dali gnac
zemna do sanatorije. Jecholek, jecholek, aze zajecholek. Noi
pedom wam, dobrze, ze psiopara w pore stanol, bo me od tego
trzesenio jakos na wontpiach niemrawo sie zrobilo i w dolku
mnie mglic zacyno. Wylozlem z tego pudla i zaro sie oglondom
kajtu za stodole. Patrze, stoi jakis panocek w biolem gorku
na lebie a na tym gorku odcytolek uryna. Mysle, ze to cos dlo
mnie. Wolam go i pedam: te dejno na chwile ten skopek ze lba.
A ten ci na mnie z pyskiem i jak nie zacnie krzycec to mi sie
odrazu wszyckiego lodechcialo. Mysle se, cego krzycy lachudra
jeden. Dopiro mi ta jeden kolega po bolesciach, cyli pacjent
wytlomacyl, ze to jest mielicja, cyli po wasiecku, glina. Ten
skopek na lebie to helm, a napisane to jest nie uryna a
UNRRA. A gdzie jest ta niby UNRRA, to musi byc i policja nu
bo sie rozumie, ze przy darowanym rozdawaniu ludziska sameby
sie pomordowaly. A tak to im policja pomugo. Ano jusci clek
ta nie pomiarkuje na poniechtore rzecy miortwe. Teraz powied-
li me do budynecku na lewo. Tam mi sie taki panocek po germansku
pytoli, cym sie urodzil, kejzem sie urodzil i jak. A potym
mi sie pytol: kaj tu chce wandrowac. Ocywiscie pedom, tam
kaj wasa uryn... a tego UNRRA jest, no bo kto mi bedzie zryc
dawal. Wyklarowalo sie potym ze miolek pedzic do Polski, cy
do Jameriki, cy kaj indzij. Pedzilek do Jameriki, bo mi sie
kolor nie zgodzol. Niby wzgledem tego. Ledwo ci me do tego
pudla zpowrotem wpakuwali wyleciol jakis panocek w bialej
kosuli do samej zimi i pedol: na Dore z nim. Lo mojisciewy
-pedom- glupstw mi nie godojcie. Chory jezdem, ledwo sie na no-
gach trzymom i z babami nie chce niec w ogolnosci nic do cy-
nienio. Tyn ci w smiech i pede, mi, ze ta Dora to jest niby
barak, gdzie cleka lobserwuja, cy sie nadaje na suchotnika
cyli tbc, cego i wom z calego serca zyce.

Was Maciek.

OFFENER BRIEF

An die

Kultur-Kommission beim Patienten-Komitee,
im Sanatorium

Gauting

Eines der wichtigsten Probleme ist u.a. die Befriedigung der Kranken auf dem kulturellen Gebiete. Es konnte hier festgestellt werden, dass ein grösserer Prozentsatz der in unserem Sanatorium veranstalteten Vorstellungen auf einem niedrigen Niveau standen und nicht dem Wunsche der Patienten entsprochen haben. Es wäre daher wünschenswert, dass die Kulturkommission beim Patienten-Komitee solche Theatertruppen hier einlädt, deren Vorstellungen gewissen Wert haben und von denen die Kranken Nutzen ziehen können. U.a. können hier die Theaterstücke: "Spanische Fliege", "Kabale und Liebe", "Charleys Tante", erwähnt werden. Es wäre auch angezeigt, hier entsprechende Filme zweimal wöchentlich vorzuführen.

Bei dieser Gelegenheit möchte ich bemerken, dass es dringend notwendig ist, unseren Theater-Kino-Saal in Ordnung zu bringen. Es handelt sich in diesem Falle um Ventilatoren, die den Kranken die Möglichkeit geben werden, den begonnenen Vorstellungen ohne Unterbrechung beizuwohnen.

Die Verwirklichung der oben erwähnten Wünsche der Kranken würde grosse Vorteile haben. Ich hoffe, dass die Kulturkommission alles Mögliche unternehmen wird, um diese wichtige Angelegenheit auf dem schnellsten Wege zu erledigen.

M. Tatarka.

GROSSER - TAUFE - KONKURS !!!

WER WIRD PATE DER GAUTINGER PATIENTEN-ZEITUNG SEIN?

WIR SUCHEN EINEN KURZEN, GUTKLINGENDEN NAMEN, WELCHER UNSERER ZEITUNG ZUR POPULARITÄT VERHELFEN WIRD

WIR BITTEN AN DEM KONKURS TEILZUNEHMEN.

DIE BETREFFENDEN ZETTEL MIT DER UNTERSCHRIFT SIND IN DEN REDAKTIONSBRIEFKASTEN IN DER ABAU-HALLE EINZUWERFEN.

DER LETZTE TERMIN LÄUFT AM 15. AUGUST 1947 AB.

LASST ES EUCH AN GUTEN EINFÄLLEN NICHT FEHLEN.

REDAKTION.

AKTUELLE MITTEILUNGEN.

1.) Die Bekleidungs-Kommission beim Patienten-Komitee gibt hiermit bekannt, dass im Monat Juli die vom JOINT zugeteilten:

> 20 Paar Männerschuhe
> 20 " Damenschuhe
> 40 St. Unterhemden
> 14 St. Staubmäntel

an die jüdischen Patienten verteilt worden sind.

Die Männerschuhe wurden an die Patienten, die im VIII. Monat des Jahres 1945 und 1946 hierher gekommen sind, verteilt.

Die Damenschuhe sind an Patientinnen, die in den Monaten I-III 1947 hierher gekommen sind, herausgegeben worden.

Die Unterhemden sind an die Patienten, die in den Monaten IV und V 1946 hierher gekommen sind, verteilt worden.

Die Staubmäntel wurden an die Patienten, die im IV. Monat des Jahres 1946 hierher gekommen sind und noch keinen Regenmantel bekommen haben, verausgabt.

Bemerkung:

Die Sprechstunden der Bekleidungskommission im Patienten-Komitee sind:

> jeden Donnerstag von 10 bis 12 Uhr
> und von 15 bis 17 Uhr
>
> jeden Freitag von 10 bis 12 Uhr
> und von 15 bis 17 Uhr.

> BEKLEIDUNGS-KOMMISSION
> BEIM
> PATIENTEN - KOMITEE.
> M. W o l f .

– . – . – . – . – . – . – . –

2.) Alle Insassen im Gauting Sanatorium (Patienten und Personalangestellte), die aus Marmorisch (Rumänien) kommen, melden sich sofort, im eigenen Interesse, beim Friseur, Herrn TRAUB.

– . – . – . – . – . – . – . –

3.) Am 25. d. M. werden 18 Personen aus unserem Sanatorium mit einem Transport nach Polen abreisen.

– . – . – . – . – . – . – . –

4.) Achtung....

Im allgemeinen Interesse der Patienten findet wie im vergangenem Jahr, am Ende August 1947, eine Ausstellung von Bastelarbeiten und kunstgewerblichen Gegenständen statt.
Alle Patientinnen und Patienten werden gebeten, sich mit eigenen Arbeiten in Papier- Leder- Wolle- Holz- Plexiglas- Zellophan- Malerei- Skizzen - technische Zeichnungen usw., zu beschäftigen, die dann in die Ausstellung hineingenommen werden. Achten Sie bitte auf eine gute solide Ausführung, da die besten Arbeiten mit 6 Preisen vom Welfare-Office belegt werden.

Nach Beendigung der Ausstellung werden alle Arbeiten an die Erzeuger wieder zurückgegeben.

Nr. 2   8.August 1947.

ÜBER DAS ZUSAMMENLEBEN DER VÖLKER.

Gewissen Patrioten

Ihr meint das Gute hättet ihr allein
Und seht an Nachbarn nur Gebrechen
Die Tugenden sind aller Welt gemein
Nationen scheiden sich nur durch ihre
                                    Schwächen.

(Heyse)

Auf allen Erdteilen unserer Welt, in den kleinen und grossen
Staaten, bei weissen und schwarzen Rassen spricht und liest man
sehr viel über das Zusammenleben der Völker. Bücher und Zeitungen
werden zwar gelesen, aber ohne grösseres inneres Interesse. Alles
erscheint gleichgültig und abgestumpft, weil in der Verwirklichung
dieser Idee ein politisches und illusorisches Kunststück gesehen
wird. Unserer Meinung nach, das Annähern und die Vereinigung der
Völker sei nur ein Problem ausschliesslich für die Diplomatie ge-
dacht, oder ein politisches Geschäft, welches sich bemüht, den Ma-
terialismus mit der Maske schönklingender Phrasen zuzudecken.

Denken wir nach: Können wir "kleinen Menschen", die "Schachfiguren" der Herrschenden, nichts für die grosse, fast unerreichba-
re Sache tun?

Das Sanatorium in Gauting, welches sich aus kleinen Völkern
zusammensetzt, kann uns als Beispiel der politischen Welt dienen.
Was vereint nun diese Völkergruppen in unserem Sanatorium? Das gemeinsame Leiden, die gemeinsamen Interessen und das gemeinsame
Schicksal der jetzigen Zeit. Wenn es irgendwelche Zwischenfälle
gibt, ist dies grösstenteils infolge rein menschlicher Konflikte,
ist es wie unter Mitgliedern einer Familie.

Gerade in Deutschland, wo sich die verschiedenen Nationen
treffen, ist dem Menschen die Möglichkeit des Sich-Kennenlernens
gegeben. Dies übersah man vollständig. Denn sind wir ehrlich genug:
Die Hauptursache des Antagonismus ist der Erfolg einer raffinierten
schowinistischen Propaganda, welche ständig den unwissenden Menschen das Böse der anderen Nation vor Augen hält. In jedem Volke,
wie auch in jedem Menschen gibt es einen gewissen Prozentsatz böser
und guter Instinkte, die je nach Lage des Weltgeschehens in Erschei
nung treten. Trotzdem ist die Reaktion bei allen Nationen mit nur
kleinen Abweichungen fast dieselbe.

Wir können einem Regime feindlich gegenüberstehen, da es für uns fremd und unverständlich erscheint. Sind wir aber auch feindlich der ganzen Nation gestimmt? Sehen wir uns die "Welt" "Gauting" an! Spricht die russische Musik nur zu Russen? Wirken die Klänge eines spanischen Tangos nicht gleichmässig auf alle Gemüter? Rühren die Worte eines jüdischen Volksliedes nicht auch jedes fühlende Herz? Alle diese oben gestellten Fragen müssen wir bejahen. Also, fühlen wir doch gemeinsam im Lachen und Weinen, und damit verbindet uns das Band der Verständigung.

Wir geben zu, das wir uns grausames Unrecht taten, aber nun, wo ein Ende gefunden ist, muss ein Anfang zur neuen Verständigung erfolgen.

Geben wir diesen grossen, guten Gedanken hier in unserem kleinen Abschnitt, ein Beispiel guten Willens. Bemühen wir uns, den volkstümlichen Charakter und die Sitten des anderen Volkes zu verstehen und zu erkennen, damit ist der erste und wichtigste Schritt getan. Dabei sollen uns Fehler oder ungünstige Eigenschaften, die wir bei diesen oder jenen des anderen Volkes erkennen, nicht abschrecken und uns dazu verleiten, auf Grund dessen das Urteil über das gesamte Volk zu fällen.

Wir müssen versuchen, individuell, nach Erziehung und Lebensbedingungen zu urteilen. Vergessen wir nicht, Fehler der einzelnen sind nicht Fehler eines gesamten Volkes.

Die Verwirklichung der grossen volksverbindlichen Idee liegt doch nur an den kleinen Menschen, den Schachfiguren des grossen Geschehens.

Wie uns in Gauting vieles verbindet, so ziehen die Gemeinschaften ausserhalb Gautings ihre Kreise und verbinden durch gemeinsames Streben und ein gemeinsames Ziel zu jenem Volksbeglücken, dem dauerhaften F r i e d e n .

Kama.

Zusammenstellung der Nationalitäten in Sanatorium Gauting.
(Angaben der A.u.E.-Stelle
v. 22.7.47.)

Juden .... 434 ;	Jugoslawen...33 ;	Rum.Ukrainer 1
Polen .... 100 ;	Belgier ...1 ;	Pol.Ukrainer 49
Russen........ 42 ;	Rumänier ...4 ;	Russ. Ukrainer... 5
Tschechen.... 4 ;	Ungaren ...3 ;	Türken 10
Griechen .... 3 ;	Italiener ...1 ;	Chinesen 1
Litauer....... 27 ;	Esten ...18 ;	Kalmucken 2
	Letten ...33 ;	

G e s a m t : 771.

Ten jest z ojczyzny mojej ...

(Antoni Słonimski)

Ten co o własnym kraju zapomina
Na wieść jak krwią opływa naród czeski,
Bratem się czuje Jugosławianina
Norwegiem kiedy cierpi lud norweski,

Z matką żydowską nad pobite syny
Zchyla się, ręce załamując żalem.
Gdy Moskal pada, czuje się Moskalem
Z Ukraińcami płacze Ukrainy,

Ten, który wszystkim serce swe otwiera
Francuzem jest gdy Francja cierpi - Grekiem
Gdy naród grecki z głodu obumiera,
TEN JEST Z OJCZYZNY MOJEJ - JEST CZŁOWIEKIEM.

~.~.~.~.~.~

Oberarzt Dr. Saarse.

ORDNUNG ALS VORAUSSETZUNG FÜR JEDE ERFOLGREICHE THERAPIE.

Üle kõigi ilmamaade
selged taevatähed.
Nende poole tõsta vaade
kuhu eales lähed!

/Ivar Hagi/

Kaugel lõunas, eemal kodumaast ning teistest kaasmaalastes
viibivad Gautingi sanatooriumis ravimisel kopsuhaiged mitmeist
rahvustest. Kahekordselt raske murede koorem rõhub neid! Lisaks
kõikide kodumaatuks jäänud inimeste kannatustele vaevab ülalnime-
tatuid pikaldane ja kurnav haigus.
Tervise taastamine eeldab aga paratamatult haigetelt iga-
suguste mukrustavate mõtete, mahajäetuse ning lootusetuse tunnete
eemale tõrjumine. Selline kõuanemine olukorrale nõuab igaühelt
suurt meelekindlust ja äraütlemist igapäevastest isiklikkudest
huvidest ning mugavustest. Arstid ja õed püüavad kõiki oma oskusi
ning võimeid rakendada haigete raviks ja nende eluolu parandami-
seks. Haiged omaltpoolt aga täitku hoolega ning püsivusega kõiki
arstlikke korraldusi.
Ainult selliselt käitudes astuvad haiged kindlalt ning
kiirelt sirgjoonelist teed mööda, mille lõpul helgib hele tähena
siht: t e r v e n a   e l l u !
Sellels jõudu ja edu!

~.~.~.~.~.~.~

Den hiesigen Patienten über die Ordnung im Sanatorium zu berichten, bildet an sich keine schwierige Aufgabe. Alle diejenigen,
die Sinn und Gefühl für Ordnung besitzen, werden mich leicht verstehen und mir ihre Zustimmung geben. Ich will selbstverständlich
annehmen, das zu diesen der grösste Teil der Patienten, wenn nicht
alle, im hiesigen Sanatorium gehören.

Schon von jeher steht fest, dass diejenigen Völker und Stämme, bei denen ein ausgeprägter Ordnungssinn vorherrschend war, sich lebens- und entwicklungsfähiger im Vergleich zu anderen erwiesen. Eine gründlich durchgeführte Ordnung fördert das gesundheitliche, kulturelle und wirtschaftliche Gedeihen der Völker.

Das gleiche gilt für grössere oder kleinere, dauernd oder vorübergehend zusammengeschlossene Gemeinschaften. Darunter verstehen wir vorerst verschiedene soziale Einrichtungen, wie Schulen, Heime, Krankenhäuser u.s.w. Hierher gehören auch selbstverständlich Lungentuberkulose-Sanatorien.

Es versteht sich von selbst, dass nur peinliche Ordnung, ausgeprägtes Pflichtgefühl des Personals und richtige Einstellung der Patienten zu ihrer Krankheit, den angestrebten Zweck der Gesundung der im Sanatorium weilenden Kranken gewährleistet. Nur wenn Personal und Patienten hierin Hand in Hand arbeiten, kann dieses Ziel erreicht werden.

Das langwierige Leiden der Patienten macht viele bis ins einzelne gehende Massnahmen und Einschränkungen in der Lebensweise der Patienten erforderlich. Die Patienten sollen aber stets bedenken, dass die Sanatoriums-Ordnung in erster Linie dem Interesse ihrer Gesundheit dient. Je mehr jeder Kranke alle Anordnungen gewissenhaft befolgt, um so eher wird er in dem Sanatorium den gewünschten Erfolg erzielen und es auch anderen erleichtern, gesund zu werden.

Ein Sanatorium, in dem keine Ordnung herrscht und in dem die Patienten sich einer Disziplin nicht fügen, läuft Gefahr, bald und unwiderruflich unterzugehen. Eine solche Heilstätte ist für die Behandlung der Kranken ungeeignet.

Wiederholt wird uns von den **Patienten**, die zur Ordnung ermahnt wurden, der Vorwurf gemacht, man könne doch nicht zu viel erwarten, wo es sich bei den Sanatoriums-Insassen um ehemalige K.Z.-Opfer, politisch Verfolgte und Zwangsverschleppte handelt. Die vergangenen Jahre voller Entbehrungen, Kummer und Sorgen berechtigten sie doch eigentlich zu einem freieren, ihren persönlichen Ansprüchen mehr entgegenkommenden Leben. Hierauf kann es nur eine Antwort geben, nämlich die, in ihrem ureigensten Interesse das Ziel der Gesundung allen persönlichen Ansprüchen voranzustellen, selbst, wenn eine solche Massnahme eine Einschränkung der privaten Gewohnheiten verursacht.

Die Patienten können sich darauf verlassen, dass Direktion und Personal sich bemühen, alles dazu beizutragen, um den Patienten den Kuraufenthalt in Sanatorium zu erleichtern und vielfältig zu gestalten. Es ist nunmehr Aufgabe der Patienten, diese Bestrebungen ihrerseits zu unterstützen. Ebenso nehme jeder Patient Rücksicht auf den Krankheitszustand und die Gemütsstimmung des anderen.

Das hiesige Sanatorium nimmt in Bezug auf das Patientengut eine ungewöhnliche Stellung ein. Hier sind Kranke verschiedener Nationalität, unterschiedlicher Konfession, aus vielen Ländern, aus allen Volksschichten mit den ihrer Eigenart entsprechenden, verschiedensten Sitten und Gebräuchen, untergebracht. Möge diese auch so unterschiedlich sein, so hat jeder Kranke die nationale, soziale und religiöse Einstellung des anderen zu achten. Es wird erwartet, dass sich die Patienten untereinander eines anständigen, freundlichen und rücksichtsvollen Benehmens befleissigen. Es gibt in diesem Hause keine Unterschiede. Es gibt nur Personal und Patienten.

Über allem steht einzig und allein das Heilverfahren, und alles andere hat dahinter zurückzutreten.

Verehrte Patienten! Tragt Euer Bestes zur Durchführung de Heilstättenordnung bei! Denkt daran, dass das Ziel unseres gemein samen Hierseins darin besteht, gesund zu werden und gesund zu machen.

-.-.-.-.-.-.-

An einen Quacksalber (Hang)

Was Deine Kranken tötet, ist:
Daß Du ein Arzt und keiner bist.

Ein Arzt drei Angesichter hat. (Paulus)

Ein Arzt drei Angesichter hat:
Dem Engel gleich, gibt er dem Kranken Rat.
Und hilft er ihm aus seiner Not.
Dann gleicht er schon dem lieben Gott.
Doch wie er nur um Lohn anspricht,
Hat er ein teuflisch Angesicht.

Grabschrift eines Arztes.

Hier liegt ein Arzt, o Wanderer,
Der Gutes stiftete
Und sich vergiftete
statt andere.

-.-.-.-.-.-.-

H. Mierzwa   (Felieton c.d.)

Kochany Kumotrze!

Miołek wczorej pisać do wos dalij, ale me
z samego rana taki kudłaty pielingniorz z łó=
żecka zciągnął i przez rułke mi w kubeł dmuchoć
kozoł, tak ze naprowde nie miołek cwasu. Łotóz
zkończyłek wom na tem jak to my na tego suchotnika zaczęli łobserwowac i cy sie wogóle na TBC
nadaje. Ano nie myście se kumotrze, ze to TBC
to jest jako partija politycmno, ale kajta, to
jest tylko takie łoznacynie jak tu mowią, Tobie
Bracie Cmentarz. Ze to niby jak sie nie udo
zebyście wiedzieli cozek na tyj z przeprossseniem Dorze wycierpioł
i coem sie obśmioł to niema wiary. Otoz najpierw me zapisali, potym
jak prosioka na przedanie zwazyli, potym dali mi łóżecko mietke jak
u ksiedza na plebanije. Potym musiołek rano napluć na tależycek.
A potym narody klekojcie dali mi taką rułecke i kozali mi do tego
z przeprossseniem-niby z mocym iść. Azem ci sie napocił. położliwoł
kole tego, a do tyj rułecki nic. A jakem nareście trafił tozek sie
cały pysk i sufit opryskoł. O moisciewy, a cozto za komedyje. Rano
skoro świt przysła tako paniusia, złapała me za łape i wtakij
rułecke przesypywoła piosek nadymną. Serce mi biło, ścywnym sie
zrobiłem alem nie drygnął nawet. Myśle se-urok baba odcynio cy co?
Potym włozyła mi pod pache taki śklany patycek, tyn ci me tak łech-
toł zek sie od śmichu ni mógł utrzymać. Spojrzała ta niby baba na
mnie i peda "DUM" i posła. Myśle se co ty mi możes mieć na dowanie
łowcorko jedna od odcynania uroków pioskiem i patyckomi. Muse Wom
pedzieć ze mi ta wcale lepij po tych urokach nie było, choć tak cołki tydziń do mnie łaziła. Za pore dni zaś tako insza paniusia co
wyglądała jak świnto w kościele na obrozku w biołym cepku na łebie,
taką ci me śpilom dzgała i krew ciągła, sie dziwiłem na co. Na
drugi dzień zaprowadzili me do takigo pokoju z flaszeckami, słoicka-
mi i tam mi tako ładna blondena palice takim strzelajacym prztyka-
dłem podziurawiła i krew mi przez rułecke gembom cyckała. Heba cy
smacno, abo co? Nie moge wam pedzieć. Ino teraz cekołem jak mi
fto w nos przypalantuje i tyz pore kropel na sprobonek weźmie,
cego i wom z całego serca życze

                            Was
                               M a c i e k .

    d.c.n.

ÜBER DIE BEDEUTUNG DES BUCHES.

Nach den Jahren des zweiten Weltkrieges und der Versklavung sin
wir wieder freie Menschen geworden.

Wenn in jenen bitteren Zeiten verboten war, uns passende Bücher
zu lesen, bzw. diese auf dem Autodafé verbrannt worden sind, weil
sie dem Übermenschen Schaden bringen konnten, haben wir heute die
Möglichkeit, das Lesen wieder fortzusetzen.

Über die Bedeutung des Buches ist schon viel geschrieben worden. Es ist oft mit den Worten: Pädagog, Erzieher und Wegweiser, bezeichnet.

Wenn eine überwiegend grosse Anzahl Menschen, nach der Epoche
der Konzentrationslager und Krematorien, ohne Eltern geblieben ist,
können diese durch das Lesen entsprechender Bücher die Erziehung erwerben, insbesonders, wenn es sich um junge Menschen handelt. Ich
unterstreiche nochmals " e n t s p r e c h e n de " Bücher, da das
Lesen schmutziger Lektüre mehr Schaden als Nutzen bringen kann. Das
XX. Jahrhundert hat uns gezeigt, wie die Bücher und Zeitungen mit
der falschen und absurdalen Propaganda auf die menschlichen Gemüter
gewirkt hat und sie oft in Tiere umgewandelt. Despotismus, Barbaris-
mus und Wandalismus - das waren die Wegweiser und Richtlinien für
diese irregeführten Menschen. Nur der Mord und Verbrechen, im Namen
der Ideologie konnten diese Menschen befriedigen.

In der heutigen Zeit hat nicht jeder die Möglichkeit, eine
Schule resp. eine andere Lehranstalt zu besuchen. Wir müssen daher
in Form eines Selbstunterrichtes von den Büchern Nutzen ziehen. So
vertritt uns das Buch die Schule und den Lehrer.

Insbesondere für Kranke ist ein Buch von grosser Bedeutung. Der
TBC-Patient, dessen Heilung zum grossen Teil vom Liegen abhängt,
sehnt sich nach den Büchern als nach der einzigen Beschäftigung, die
ihm das Liegen einigermassen angenehm macht und hilft ihm oft über
seine Krankheit und seine Sorgen hinweg. Das Buch hat daher eine
positive Wirkung auf die Heilung.

Oft vertritt uns das Buch die beste Gesellschaft, weil es unsere geistigen Anforderungen befriedigt.

Mit einem Worte: Das wertvolle Buch ist dem wertvollen Schatz
gleich.

Wir alle, die den Schatz erobern wollen, müssen daher sagen:

WIR BRECHEN DIE KETTEN DER GEISTIGEN GHETTOS!
WIR FANGEN AN ZU LESEN!

T.

— .— .— .— .— .— .—

BÜCHER – SAMMLUNGS – AKTION.

Laut der Initiative der Kultur-Kommission beim Patienten-Komitee, wird in den nächsten Tagen mit der Reorganisation unserer Bibliothek begonnen.

Die jetzige Bibliothek, welche aus 700 Büchern (grösstenteils in deutscher Sprache) besteht, ist nicht imstande, den Bedürfnissen der Patienten nachzukommen.

In diesem Zusammenhang beginnen wir mit der Bücher-Sammlungs-Aktion in unserem Sanatorium.

Wir bitten alle, im eigenen Interesse, uns bei der Aktion behilflich zu sein.

KULTUR-KOMMISSION.

— .— .— .— .— .— .—

NISZT LANG CURIK A TROJM .... HAJNT A FAKT.

(A por werter wegn dem radio-techniszn kurs in Gauting)

Mit 5 monatn curik iz durch di initjatiw fun unzere Welfare Officer (Miss Ostry) geefnt geworn a "ORT" radio-kurs far di jidisze pacientn in unser sanatorium.

In dem kurs nemen ontajl 15 pacjentn. Biz nitlang hobn mir gezen a szwache farinteresirung micad dem ORT, wajl der ORT hat gemajnt, az dos szafn fun a szul in Gauting iz a kapris fun kranke. Ject ober zejendik di bizictige lajstunge hot zich zejere mejnung geendert ltojwes unzern fachkurs.

Es iz ojch bagrisungswert di mithilf fun unzer pacientn-komitet baj erledign farszid-ene far unz schwere probleme.

Mir hofn az unzere sziler weln wi ambestn balejgn zejer egzamen un wajter fertzeen di praktisze arbet, um cu wern nicliche un produktiwe birger fun unzer hajmland Erec Israel.

Un ject a por werter cu andere chawerim:

Nemt a bajspil un farzichert ajer cukunft durch lernen a fach.

Farszrajbt ajch cu di frisze kursn, welche weln geefnt wern in unzer sanatorium!

B. Kujawski.

-.-.-.-.-.-

H. Mierzwa.

W bezsenna noc.

Nie! Tu oszaleć można. Ta cisza tak dzwoni....
Tak dzwoni, jakbyś młotem ciężkim bił po skroni.
I myśli jakieś straszne plączą się jak mrowie,
Jakieś mary upiorne tańczą w mojej głowie.
Coś szumi. Czarci skaczą w koło. Spać nie można...
Czuje jak się gdzieś w kącie czai śmierć wielmożna...
Znów kogoś w szpony weźmie, po omacku, z cicha.
Psiakrew! ten kaszel. Czy potom do licha.
Czekał, aż przyjdzie wolność? poto by pomału
Konać, gdy w sercu, w żyłach tyle tkwi zapału!?
Znów wiatr za oknem dziwne czyni tany
I o szyby tłucze swój łeb rozczochrany,
A myśli złe jak świdry tępe wiercą w głowie...
Źli doradcy, potwory, bezduszni wrogowie.

O wy, co całym światem kierujecie!
Wy, co w kołysce nawet małe dziecie
Płakać i śmiać uczycie, złe czy dobre duchy,
Wy! co z serca wyrwiecie ostatek otuchy
I co tak łatwo z życia każecie zejść drogi.
Wy szatany, jaszczury, psy podłe, czy Bogi...
Ach wy! Czemuż wy nie macie litości,
Nad ciałem, marnym ciałem, co powleka kości!
Czemuż nad tym co duszą zowią się znęcacie
O! Niech wam wichry wchmur przyniosą w szacie
Błyskawice! Piorunem rozedrą na dwoje
Wasze szczęście. Jak wy rozdaliście moje.

Gauting, 5 lutego 1947 r.

-.-.-.-.-.-

REMINISZENZEN ÜBER " PROFESSOR MAMLOCK "

"Prof Mamlock" hat auf uns Eindruck gemacht. Nicht deshalb, weil es auf hohem schauspielerischem Niveau stand, sondern weil das Thema uns nahe ist. Wir waren durch das Schicksal des jüdischen Arztes und seiner Familie berührt (trotzdem die Tragödie von manchen aus unseren Reihen unvergleichlich grösser war), - der Funktionär der S.A. hat in uns Hass und Gerechtigkeitsgefühl hervorgerufen, wir waren solidarisch mit dem jungen Idealisten - und die Worte der "bekehrten" Deutschen fanden grossen Beifall.

Durch einen zweimaligen Besuch des Stückes war mir nicht nur Gelegenheit zur Beobachtung des Stückes, sondern auch des Auditoriums gegeben, und haben mich die Reaktionen der einzelnen ebenso wie die Aktion auf der Bühne interessiert. Ich sah je nach Vorgang im

Bühnenstück den Wechsel des Gesichtsausdruckes. Abwechselnd sah ich Rührung und Tränen, Hass beim Erscheinen des heute schon nicht mehr gefährlichen Feindes, sowie lautes Genugtuungsgefühl bei den scharfen Antworten gegen diesen, der jungen Ärztin, wie auch Sympathie für die beiden Kommunisten.

Noch während der Vorstellung konnte ich über vieles nachdenken. Kann nicht jener Prof. Mamlock, der uns durch sein Spiel bis zu Tränen rührt, früher in der uns verhassten Uniform gesteckt haben? Und jener andere, in der verhassten Uniform, auf den wir am liebsten mit Fäusten stürzen würden, gehörte er nicht zum aktiven Gegner des Nazi-Regimes? Ist das möglich, dass das Äussere des Menschen so betrügen kann? Können nicht diese, die heute mit freundlichem Lächeln zu uns sprechen zu jenen früheren grausamen Mördern gehört haben? Oder wodurch sind die früheren eifrigen Verfechter, die unter Lebensgefahr zuletzt doch dem faschistischen Druck erliegen, zu erkennen? Soll man nun alle als Feinde betrachten, oder soll wegen der kleinen Gruppe der "ehrlichen", allen verziehen werden, wie es Gott vor Zeiten in Sodom tun wollte? Das ist schon individuelle Angelegenheit von einem jeden einzelnen, es ist aber wert, darüber nachzudenken.

Alle Schichten des deutschen Volkes waren in dem Stück repräsentiert. Und zwar; rassisch und politisch verfolgte, brutale Hitleristen, fanatische Jugend und opportunistische Intelligenz.

Noch etwas zwang mich zum Überlegen: Zu welcher Kategorie würden die Menschen aus unserem Auditorium gehören, wenn der Zufall sie in solche Situation gebracht hätte. Ich fürchte, dass die Mehrheit den Worten der Schwester Hedwig: "Können wir denn anders?" beigestimmt hätte.

Doch nun einige Worte über die Schauspieler. Prof. Mamlock hat ohne Zweifel mit grossem Gefühl seine Rolle gespielt, dasselbe kann ich über seine Tochter sagen. Die Ärzte seiner Klinik spielten natürlich, auch der Anwärter Simon und der verwundete Arbeiter. Die junge Ärztin entzückte uns mit ihrer stimmungsvollen Aussprache, aber am meisten gefiel uns (vergisst nicht, es spricht eine Frau) Mamlocks Sohn - Rolf.

Man darf aber auch den Freund von ihm, den jungen Proletaren nicht vergessen, welcher durch seine burschikose Art grosse Sympathie hervorgerufen hat. Nur der Pathos von Mamlocks Frau machte manchmal einen unnatürlichen Eindruck.

Zum Schluss erlaube ich mir, einen Wunsch auszusprechen:

Es gebe mehr solcher Theaterstücke!

Kama.

MOJSZE KAPOJER ZOGT AZ ...

... Der Kulturamt in Gauting hot ojf der lecter
zicung baszlosn cu fargresern zejer amt. Azoj a:
baj zej iz do mer amt wi kultur.

... Di rewizjons-komisje hot zich gewendet cum
central komitet men zol zej gebn dos erlojbnisz
ojch cu kontrolirn di damen-blokn...

... Di policej hot gegebn an ojfruf cu di
pacjentn, zej zoln mer gejen durch dem plot,
bichdej zej zoln nit zicn lejdik, un nemen
umzist di cutejlung

... Dos warenhojz in Gauting hot zich cutejlt
ojf cwej tajln: di waren in.... und dos hojz in
Gauting...

... Der personalszef hot forike woch basztelt i
New-York a telewizje-aparat, bichdej er zol kenen zejn wos es tut zich baj nacht in di perso-
nalbarakn.

... Der Messing-Offizier hot di lecte woch erfindn a recept, wos
wert arajngebn ih 1 kg treknkartofl 1000000 kalories. Azoj arum wer
er kenen ojsglajchn di col kalories, wos mir brojchn krign...

... Di dyrekcje fun di hebreisze szule hot farordnet, dos ale szile
muzn nor rejdn hebreisz. Noch dem baszlus hobn ale sziler ojfgehert
cu rejdn jidisz, un men red nor ungarisz un pojlisz...

... Noch dem lejnen fun ofenem brif fun h.T. in erszter numer fun
unzer cajtung, hobn di lejner festgesztelt, dos der h.T. hat folkor
recht, wajl er hot zich nebech farbenkt noch der artystke "KITTY".

... Noch der grejser propagande-akcje fun fr.K. in unzer ersztn
cajtung numer, wegn guckajt in der Szwajc, hobn ale pacjent fun unzer sanatorium ejnsztimig baszlosn ajn "SZWAJC-MARSZ"...

... Culib mangel in papir hot men in ersztn numer fun unzer cajtung
nit gekont szrajbn afile ejn jidisz artikl...

                                                          Mar-Adam.

-.-.-.-.-

G W I A Z D Y M Ó W I Ą. (Felieton)

Idąc śladami pism stołecznych, redakcja nasza posta-
nowiła w każdym numerze naszego pisma umieszczać wywiad z najpopu-
larniejszymi osobami naszego sanatorium. Na pierwszy ogień wybrali
my najpopularniejszego z popularnych, - odznaczajacego się szykiem
i elegancją w każdym calu, pana Adolfa Menju.

Spotykamy p. Adolfa na dworcu stołecznego miasta GAUTING, jak poczesując swoją bujną czuprynę, oddaje limuzynę o sile jednego osła na bagaż.
- Przepraszam pana, ja z redakcji naszej gazetki. Prosiłbym o parę słów dla czytelników.
Pan Adolf poprawił modnie skrojoną marynarkę, spojrzał na czubki pożyczonych białych pantofli, splunął szarmancko i szepnął przez szczerbate zęby:
- Proszę jestem do dyspozycji szanownego pana.
- Przedewszystkiem jak zdrowie?
- Zdrowie było kiepskie i jest, ale z pieniędzmi gorzej!
- Chm. A nacóż panu pieniądze?
- Kobietki panie, kobietki. Te zatruwają mi życie.
- A propos. W jakich szanowny pan gustuje?
- Gustuję w każdej która gustuje we mnie, ale nie długo. Pnoj mnie uchodzi, proszę Pana.
- Ach tak.
- Może być blondynka, brunetka, ryża. Mogą być Polki, Żydówki, Niemki, Kozaczki, Hiszpanki...
- Hiszpanki???
- O tak, to są ogniste kobity. Tylko że gryzą. I trzeba potym chodzić z zawiązaną szalikiem szyją. To nie dla gruźlika. W zimie można się tłómaczyć, że boli gardło, ale w lecie, no niech pan powie, co w lecie, co?
- Co pan myśli o modzie w przyszłym roku?
- Co mnie obchodzi moda? Ja będę nosił złote szarawary i czerwoną kapotę ze złotymi guzikami. We włosach pawie pióra, a w nosie eleganckie mosiężne kółko. Czy ja jestem sułtan, czy ja nie jestem sułtan???!
- No tak, a jakie pan nosi krawaty?
- Przeważnie pożyczane.
- Dziękuję za szczerość.
- Koszule?
- Koszule niebieskie, czerwone, zielone w kropiki, w kratkę. Krótko mówiąc takie jakie nikt nie ma.
- Jeszcze jedno. A gdzie pan szanowny kupuje materiały na ubranie?
- Materiały? Panie, ja wszystko nicuję na drugą stronę. Szkoda tylko że taki materiał niema przynajmniej pięć stron.
- A jak pan płaci, czem?
- Płaci? Kto mówił, że ja płacę, kto? O to niech się martwi ten co szyje. No tak, ale żegnam pana, mój pociąg nadchodzi kochany panie redaktorze.
- Życzę wesołej podróży. Jeszcze słoweczko, czy ma pan jakieś fotografie do umieszczenia w gazecie?
- Mam, ale tylko powiększenia. To jest dobre, przynajmniej widać całe ubranie!
- Przepraszam, a czy takiego zdjęcia w kostiumie kąpielowym pan nie posiada?
- Owszem, mam, ale oddałem jednemu malarzowi na wzór do malowania kości powleczonych skórą. Proszę poczekać!
- Szkoda. No to życzę wesołej podróży i powodzenia! A niech pan nie zgubi przepustki!
- Czego? Przepustki! Tej ja nigdy nie posiadam i nie posiadałem. Ja to panie redaktorze przez dziurę, po sportowemu. Trochę emocji, pan rozumie.
- Dowidzenia! I jeszcze jedno, a jak panu smakowała ostatnia czekolada.
- Nie mam pojęcia! (krzyczy pan Adolf), muszę się zapytać mojej Niemki!

ociag gnal ze swistem. Daleko gdzies na zakrecie mignela
jeszcze przed oczyma modna marynarka, potym zlala sie z blekitem
nieba i zniknela. Tylko miarowy stukot pociagu mowil mi o tym, ze
wiezie na manewry bohatera.

M.

-.-;-.-.-.-

Antworten der Redaktion.

1.) Her Gross, C II, bite zich farsztendikn mit di redakcje.

2.) Steinfeld. Mir dankn far dem bagrisungswort un betn um mitarbet.

3.) Lander M. C II. Mir butn cuszikn kurce gedichte, wajl der klejne
umfang fun unzer cajtung derlojbt nit cu farnemen cu fil plac.

4.) Pacjent. Listow otwartych bez podpisu nie umieszczamy.

5.) Krakowiak. Umiescimy w nastepnym numerze.

6.) M. Studniberg. List nadszedl po zamknieciu numeru. Sprawa po-
ruszona przez pana zajmujemy sie w niniejszej gazetce.
Z adresow skorzystamy.

-.-.-.-.-.-

Unsere Patienten schreiben:

Do
Redakcji Gazetki w Sanatorium

G a u t i n g .

Jako jeden z ciezko chorych, a sadze, ze w imieniu reszty
pacjetow, moge i powinnienem na tej drodze wyrazic serdeczne podziekowanie Komitetowi Pacjetow i Sekcji Kulturalnej, za dosko-
naly i idany koncert urzadzony dla chorych na wolnym powietrzu
26.b.m.

My ciezko chorzy, przywiazani choroba do lozek, mielismy
doprawde wielka przyjemnose i radosc, majac moznosc uslyszenia
zywego spiewu i muzyki.

Mam nadzieje, ze Komitet nadal, w trosce o dostarczenie
nam rozrywek, urzadzi ponownie podabny koncert, za co z gory
dziekuje, w swoim i kolegow imieniu.

/-/ Jan Kittel.
por.

-.-.-.-.-.-

B a g r i s u n g.

Ich bagris harzig di kultur komisje bajm Pacjentn-
komitet in Gauting far dem fortzecn un farwirklichn di alt-naje
idej fun arojsgebn a cajtung in unzer sanatorium. Es iz szojn
zajnercajt in unzer sanatorium stabil erszinen aza wochn-zurnal.
Es iz ibrik do ojfcuklern di wichtigkajt fun aza idej. Es farsztej
jeder fun unz, az aza zach iz far unz kranke a doplte refue,
refuot hanefesz un refuot hagol.

Deriber bagris ich di inicjatorn fun di grojse zach
un ich wil hofn, az far ajer ernste ansztrengung wert ir ojch
zojche zajn cu di gute pajres.

Techzakna! bamase - jedajchim!

/-/ A. Steinfeld.

Aktuelle Mitteilungen.

In unserem Sanatorium fängt eine Verifikations Kommission ihre
Tätigkeit an. Diese Verifikations-Kommission wird unsere Patienten, die einmal das Gymnasium besucht und nicht beendet haben und
verinteressiert sind, zum Gymnasium-Abitur vorbereitet zu werden,
um weiter studieren zu können, ausbilden. Mit Hilfe des Jüdischen
Studenten-Verbandes in München nimmt die Verifikations-Kommission
ihre Arbeit im Gauting Sanatorium in den nächsten Tagen auf. Alle
Patienten jüdischer Nationalität, die Interesse an so einem Kursus
haben, melden sich im Welfare-Büro.

Sämtliche Jüdischen Patienten, die an einem Zahntechniker- und Mo-
torenwickler-Kursus teilnehmen wollen, melden sich im Welfare-Büro.

Es wert bakantgegebn, dos di hebreisze kursn kumen wajter for
normal jedn tog fun 17 biz 2o a zejger in szul (C II).
Ale farinteresirte perzonen kenen ontajl nemen an di kursn.

Wahrscheinlich wird ein rumänischer Transport von Passau am
15. ds. Mts. abgehen. Wer also von unseren Patienten und Personalangestellten rumänischer Nationalität verinteressiert ist, mit diesem Transport repatriiert zu werden, meldet sich sofort im Welfare-
Office.

V e r a n s t a l t u n g e n:

Am Dienstag, 12.8.47, wird der Film "Der Teufelsbauer" im Kino-Saal
vorgeführt werden.

Am Dienstag, 19.8.47, sehen wir den Film "100 Mann und ein Mädchen".

"Freude und Heiterkeit" - Operette, Tonfilm, moderne Chansons und
Alt-Wiener Lieder - ein bunter Abend, der am 11.August 1947 (Montag)
in unserem Theater-Saal stattfindet.

Herausgegeben von der Kultur-Kommission beim Patienten-Komitee.

Nr. 3   Gauting, den 22. August 1947.

Aus dem Inhalt:

Genehmigt durch: PCIRO-DIREKTION SANATORIUM GAUTING.
Herausgeber: KULTUR-KOMMISSION BEIM PATIENTEN-KOMITEE.

QUO VADIS D.P. ?

&&&&&&&&&&&&&&&&&&&&&&&&&&&&&&&&&&&&&&&&&&&&&&&&&

... Und der Krieg dauert noch immer. Sein Ende ist ein Traum, den wir so gerne träumen. In stillen Dämmerstunden sprechen wir oft darüber. Eine grosse Freude durchströmt uns, denn wir sind unserer Sache sicher. Der Traum wird eines Tages erfüllt, und bei diesem Gedanken sind wir irgendwie freundlicher, herzlicher zueinander. Wir alle, die das Schicksal in die Fremde trieb, haben einen gemeinsamen Wunsch: Zurück nach Hause!

Und man ist fest überzeugt, nach dem Kriege wird die Welt ganz sicher besser, die Menschen werden sich alles verzeihen, werden gut zueinander, mit Freude den Frieden geniessen und nie mehr an einen neuen Krieg denken. Man ist in der grossen Welt nicht allein, es wird einem, der viel gelitten (und das haben wir ganz bestimmt) geholfen, auf eine brüderliche Weise wird man versuchen, an den Menschen das Unrecht der Kriegszeit gutzumachen und die Wunden zu heilen.

Und unser Traum wird eines Tages Wirklichkeit. Nach einigen schrecklichen, in Bunkern verbrachten Tagen, wo man jede Minute den Tod fürchtete, geschah es. Nicht so wie wir es erwartet haben. Es gab keine Kirchenglocken, die Leute fielen sich nicht um den Hals, es war mehr Trauer als Freude. Wir fühlten uns auf einmal ganz verloren und verlassen. Wir wussten nicht wohin. Keiner kümmerte sich um uns. Nach Hause zu fahren erwies sich als schwieriges Problem. Jeder von uns ging in eine andere Richtung, aber nur wenige führte der Weg in die Heimat.

Einige Monate genügten, um die Wirklichkeit des "Friedens" zu erkennen. Die Welt stand uns feindlich gegenüber, die Gefahr nahm nur andere Formen an. Ich hatte das Gefühl eines schweren Traumes, wo man auf einmal in einer fremden Stadt umherirrt, und den Weg nach Hause nicht finden kann. Nach über zwei Jahren sind wir immer noch im Land unserer Freunde, immer noch unwissend, wohin unser Weg führt.

Ich sprach einige Juden an: Warum fahrt ihr nicht nach Hause? - Wir haben kein Zuhause. Unser Haus, unser Familienleben ist vernichtet. Ein neues Haus wollen wir in eigener Heimat gründen.

Wie habt ihr euch das vor dem Kriegsende vorgestellt?
- Ganz einfach. Wir dachten, nach soviel Leiden wird die Welt unsere Lage einsehen und die Tore Palästinas werden uns geöffnet. Nicht eine Sekunde lang haben wir uns solche Schwierigkeiten, wie sie jetzt bestehen, vorgestellt. Wer weiss, ob wir dann die schreckliche Zeit überlebt hätten?

Und worauf hofft ihr nun?
- Wir hoffen, die Welt wird endlich vernünftiger und menschlicher
und wird uns die Ungerechtigkeiten und Grausamkeiten der Jahrhunderte gutmachen.

Ich traf den alten, guten Kola wieder. Koleczka, bist noch immer
hier? Wie ist das möglich? Du wolltest doch immer so gerne nach Hau-
se?
- Ja, ja - Kola wird nachdenklich, siehst du, man ist immer ein Träu-
mer. In der Zeit der Gefangenschaft sah man die Zukunft so rosig.
Man träumte, bei uns in Russland wird sich etwas zum Guten ändern.
Wir haben den Krieg gewonnen. Und was hört man? Hunger, Unterdrückung,
Freiheits-Beschränkungen etc. haben sich noch verstärkt.

Ach, Kola, ich glaube es nicht. Woher weisst Du es auch?
- Man hört so von verschiedenen Leuten. Ich glaube selbst manchmal
nicht daran, aber siehst du, die ersten paar Monate hat man sich
überlegt, dann schien es zu spät zu sein, zurückzukehren. Es wurden
Aussichten auf Emigration geboten und die Hoffnung auf eine bessere
Existenz lockt uns, trotzdem wir wissen, nur Matuszka Rassija ist
unsere einzige Heimat, - - und er seufzte tief.

Die Balten haben ihre Souveränität verloren. Die Polen haben die
Nachkriegsverhältnisse in ihrem Lande enttäuscht. Griechen werden
noch durch den Bürgerkrieg aufgehalten. Jugoslaven sind mit ihrem
Regime nicht einverstanden und fast das gleiche betrifft andere
verschleppte Personen. Verschiedene Menschen haben verschiedene Grün-
de: politische, menschliche und rein private. An die Heimat denkt man
immer noch mit Gefühl und grosser Sentimentalität. Man resigniert
auch nicht vollständig von der Rückkehr. Das ist immer ein Traum jedes einzelnen.

Das Herz ist zu Hause bei der heimatlichen Landschaft, bei den Erinnerungen der alten Zeit. Man fürchtet die Gegenwart im Vaterlande,
man fürchtet sich vor den neuen Menschen, welche uns als Entfremdete
behandeln. Man lässt sich aber die sich wiederholenden Erniedrigun-
gen in der Fremde gefallen und wartet geduldig auf die fragliche Zukunft.

Die Welt ist gross und gehört uns allen! - Den Menschen!
Die Natur ist verschiedenartig und dient uns allen! - Den Menschen!

Und warum kämpfen wir mit so vielen Problemen, mit so vielen Feinden?
Warum quälen uns unnötige Sorgen? Warum gibt es soviel geschlossene
Türen, Tore und Grenzen? Warum können wir uns nicht frei bewegen?
Was für Mächte halten uns fest in einem ungastfreundlichen Lande,
aus welchem wir heraus wollen? Wer zwingt uns zu unwürdigen Beschäf-
tigungen, die uns gleichzeitig als Vergehen vorgeworfen werden? Wir
können uns gleich darauf eine Antwort geben. Menschen sind es, die
unsere Lage nicht verstehen wollen, Menschen, die politische Interessen höher stellen, als die Freiheit und Existenz des Einzelnen.

Und der Krieg dauert immer noch, und wird solange dauern, bis die
Menschheit einsicht, dass sie eine Familie bildet, deren Glück vom
einzelnen abhängt.

Und wir träumen vom Kriegsende. Wird unser Traum zur Wirklichkeit?

                                                    Kama.

&&&&&&&&

WSZYSTKO.

Czy w Tuluzie, w Ankarze
Czy na Węgrzech, w Dakarze,
Czy w Lizbonie, czy w Szkocji
            wilgotnej
Czy tu w wielkim Londynie,
Fala niesie nas, płynie,
Coraz dalej od drogi powrotnej,
O co my tak walczymy,
Za czymż my tak tęsknimy,
Jakie skarby nam wielkie
            odjęto?
Nie o sławę, bogactwo
Całe nasze tułactwo
Lecz o sprawę i większa
            i świętą.
Nie o władzę nad światem
Ale o to by latem
Z książką usiaść pod starym
            jaworem

Słuchać wiejskich pogwarów
I brzęczących komarów,
Koni rżących na łakach wieczorem.
Nie by rządzić innymi
Lecz by w domu swoimi
Sprawiedliwie przełamać się
            chlebem
Wyjść na drogę i czyste
Witać niebo gwiaździste
I spokojnie móc spać pod tym
            niebem
Znów popatrzeć przez okno
Na kasztany co mokną
Od dżdżu mokrym przyglądać się
            listkom
Iść aleją, przystawać
Dawne ścieżki poznawać
To nie wiele, a przecież to
            wszystko.

A. Słonimski.

DER ARZT HAT DAS WORT.

Dr. Szor.

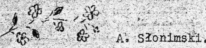

Rozpoznanie i leczenie gruźlicy płuc dziś i przed laty.

    W ostatnich dziesiątkach lat rozpoznanie gruźlicy płu
radykalnie zmieniło się. Jeśli pominiemy całkiem jawne przypadk
gruźlicy, gdzie osłuchiwaniem i wypukiwaniem łatwo ją stwierdzic,
w wielu innych wypadkach lekarze nawet w większych miastach pro-
wincjonalnych Polski rozpoznawali, a przynajmniej podejrzewali gruźlicę w następujących przypadkach: Przedewszystkim w krwi-opluciach
a potem w stanach gorączkowych lub podgorączkowych trwających dłuż-
szy okres z kaszlem i potem nocnym (jeśli innej przyczyny nie zna-
lazl). Mowiono też o specjalnych typach ludzkich, skłonnych do gruźlicy płuc, o młodzieńcach z wąską zapadłą klatką piersiową, o szczu
płych i sosenkowatych dziewicach z przezroczystą cerą, z wypiekami
i o pięknych błyszczących oczach.

    Spostrzeżenia w Gautingu zadają kłam tym wszystkim
hipotezom. Spotykamy tu najrozmaitsze typy, nawet atletyczne, a płu
ca z kawernami. Seryjne badania rentgenowskie płuc dokonało zupełn

przewrotu w naszych poglądach na całą diagnostykę i klinikę gruźlicy.
Narząd słuchu musiał skapitulować przednarządem wzroku. Zmiany płucne widzimy własnymi oczyma. Rentgen, laboratorium grają głowną rolę
w rozpoznaniu i rokowaniu gruźlicy. Osłuchiwanie i opukiwanie uste-
puje na drugi plan.

Jeszcze większy przewrot dokonał się w dziedzinie lecz-
nictwa gruźlicy płuc. Jeszcze z początkiem naszego stulecia uważano
kreozot i jego pochodne (n.p. symp, fanela) za specyfik płucny.
Szczególnie na wsi kreozot był bardzo ceniony (jako mocne lekarstwo)
gdyż ma zapach karbolu i smak wprost zrący. Drugim lekiem niezawod-
nym był tran i psi tłuszcz. Następnie zaczęto stosować zastrzyki
tuberkuliny (preparat otrzymywany z prądków Kocha) i wreście zastrzyki dożylne preparatów złota. W Polsce przedwojennej, w licznych ośrodkach przeciw-gruźliczych stosowano na większą skalę
zastrzyki wapienne masowo, witaminy i naświetlania kwarcówką. Oile
zastrzyki wapna były przynajmniej nieszkodliwe, otyle kwarcowka
wręcz niebezpieczną.

Dziś gruźlica płuc (jak przed laty leczenie wyrostka
ślepej kiszki) wyśliznęła się z rąk lekarza praktyka i stała się
"chorobą chirurgiczną". Wiemy wprawdzie, z doswiadczenia, (rownież
w Gautingu), że nieraz duże zmiany płucne ustępują bez wszelkich
lekarstw i zabiegów, tylko przez cierpliwe, spokojne leżenie (tu
dochodzimy do bolączki naszych pacjetów, jak często oni grzesza
przeciwko temu kategorycznemu nakazowi) ale z drugiej strony bez-
sprzecznie prym dzierży leczenie zabiegowe (Odma, Kaustyka, Plastyka i.t.d.). Niepopularna u naszych pacjetów pneumoliza zajmuje
w innych znanych sanatoriach "popularne" miejsce w statystyce zabiegów operacyjnych. Na zachodzie, szczegolnie w Stanach Zjednoczonych doszli nawet do usunięcia całego jednego płuca.

Miejmy nadzieję, że przyszłe pokolenia lekarskie będą
patrzały z politowaniem na nasze obecne lecznictwo płucne, bo wy-
najdą mocną, niezawodną broń w walce z tym najgrozniejszym biczem
ludzkosci.

&&&&&&&&&

A briwl cu der palestina-Komisje baj UNO.
==

Hojch geszecte hern!

Es tut unz zejer lajd, dos ir hot unz nit bazucht, ir hot
it a blik gegebn in tom fun cures-kwaln un in dem opgerunt fun
idisze lajdn! Un in dem cures-kwal wos hajst sanatorium Gauting,
olt far ajch gewen an opszpiglung un a ilustracje fun di lajdn fun
anon jidiszn folk. Mir farsztejen, ir hot efszer nit gewolt kumen
her, bichdej ir zolt nit wern baharszt mit dem psichoz, bichdej ot
i lajdn zoln nit arajn in march fun ajere bajner, un in dem blut,
elches flist adurch durch di lungen un herc, bichdej nit cu wern
aherszt durch di lajdn. Dariber wendn mir zich cu ajch fun wajtn
urch a briwl. Un fun dem briwl szrajt cu ajch arojs a jomerlech
arcwajflt gewajn un geszraj, fun 500 unglikliche ajnzame, izolirte
enszn: ratewet! ratewet! ratewet!!! Menszn gojsistike bejtn zich
atewed, lozt unz otemen mit unsere szwache lungen di fraje luft fun
zer Erec Israel. Nor dort cwiszn unzere brider, un in di fraje luft

fun Erec Israel kenen mir gezund wern! Un nit do in di dajcze ajn-
zamkajt. Unzer trojrike erlajdns-gojrl hot gewolt, az ir zolt unz
nit bazuchn, un dariber wendn mir zich cu ajch szriftlech, ojf-
klerndik unzer anszaung, mejnung un drang cu Erec Israel. woltn mir
gewen gezund, wolt der grejster tajl fun unz lengst szojn dergrajcht
di breges fun unzer Land.

Mir betn ajch git iber unzer S.O.S.-ruf un unzere lajdn
un di lajdn fun gancn jidiszn folk (wajl mir zajnen nor an ajwer
fun dem gif, wos hajst Jidisz Folk). Di forsztejerszaft fun der
welt UNO un zol kumen unzer gerechte lejzung.

Hojch geszecte hern! Es iz ject nit di cajt, un di gele-
genhajt oncuklogn unzere merder. Nit do iz dos ort oncuklogn dem
weltgewisn. Ober zajt wisn, az nor mir zajnen barufn oncuklogn! Mi
wos 27 monatn noch krigsende hobn noch di fraj far di ojgn nit
gezen. Mir ejnzame, unglikliche, ejlende, lejbnslengliche korbones
fun di fardorbene welt. Nor mir zajnen dacu barufn. Un dariber
nemt in acht unzer wajgeszraj, dringt arajn in unzer briwl, wos iz
geszribn mit blut fun unzere hercer, erfilt unzere bite, wos kumt
fun di farborgene tifeniszn fun unzere neszomes - - - un wekt ojf
dos gewisn fun der welt.

27 monatn noch dem krigsende lign mir noch tomid ojf di
farszoltene dajcze erd. Do kenen mir nit gezund wern. Ale andere
gewisn-rajne nacjonaliteтn zajnen noch krigsende geforn ahejm
(afile di kranke). Wi ahin zoln mir forn? Pojln, Czechoslowakaj,
Ungarn, Rumenjen, Afrike, England, take, dos demokratisze England,
iberal pogromen, iberal trajbt men unz. Aderabe zogt, hobn mir tak
kejn recht cu lebn un cu egzistirn ojf der welt?! Un ojb nit to
zol kumen der miszpet fun der welt, klor un ofn, farnichtn dos
gezante jidisze folk! Zoln wern aropgenumen di maskes fun di far-
sztelte gezichte! Ober derbaj weln mir ajch citirn un dermonen a
masele fun unzer grojsn tane reb Hilel. Reb Hilel hot amol gezen
durchgajndik durch a waser, wi es szwimt a opgehakte kop fun a
mensz, hot er a tracht geton un hot gezogt: al datajft atfich,
wesojf metafaich jetifn. Wajl du host jenem dertrunken, hot men
dich dertrunkn, un der so wert zajn, az dajne dertrinker weln ojch
wern dertrunkn . . . Dos hobn mir zich ibercajgt, ojch mit Dajczland un dos kenen mir ojch zogn England . . . Mir zogn England, e
wert ajch nit gelungen cu cerbrechn unzere aspiracjes un hofnunge
wajl der grejster koach ojf der welt iz farcwajflung un ojsweg-
lozigkajt!!! Un take der koach unzerer , wet zajn sztarker fun di
englisze bombes, granatn un wi der engliszer flot.

Choszewe hern! Basztimt kent ir unz nit farsztejn, wajl
unz cu farsztejn muz men zelbst zajn a jid, punkt wi Szolem
Alejchens held (fun szwer cu zajn a jid). Iwan Iwanowicz hot nor
damols farsztanen di jidisze lajdn, wen er hot zich mit zajn fraj
Sznajerson gebitn mit di dokumentn. Azoj kent ir take nit farszte
di jidisze lajdn.

Hoszewe un hojch geszecte herszaftn!

Mir glojbn, az ir farsztejt ajer hejlike misje, ajer gro
se un farantwortlechfule ojfgabe wos di welt hot ajch onfartrojt
un ojf ajch arojfgelajgt. Ir miszpet ject a folk! Beser gezogt, i

miszpet ject a welt, ir brojcht ject decidirn, cu es iz jojszer ojf der welt oder nit. Ir mit ajeren gerechtn urtejl wert ject ibercajgn di welt cu es iz gerechtigkajt ojf der welt cu nit. Alos in ajere hend ligt der gojrl un in ajer miszpet iz anbelangt di egzistenc fun jojszer gewisn farsztendnisz un gerechtigkajt. Zol men hofn, az ir wert unz nit enttojszn un az ir wert brengen far unz di szojn azej lang ojsgebengte, jojszerdike, gerechte lejzung.

A. Sz.

========

Sztej ojf Israel

Sztej ojf Israel
Nem dajn gojrl in hand,
Nit goles richt op
Nor gaj bafraj dajn land.

Curinen iz dajn cholem
Dajn hofnung endlech cu hobn ru,
Nit gekumen iz dajn bafrajung
Nit gekumen dajn ojsgebenkte szo.

Giftike, szpotosze blikn
Umetum bagegnt dich dos
Un zejer kol du herst
"Jid, wi sztipst du zich dos"?!

Dajn hajm iz golus
Wi getugt - niszt genacht
ajbiker wanderer blajbs du
Unzer ojg ojf dem es wacht.

Kumst in a land
Wurclst zich ajn,
In a szejnem fri morgn herst du
"Jid - du must wajter gejn".

Azoj iz der sztajger
Un dos iz zejer bagejer
Ojsgenugt fun dir dajn march
kenst wajter wandern - bist leer.

Jidisz lebn iz herker
Bilik iz jidisz blut,
Flist es wi waser
Macht es ajsewn ojfm harcn gut.

Farglist zich ajsewn ojf a nowine
A szpil ot azej:
Cu brenen jidisz farmegn
Un aweklajgn jidn wi sztroj.

Er hot kejn mojre far kejn din
                    wecheszb
Er ken farmiszpet sztajn,
Tumid iz er der gerechter
Un der szuldiker - bist Du Isra-
                    el alejn.

Israel - herst du den nit
Dos galike gelechter hinter zich?
Israeln hot zich farbenkt fraj-
                    hajt
Wjast im dort der rijach!!!

Kum Israel - kum
Mun kejn jojszer - siz nit faran
A folk muz zich zajn frajhajt alejn ojskempfn
Muz kempfn far jedem szpan.

F. Ajchenbaum.

DAS FLÜCHTLINGSPROBLEM IN SCHWEDEN!

Interview mit Frau Dora W e i n k r a n z , Malmö, Schweden.

Die Obengenannte, eine Schwester unseres Patienten Abraham R o s e n hat uns hier besucht und uns das folgende Interview gestattet:

Schon im Jahre 1939 kamen von Deutschland, Polen und anderen europäischen Ländern Flüchtlinge nach Schweden, um sich dort ansässig zu machen. Sie sind illegal eingewandert, D.P.s gibt es nicht dort. Nachdem sie einer dreiwöchigen Quarantäne unterzogen wurden, fanden sie dort eine gastfreundliche, liebevolle Aufnahme und eine neue Heimat. Eine grosse Zahl Kazetler hatte Gelegenheit, noch vor der allgemeinen Befreiung durch das schwedische Rote Kreuz nach Schweden zu gelangen. So z. B. ein Transport von 3000 Frauen aus dem K.Z. Ravensbrück, die durch die Hochherzigkeit des schwedischen Grafen Bernadotte ausgelöst wurden.

In grosszügigster Weise wurden die Flüchtlinge mit allem, dessen ein kultivierter Mensch zum Leben bedarf, ausgestattet, vom Strumpfhalter und Lippenstift, bis zum warmen Mantel und der modischen Handtasche. Sie erhielten die Möglichkeit, sich ein halbes Jahr lang in einem herrlichen Erholungsheim aufzuhalten, wo ihnen alle Wünsche, die man an Essen, Trinken und Erholung überhaupt, stellen kann, erfüllt wurden. In einer wunderschönen Umgebung konnten sie ihre furchtbaren Eindrücke vergessen lernen.

Später wurden sie dem Arbeitsprozess eingegliedert, allerdings nicht in Lagern, sondern sie wohnen und leben privat, arbeiten in Fabriken aber auch in freien Berufen. Es sind drei Wohnzentren für Flüchtlinge in Schweden, Göteborg, Malmö und Stockholm. Um dort wohnen zu können, ist eine Genehmigung erforderlich, Voraussetzung für diese ist der Besitz einer Arbeits- und Wohnkarte.

Eine Frau verdient wöchentlich 5o schwedische Kronen, um ihren Lebensunterhalt zu bestreiten, benötigt sie etwa 3o Kronen. Ein Mann verdient 8o bis 1oo Kronen und verbraucht für seine Lebensbedürfnisse etwa 5o. Ein eingerichtetes Zimmer kostet in Schweden 5o Kronen, monatlich. Wer in Schweden nicht arbeiten würde, hätte dort keine Existenzmöglichkeiten und -berechtigung. Die arbeitenden Klassen jedoch haben die Möglichkeit, alles, was zum Leben gehört, zu erwerben und dies ohne jede Schwierigkeit. Es sind grosse Erleichterungen geschaffen, man kann alle Gegenstände durch Teil- oder Abzahlung erhalten. Die Schweden selbst zeigen den Flüchtlingen sehr viel Vertrauen, indem sie beim Einkauf nur Namen und Adresse notieren und keinerlei Wert auf das Vorzeigen der Arbeitskarte oder sonstiger Ausweise legen.

Die Kranken-Fürsorge für die Flüchtlinge ist ebenfalls vorbildlich.
Früher gab es für die Kranken ein wunderbares Sanatorium für Tausende und Tausende - in Gotland. Jetzt stehen ihnen Rekonvaleszentenheime zur Verfügung, wo sie ärztlich und sozial betreut werden,
ihr Essen erhalten und wo alle Voraussetzungen für ihre Gesundung
geschaffen sind. Diese Rekonvaleszentenheime werden von der Allgemeinen Ausländer-Kommission fundamentiert.

Ein besonders schönes Heim befindet sich in Strottenboe-Dalarna
zwischen Bergen, Fjorden und Wäldern (Frau W., di krank am 6.7.45
von Bergen-Belsen aus nach der Befreiung nach Schweden gekommen ist,
wurde in dieses Erholungsheim durch das Schwedische Rote Kreuz ver-
mittelt). Bei erforderlichen Operationen überführt man die Kranken
in schwedische Krankenhäuser.

Kinder von Flüchtlingen und schwedischer berufstätiger Frauen, die
in Fabriken arbeiten, werden in Kindergärten untergebracht, die von
den einzelnen Firmen selbst eingerichtet und unterhalten werden.
Ebenso Säuglinge in Säuglingsheimen. Es ist dort üblich, ein Fahr-
rad zu besitzen, das mit einem Korbstühlchen rückwärts versehen ist-
- auf diese Weise bereitet es den Müttern gar keine Schwierigkeit,
ihre Kinder nach Dienstschluss mit nach Hause zu nehmen.

Für die Flüchtlingskinder gibt es in Schweden auch eigene Schulen.
Sie lernen allerdings auch mit schwedischen Kindern gemeinsam. Ein
Gymnasium ist eigens für die Flüchtlingsjugend eröffnet wor den.
Ebenfalls eine Universität in Stockholm. Der grösste Teil ihrer
Studenten sind Polen. Polnisch und Deutsch sind für Sprachen die
gebräuchlichsten Unterrichtsfächer.

Dann gibt es noch die sogenannten Hermods-Kurse, die sehr viel Anklang gefunden haben, das sind Briefkurse, die alle zu erwerbenden
Kenntnisse durch Briefe vermitteln. Ein 19jähriger jüdischer Junge
aus Lodz erwarb sich durch diesen Hermods-Kurs eine Prämie für mu-
stergültiges Erlernen der schwedischen Sprache. Er steht jetzt vor
seiner Matura und wird dann sein Studium beginnen. (Kupferminc).

Die Flüchtlinge haben sich sehr gut akklimatisiert, sie nehmen die
Sprache und Lebensart der schwedischen Bevölkerung an und harmonie-
ren vorzüglich mit ihr. Unter sich besuchen sie sich gegenseitig und
haben viele gemeinsame Veranstaltungen. Sie sind ausserdem nach
Nationalitäten organisiert.

Jüdische Flüchtlinge besitzen einen eigenen Verein in Malmö für Malmö und Umgebung. Dieser Verein zählt 1000 Mitglieder und er hat ein
eigenes Lokal, ein Orchester, Sportklub, Koscherküche und eine
schöne Bibliothek.

Es sind auch jüdische Schulen vorhanden, (6 bis 7 Schulen mit 150
Schülern bis zu 18 Jahren). Diese Schulen unterstehen dem "Chalusz."
In diesen Schulen wird viel über Hebräisch und Zionistik unterrich-
tet.

Die Flüchtlinge haben auch eine eigene Wochenzeitung in schwedischer,
jüdischer und deutscher Sprache herausgegeben.

Das jüd. Komitee ist Mosaiska, in den drei Zentren Göteborg, Malmö
und Stockholm

Ein polnisches Komitee ist auch eingerichtet worden. Von diesem werden Rücktransporte in die Heimat organisiert. Es sind zwischen den Staaten Schweden und Polen Abmachungen getroffen worden, diese Transporte betreffend. Sie werden von Trelleborg aus geleitet, d.h. die Beförderungsmöglichkeiten sind geradezu ideal, der Zug wird von Schweden aus (Trelleborg) auf ein Fährschiff geleitet und der gleiche Zug geht durch bis Warschau.

Es befinden sich gegenwärtig ca. 15.000 jüdische Flüchtlinge in Schweden. Die schwedische Regierung nimmt zum Flüchtlingsproblem aller Nationalitäten eine tolerante und entgegenkommende Haltung ein und hilft ihnen, eben diese Probleme mit ihrer ganzen Unterstützung zu lösen.

Trotzdem will jeder sich sein Heim in einem Land schaffen, wo er Verwandte besitzt. Viele Flüchtlinge emigrieren nach Amerika, Palästina und ein gewisser Teil hat sich auch in Schweden ganz ansässig gemacht und beabsichtigt, hier, im Lande der Arbeit und Toleranz, zu bleiben.

Sara Koerbel.

UNSER FEUILLETON.

Wywiad z dziurą w płocie.

- No nareszcie panią dobrodziejkę znalazłem. Wczoraj była pani koło "Liegenali", a dzisiaj przeniosła się o całe 5o kroków dalej.
- A cóż to pana obchodzi, - obruszyła się Pani Dziura, - co za bezczelność! Czy Pan może z sekcji zabijaczy i chce mnie znów uśmiercić?!
- Nie - ja proszę Pani z redakcji.
- Co z redakcji! Tym gorzej! Wy jesteście straszni! (krzyczy moja Panna) Umieszczacie moje zdjęcie na czołowym miejscu waszego pisma i ja biedna sierota muszę uciekać gdzieś indziej przed czujnym okiem prześwietnej policji.
- Bardzo przepraszam, ale tą razą chciałem przeprowadzić tylko maleńki wywiad z dobrodziejką.
- A, to co innego. Proszę bardzo. Niech Pan tylko stanie tu na bok

za krzakiem, żeby jegomościa z daleka widać nie było. W
przeciwnym razie wystraszy mi Pan klijentów.
-Wystraszy? Zapytuje ze zdziwieniem.
-No tak! Będą myśleli, że policja i nie przyjdą, a to dla mnie
bardzo bolesne.
-Taaak!
-Do mojej dziury (rzekła panna) muszą mieć klijenci pełne zaufanie.
Bo widzi Pan to jest moje życie, ja się tym bawię. Taka pozycja
społeczna wbija mnie w dumę...
-A to w jaki sposob?
-Bardzo prosto. Przedewszystkim, każdy kto korzysta z mej pomocy
musi się uniżyc przedemną. Schylic nizko swe dumne czoło. Skur-
czyc się prawie do ziemi. Musi swoją osobą otrzeć się lubieżnie
o moje nagie żebra.
-O co?
-No o żebra- myślę o sztachety.
-Acha- rozumiem.
-Każdy przechodzi przeze mnie z drżeniem. Oglądą się na wszystkie
strony i szybko daje nura. Ale to go zawsze coskosztuje.
-Kosztuje, powiadam.
-Tak to kosztuje. Wysoki z bujną czupryną, zostawi parę wlosów na
mojej poprzeczce. Łysy- trochę skory ze swojej pały. Gruby,
wyczyści brzuchem lub bokami moje sztachety i zostawi na pamiatke
kawałek materiału. Czasem ktoś rozsypie trochę owocow, kawy,
czy cukru. Panie gubią podwiązki lub drą pończoszki. Tym, ktorych
nie lubię, wbijam drzazgi w boki lub ... w nieboki i tak się bawię.
-To tu u Pani naprawdę wesoło .
-O tak proszę pana, ja jestem poprostu zakazaną bramą wyjsciową
do raju, oknem na świat!
-A czy można wiedzieć jak Pani powstaje, jak się Pani rodzi?
-Bardzo prosto. Pragnący wolności miłosnik przyrody robi malenką
plastykę w płocie. Usuwa bez znieczulenia dwa lub trzy "żebra-
sztachety" i rodzę się ja - PANNA DZIURA. Jeżeli mnie odkryją,
uciekam dalej w inne miejsce, bawiąc się w "ciuciubabkę" z miej-
scową policją i zostaję dalej ku uciesze moich kochanych klijentow.
-Hm, a można wiedzieć kto najczęściej korzysta z usług Pani?
-Z moich usług? Prawie wszyscy. Przedewszystkim pozytywni, ci mają
ulgi, dalej wycieczkowicze, handlarze, zakochani...
-Zakochani?
-Tak, zakochani, Czy Pan wie, że kiedyś wczesną wiosną to nawet całe wesele korzystało z moich usług.
-Coś podobnego!
-Tak. Pan młody, Pani młoda i dwuch świadków weselnych. Tak proszę
Pana, wszystko przez dziurę. Błogosławiłam ich jak mogłam, po-
prostu ze łzami w oczach. Uprosiłam, ażeby im wiatr świstał marsza
przez sztachety i las szumiał im pieśn weselną. Czekałam z bijącym
sercem aż wrocą. Bałam się, że ich zlapią i będa musieli noc po-
slubną odbębnic w bunkrze. Ale udało się. Bo moja dziura, to pew-
nośc i zaufanie.
-Wspomniała Pani o handlarzach.
-Tak, ale z moich usług korzysta tylko drobny handel. Dla grubych
ryb są inne wejscia. Przeze mnie z krową wejśc nie mozna, ani też
wywieźć auto czekolady. Pan rozumie.
-Pokiwałem smutnie głową. Przypomniały mi się świata, magazyn, auto,
związany policjant... W dołku mnie "mglic" zaczeło i ślina z gęby
pociekła. Chciałem jeszcze coś zapytać, ale w tej chwili poczeła
nerwowo szeptać Panna Dziura.

-Skryj się Pan! Szybko, na miłość boską. No skryjżesz się Pan.
Idzie para zakochanych. Wystraszy mi Pan klijentów.
-Przytuliłem się do krzaka i śledziłem bez ruchu wslizgujących si
w dziurę pasażerów, poszukiwaczy szczęścia. Rozmawiali "Dy Pi
szprache". Słyszałem tylko w dali jej słodki szczebiot: "Ni
berühren... werboten" i jego niski bas: "niks werboten". A potym
...ucichło wszystko. Zniknęli w gęstwinie otaczających nas drzew
Odeszłem i ja żegnając cierpkim uśmiechem miłą panną dziurę. Prz
drogę zastanawiałem się nad tym, czy u nas naprawdę nie możnaby
ułożyć życia bez dziur w płocie. Myśląc o tym doszedłem do wniosł
że to już chyba zawsze, tam gdzie dla nadania powagi instytucji
są stróże bezpieczeństwa z gumami, przybytek smutku za kratami
i płoty ozdobione kolczastym drutem, musi jako przeciwaga istnie
dziura w płocie.

H. Mierzwa.

&&&&&&&&

&&&&&&&&&

M E I N   F E N S T E R.

Skizze von Jörg Jensen.

Ein letzter Sommersonnenkringel 1
sich um die Geranie, die rotleuch
tend auf dem Fenstersims steht.
Draussen gehen die Menschen vorbe
patienten dieses Hauses schauen z
mir herein oder schieben mit jede
Schritt kleine Kieselsteine des W
ges vor sich her. Ein leiser Aben
wind spielt in den Tannen, aus de
nen die Zeisige, Finken und Amsel
ihren späten Abendgesang zu mir h
rüberpfeifen. Eine braunweiss ge-
fleckte Katze springt auf die Fen
sterbank, putzt sich ihren krummg
spannten Buckel, äugt zum Holunde
busch und fällt dann mit weichem
Sprung in das ausgedorrte Gras. Das kurze Gewitter des Vortages w
nur ein kleiner Quell und die durstigen Blätter konnten sich nach
so langer Zeit der Dürre kaum volltrinken. Alles um mich herum is
sommermüde und sehnt sich nach der Abendkühle. Selbst die beiden
Schafe stehen unter der Birke und verschmähen die saftlosen Halme
Eine späte Biene summt noch die wenigen Blüten ab, ruht sich auf
einer Knospe aus und tritt dann ihren Heimflug an. Feine rotgolde
ne Wolkengespinste verweben sich am weissblauen Himmel ineinander
lösen sich dann wieder auf, um langsam zerfliessend hinter dem
Waldrand zu verschwinden.

Mein Fenster ist meine neue Welt geworden. Ich liebe es,
weil es mir in all den Tagen hier eine neue Schau des Werdens und
Vergehens schenkte. Es stand zuerst genau so offen wie heute, es
hat sich mir nicht wie eine leichte Liebe angeboten. Oh nein, ich
habe um diese Liebe kämpfen müssen, aber als ich sie begriff,

Di maszgichym in der koszerer kich gibn achtung, az dos trajfene flajsz zol chollle mit koszer wern.

Azej wi ejn famlibt perl iz nebech farblondziet geworn in wald ebhl di finsterniss, hot di direkeje baszlosn ajnzurichtn elektrisze baleichtung in wald un azej arum wert men ezojn kenen zejn un kejner tuit nit.

In der bir-hale, wos unzer palicej hot ejngeordnet in der warhe, weln konen alle ajnwoner fun Gauting trinkn a kalt glos bir ojser di ajnwojner fun sanatorien, di ...

Wer es wil nemen ontajl in der ojsztelung, wos darf forkunen in unzer sanatorie, zol zich besajtas kejten bilden, oder andere hand-arbet, zej unteszrajbn, ibergebn dem organizazr-komitet fun dem ojsztelung, un azej arum wert er kenen nemen ontajl in der ojs-sztelung.

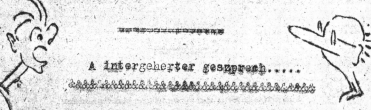

A intergeherter geszprech.....

Fon Mejsze in Kapojer . . . .

M.... Host gezehen dem najen nomer fon unzer cajtung?
Zi hot szojn a nomen gekrigen, "Unser Lejben" hejst zi.

K.... Jo, ich hob zi gezehen, men muz besztetigen dus di szefer fon der cajtung zehen menszen mit inicialt.
Nor wos kumt arojs derfin, az di cajtung iz arojsgegebn geworen niszt durch alte fachlajt, wi es past far a cajtung.

M.... Jo dus mejn ich doch, Du bist a alter fachman! Du host doch mitgeharbazt in aza grojser in propulerer cajtung in pojlen in du hert men dich niszt, in men zejt dich niszt.

K.... Ot iz dem geit es doch take. Ale menszen wejsen dir wanet majne fejikajten zajchen, in du zenen gekumen a pur menszen wus wolten far der milszome afilu niszt gehat noch wus arajnenkumen in a redakcie. ...In a szejnem frimorgen, niszt mir iz niszt dir arojsgelost a biuletin, in der owejter woh hot men szojn der cajtung gegeben a nomen "unser Lejben", iz men iz niszt afilu gekumen cu a fachman zich be-razen? K...azoj, K....poj. Druoh muz kuken wi azelche men-szen hobb genumen uns helike arb in cajre hend. In zej ze-nen hajder di Redaktorn....

M.... Nu.. wejste niszt wus den hut? Men szrajbt a pur artiklen feletonen, satyres, i.z.w. in ncoj arum nemt men di inicia-tif in di eigene hend? In men lost zej niszt panewen!!!! Nor eins muz ich bestoen az kreften hobn zej, in die caj-tung wet zich zehr szejn entwiklen.

K.... Ojch mir kreften?!? Men 1, bessel das winkel fon "majsze Kapojer"..in den winkel muz zich obszpiln dus gance lei-ben fon uns. In wos hostu dort? Gorniszt in noch ein mol Gorniszt. Wen ich szreib epes, wolt es a tregsel gegeben mit .....ale .... wi ich fersztej....

M.... Di redst szojn nariszkejten. Ich ken doch jo dajne "Trejeck-kajten" nich westu doch niszt naren! Kunir zehen, szrajb

epes eindlaehs in fin dem tog tejgliehem leiben? niszt arojsnemen
dajne gesribene werk, wus host zej gesribem dirko ewej johr
In der sof wejstu alein....

K.O.: di redst jo azoj, dir ojf cepikenesz, wel ich in nechsten
numer fon unzer cajtung szrejben Humoreskes, Satyres, Noweln,
Feletonen in ojch machen a winkel mit karekaturn...
In mehr deriber wil ich niszt reden, west szojn lejnen in unzer
cajtung....Jo......Jo.....Jo.....

Ich hob dan gezekt a Tfila. Alowaj fon K.s. mojl in Gots ojren.

Mar-Adam.

&&&&&&&&&
&&&&&&&&&

 ## Interview mit dem Messing-Officer.

Messing-Officer,Mr. Lowy,hat den Ruf eines der nettesten und
liebenswürdigsten IRO-Beamten in unserem Sanatorium.

Wir waren neugierig, ihn kennen zu lernen.

Wir haben die Schwelle des kleinen Zimmers übertreten und sind
freundlich durch ihn selbst begrüsst worden. Ein helles offenes
Gesicht und ein Mund, der gerne lacht, das war unser erster Eindruck. Eine Weile mussten wir dem Gespräch mit dem Konditormeister
zuhören. Der letztere in einer hohen weisse Mütze hat uns direkt
imponiert. Das Gespräch war sehr merkwürdig: Der Konditor stellte
eigensinnig seine Forderungen, betreffend Eier- und Butter-Mengen,
und Herr Lowy schlug es ihm freundlich und standhaft ab. Es dauerte so lange, bis der Konditor kapitulierte und nachgab. Herr Lowy
hat dann seine Wünsche auch berücksichtigt und wir durften auf
einen Kuchen für morgen hoffen. Dann kam noch eine Frau hinein. Sie
beklagte sich, ihr Mann (ein hiesiger Patient) hätte seit zwei Jahren noch nie ein Mittagessen genossen und sie verlangte als Ersatz
für die Kalorienmenge den Gleichwert in Schokolade, Zucker und
Fruchtsaft. Ihre Bitte wurde nicht berücksichtigt.

Wir durften endlich sprechen. Wir fingen schüchtern an:
Wir interessieren uns für Ihre Aufgaben, Ihre Arbeit, Ihre Pläne....
....Pläne? - sagte Mr. Lowy träumerisch, die habe ich für
lange Zeit voraus. Ich habe vor, für jeden Patienten extra nach
seinen Wünschen kochen zu lassen. Dann wird in kurzer Zeit eine Kan-
tine gegründet werden, in welcher alle Arten von Getränken verab-
reicht werden. Wir sind schon soweit, dass wir den Patienten Kaffee-
Ersatz, Bohnen-Kaffee, Vollmilch, Magermilch, Kakao mit und ohne
Milch, auch Tomatensaft, anbieten können. Dazu wollen wir Hafer-
flocken in rohem Zustand - denn da enthalten sie die meisten Kalorien - servieren. Ausserdem werde ich den Patienten empfehlen,
Rettiche und Kopfsalat zu essen, da diese leicht lieferbar sind
und nicht von uns bezahlt werden brauchen.

God dame - sprach weiter Herr Lowy - wir hätten es nicht nö-

tig zu hungern, wenn wir wüssten, was sich am besten aus Kaffee-
Ersatz und Trockenkartoffeln herstellen lässt. Einem findigen Koch
müsste es gelungen, in der Form von Klössen und Backwerk diese zu
bearbeiten. Und glaubt mir, meine Teuren, diese Artikel haben wir
in Hülle und Fülle - und er lachte hell auf. Ja, ja, so sind die
Probleme des Messing-Officers.

  Einer von uns stelle eine bescheidene Frage: Warum war das
Mittagessen heute so schlecht?

  Schlecht? Fräulein Matuszak hat Ihnen das Mittagessen auch
nicht geschmeckt?

  Mir? ... Und sie vertieft sich weiter in ihre Arbeit.

  Was würden Sie zum Beispiel für ein Menu vorschlagen? -
fragt uns jetzt Herr Lewy.

  Kann man nicht so von Zeit zu Zeit Brathühner oder junge
Mastgänse - oder als Appetitanregung Kaviar geben?

  - oder Hummer-Mayonnaise, das ist so pikant - fügt einer von
uns schnell hinzu.

  - Und ich würde gerne ... wollte der Dritte hinzufügen, doch
da unterbrach ihn Herr Lewy lachend:

  Meine Lieben, oh key. Was nicht ist, kann werden. Aber ich
sehe schon, dass sie sich der Schwierigkeiten der Verpflegungslage
nicht sehr bewusst sind. Wir müssen uns schwer bemühen, das zu erreichen, worüber wir jetzt verfügen können. Besuchen Sie mich wieder einmal und ich werde Sie über die ganze Lage genau aufklären.

Sein letziger Ernst zeigte, dass alles Vorhergesagte nur Scherz
von ihm gewesen war.

  Wir haben uns gefreut, in Herrn Lewy einen Menschen kennen
zu lernen, der Sinn' für Humor hat, was heutzutage selten ist.

  Und wir empfehlen jedem, der gerne über seine Lieblingsspei-
sen spricht oder Wünsche in Bezug auf Verpflegung hat, Mr. Lewy zu
besuchen.

  Ich versichere Euch, jeder wird nach dem Gespräch in guter
Laune herausgehen.

          Stiller Beobachter.

Baricht fun Waad K.K.L. in Sanatorium Gauting.

Dem 23.4.47. ojf a zicung fun reprezentantn fun farszidene cjonistisze grupirungen in unzer sanatorium in cuzamensztel fun folgende perzonen:

Dr. Bergman, Eichenbaum, Finkelman, Herman, Ickowicz, Jakubowicz, Jonenson, Körbel, Kalmanowicz, Naftalewicz, Podkowiecki, Sztajnfeld, Soiska, Süsman, Tatarka, Wolf, Waserstein,

iz ojsgeklibn geworn a WAAD KEREN KAJEMET. Damit mir jidn in sanatorium Gauting zoln ojch kenen mithelfn in der hejliger arbet fun ojslezn dem Erec-Israel bodn un damit derfiln dem chojf legabe unzer folk un legabe unz alejn. Der waad basztejt fun di ch.ch.

Forziccender	- Dr. Bergman
Sekreter	- Kalmanowicz
Kasirer	- Wolf M.
Mitglider	- Jonenson, Süsman, Podkowiecki.

Chuc gelejgenhajtliche akcjes, nedurim un nedowes, hot men ajngefirt, wegn mangl in puszkes, monat-bajtrag. Mit klejnen ojsnamen hobn ale pacjentn un personal farsztanen di grojse badajtung fun geulat haarec, un zich farpflichtet cu regulere monatliche szpendn. Biz dem 1.8.1947 iz in sanatorium gezamlt geworn far K.K.L.

Im monat April:	Koncert fun jid. repr. ork. Jizkor-akcje un nedowes un nedurim	....	153.30 RM
Im monat maj:	Lag-beomer-akcje	....	1473.-- "
	Monats-bajtrag	....	5041.-- "
	Nedowes un nedurim	....	2375.-- "
Im monat juni:	Monats-bajtrag	....	5220.-- "
	Nedowes un nedurim	....	77.-- "
Im monat juli:	Herc-Bialik-akademje	....	2366.-- "
	Monats-bajtrag	....	4962.-- "
	Nedurim un nedwowes (Szwajcer-transport)	....	7o5.-- "
	cuzamen:	....	37549.-- RM.

Mir drikn ojs a hercikn jaszer-koach ale mitarbeter un batejligte inm hejlikn fund.

Gedenkt, az unzer chojf iz:

GEULAT HAAREC!

WAAD K.K.L.
Sanatorium Gauting
M.W.

Bei der Bücher-Sammel-Aktion spendeten folgende Patienten Bücher:

Stat. C IV		Stat. B IV	
Lubliner	1	Wolf	1
Grauman	2	Klostermann	3
Kerszenia	2	Zwietanowitsch	1
Warszawar	1	Sosar	3
Dinner	1		
Mec	3	**Stat. B V**	
Kest	2		
Kupfer	1	Lukacz	3
Markowicz Cyral		Jakubowski	1
Jasienskiena	1	Sobecki	1
Herdmanis	5	Grabus	2
Tenenberg	2	Tolubiak	2
Stepanof	7		
Widakowicz	4	**B III**	
		Kaiser	1
Stat. B IV		Fischmann	3
Ostrowiecki	9	**B I**	
Laskiewicz	1		
Lan	1	Kuritza	3
		Löwentau	1o

(Weitere Spenden an Büchern werden wir in den nächsten Zeitungs-
Ausgaben namentlich aufführen).

═════════════

MITTEILUNGEN

und

BEKANNTMACHUNGEN

═══════════════════════════════════

Bücher-Sammel-Aktion.

Die Kultur-Kommission beim Patienten-Komitee richtet eine Bibliothek ein. Alle Patienten und Personalangestellten werden ersucht,
ihnen entbehrliche Bücher zu spenden. Die Sammelaktion hat bereits begonnen und wird von zwei Leuten durchgeführt. Alle werden herzlichst gebeten, sich nach besten Kräften daran zu beteiligen.

- - - - -

Am Ende dieses Monats wird eine Ausstellung von Arbeiten unserer Patienten stattfinden. Zu dieser Ausstellung wird eine Kollektion von Aufnahmen durch unsere Patienten Laskier und Wachtel vorbereitet, die das Leben im Sanatorium darstellen.

Patienten, die Aufnahmen von Trauerfeiern, Akademien und sonstigen Veranstaltungen besitzen, werden gebeten, diese dem Welfare-Office zur Verfügung zu stellen. Nach der Ausstellung werden alle Aufnahmen zurückgegeben.

- - - - -

Vom P.C.I.R.O. Hauptquartier ist uns gemeldet worden:

Alle D.P.s werden darauf hingewiesen, dass sie sich nicht ohne entsprechende Dokumente aus der amerikanischen in die britische Zone begeben. Es sind unlängst viele D.P.s, vornehmlich Balten, von der amerikanischen in die britische Zone abgewandert, um dem Westward-Schema angeschlossen zu werden. Aber es ist für diese Personen unmöglich, sich in der britischen Zone aufzuhalten und sie werden keinerlei Aufnahme beim Westward-Schema finden.

Alle D.P.s nehmen daher Kenntnis davon, dass die illegale Betretung der britischen Zone nur unangenehme Konsequenzen nach sich zieht.

- - - - -

Unser Gymnasialkursus hat schon am Montag, den 10.8. mit dem praktischen Unterricht begonnen! Wir hoffen, er wird sich erfolgreich entwickeln und unsere Patienten werden den erhofften Nutzen davon haben.

Die Unterrichtsstunden sind:

	Dr. Klink	Herr Neumann	Frau Körbel
	Literatur u. Geschichte	Mathematik, Physik u. Chemie	Latein u. Klassische Geschichte.
Montag	3.00 - 4.30 Uhr	4.30 - 6.00 Uhr	
Dienstag	3.00 - 4.30 "		5.00 - 6.00 Uhr
Mittwoch		3.15 - 4.45 "	5.00 - 6.00 "
Donnerstag	3.00 - 4.30 "	4.30 - 6.00 "	
Freitag	10.00 - 12.00 "	4.30 - 6.00 "	3.30 - 4.30 "

- - - - -

Am 27.8.1947, Mittwoch, werden diejenigen Personen, die sich zum polnischen Transport gemeldet haben, repatriiert.

Näheres wird den in Frage kommenden Patienten rechtzeitig durchs Mikrophon bekanntgegeben.

- - - - -

A N E G D O T Y   N I E C I E K A W E

H. M.

Lekarz ma zawsze rację.

Nowy lekarz daje "pneu". Między lekarzem a drżącym z
zachwytu pacjentem wywiązuje się taka mniej więcej rozmowa:
- Lewa, czy prawa strona?
- Prawa.
- Gdzie to pan dostaje, w którym miejscu?
- O tu! Mniej więcej tu panie doktorze. Pokazuje pacjent
  palcem.
- Napewno tu?!
- No... tak.
- Żeby to tylko napewno było to miejsce!
  Doktór kłuje i trafia prosto w żebro.
  Pacjent syczy: Cholerrra.
  Na to doktór poważnym, zrównoważonym głosem powiada: "pan
  winnien, mówiłem pokazać dokładnie. Mówił pan, że tu."

P o d s ł u c h a n e.

Spotykają się 2-ch pacjentów:
- Co u ciebie słychać?
- W porządku, mam spokój.
- Co już jesteś negativ.
- A gdzież tam, ot poprostu u mnie nie mają już co wyrzynać,
  prawie nie mam żeber.

W dobie odbierania ubrań

- Wiesz co, że najlepiej przez dziurę iść nago.
- Czyś oszalał?!
- No tak. Pomyśl jak mnie złapią, to co oni mogą odebrać.

Uwaga   s p o r t o w c y !

- Staraniem sekcji śmietnikarzy zostaną urządzone na terenie
  naszego sanatorium zawody w wyrzucaniu puszek i innych
  śmieci przez okna. Zawody pod hasłem "KTO DORZUCI DALEJ".
  Najwyższa nagroda: bezpłatny pobyt w instytucie wypoczyn-
  kowym za kratkami. Zgłoszenia przyjmuje miejscowy posteru-
  nek policji.

M a t r y m o n j a l n e.

Blondynka z ukończona najwyższą plastyką, z dobrego domu
(żelazo-beton) odda swe gorące, choć ściśnięte pneuem płuca
i serce, przystojnemu łysawemu brunetowi. Wymagane:
przynajmniej ukończona "kaustyka" i jedno nie zajęte płuco.
Mężczyźni biorący "bauchpneu" nie wchodzą w rachubę. Oferty
kierować pod "damskie pięterko".

Folgende Zeitschriften können noch bei Herrn B r o d t abonniert werden:

> Süddeutsche Zeitung
> Münchner Mittag
> Echo der Woche
> Neue Auslese
> Amerikanische Rundschau
> Medizinische Klinik
> Orion
> Nouvelles de France
> Daily Mail
> Herald Tribune.

U N T E R H A L T U N G S - E C K E

zusammengestellt von Kama.

Silben-Rätsel.

Die Anfangsbuchstaben ergeben eine augenblickliche Aktion im Sanatorium:

1. Buchhalterischer Begriff
2. Undurchführbare Idee
3. Mythische Sagengestalt
4. Schalentier
5. Alarmsignal
6. Männlicher Vorname
7. Weiblicher Vorname
8. Stadt in Oberbayern
9. Reformator
10. Juristischer Begriff
11. Verwandte
12. Deutscher Dichter.

Silben: al - anz - bil - cha - ene - fons - goe - hum - lu - mar -
mer - mur - nan - nich - pie - ron - sir - te - teil - tha -
the - ther - to - u - ur.

Visiten-Karten

1. A. ROLF CHEPENS   2. SIMON GRECIEFFS   3. BERT ZARO

4. ESTER ISCHWONIST   5. VON DER SZIRTE

Was für Funktionen erfüllen diese Personen in unserem Sanatorium?

(Rätsel-Lösung richten an Redaktions-Kasten unserer Zeitung A-Bau).

Nr. 4   Gauting, den 5. Sept. 1947.

Aus dem Inhalt:

Herausgegeben von der Kultur-Kommission beim Patienten-Komitee.

Kampf mit TBC -

                  gesehen mit den Augen eines Laien.
&&&&&&&&&&&&&&&&&&&&&&&&&&&&&&&&&&&&&&&&&&&&&&&&&&&&&&&&&&&&&&&&&

          Tuberkulse - ein Problem der ganzen Welt.
Ohne Klassen-Rassen und Nationalität-Unterschiede, verbreitet
sie sich überall und wird zur Plage der Völker und Staaten.

          Jedoch man hat den Eindruck in Brüder-Kämpfen (denn was
sind Kriege?) vergisst man den Kampf mit dem einzigen, gefähr-
lichsten (weil unsichtbarem) gemeinsamen Feinde - der Krankheit.
Man opfert viel mehr Energie und Interessen der Entdeckung der
Atombombe und merkt nicht, dass der Feind immer mehr diese Tatsachen ausnutzend, hineindrängt, die Menscheit von hinten überfällt, sie überflutet und erwürgt.

          Man merkt es immer zu spät, und zu spät beginnt der
Kampf. Ich glaube, dass es auch an guten Strategen fehlt in diesem Krieg. Man denkt nicht daran, dass der erste Schritt dem
Feinde den Zugang versperren soll, dass die erste Arbeit das
Bauen der Barrikaden sein soll, welche das Eindringen neuer Ko-
lonnen erschweren. Man muss den Feind weit weg abstossen und ihm
keine Gelegenheit geben, die Grenzen der Menschheit zu überfal-
len. Inzwischen soll man die Reste seiner Armee in Hospitälern
und Sanatorien töten. Auf solche Weise wird man siegreich davon-
kommen.

          Ja - werdet ihr sagen, - du vergisst die ökonomische Sei-
te der ganzen Sache; solcher Krieg kostet Geld.

          Das vergesse ich nicht! Aber seid versichert, dass die
Kosten um die Hälfte billiger sind als die Produktion einer
Atombombe, dass sie bedeutend niedriger ist, als der Unterhalt
einer ganzen Armee, auch Rohstoffe und Menschen-Material sind
im Vergleich zu einer Rüstungs-Produktion beinahe kostenlos.

          Unter Barrikaden stellt ihr euch vielleicht Eisen und
Beton vor? Nein, es ist eine Fürsorge der Regierung für billige
und ausreichende Nahrung, für saubere und helle Wohnräume, für
leichtere Arbeitsbedingungen.

          Immer, wenn ich bei Kasernen oder Kriegsschulen (die heu-
te ganz modern im Schutz eines Waldes gebaut sind) vorbeigehe,
muss ich daran denken, wieviel Familien hätten da mit ihren Kindern eine gesunde, kostenlose Wohnung gefunden!

          Warum denken die Staatsmänner nicht daran? Warum sind die
Zeitungen voll politischer, schwieriger Probleme, die unverständlich als Vorzeichen eines neuen Krieges erscheinen? Warum gibt e
soviele politische Richtungen, die zu nichts anderem führen, als
zu neuen Kriegen?

          Was interessiert uns politisches Spiel, welches uns einig
Gramm Butter, so nötig für unsere Genesung, nicht geben kann?

          Ist die Welt schon wirklich so schlecht und so wahnsinnig
daß sie ihr heiligstes und wichtigstes Ziel nicht sieht?

          Menschen! Lungenkranke sprechen zu Euch!
          Erwacht aus Eurer Blindheit und Verbohrtheit. Heute wir,

morgen könnt ihr schon dran sein. Die Krankheit verschont keinen. Sie wird euch finden in den engen Mansarden und grossen
palästen. Der Künstler und der Staatsmann, keiner ist vor ihr
sicher.

Deshalb, ehe es zu spät ist, erhebt die Waffen, und
strengt die Gedanken an für den heiligen Krieg, für den Krieg
gegen die stärkste Armee der Welt: den KRANKHEITS-BAZILLUS.

Kama.

&&&&& &&&&&&&&

Jan Rostworowski.

B U D O W A L I ...

Budowali gmach naprawde wielki;
Wapno, cegly, zelaztwo, rusztowania, belki...
Od trzewi fundmentow wyprowadzic go miano
Stajaca deba sciana
Az gdzies, pod luk niebieski slonecznego przelotu.
I wtedy Pan Inzynier oznajmi swiatu- gmach gotow.
Ludzi wzieto do pracy wszelkiego rodzaju
Bo to chwila dziejowa, bo gmach potrzebny dla kraju,
Naukowiec, robotnik, chlop, i handlarz starzyzna...
- "Dla Ciebie, Matko Ojczyzno."
Wiec krzyk, kurz, bieganina, ze w jednym streszcze
slowie

Zwyczajnie - jak na budowie.

Gmach gotow de polowy, juz cien od niego sie wali
Na okoliczne pola, dalej i dalej i dalej.
Wesolosc w sercach rosnie (stolarz z murarzem na
wyscig)
Zdazym - powiada - bracie, nim drzewa obleca z lisci.
A szklarz dodal - wiadomo, zanim sie zima przyplata
Sloneczko panie dzieju bedzie figlowac na gontach.
Tylko kowal strwozony, mysla uciekal w zaswiaty:
Boze - powiadal - dlaczego kuje wciaz kraty i kraty.

D E R   A R Z T   H A T   D A S   W O R T !

Dr. Winand Lehmacher.

Lethargie oder Gesundungswille.

Jedes Leben innerhalb einer Gemeinschaft ist festen Ge-
setzen unterworfen, die sich im Laufe des Daseins der Menschheit entwickelt und bewährt haben. Eine besondere Stellung innerhalb dieser Gesetzmässigkeiten nimmt nun das Leben in einem
Hause ein, dessen Formen in erster Linie vom Krankheitsgeschehen bestimmt werden und in dem sich das Gemeinschaftsleben
diesem ausschliesslich unterzuordnen hat. Im Vergleich zum allgemeinen Krankenhaus gilt dieses im Besonderen für das Leben in
einem Lungensanatorium. Nun stellt aber zunächst jede Ordnung
etwas Totes dar. Sie kann zum Gesetz erhoben und nach diesem
regiert werden. Im letzten ist aber entscheidend, wie man diese Ordnung aus dem Bereich des toten Paragraphen hinein in das
lebendige Spiel und Gegenspiel der Gemeinschaft eines Sanatoriums führt.

Dieses erscheint mir nur möglich einmal auf der Basis
des gegenseitigen Vertrauens zwischen Patient und Arzt, zum
anderen aber in der Hilfestellung, den Kranken weitgehend aus
der Gedankenfessel seiner persönlichen Krankheitspsychose zu
lösen. Schliesst sich der Kranke seinem Arzte auf, nicht nur
bei der Visite, sondern auch in der persönlichen Aussprache in
der Sprechstunde, so wird sich sehr bald ein Verhältnis herausbilden, das den fruchtbarsten Boden darstellt, um einen ord-
nungsgemässen Heilverlauf und Arbeitsgang auf einer Station zu
sichern. Nur so ist es möglich, viele Regungen zu verstehen,
Anregungen zu geben, Zimmerverlegungen so zu gestalten, dass
sie familiären Charakter annehmen und sich der Patient in seinem Zimmer wohlfühlt. Es ist auch dies die einzige Möglichkeit
vom Patienten aus am Ganzen mitzuwirken und somit nicht nur
Patient sondern ein lebendiger Teil der Station zu werden. Wir
sehen, dass in diesem Falle der Patient, der zuerst Gebende
sein muss, damit der Arzt dann für ihn in der nachfolgenden Zeit
der Gebende werden und bleiben kann. Eine falsche Scheu ist da
fehl am Platze und verhindert nur das schnellere Ein- und Mit-
leben am Geschehen. Aus dem gemeinsamen Verstehen ergeben sich
die Anregungen, persönliche Nöte zu erleichtern, Unausgeglichen-
heiten zu ebnen, Fragen der Berufsausbildung zu erörtern, gege-
benenfalls Lösungen zu erstreben, die für das spätere Fortkommen entscheidend sind. Die Lethargie ist das Übel des Tuberkulosekranken. Also müssen wir sehen uns aus dieser Lethargie
zu erheben und von ihr frei zu machen. Gerade bei unseren
Kranken hier verwundert es mich oft, wie wenig innere Spann-
kraft vorhanden ist, um aus dieser Depression herauszukommen
und den Weg ins Leben zu finden. Könnte da nicht manchem ge-

holfen werden, wenn er mit seinem Arzt in wirklichem Vertrauen
sprechen würde? Ich entsinne mich eines Kranken, der mir darin
ganz besondere Freude macht und mir unvergesslich bleiben wird.
Als er hier ankam war er in einem sehr, sehr schlechtem Zustand.
Nach vielen ärztlichen Bemühungen erholte er sich soweit, daß
er nach Ablauf von 18 Monaten wieder begann herumzugehen. Aber
schon vorher fragte er nach Büchern, beriet sich mit mir über
seinen Beruf und dann ging es los mit dem Lernen. Auf der Visite fragte man nicht nur nach dem Befinden, sondern auch nach
den Fortschritten in der Mathematik und die ersten gelungenen
Rechenkünste mit Wurzelgleichungen und Logarithmen wurden für
Patient und Arzt ein festliches Ereignis. Heute ist dieser patient schon längst entlassen, aber noch immer nehme ich regen
Anteil an seinem Fortkommen, nachdem er schon das erste Diplom
geschafft hat. Weshalb erzähle ich diesen Fall so ausführlich?
Weil ich ein Beispiel aufzeichnen möchte, wie glücklich für
beide Teile hier ein langer und schwerer Krankheitsverlauf überwunden wurde und zwar neben den ärztlichen Belangen und Forderungen ausschließlich durch das Vertrauen von Patient zum Arzt
und umgekehrt. Greifen wir also zu den Büchern, forschen und
lernen wir, benützen wir die Zeit der erzwungenen Ruhe nicht,
um in der Lethargie und dem Kartenspiel unterzugehen, sondern
um uns über sie zu erheben und mit Geist und handwerklichen Fähigkeiten uns in einer Stations- und Sanatoriums-Gemeinschaft
zu finden, deren oberstes Gesetz "gegenseitiges Vertrauen"
heisst und freiwilliges Sichfinden zu einer grossen Familie.

Beteiligen wir uns an den laufenden und noch neu ein-
zurichtenden arbeitstherapeutischen Massnahmen des Hauses, treten wir zu Konzert-, Spiel- und Arbeitsgruppen zusammen, lassen
wir, unserem Gesundheitszustand entsprechend, kleinere Arbeiten
verrichten und wir werden glücklicher sein.

Wählen wir diesen Weg auf beiden Seiten, so werden wir
bald finden, dass vor allem Vertrauen und nicht nur Disziplin
notwendig ist, um hier zu leben und gesund zu werden.

IN DEM ZORG FAR MENSZ.

(Gedankn iber hajntige problemen).

Iberlajndik dos kepl fun majn hajntign artikl
ken der hoszewer lejner (dercu noch mit a specifisze gautinge
mentalitet) zicher a toez hobn mejnendik, az der sztrajber fun
di szires farmest zich ojf a mediciniszn artikl, mit a porejo
miser, wos iz szojn zicher der esn unzerer pacjentn. Dos wolt
ober gewen a toez. Un ject cum injen.

Di geszichte fun di menszliche entwiklung iz
faktisz di geszichte fun "zorg far menszn". Fun mitl alter biz
der renesans-epoche. Di kraje-ougn wi di grojes francejzisze
rewolucjo. Di weltmilchomes wos hobn zich farginen in a (cajt-

wajlige untmpauze), zej ale zajnen entsztanen in lchol-hapuches
gewezen durchgedringen mit der "zorg far mensz"---

Der menszlicher gedank hot gesztrebt durch ale dojres
cu farbesern - farszenern - bakwemer machn dos menszliche lebn
un in nomen fun dozikn ideal zajnen tajchn menszlich blut far-
gosn geworn, lender chorew geworn, menszliche flajs fun dojres
opgewiszt geworn--- A paradoks, ober a fakt. Un doch kenon mir
nit zogn, az ojf dem gebit fun zorg far mensz iz gornit dergrajcht geworn. Farkert zejer fil iz dawke ojfgetun geworn,
biehdej cu farbesern di menszleche egzistenc, dos menszliche
lebn, iz geworn fil bakfemer, angenemer, kulturele. Fun der
cwejter zajt zajnen di grojse dergrajchunge fun menszlichn
mojach, arbet unf flajs, geworn undirekt a mitl cu farurmern,
farszklafn, farkiren dos menszlich lebn... In azoj iz di "zorg
far a "mensz" farwandlt geworn in a zorg kegn a mensz, S'wolt
gewezn a ojgedroszene fraze cu der-monen di grojse anttojszung,
welche s'lejbt iber di welt, noch dem zigerajchn cerfal fun dem
dajozn hitleryzm. Specjel di gewaltige anttojszung fun di lebn
farblibenen resztlech fun dem europeiszn jidntum. Men darf szojn
hajnt kimat daribor nit szrajbn. Dos tog-tegleche lebn fun a
jedn fun unz iz a kejt fun gesajderdike anttojszungen. Fun a
farbitertn szmajchl iber unzer "frajhajt". A fraj-hajt fun a
parcmanentn lagerlebn, wos sztejt in der bojlecter stire cu dem
elementarn bagrif, wegn frajhajt, s'iz ober unmeglech nit cu
fartrachtn zich iber di hajntike internajonale lage, wos szrajt
arop cu unz, durch di fridleche keplech fun di tegleche caj-
tungs-najes un radio-jedies fun der gorger welt un dermont unz,
az di gance welt iz wider farnumen mit der "zorg far mensz"---

wajlige un der modernen medicin iz szojn fun lang ajngefirt
dos ajzerne gezec wilst du bakemfn di krankhajt bazajtigt di
sibes wos firn cu der krankhajt, Wajst ojs, az di welt iz ojch
endlech arojs ojfn dozikn weg, wilst du bazajtikn di zorg far a
mensz, bazajtig dem mensz---

Unzer atom-epoche git di garanti, az dos wet zich lozn
durohfirn--- Un doch iz faran a zorg far mensz. A zorg wos flist
arojs, fun di warmeste menszleche gefiln un fun emesh wiln sze-
ner cu machn dos menszleche lebn. In dem nomen fun ot der
emeser zorg far mensz, hobn szojn milionen opgegobn dos tajerste
was a mensz farmogt - zejer lebn. Un wi grojs es zol nit zajn di
anttojszung, weln menszn nit ojfhern glojbn in hofn un di
farwirklichung fun farfiksirte fir frajhajtn, far der menszhajt, far di felker, farn juched. Baj unz jidn, zajnen ojch
faran farszidene zorgn. Ejne ober fun di wichtigste iz di "zorg
far mensz". Di totale fizisze ojsrotung fun 1/3 fun unzer folk,
durch dajozn nacizm iz forgekumen far di ejgn fun di gance welt
mit di najeste metodn fun di "wisnszaft" un lere wegn mensz.
Un daribor hot zi in der erszter raj gecilt cu farnichtn dem
gajst, wajl erst noch di farnichtung fun dem gajst iz geworn
lajcht cu farnichtn dem korper. Un azej zajnen baj unz awek-
gerisn geworn in der erszter raj di gajstige faktorn, di jidisze
intiligenc, welche iz gewen dos erszte un wichtigste cil-bret baj
der farnichtung fun eruopeiszn jidntum. Di Szejrit-Haplejta,
welche wajzt arojs a gewaltike witalitet un lebns-wiln troht
ojf zich, di gajstige last fun ojsgeroteneun europeiszn jidntum,
nit nor durch ir ejen-egzistens fortcuzen dem kajum haam, nor,
noch mer di flicht fun arik ojfszteln di gajstige

menszn", durch der zorg fun derhojbn, dos gajstige, dos besere,
dos emes menszliche in unzer lebn. Klajn iz unzer col, grojs
iz unzer gajstige jerisze. Mir darfn— mir muzn – mir weln di
wajter trogn.

Dos iz unzer zorg far a mensz.

Josef Szpuling.

S'iz a szturm   Lign jidisze muters
Iber der welt durchgegangen,   Geszochtn wi di rinder,
S'zajnen gefaln menszleche   Farsztimt zejer lecte geszraj,
               kerpers,   A tojt di merder far unzere
Wi geszniтene zangen.   kinder.

Jidisz blut,   S'hot di szwert far farnichtung
Tajchnwajz iz geflosn,   Unzere zkajnim mit geszojrn,
Zechs milionen Jidn   Zechs milion jidisze neszomes
Fargast-farbrent-derszosn.   Mitn nomen Kdojszim gekrojnt.

Iber der welt   Dos umszuldike fargosene blut
Di jelule getrogn zich hot,   Fun der erd es szrajt,
Farsztajnert gewen ale hercer   Cutrugt zich ir kol iber di welt
Un ojch dos harc fun got.   Iber jamim un jeszuwim wajt.

Jidisze kinder   Unzere gajstige jorszim
Durch di fenster geszmisn,   Nit klogn iz di cajt,
Mit di majchlech di erd ba-   A cawoe hobn mir ajch ibergelozn
               szprict   Ojscufirn zi zajt grajt.
Zejer jing lebn ibergerisn.

        Mir wiln fun ajch kajn mecajwes-denkmejler
        Kajn ojhel mit fir went,
        Erec Israel a bafrajte
        Wert zajn unzer monument.

                        F. Ajchenbaum.

In der perspektiw...

        S'iz wirklich in 3-tn jor fun gewezn
Dajtszland szwer cu redn cu lungen-kranke wegn perspektiwn.
Ober fil szwerer iz dos gewen mit 2 jor curik. Dan hobn di bafrajte fun Dachau, Mathausen un andere tojt-fabriken geglojbt
sztark, az s'weln nit farlojfn teg un wochen un s'weln far di
al pinos geratewete efenen zich di tojern fun zejer land un

zej weln kenen bojen a najen, frajen un bekowedikn lebn. Un mit
unru un farborgener kinoh hobn di idisze lungenkranke gekukt
ojf zejere gezunte chaweirim. S'hot dem moach geegbert a gedank, s'hot a wejtik durchgesznitn dos opgeszwachte harc: "zej
weln awekgejn... un mir, mir di kranke weln blajbn an' ejnza-
mer inzel in land fun tumeh un krematorjums." Di perspektiw gor
di noente, ot di mit di finger tasbare hot farfolgt, gepajnikt
un fun eendliker a tel gemacht. Di ironje fun szikzal hot gewolt, az der gespenst fun hunderter iz geworen der gojrel fun
tojznter...

Der 3-ter winter fun lager-lebn. Hofnungen zajnen farbrent geworen, ojsgerunen, naje zajnen gebojrn geworn.
Nite kajn jeusz ba di treblinker un majdanker!

Hunderter kranke fun Gauting zajnen in der cajt
gezunt geworn, fil fun zej gefinen zich in Erec, fil in Cyprus
un ojch gefinen zich zej ojf di wandernde szifn, welche zuchn
untern szuc fun nacht ojsmajdn di piratn-sziflech un onkumen
cu ojsgebenkte bregos.

Perspektiwen wajte, ojsgecholemte im kranken-
bet zajnen noent geworn, trojmen farwandelt in a bagerte wirk-
lichkajt. Gezunt iz nit nor a rezultat fun pneumothorax oder
plastik. Gezunt fun a tbe-kranken iz apoel jejce fun zigrajchn
kamf fun organizm mit der arajngedrungener infekcje. Cum zig iz
nojtik di zejlisze un psichisze glajgewicht fun organizm. Un
derfar awek mit farewejflung wegn ojszichtlozikajt fun krankhajt. Fartrajbt di mojre, az ir wet blabn, m'wet ajch lozn. Ir
zajt fun undz, ir zajt mit undz. Mutik, ruik un disciplinirt
kuk in ponimdajn cukunft.

Ich wil un ich ze ajch in der perspektiw fun
cajt als gezunte, fraje un produktiwe menszn, birger fun undzer
alt-naj land.

Dr. B. Pliskin

Leiter fun Gezunthajtsamt bajm
Central Komitet fun Bafrajte Idn.

FRAGMENT WSPOMNIEN.

... Rozpoczeło się od ogólnej mobilizacji.
Pierwsze wrażenie było wrażeniem fałszy-
wego alarmu. Wzbudziła podniecenie.
Ludzie przystawali na ulicy, obserwując
i nasłuchując - a potem płynęli z prądem
wciągnięci w ogólny nastrój rozgorącz-
kowania. Widziano żegnających się trwających w nieruchomym uścisku, pierwsze
syreny alarmowe rozpruszyły tłumy,
wpędzając ich do otwartych czeluści bram
domów. Daleki warkot samolotów, terkot karabinów maszynowych i

stłumione łkania kobiet stłoczonych w bramach, były pierwszą fonetyką wojny.

Aż nagle w to ponure pianissimo wdarł się grzmot najpiekielniejszy, jakie kiedykolwiek uchwyciło ucho ludzkie. Gwałtownością swoją sparaliżował słuch, uderzył w piersi, wywołując skurcz serca i spłynął ciszą. Umilkły też jęki kobiet. W bramach panowała śmiertelna cisza.

Potem otrząśnięcie się z odrętwienia i ludzie znaleźli się w nowej rzeczywistości: W O J N Y.

Wczoraj byliśmy jeszcze bezpieczni, w swoim mieście w swoim domu. Dzisiaj nie mamy już domu.

Miasto nasze nie było już całym światem, jak w latach naszego dzieciństwa, ale zaledwie zaułkiem wielkiej widowni, jak w czasach, kiedy pragnienia nasze wyrwały się do wielkiego świata.

Dziś wolelibyśmy być od tego wielkiego świata odcięci.

Nocą łuny pożarów krwawo iluminowały miasto.

Rozeszła się wieść, że należy miasto opuścić i ruszyć na wschód.

Nie przypuszczaliśmy wtedy, że dla wielu z nas rozpoczyna się okres wielkiej wędrówki, że w dziejach ostanie się jako wędrówka ludów, a w naszym życiu indywidualnym, jako zawrotna droga nad przepaścią śmierci z oczyma utkwionymi w życie.

Ruszyliśmy - i w drodze spotykaliśmy ludzi, których przedtym nie znaliśmy. Spotkaliśmy człowieka z odkrytą przyłbicą w jego naturalnych wymiarach. Posługiwał się mową ludzką, niekiedy miewał ludzkie maniery i wzbudzał strach.

Nie było ucieczki do człowieka. Pozostawała tylko ucieczka od człowieka, która otwierała drogę najsamotniejszą, jaką kiedykolwiek kroczył człowiek wśród ludzkiej pustyni.

Mijały tygodnie. Stawaliśmy się obywatelami nowej wojennej rzeczywistości. Zdaje się, że człowiek mógłby się znaleźć na innej planecie, wśród nowych zupełnie warunków i żyć w nich tak, jak gdyby nigdy przedtym nie znał innego życia.

Tak było i teraz - zastosował się do nowych warunków i żył jak gdyby się dla nich zrodził.

Ogrom cierpień nie wywoływał u niego reakcji szału, czy też prób targnięcia się na własne życie.

Cierpiał, doznawał upokorzeń, ginął, a pozostali ciągnęli dalej, wyjałowione jarzmo życia, ażeby słać drogę przyszłości temi samymi ofiarami, jak ci którzy odeszli.

Ludzie poczęli szukać Boga.

Codzienną pożywką stała się nadzieja, - aby pomogła wytrwać.

Byli tacy, dla których wojna była ich żywiołem. Krew najbliższych nie mąciła szczęścia ich zysków.

Na krzywdzie uczciwych i słabych dorabiali się i rośli. Ale tych było niewielu.

Byli służalcami, wyrzutkami, zdrajcami, którym pomstę przysięgła ujarzmiona bezsilność.

Odeszły miliony, które żyły do ostatniej chwili w namiętnym pragnieniu przetrwania. Ostali się ci, którzy nie zapomnieli ich ostatniego jęku, ich wołania do Boga i ludzi. - I głos ten przerwany ostatnim tchnieniem brzmi jeszcze dzisiaj z niezmniejszoną mocą i pragnie być usłyszanym przez tych, którzy go nie znają.

Chcemy przekazać go ludziom dobrej woli, aby uczcić męczeństwo i przestrzec przed człowiekiem nieświadomym siebie samego.

B o s s.

Der im nachfolgenden hier veröffentlichte Brief vom polnischen
Roten Kreuz in München-Pasing ist uns für unsere patienten-Zeitung "Unser Leben" übersandt worden.

Monachium-Pasing, 22.8.1947.

Mrs.
S. Körbel
G a u t i n g
Sanatorium.

Uprzejmie dziękujemy za nadesłany przez Pania
egzemplarz gazetki "Unser Leben" Nr. 2.
Roznorodna tresc, pomijajac artykuly fachowe,
daje wyrazny obraz zainteresowan i podejscia do zycia
poszczegolnych autorow, przebywajacych na wspolnej i jedno-
stajnej platformie zycia sanatoryjnego: humor, tragizm, glebia
pogladu na wspolzycie narodow, zagadnienia socjalne, pomomo
ogolnego charakteru rozwazan scisle wiazace sie z codziennym
zyciem w szpitalu.
Zdajemy sobie doskonale sprawe, jakie znaczenie
dla ludzi przykutych miesiacami a czestokroc latami do lozka, ma
tego rodzaju praca: brac bezposredni udzial w redagowaniu gazetki,
modz podzielic sie myslami i spostrzezeniami z wspoltowarzyszami
niedoli, majac przeswiadczenie, ze wiersz lub artykol przyniesie
jakiemus choremu uspokojenie, odwroci mysli na szersze horyzonty
i jednoczesnie pozwoli zapomniec o cierpieniu.
Przeciez najlepiej moze zrozumiec innego ten,
kto przezywa to samo, przezywal lub pozostaje z nim w bezposrednim
kontakcie.
Polski Czerwony Krzyz z radoscia wita podjeta
przez chorych w szpitalu Gauting akcje kulturalno-oswiatowa,
zyczac za posrednictwem Pani, dalszej owocnej pracy.

Polski Czerwony Krzyz
Delegatura na Strefe Amerykanska
w Monachium.

VERKLEINERT DEN TEUFEL NICHT.........

Ich kann mich nicht bereden lassen,
Macht mir den Teufel nur nicht klein,
Ein Kerl, den alle Menschen hassen...
Der muss was sein!

Goethe.

T E U F E L S B A U E R .

(Reminiscencje z filmu).

- czlowiek, ktory sprzedal dusze
djablu. Dla pieniedzy. I stpniowo ulegajac djabelskiemu wplywowi,
z dobrego prostego czlowieka stal sie egoista krzywdzacym swe
otoczenie i wyzyskiwaczem swych bliznich. Mimo uzyskanych
bogactw nie zaznawal szczescia. Zly duch gnebil go, a sumienie
z trudem dawalo sie zagluszyc. Przesladowal go jakis nieokres-
lony lek, lek przed ludzmi, w ktorych widzial wrogow, czyhaja-
cych na swoja zgube-.

Film ten wydal sie wielu, fantastycz-
na bajka dla niegrzecznych dzieci.

Ja znalazlam w nim obraz zycia i
przy koncu filmu powtorzylam w zamysleniu poczatkowe slowa
scenarjusza:

"Historja ta moze zdarzyc sie
kazdemu z nas."

I zdarza sie nam. Kazdy, kto walczyl
kiedykolwiek z pokusami i zwyciezal je, moze cos o tym powiedziec.
Ten wie co to sa namowy tego "Niewidzialnego", ten slyszal
wyraznie glos jego kuszacy i drwiacy, wysmiewajacy wszystkie
skrupuly i ludzkie uczucia.

A ci, ktorzy bez walki i oporu ulegaja
czarcim namowom, ci nie posiadaja swego ja, ich objal juz dawno
djabel w swe posiadanie, nie pozwalajac odroznic dobrego od
zlego. Dla nich zle staje sie dobrem, gdyz przynosi korzysci
materjalne, karjere i wladze nad ludzmi. Staja sie oni
ucielesnieniem djabla i staraja sie innych pociagnac za soba w
otchlan. Rozne maja metody: Odbieraja ludziom zdrowy rozsadek,
samokrytycyzm, oslepiaja ich i ogluszaja.

Czasem padaja z ich ust slowa jak:
ojczyzna, jak: bracia, jak: dobro ogolu. A gdy widza ze mater-
jal juz dobrze przygotowany, rozpoczynaja swa djabelska gre.

Trudno, ach jakze trudno wyrwac sie
ludziom, ktorzy zrozumieli swoj blad, z ich szponow. Djabel
zada okupu i strasznymy ofiarami placi czlowiek: zyciem i
zdrowiem najblizszych, ruina spalonych domostw i wlasnym zlamanym losem.

Sluzalcy djabla znajduja sie wszedzie.
Czy uwierzycie, ze spotkalam ich nawet w Gautingu? Nie trudno
ich rozpoznac.

Daja oni zwykle odczuc otoczeniu
swoja "wyzszosc", nie umieja bowiem tego ukryc, ze z nami ludzmi
nie maja wiecej nic wspolnego.

W rozmowach nie potrafia zapanowac
nad slowami: "Mam tak duzo wrogow" i zdobywaja ich coraz wiecej,
gdyz z winy djabla zapomnieli czarodziejskiej formulki zdoby-
wania przyjaciol.

panicznie sie boja, aby nie zauwazono,
ze zaprzedali honor i sumienie, totez strasznie sa na tym punkcie
czuli. Byle blahostka czuja sie smiertelnie dotknieci i obrazeni

i wtedy to juz zupelnie nie panuja nad soba. Radze moim czytelnikom wziasc to pod uwage.

Czesto podjudz ja jednych przeciw drugim,
bo w atmosferze klotni i bojek czuja sie najlepiej, nadewszystko
lubia siec niezgode i nienawisc.

Swoje brzydkie postepki pokrywaja zawsze
maska jakiejs "dobrej sprawy". Ale nam nie zamydla oczu. Nie
mozna krzywdzic jednych dla dobra drugich. To juz czysto
djabelskie metody.

Twarze maja ponure, bez usmiechu, wzrok
najczesciej spuszczony ku ziemi. Smieja sie tylko wtedy, gdy
osiagna swoj cel, a smiech ich przypomina szczek lancuchow.

Tylko w atmosferze chaosu, usiluja ci
nieszczesliwcy zapomniec, ze ich male dusze-cmy, znajda sie
wkrotce w strasznej uwiezi. A moze nic o tym nie wiedza? Jak ich
ostrzec? Bo ostrzec ich jest naszym obowiazkiem.

Najlepszym i jedynym sposobem jest
unikanie ich towarzystwa. W miare moznosci nie pozdrawianie ich,
nie podawanie reki na powitanie, ignorowanie ich slow i czynow.

Oni odczuja to bardzo dotkliwie, jakoze
djabel pozostawil im duza doze falszywej dumy i ambicji, i albo
zrozumieja naczas swoj blad, albo opuszcza nasze srodowisko
pozostawiajac nam tak bardzo upragniony spokoj.

Kinoamator.

&&&&&&&&&&&&&&&&&

ADOLF W PIEKLE.

Prawie kazdy z nas w dziecinstwie nasluchal sie
opowiadan o pieklo. W wyobrazni swojej widzial kotly ze smola
goraca, a w kolo nich tanczacych z widlami diablow, widzial i
slawne nadziane brzytwami i nozami "Madejowe Loze", na którym
legendarny rozbójnik Madej pokutuje za swoje zbrodnie i t.d. i
t.d.

Rozmyslajac nad tym co bylo i co by na to nasze
pieklo z lat dziecinnych powiedzial twórca nowoczesnych piekieł
na ziemi, slawny pan Adolf, gdyby mu takie pieklo pokazano -
napisalem w maju 1945 roku ten wiersz.

Tym, którzy znaja pieklo kacetów hitlerowskich,
objasnien do tego wiersza pisac nie potrzeba.

Ci, którzy tego piekla nie zaznali pomimo
najbarwniejszych objasnien z mej strony i tak niewiele z tego
zrozumieja.

Czytajcie zatem i czujcie go tak jak komu wygodniej

Autor,

%

++++++++

Cóż wy tu za piekło macie panie bracie!
"Madejowe Łoże", co tu w tej kommacie
Pod tą chmurką stoi, to zabawka dziecka
Piekło musisz - panie - urządzić z niemiecka!
Tu powbijasz pale i zawiesisz haki.
Nie patrz tak zuchwale. Na tym te sobaki
Co przewiny mają za brudne ogony,
Będziesz wieszał rzędem od anielskiej strony.
        Tu postawisz "kozioł". Dwa bykowce długie
        Zamoczysz we wodzie. W pogotowiu drugie
        Będziesz trzymał stale. Na mieszkanie nowe
        Kto przyjdzie dostanie 25 w p i s o w e !
Wszystkie stare diabły i koszlawe zmory,
Wepchniesz po omacku w gazowe komory.
Komory urządzisz kochanku jak łaźnie.
To niemiecki pomysł. Co się śmiejesz błaźnie?
        Nie mój ci to pomysł, lecz pana Himlera,
        Którego po świecie gdzieś nosi cholera!
        Przyjdzie tu napewno, a na powitanie
        Musicie mu sprawić skory obdzierane.
Bardzo ładny pomysł dobrze obmyslany
I często na trupach w "lagrach " stosowany.
Dalej wszystkie diabły nasze, czy bezpańskie
Przywdzieją od zaraz mundury esmanskie!
        Wam od dzisiaj nowe daje przykazanie:
        "Heil Hitler" jest teraz wasze powitanie!
        Hanajl! zawyły diabły w straszliwej udręce,
        Zadarły ogony i podniosły ręce...
Ubrały pośpiesznie esmańskie mundury
I obsiadły wszystkie poszarpane chmury,
A on prawił dalej. "Na ósemce chleba
Żywcie wszystkie dusze, więcej nie potrzeba!
        Zamiast zupy-wody nalewać do miski
        Jak krzyczą pięściami porozbijać pyski.
        Brukwi nagotować, kapuchy, zielonki,
        Pokrzyw nabuzować na miejsce wędzonki!
Stworzyć policjantów, tajny urząd cały.
"Lagereltestera" - to nie są kawały,
Ci się już przyczynią proszę jegomości,
Do spotęgowania u dusz śmiertelności.
        Zabronić się modlić, otworzyć bordele.
        Dać im wszy i krecę, - zarządzić apele!
        Zabrać biżuterie, wycofać pieniądze.
        Dajcie mi pięc lat władzy, a ja was urządzę."
Tak prawił pan Adolf. Cicho diabły stały,
Wstyd im było wielce, że nic nie zdziełały,
Co ich mogło zrównać z działaniem Hitlera.
Zrozumiały wszystkie, idzie nowa era...
        Dzisiaj już nie diabłem będą straszyć dzieci
        Piękny stary zwyczaj pójdzie do rupieci,
        Dzisiaj jak się który do przeklęstwa dorwie
        To zaraz zawyja: "Niech cię Hitler porwie!"
Oj czasy to czasy, biedne my sieroty.
Nie ma tu juz dla nas uczciwej roboty.
Na nic smolne kotły, dziechcie, brzytwy, noże,
Pójdzie w kąt: sławne "Madejowe Łoże."
        Uj zawyły diabły, uuuj echo porwało
        I po całym świecie głucho zahulało
        Pędzi wiatr przez pola, świszcze zawierucha
        Płacze zły w kominie, a nikt go nie słucha.

                                -.-.-.-.-   R y k .

==

DIE SEITE DER FRAU!

==

Was möchtest Du lieber sein?

Eine Frau oder ein Mann!

wurde einmal zu einem Gesprächs-
thema einer kleinen Teegesellschaft.

Ach, ein Mann zu sein! Was für ein
Glück - seufzten alle Damen. Die
Herren lachten verständnisvoll. Ja,
sie hatten das Glück, als beneidetes
Geschlecht geboren zu werden. Keiner
von ihnen würde mit dem Schicksal
einer Frau tauschen.

Ich sass in einer kleinen Ecke und schwieg. Tausende von Gedanken stürmten über mich ein, aber ich brachte sie nicht
zum Ausdruck. Ich bin bescheiden von Natur und die vornehme
Gesellschaft machte mich verlegen.

Aber hier in unserer Zeitung kann ich mich aussprechen, und
euch erzählen, was ich so bei mir darüber dachte.
Nie in der Welt möchte ich mit einem Mann tauschen. Wenn ich
schon daran denke, ich könnte eines Tages als ein Mann er-
wachen (es gab schon so etwas).

Wie bemitleide ich dieses Geschlecht, welches schon in der
Jugend daran denken muss, dass es einmal nicht nur sich
selbst, sondern auch eine ganze Familie ernähren muss, daß
es jemanden "auf Händen" tragen muss, dass es um eine Frau
werben, mit Nebenbuhlern kämpfen, Mut und Initiative zeigen
muss! Ach, wie schrecklich!

Wenn ich an das Leben eines Mädchens denke: Man wird ver-
wöhnt, gehätschelt, schön gekleidet, damit das Auge eines
Mannes an ihm Gefallen findet. Die ganze Jugend ist ein
schöner Traum von einem weissen Kleid, einem Schleier und
dem Hochzeitsmarsch.

Aus dem Schutz der Eltern geht man unter den Schutz eines
Mannes. Man bringt zwar Kinder, aber ist man da auch nicht
einer Heldin gleich? Man wird in Lieder, Gedichten und sogar in modernen Schlagern als Mutter besungen.
Und er? Er läuft mit gesenktem Kopfe, fühlt sich als Haupt-
schuldiger, sorgt jetzt für Dreie, macht vielleicht Schul-
den, unterschreibt Wechsel, und kommt am Ende vielleicht
ins Gefängnis?

Einer Frau kann das nur selten passieren. Die Sorge ihres Lebens ist, einen verantwortungsvollen mit ernsten Absichten
ausgestatteten Mann zu finden, und sie ist für das ganze Leben versorgt. Dazu braucht sie nicht mal schön zu sein. Und
welche Frau wäre nicht klug?

Die Männer haben auch von Zeit zu Zeit ihr Vergnügen. Sie

arrangieren Kriege, und werden dann auch zu Helden. Ihre Taten schreiben sie dann in die Geschichte und sind sehr stolz darauf.

Die Unglücklichen! Wie gut müssen wir zu ihnen sein! Wer nannte uns das schwache und schöne Geschlecht? Wer erwies uns damit den besten Dienst, welcher uns das Leben in solchem Masse erleichterte?

Die "Starken", die "Hässlichen", die armen Männer! Wie leicht können wir sie in allen Lebenssituationen vertreten.

Sie brauchen das aber nicht zu wissen. Sie sollen weiter in Unwissenheit leben, glücklich und stolz als "auserwähltes Geschlecht".

                                        K a m a .

§§§§§§§§§§§§§§§

§§§§§§§§§§§§§§

§§§§§§§§§§§§§

K O P F   und   H A L S .

Der Mann, der ist das Haupt,
was er will, muss gescheh'n,
Die Frau, die ist der Hals,
die weiss das Haupt zu dreh'n.
Durch Bitten herrscht die Frau
und durch Befehl der Mann,
die eine, wann sie will,
der andere - wenn er kann.

No dobrze panie doktorze,
a ileby kosztowala ta
plastyka jezeli ja dam
noz, pilke i nici do
zaszywania?

Verantwortung für Schwarz-marktgeschäfte.

(Süddeutsche Zeitung).

Stuttgart (Dena) - General Clay befasste sich vor dem Länderrat mit der Äusserung eines "prominenten deutschen Beamten" (es handelt sich um den bayerischen Wirtschaftsminister Dr. Rudolf Zorn), der erklärt hatte, die verschleppten Personen unterstützen den Schwarzen Markt und wollten sich nicht in die Ordnung fügen. "Mir erscheint, " führte General Clay aus, " dieser Vorwurf s i n n l o s . Sie kennen die Reichweite des Schwarzen Marktes ebenso gut wie ich. Es ist zumindest unfair und unkorrekt, wenn ein deutscher Beamter die Verantwortung für die Schwarzmarktgeschäfte ablehnt, die von der deutschen Bevölkerung getätigt werden und statt dessen die Schuld ausschliesslich den verschleppten Personen in der amerikanischen Zone zuschreibt. Wir werden mit solchen aufreizenden öffentlichen Erklärungen nie einen Zustand der Toleranz und des gegenseitigen Verständnisses erreichen."

Słowo Polskie

Bez uczucia zemsty otwarto muzeum oświęcimskie

W dniu 14 czerwca b.r. otwarte zostało publicznie i uroczyście Muzeum Kaźni w Oświęcimiu. Akt otwarcia poprzedziły nabożeństwa wszystkich wyznań, których wierni byli masowo mordowani w Oświęcimiu. Po nabożeństwach i złożeniu wieńców, wygłoszono szereg przemówień, obrazujących gehennę i straty wielu narodowości, męczonych przez hitlerowskich katów w Oświęcimiu.

W przemówieniach nie padło ani razu słowo zemsty, nie słychać było nuty nienawiści. Dominował akcent przestrogi dla ludzkości przed powtórzeniem się warunków, któreby sprzyjały powrotem epoki obozów koncentracyjnych i ponownemu wyzwoleniu zwierzęcej natury człowieka. przejmujące wrażenie budziło przemówienie delegata żydowskiego.

Muzeum obejmuje szereg sal, obrazujących różne fazy tortur i śmierci oraz obfite archiwum, w którym znajdują się tysiące dokumentów tragedii ludzkiej i hańby niemieckiej. pierwsze numery polskie w Oświęcimiu otwiera liczba 31. początkowe, do 30 otrzymywali zwykli niemieccy przestępcy zawodowi mordercy, skazani na dożywotnie więzienie z początkowych więźniów polskich zaledwie niewielka garstka przetrzymała okropności straszliwej kaźni oświęcimskiej. pod oficjalnym protektoratem Hitler i najwyższych władz nazistowski zawodowi bandyci i mordercy mordowali masowo w dzień i w nocy przez pięć lat niewinnych ludzi aż przyszedł dzień wyzwolenia i sprawiedliwości.

Leon Blum mißbilligt britisches Vorgehen.

(Neue Zeitung).

Der französische Sozialistenführer Leon Blum schreibt in der Zeitung "Le Populaire" über die Anfrage des britischen Aussenministeriums, ob die französische Regierung einem Bahntransport der Exodus-Emigranten von Deutschland nach Frankreich zustimme: "Die Passagiere des Exodus sind keine Gepäckstücke, die das mit dem Ausladen beschäftigte Personal von Hand zu Hand reicht und gleichgültig um Hafenkai oder auf der Bahnhofsrampe absetzt. Es sind menschliche Wesen, freie Wesen. Sie haben zwei Verbrechen begangen. Erstens die hitlerische Ausrottung überlebt zu haben, zweitens, das As zu fordern, das ihnen vom Internationalen Recht versprochen wurde und das ihnen England edelmütig eingerichtet hat."

H E R M A N   J A B L O K O W.

A grojse atrakeje iz far unz gewen Herman
Jablokow. Hot er unz kranke unzere chysim awekgefirt ojf an
ejrech fun iber 2 szo in di nonte fargangenhajt, gegenwart un
cukunft. Mit zajn lot mir lebn, wos farkerpert in zich di gegn-
wart, di chasene in sztetl, wos szildert di fargangenhajt, un
di zejer gelungene zach "Isroel der szojmer", wos hot baj unz
ale arojsgerufn emocje, manchesmal zogar di trern, dos iz di
cukunft, un di reale opszpiglung fun lebn untern mantl "der te-
lerwaszer". Jo ewej jontewdike szeen gebrengt durch Herman Jablokow der Pajac. Hot er unz take gewizn di rol fun ernste dra-
matisze figur un wi er lacht harcig zajn falsz gelechter. Un wi
er bajzt sztechig un cinisz durch zajn humor, un wajl, wi er
zelbst hot gezogt, a pajac lebt un szwebt iberal un umetum,
woltn mir take im geratn, er zol tun a szweb a hin dortn in dem
Laik Success, ojf der ful farzamlung, un zol dort ojch gebn zajns
a koncert un zol mit dem sztarkn kol, mit dem ganen koach fun
jidiszn folk far zej dort, far di welt hern ojsszrajen dem "lozt
mich lebn". Ich wolt ober nit gewezn ojfrichtig, wen ich zol
nit do arojszogn majn kritik cu Herman Jablokow, welche hot mich
baherszt beszas dem koncert, un nemlech, ales amerikaner koach
hobn mir zich mer forgesztelt, wifil er hot unz gewizn. Az Jablokow filt zich ojf der bine wi baj zich in der hejm, dos ken
men nit oplajkenen. Ober ich wolt gezogt, az di grojse male wert
baj im farwandlt in a chosuwim, d.h. wajl Jablokow farkerpert
in zich ales, saj artist, dramaturg, humorist, pajac, konferans-
jer, folks-zinger un hazn, dos lecte ammajstn. Un wajl er iz nit
specializirt un gewidmet in ajn cwajg fun di ale, iz dos ewszer
der fejler. Jedenfals, iz er far unz gewen a grojser naches-ri-
jach. Hot take der choszewer her Jablokow hajlig gehaltn zajn
wort kegn unz. Er hot szojn lang gezolt unz bazuchn, ober culib
gewise sibes hot er demols nit gekont un er hot zich demols gegebn dos wort, az er farlozt nit frijer Dajczland, kolzman er
wert nit ojftretn un mismajoch zajn zajne kranke brider in Gauting.

Mir drikn im ojs a harcign dank un bazunders farn gutn recept:
nit gezorgt. Mir farszprechn, az mir weln ojch in ajer recept
gut gedenken.

Un cum szlus a por werter cu unzer elite.
Unzer tane ben zojme zogt: ajzehu hacham halomed mkal adam. Un
noch zogt a cwejter tane: jafe talmud tora im derech Erec. Az
men iz inteligent, gut dercojgn un men firt zich ojf wi geherig,
az dos iz cuzamen, demols iz es szejn. Ober majne libe, zol mir
erlojbt zajn ajch ojfmerkzam cu machn, es iz nit zitlech, an-
sztendik un taktisz cu kumen dawke in der mit forsztelung, ober
arojscugajn in der mit forsztelung, afile zol di forsztelung nit
gefeln. Es iz nit in ajnklang mit di ajngebojrene inteligenc un
dercijung. Dacu noch wen men kumt szpet muz men zich nit in der
mitn forsztelung, arojfszapcirn drejst ojbn, dortn wi es geher
far promenatn. Dos ken men machn beszas a chafsoche, wajl dos
szpacirn in mitn di forsztelung wirkt szlecht ojf di artistn un
es macht a szlechtn ajndruk ojf di cuszojer. Wajl ale cuszojer
lenkn di ojfmerkzankajt ojf dem szpacir un efszer iz take dijo-
nike perzon dermit dos ojsn --- Ir choszewe elite ir brojcht nit
unz cu helfn in unzer gezundwern blojz, nor ir brojcht ojch zajn
unzere ercijer, wajl der grester tajl fun unz jugntleche, iz
lajder culib di finstere unsztendn in welche mir hobn zich di

leete trojrike jorn gefinen, nit ercojgn. Un azelche handlungen iz kejne dercijung. Aza handlung fun di elite, iz a farszwechung fun dem kowed, kompromitirte inteligenc. Dariber beth nir ajch ojf lechaba azelches ojscumajdn.

A. Sz.

=========
=========

A interwiu mitn hern Jablokow.

Mir bringen a interwiu fun unzer choszewen mitarbeter fun unzer cajtung, kol. Dow Waserstein, mitn forzicender fun dem amerikaniszn jidiszn artistnfarband, hern HERMAN JABLOKOW.

Unzer mitarbeter hot im gesztelt ejnige fragen ojf welche hot er bakumen an ojsfirlechen entfer. Der her Jablokow hot cwiszn a . . derzejlt:

Er iz gebojrn in jor 1900 in Grodno, szojn 27 jor iz er tetik ojf der bine, in Amerike gefint er zich szojn 23 jor, wu er hot an ejgn teater.

Ojf der frage, wos iz zajn plan ojf wajter, hot er derklert, dos fun Dajczland fort er kejn Estreich un dem 31.8. wert er curik zajn in München, wu er wert gebn zajne leete 2 koncertn in Szoj-Szpilhojz.

Nochher fort er op kejn Belgie, Italie, Frankrajch un England. Den 19.9. wert er curik zajn in Amerike, wu er wert farblajn 3 wochn, un szpeter fort er op kejn Cypern, cu bazuchn un farwajln di dortige farszparte Jidn in di lagern. Es ken noch zajn, az fun dortn wert er opforn kejn Erec Israel, ober dos iz nit zicher.

Oj der frage, wos far ajn ejndruk es hobn gemacht ojf im di gautinger bazucher fun zajn koncert, hot er geentfert: " ich muz ajch ojfrichtig derklern, dos der koncert, welchn ich hob ajch gegebn iz der 69 lojt der raj, in der amerikaner zone un ich derkler ajch fun ganzn haren dos aza satisfakcje wi ich hob baj ajch gehat, hob ich nor gehat in ejnige lagern. Es iz wert untercusztrajchn dem grojsn interes, dyscyplin un wi geherig reagirn mit bajfal, dort wu zej zajnen nojtig. Dos ales bacejchnet dem kulturelin niwo fun di cuszojer, hagam zej zajne kranke. Mit ejn wort ich bin bagajstert un ich bet ajch, git zej iber in majn nomen a harclechen dank far dem alemen un ich winsz zej a sznele farbeserung in gezund. Zoln zej ibernemen majn recept: n i t   g e z o r g t !"

Bajm bazegnen zich mitn choszewen gast hot unzer mitarbeter in harcig gedankt far dem ertajln dem interwiw un glajchcajtig oj gebeten antszuldikung far awekrojsn baj im azoj fil tajre cajt. Ojf dem hot unzer mitarbeter bakumen an entwer: "Majn tajre, ich bawundere ajer szafungsgajst. Trocdem, wos ir zajt krank wajst ir ojs azoj fil inicjatiw cu hojbn dem kulturelin niwo, afile in di lebens-badingungen. Afile an ejgene cajtung git ir

arojs. Ich bet ajch git iber nochamol a harcign wunsz ajere
ale mitarbeter fun ajere cajtung un ich winsz ajch fil koach
in gezund, bichdej ir zolt kenen wajter konturin ajer gezel-
szaftleche wichtige arbet.

Mit "Szalom un lechitraot baarcejnu" hot unzer choszewer
gast farendikt dem interwiw.

§§
§§

F E L I E T O N

d.c.

H. Mierzwa.

Kochany Kumotrze!

Nie pisałem do Was tak długo, bo me
złapali jakem bez dzire przełaził i
musiałek swoje odsiedzić. Otóż
następnego dnia zabrali mnie do pe-
tegrafiji. Zdjonem koszule i rynce
pod boki trzymałem niby figurowo. I
teroz moiściewy, zanim em sie
uśmichnoć zdążył aby ładnie
wyglondać na obrozku, a już było go-
towe. Musze wam powiedzieć, ze na
tym obrozku podobieństwa żadnego nie
było widać. Wysły tylko same zebra.
Żeby mi te petegrafije nie podpisali
to bym nie wierzył ze to ja i wy
byście mnie w ogólności nie poznał.

No bo kto kogo po zebrach pozna?

Na drugi dzień zaprowadzili mnie do - sie nazywo "ryngena"
czy jakoś inksza zaraza. Ledwom moiściewy do izby włoz a tu
juz wom ktoś lampe zdmuchnoł. Cimno sie zrobiło. Mysle se o
moja Matko bedzie bitka. I buch pod ławe. Siedze cicho i czekom aż sie bicie zacznie. A tu Wom nic. Naraz mnie za kołnierz
wycionkneli i po ciemku za taka duchą postawili i do wnęcno-
ci zaglądali, ze aż całe sumienie było widać. Teraz ten co
patrzał zaczoł jakomś litanije po krzyżacku mamrotać, a panna
na stoliku wszystko pisała.

Jak tak wszystko pooglondali przez te pare dni, obmacali i
pożgali, okazało sie zem dobrze pluł i do tyj rołecki z mocem
tyz owszem, ustalili, ze sie niby na tego, suchotnika nadaje.

Teraz jezdem se pon suchotnik dość wysokiej klasy odznaczony
paroma krzyżami. Leże se w łóżecku jak jaki pan dziedzic, pluje
do szklanecki i czekom, aż zacznom zemnie robić balony, czyli
powietrze do płuc pompować. Kole mnie leży taki jeden co go
wiatrem napaśli. Tak podam wom prosto w każdon. Brzuszysko ma
takie ogromne jak bymben. Wicie co, że czasami to nawet słychać
i ouć jak z niego uchodzi - niby to powietrze. Tak tu wszystko
do śmichu jest.

Na zakończenie jeszcze was chce poinformować wzglendem lecenia.
Otóż lecenie tu jest takie: najpierw Wom wiater w bebechy pchajom.
Nie idzie, to Wom płucyska do góry jak baba kiecke przy praniu
popodciongajom. Potem koziełkiem Wos pod pazuchom ozprujom. A
potem Wam pomaluśku zebra powyzynajom, a potem to juz se

jezdeście - mówi sie pozytyw. I teraz mosesz spokojnie bez pomocy
konsyliorzy umirać.

Cego i Wom z całego sorca zyce.

was Maciek.

§§

● - W Y W I A D - ●

pan z wywiadem od redakcji?
Ach to może po kolacji
Bom dziś taka zalatana,
Tak bardzo zapracowana!
Wszystko na mej biednej głowie,
No niech pan dobrodziej powie;
Telefony, telefonki,
Stale umnie jęczą dzwonki,
Stale ktoś coś potrzebuje
Cierpliwości mi brakuje!
Jak pan widzi - ku mej męce -
Mam słuchawke w jednej ręce
Drugą wypełniam blankiety,
Mowię wzrokiem do kobiety
By zamknęła drzwi gdy wchodzi...
A tu jeszcze ludzie młodzi
Proszą bym wykładała,
Toż ja się rozerwę cała!
Tę gazetkę - Boże drogi -
Podnieść chciałabym na nogi
Nawet coś tam napisałam
- ponoć wszystkich zakasałam
Choć od pracy pęka głowa
Zawszem pomóc wam gotowa.
Po angielsku, po niemiecku,
po łacinie i po grecku,
Po polsku i po żydowsku,
Ukraińsku czy po włosku
Ja potrafię proszę Pana...

"pani jest niewyczerpana...
I wszechstronnie uzdolniona,
W pomysłach niezastąpiona."

Tyle tylko do niej rzekłem
Skoniłem sie i uciekłem.

H. Mierzwa.

§§§

§§§

Mojsze Kapojer zokt az......

.....Dos artikel "Quo vadis D.P." wolt gedarft heisen "Cur non vadis D.P." Wajl zej hoben lajder niszt kajn zejf zich ubcuwaszen di ....

....Dos artikel "Das Flüchtlingsproblem in Schweden" hot gemacht a grojsen rojszem baj unzere patienten, azoj az zej hoben baszlosen dus artikel ibercusziken in der Schwediszer prese, in dort wet es hoben a pasigern platz.....

....Men erlojbt niszt furen lungen kranke mit alija "B" wajl ale lungen sanatories wolten gemuzt sznel ojfgeleizt weren....

....Nuch dem ferbot su kochen ojf di stacjes, hoben di sochrim ojf a algemejner zicung beszlosen cu ferkojfen gekochte produkten...

....In unzer sanatorium hot men ungehojben cu szparen sztrom bichdej in winter cu huben mit wus cu machen sztrom szpere.....

....Di sochrim hoben zich gewendet cu der policej dus zej zolen niszt konfeskirendi elektrisze kichen wajl mit dem wet zej drohen a grojse konkurenc....

....Bichdej niszt arajncubrengen a sinat-chinom cwiszen di patienten, hot di bekleidunkskamer arojsgegejben fin der kleiner cul hart lejder nur far azelche perzonen, wos men ken zaj niszt mekane zajn, d.h.: di promenenten.

Mar-Adam.

§§

Weiter wurden folgende Bücher zur Buch-Sammel-Aktion gespendet von:

Polejes	11	Eichenbaum	1	Helstein	2
Klein, E.	1	Wojerodzki	1	Blum	7
Hrynewicz	1	Delle	4		
Gongorowski	1	Duszuls	1		
Lojewski	1	Witols	8		
Delic	1	Aleksander	1		
Kilmojer	1	Dyrdal	1		
Baranecki	1	Szwimer	3		
Folkman	1	Stern	1		
Hecht	7	Gratkathos	2		
Kulikowski	1	Walejer	3		
Rosenberg	2	Klein	3		

In der nächsten Nummer unserer Zeitung werden weitere Spenden an Büchern wiederum namentlich verzeichnet werden.

§§

Auflösung der Rätsel-Seite: Silbenrätsel: Buchsammlung.
Visitenkarten: Personalchef, Messing-Officer, Oberarzt, Stationsschwester, Vorsitzender.

Otwarty list p pastuszki do pacjenta, p. Krakowiaka.
===

Zebrzydowice, 3o.8.47.

skreslam Wam Kilka slow o naszej podrozy.
Przyjechalismy z Münchon do Regensburga w obiad.
Zaladowalismy bagaż, a następnego dnia dopiero wyruszylismy.
Nikomu z naszej grupy niczego nie zabrano. Wagon mielismy
tez bardzo wygodny, byt cieplo, wesolo, zywnosci dosyc.

W drodze dostalismy utrzymanie, po 15o papierosow i inne rzeczy
aparaty i Kremy do golenia, grzebienie, lusterka, paste do zebo
czekolade, cukierki... Dobrze, że dostalismy prowiant takze od
naszej Dyrekcji. Za papierosy kupilismy w czechach winogron,
ciastek... gorzaly...
Chlopaki jechali do Rygi...
Teraz czekamy w zebrzydowicach na odjazd do Dziedzic.
Muzyka nas wita hymnem narodowym, ktos z puru przemawia przez
mikrofon. Naprawde, na placz sie zbiera po tylu latach...
Obchodza sie z nami bardzo dobrze, a nasza pani Körblowa
wszedzie chodzila i zalatwiala wszystko dla nas i pomagala nam
we wszystkiem bardzo wiele.

Nie spodziewalem sie, ze transport tak ladnie sie nam uda
i, ze dostaniemy to wszystko, cosmy otrzymali. Dowidzenia wszys
kim od nas wszystkich, uklony i pozdrowienia.

I wy piszcie, i nie zapomnijcie o mnie. Moj adres jest.
Masdo, pocz. Deblin, woj Warszawa, Goraco prosze listy, jakie
przyjda dla mnie, odeslac mi do Ojczyzny.

Wasz oddany.

Kazimierz pastuszka
b. pacjent Sanatorium Gauting.

JEST CHWILA...

Jest chwila, gdy czujesz,
Ze ci serce bic przestaje
Ze nogi ci posluszenstwa odmawiaja
Chwila, gdy ci sie zdaje
Ze ojczyste niebo, ziemia
Zywo do ciebie przemawiaja...
Gdy do oczu Twoich slowa skazza
"Witajcie nam w Polsce, do pracy!"
I znajoma widzisz stacje
I tych, co krewnych swych
Przywitac, w Kraju, przyjechali
Repatriantow!...

I gdy cie, Pur, cieplo przez mikrofon wita
I hymn narodowy w uszach ci zatrzmiewa
I kazdy o znajonych swoich w Niemczech pyta.
Czujesz, co znaczy nie moc zyc w Kraju.
Ktory mimo wszystko jest Twa Ojczyzna...
Ktorego jezyk dla ciebie spiewa
Melodia dobrze ci znana
I na wieki cie wiaze
Echem przebrzmialych wsponmien...
I morzem krwi cie wzywa
w ktorym wszyscy, Twemu sercu drodzy
... Utoneli!...

I czujesz, jak cie porywa
Gniew, zadza zemsty
Co rosnie, twe serce po brzegi zalewa!!!
... Modercy!...
Wy zyjecie jeszcze?!!!

Spotkanie...

Lata ciezkie, samotne,
Lata nedzy, glodu poniewierki
Za nami...
Gdy o chleba kawalek...
Z synem ojciec staczal..boj...
Gdy matka swe dziecie
Smierci wydawala
A brat w ofierze
Skladal brata...
I gdy po latach takich
Nagle... wlasna ujrzysz siostre
Zywa, z twarza z przed lat...
I widzisz, ze obce kraje, cudze zycie
Ja dzieckiem Twej matki... pozostawily
Dusza Twoja cala lka!...
I wierzysz, ze istnieje Bog!...

Blogoslawiona taka chwila!...

Sara Koerbel.

GRUBE OGLOSZENIA

H. M.

Nowe wydawnictwa

Czarno - handlarze - uwaga!

Nakladem wydawnictwa "Grabarze" wyszedl z druku specjalny
samouczek p.t. "Jak ciagnac forse z bidnych pacjetow".
Ksiazka oprawiona w lichwiarska skore do nabycia w redakcji.

- - - -

Nakladem sekcji "Dziurowcow" ukazal sie "przewodnik po
dziurach w Gautingowskim plocie".
Ksiazka bogato ilustrowana do nabycia w skladzie materialow
pismiennych. Cena 1 jajko.

- - - -

U w a g a , u w a g a , u w a g a .

Przez przeoczenie zostaly niepodziurawione przy ostatnim i
przedostatnim przydziale, puszki z "Saftem".
Puszki nalezy bezwzglednie oddac przed sprzedaza na czarno do
podziurawienia.

niema gazyn.

- - - -

Tworzy sie chor zawodowych gwizdalow i wychodzacych podczas
przedstawien ze sali. Kazdy z clonkow, bedzie jako odznake
nosil osle uszy w klapie i dostanie "Zulage" dodatkowo 3 razy
na tydzien, muzdzek cielecy, dla wzmocnienia organow myslenia.

Proby gwizdania odbywac sie beda w kazda noc ksiezycowa na
kupie smieci obok kotlowni.

Z powazaniem Starszy Gwizdkowy.

LSZANA TOWA TIKATEJWU WTICHATEJMU LALTER LSHAJIM TOWIM.

In euzamenhang mit "ROSZ HASZANAH" winszn mir ale unzere
jidisze lejzer un mitarbeter a G U T J O R un speciel unzere Gautinger pacjentn a szneln gezund wern.
Mir ale zoln zich trefn fun hajnt iber a jor gezunterhajt in
unzer fraje MDINA EREC ISRAEL, als gezunte produktive menszn.

DOS REDAKCJE-KOLEGIUM.

Antworten der Redaktion

Bloch Cipora, ajern material weln mir drukn in nechstn numer.
H. Kalmanowicz, bite zich farsztendikn mit h. Eichenbaum (A III
H. T r e g e r, ajer Gautinger geografie weln mir meglech
ojsnuen.
C-Bau, ofene brif kenen mir nit drukn, wen zej zajnen on
unterszrift.

- - - - -

Liegekur...

Dr. Saarse untersucht einen Patienten...

Vollkommen gesund entlassen...

Konferenz zwischen Herrn Chencinski und Herrn Hermann...

Unser Leben

PATIENTENZEITUNG DES SANATORIUM GAUTING

Gauting, 3.Oktober 1947.   Nr. 5

Oberarzt Dr. Saarse.

TUBERKULOSETHERAPIE, EINE DER ÄLTESTEN MEDIZINISCHEN DISZIPLINEN.

> Midagi teha pole nii raske kui visalt
> raskustes vastu pidada ja voideldes oodata
> seda, mille tulekuaeg on alles teadmata.
>
> (A. Mälk)

Uralt ist die Geschichte der Menschheit, uralt auch
die Geschichte der Tuberkulose. Sie bildet eigentlich einen dichtver-
bundenen Teil mit dem Schicksale der Menschheit.

Schon aus der Steinzeit stammende in eine Steinmasse
verwandelte Überreste von Menschen zeugen auf deren tuberkulöse Wir-
belsäulenveränderungen. Sie sind als sicherer Beweis wahrzunehmen, daß
die Tuberkulose zu der ältesten Krankheiten der Menschheit gehört.
Weitere Kenntnisse und Wahrnehmungen über das Vorkommen der Tuberkulose erhalt en wir aus den alt-ägyptischen Urkunden des 16. Jahrhunderts
vor Christi Geburt. Erstmalig überhaupt aber über die Krankheitserscheinungen der Tuberkulose in den Aufzeichnungen indischer Ärzte im
9. bis 6. Jahrhundert v. Chr. Geburt beschrieben. Bedeutende Kenntnisse über das tuberkulöse Krankheitsgeschehen erwarben jedoch erst
die griechischen Ärzte. Der bekannte Vertreter der griechischen Heil-
kunde Hippokrates brachte in seinen Schriften im 5. bis 4. Jahrhundert
v. Chr. Geburt eingehende Beschreibungen der tuberkulösen Erkrankung
und genaue Schilderungen der Krankheitserscheinungen und dessen Verlauf. Zu unterstreichen ist vor allem, dass in diesen Schriften die
ersten Verordnungen zur Behandlung der Tuberkulose geschildert werden.
In Anerkennung des Spruches: "Die Natur muss heilen, der Arzt dient
ihr" wird der Wirkung der natürlich Heilfaktoren, wie Luft und Licht,
eine wesentliche Bedeutung beigemessen. Hippokrates behandelte die
schwindsüchtigen mit klimatischen Freiluftliegekuren im Gebirge und
an der See, ebenfalls verordnete er Wasserbehandlungen.

Die Beobachtungen und Verordnungen des grossen griechischen
Arztes erwiesen sich als so überragend, dass das Denken und Handeln
des Hippokrates sämtliche Medizinschulen beeinflusste und ihnen in der
nachfolgenden Zeit nichts wesentliches beigesteuert werden konnte. Es
wurde weder von den römischen Ärzten zu den Veröffentlichungen von
Hippokrates etwas Neues von Bedeutung hinzugefügt, noch erfuhr die T-

berkulose-Forschung im Mittelalter einen umwälzenden Fortschritt.
Im Gegenteil, die vom Hippokrates aufgestellte Anschauung geriet
in Vergessenheit und es ging dann vieles verloren. Es konnte daher
auch im Mittelalter keine Rede von einer eigentlichen Therapie der
Lungentuberkulose sein.

Erst zu Beginn der Neuzeit entstand ein grosser Umschwung in der
Tuberkuloseforschung. Deleboe Sylvius entdeckte die Erweichungsmög-
lichkeit des Tuberkuloseherdes und die Entstehung von Höhlen in dem
Lungengewebe. Solche Höhlenbildungen sind zur Zeit unter dem Namen
"Kavernen" allgemein bekannt. Aus derselben Zeit stammen auch die
von den Franzosen Bonnet und dem Engländer Manget ersten ausführli-
chen Beschreibungen der allgemeinen Tuberkulose. Weiter stellen sie
erstmalig die entzündliche Form der Lungentuberkulose fest und verwenden als erste dafür den Ausdruck "käsig".

Wesentliche Fortschritte konnten auf dem Gebiet des Krankheitsgeschehens, wie besonders auch auf dem der Therapie der Tuberkulose
erst dann erzielt werden, nachdem im 18. Jahrhundert durch geniale
Ärzte die hierfür notwendigen Grundlagen durch systematische Bearbeitung und Ausbildung der physikalischen Untersuchungsmethoden geschaffen waren. Im Jahre 1761 veröffentlichte der Wiener Arzt Auen-
prugger das Untersuchungsverfahren durch Beklopfen des Brustkorbes
des Patienten. Diese Methode wurde von dem genialen französischen
Arzt Laennec ergänzt, indem er im Jahre 1819 die Erfindung der Ab-
horchung der Lungen bekanntgab. Diese erbrachte eine wesentliche Er-
weiterung und Vertiefung der Lungentuberkulose-Diagnostik. Mit Hilfe der beiden neuen Untersuchungsmethoden schuf dieser bedeutendste
Vertreter jenes Zeitalters die Grundlagen der modernen Tuberkulose-
wissenschaft sowohl hinsichtlich des Krankheitsgeschehens, wie auch
in der Behandlung.

Um den damalig bestehenden Ansichten und Darstellungen über die Behandlung der Tuberkulose praktischen Wert zu verleihen, kam es
schliesslich zur Gründung von spezialen Tuberkuloseanstalten. Die
erste Lungentuberkulose-Heilstätte wurde im Jahre 1850 in der
Schweiz - Davos - eröffnet. In Deutschland war es Hermann Bremer,
der im Jahre 1854 in Görbersdorf das erste Sanatorium gründete. Die
neugegründeten Heilstätten fanden in zunehmenden Masse das Interesse der medizinischen Welt. In allen Kulturländern wurden zahlreiche
Sanatorien gegründet. Vorerst wurde in ihnen nur die allgemeine Therapie als Schonungsbehandlung und Liegekur vorgenommen.

Für die Tuberkuloseforschung erwuchs aus der Gründung von Sanatorie
vorerst kein Gewinn. Sie war allerdings ganz andere, eigene Wege ge
gangen. Führend wirkte in dieser Hinsicht der berühmte französische
Forscher Villemin mit. In seinen experimentellen Arbeiten stellte
die Übertragbarkeit der Tuberkulose durch Verimpfung tuberkulösen
terials auf Tiere fest. Endgültig bestätigte Robert Koch die Spezi-
fität der Tuberkulose, indem er am 24. März 1882 die Tuberkuloseba
zillen entdeckte. Er konnte ferner beweisen, dass dieser Keim alle
Formen der Tuberkulose in allen Organen des Menschen verursachen
kann.
In der mit grossem Aufschwung eingeleiteten Heilstättenbehandlung
stellten sich mit der Zeit Misserfolge ein, denn die Bestrebungen,
mit rein internen Massnahmen die kavernöse Lungentuberkulose zu be
einflussen, blieben in grossem und ganzen erfolglos. Aus diesem
Grunde forschte man nach anderen Behandlungsmethoden. Im Jahre 189
entdeckte der italienische Kliniker Forlanini das Pneumothoraxver-
fahren. Er ist als Gründer der chirurgischen Kavernenbehandlung,
auch "Kollapstherapie" genannt, anerkannt. Das Kollapsverfahren na
in wenigen Jahren ungeahnten Aufschwung. Es hatte sich jedoch bald
herausgestellt, dass sich im Laufe der Behandlung häufig pleuriti-
sche Verwachsungen der Lungen zeigten, welche die ausgedehnte

Schrumpfung der Kavernen kommen.

Eine ausserordentlich wertvolle und hoch bedeutsame Ergänzung des
neuen Verfahrens bildete die durch Jakobäus 1913 erfundene Methode
der direkten Untersuchung der Brusthöhle mittels Endoskopie und die
Abtrennung der Verwachsungen.
Durch diese operative Behandlung wurde der Anwendungsbereich des
künstlichen Pneumothorax hochgradig erweitert.
Trotz der vorher erwähnten ergänzenden Operation blieb aber immer ein
beträchtlicher Prozentsatz solcher Kranken übrig, bei denen der pneumothorax infolge von ausgedehnten Pleuraverwachsungen überhaupt nicht
angelegt werden konnte. Daraus ergab sich von selbst die Notwendigkeit für weitere chirurgische Eingriffe. Aus diesem Grunde führten
gegen Anfang dieses Jahrhunderts Stürtz und Felix die operative
Funktionsausschaltung des Zwerchfellnerves und Spendler-Sauerbruch
die Thorakoplastik ein. Die gleiche Wirkung zeigt die von Schmidt im
Jahre 1936 veröffentlichte Durchführung der Pneumolise d.h. die operative Trennung der Verwachsungen ausserhalb des Brustfelles.
Zum Schluss sei noch kurz die in den Nachkriegsjahren erfolgte Anwendung von Pennicillin, Streptomyzin u.s.w. in der Klinik der Tuberkulose erwähnt, die viele Hoffnungen erweckt hatte. Über den Einfluss
dieser Heilmittel ist aber bekannt, dass sie eine spezifische unmittelbar das Tuberkulosestächen im Organismus vernichtende Wirkung
nicht ausüben. Weitere Untersuchungen und Forschungen sind im Gange.

Die Geschichte der Tuberkulose stellt einen harten und unerbittlichen
Kampf zwischen der Menschheit und der Tuberkulose dar. Als Endziel
dieses Kampfes schwebt allen ein spezifisches, unmittelbar im Organismus die Tuberkulosebazillen vertilgendes Mittel zu finden, vor.
Nur auf diesem Wege wird es möglich sein, die hemmungslos als Volksseuche auf der Erde in allen Ländern sich verbreitende Tuberkulose
endgültig zu beseitigen.

D Z W O N

Bije dzwon z wieży... a bije...
Kołysze się zimne serce...
Przestało tlić życie czyjeś...
Co kołatało w rozterce.

Tam w chacie człeka trup leży,
Przykryty białą sukmaną;
I tylko mu dzwon ten z wieży
Bije jak zawsze, co rano...

I tylko mu słonko z dali
Przez szyby światełka rzuci,
I tylko wicher się żali,
Piosnkę rozstania mu nuci...

Nie miał nikogo wśród ludzi,
Los rzucił go poniewierce,
W nikim też żalu nie wzbudzi
Łkające udzwono serce...

                                        H. Mierzwa.

DI GLIKLICHSTE MINUT
(politisze noticn)

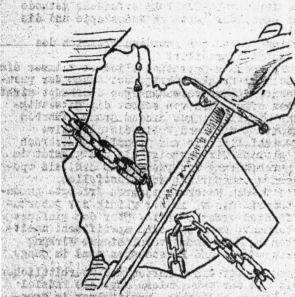

Es iz logisz, az a folk welches iz gewen farszklaft, un bakumt curik zajn frajhajt, dos folk begrajft un filt mer un wajst mer opcuszacn dos grojse frajhajtsglik, wi a folk wos iz immer fraj un genist imer fun di unophengike frajhajt. In ot dem proces hobn adurchgemacht un fun dem grojsn glik hobn lectns genosn dos folk fun indien.

Noch a cajt fun 163 jor tiran<u>iszer</u> farszklafung durch di imperialistisze englender, iz donerstag, dem 14 august, pinktlech 12 azejger baj nacht, d.h. ungefer mit 6 wochn curik, ibergegebn geworn di indianer zejer frajhajt. Es iz ibrig cu komentirn, az nit gernwilig hobn di englender opgegebn aza ekonomiszn, strategiszn politiszn wichtign punkt, aza "fetn bisn" wi es iz gewezn Indie, geno

wi nit gernwilig zi get op Palestine.
Ober England hot gefilt, az es brent der bodn unter di fijs. Un si hot kejn anderen ojsweg nit. Un donerstag dem 14 ojf dem 15 august baj nacht, 1 minut noch 12 iz in ganc Indien geworn gefajert di fajerleche unabhengigkajts-ceremonje. Mit gold ojsjes iz di gliklichste minut geworn farszribn baj jedn indjaner in harcn. Un der akt wert blajbn baj di indjaner a ferhajlikter ojf ejbik. Un baemes iz es es doch take di gliklichste minut far a folk, welches iz szojn aza lengere cajt farszklaft.

" — "

Mir lebn in a epoche fun farszklafung un bafrajung. Fil gresere un klenere felker machn ject durch dem bafrajungs-proces. Ojch mir, dos jidisze folk tret arajn in period fun bafrajung. Ojch mir endikn ject mit di lecte lange golut-tkufa, un mir tretn arajn in der faze fun unabhengiker un folkomer bafrajung. Ojch far unzer folk dernejntert zich dos grojse glik fun der gliklichster minut. Der miszpet iber unzer folk, iber unzer kijum, egzistencbarechtigung hot zich szojn ongehojbn baj di farejnikte felker. Un charak teristisz der gojrl, und der cufal hot gewolt, az unzer miszpet baj di farejnikte felker zol zich punkt onhojbn in di jomim-norui in dem hejlikn jom hadin, damols wen es wern gemiszpet durch di pamalia - szel-maala ale felker un ale lender, damols, wen mir zo mit aza benkszaftsgefil "wal hamdinot bo jeumar ejzo laherew w ej lszalom" .punkt damols, wen es miszpet dos bezn szel maale, miszp ojch dos bezn szel mate. Un zol men hofn, az dos mol wet ojch unzer folk, ojch unzer medine arajngenumen wern in der liste fun wa hamdinot bo jeomar, un dawke mit a urtejl fun frajhajt un szolem.

Es dermont mir, wen es iz fun di farejnikte felker mit a por mona curik rekomendirt geworn di palestina-komisje baj UNO, ojf ojscuforszn un cucuszteln a plan wegn a lejzung fun palestina-frage, zajnen mir jidn, mindestns der grester tejl fun unz gewezn skeptisz cu di komisje. Men hot gezogt wifil zajnen szojn gewezn aze che komisjes, es iz gewezn di pil-komisje, di englisz-amerikaner komisje, un zej ale hobn gornit ojfgeton, zej hobn afile nit a r

jer-geton a bisl wajter arojscuszlepn dem *czwern politiszn pale-
stineziszn* wogn fun di ginkende blotes, gegentajl, zej hobn im
noch tifer farwiklt, komplicirt un ajngezunken in di politisze
blotes. Es zajnen afile nit in acht genumen gewornn di damolstike
rekomendacjes fun di englisz-amerikaner komisje, wegn di 100.000
certifikatn. Un di komisje hot es gehajsn, wert ojfsnaj gornit
ojftun, wajl kejn pozitive lejzung far dem azej komplicirtn injen
brengen. Un es hot zich mir damols dermont in dem masele mit di
pastucher fun I.L. Perec. Perec sztrajbt in zajne ercejlungen:
*pastucher, wos hobn chadoszim lang getribn zejere szof in di berg,
hot zich amol farglist a sztif un a szpas cu machn un kumendik cu
a dorf zajnen di pastucher baj nacht cugelofn cu di hajze fun di
pojerim, un geklapt in di lejdns, sztejt ojf sznel un kumt, helft
fartrajbn di welf wos zajnen gekumen ojfesn di szeplech! Di pojerim zajnen sznel arojs in di unterhojzn, wer mit a widle, wer mit
ajzn, wer mit a sztik holz un men iz gelofn farjogn di welf. Cu
kumendik ojfn plac hobn zich di pastucher hojch ojfm kol un harcik celacht... Zej hobn di pojerim opgenart! Di pojerim zajnen
bejze ahejm gegangen un zich curikgelejgt szlofn. Wider in a draj
wochn zajnen wider andere pastucher gekumen un hobn wider
gemacht aza szpas, di pojerim zajnen wajter arojs, ober es hot zich
wajter arojsgewizn far a szpas. Un di pojerim zajnen gewornn in
kaas. In a por wochn szpeter zajnen wider gekumen pastucher mit
dzepsn un dos mol zajnen ojf a ernst gekumen welf. Di pastuches
zajnen gelofn ojfwekn di pojerim, ober di pojerim hobn szojn nit
gewolt   ojfsztejn, nit welndik glojbn, mejnendik, az di
pastucher szpasn wider... Un azej iz es ojch gewen mit unz. Wajl
azojfil komisjes hobn unz szojn anttojszt un opgenart, ken men szojn
nit glojbn ject, efszer wen di richtike (welf) komisje iz gekumen,
az zi wert jo lejzn dos problem. Ober warszajnlech, lojt di perspektiwn (wen di szires wern geszribn iz noch kejn antgiltige de-
cizje iber palestina-problem nit do) iz dos mol jo du szansn un
ojszichtn ojf ernst cu lejzn dem problem. Dos mol wert zich jo gebn
a rijer fun ort abisl forwerts der szwerer politiszer palestineziszer
wogn. Azej zejt mindestns oja cu majnen fun dem ernstn cugang,
wos ale mitglider fun di farejnikte felker hobn cu der zach. Zol
men hofn, az es dernentert zich ojch far unzer folk di gliklichste
minut... noch welche mir bengen szojn, azoj lang mit aza ungeduld!

                                                        A. Sztajnfeld.

Na O. P.

Tu tak przykro leżeć samej
Lusia chciałaby do mamy.
Za oknem słoneczko świeci
Kwitną kwiaty, bocian leci
Wietrzyk targa wierzbom włosy
Pachnie siano, brzęczą kosy
Nad okienkiem ptaszek śpiewa
Kąpią się w słoneczku
Wieczorami po doli
Głos fujarki żwawej płynie
I dzwon z wieżycy kościoła
Cicho do snu ludzi woła
Tylko Lusia leżeć musi
Tak daleko od mamusi
I to ciche dzwonu granie
Zbiera Lusię na płakanie...

                              Mała Lusia z O.P.

KLĘSKA POSUCHY. Upały osiągnęły
w Wiedniu najwyższą temperaturę od
r. 1775 – 38.5 stopni C. w cieniu.
W Norymberdze było 38.8. w cieniu,
temperatura nie-notowana od 70 lat.
Średnia temperatura na wysokości
do 10.000 m. odpowiadała warunkom
tropikalnym. W całych Niemczech
występują pożary lasów, w których
płonie również humus do głębokoś-
si 1 m. W rzekach brak wody.

W LUBLINIE, jak stwierdza sprawoz-
danie tamtejszej poradni przeciw-
gruźliczej, na 15.000 mieszkańców
zbadanych przez poradnię, 30% posiada gruźlicę czynną. ("Kronika"
z dnia 14 września 1947 roku).

WIR SUCHEN GERECHTIG- KEIT

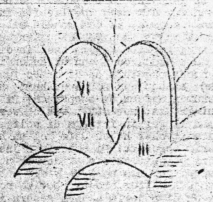

In der Zeitschrift "Jüdische Rundschau" erschien ein Artikel von Dr. S. Gring aus unter dem Titel "Der jüdische Beitrag zur abendländischen Kultur." Nach Bearbeitung dieses Artikels veröffentlichen wir das Nachstehende in unserer Zeitung. Trotzdem es sich ausschliesslich mit dem jüdischen Problem befaßt, es wäre wünschenswert, dass es auch die Nichtjuden lesen. Denn unter ihnen gibt es gewiss noch solche, die mit dem Antisemitismus der grauen Vergangenheit ange- steckt sind. Ihre Gefühle verstecken sie unter der Maske der Freund- lichkeit, weil sie heute zum Schweigen gezwungen sind, sie verur- teilen aber keinesfalls die grauenhaften Methoden unserer Mörder und wer weiss, ob sie, wenn ihnen die Möglichkeit gegeben wäre, die Lehre ihres Meisters nicht fortgesetzt hätten.

Jeder objektive Leser, der auf einem gewissen intelektuellen Ni- veau steht, wird hiermit die Möglichkeit haben, die tatsächliche Wahrheit zu erkennen. -

Möge es der Faktor sein, welcher den falschen und absur- dalen Zugang der irregeführten Menschen zum jüdischen Problem, be- seitigt!

Die Existenz eines Volkes bedarf keiner Berechtigung und keiner Begründung. Das Existenzrecht ist begründet durch die blos- se Existenztatsache. Weder das albanische noch bulgarische, noch die Völker Haitis oder Liberias bedürfen ihr Existenzrecht damit begründen, dass sie zur Zivilisation etwas Wesentliches beigetragen haben. Einzig und allein das jüdische Volk ist in eine Defensiv- stellung verdrängt worden. Einzig und allein das jüdische Volk hat sein Existenzrecht zu begründen und unter Beweis zu stellen. Ein- zig und allein beim jüdischen Volks ist sein Existenzrecht Gegen- stand einer Diskussion und eines Für und Wider.

Es gibt keinen Zweig der menschlichen Kultur und Zivili- sation, den die Juden nicht befruchtet hätten. Auf einigen Gebie- ten war der Beitrag der Juden bedeutsamer als auf anderen. Aber welches Gebiet wir auch betrachten wollen - Literatur, Medizin, Na- turwissenschaften oder Entdeckungsfahrten, soziale Fragen oder Kunst - überall waren die Juden hervorragend. Die berühmten Namen der Juden: Spinosa, Mendelsohn, Einstein, Henri Bergson, Sigmund Freud, Paul Ehrlich, Ferdinand Cohn, sind jedem kulturellen Men- schen bekannt. Es ist hier kein Platz für die Aufzählung hunder- ter anderer Namen und Erfindungen, denn dies würde Bände erfordern. Die moderne Wissenschaft ist ohne den Beitrag der Juden undenkbar.

Die jüdische vom Christentum übernommene ethisch-religiöse Kultur hat die geistige Struktur der modernen Welt von Grund aus beein- flusst. Die Idee des einzigen Gottes, als des Schöpfers des Welt- alls war der grösste jüdische Beitrag zur westlichen Zivilisation.

Diese Idee ist heute Gemeingut der 650 Millionen Christen und 220
Mohammedaner geworden.
Steht die politische, wirtschaftliche und soziale Lage des jüdischen Volkes auf gleicher Höhe mit seinem kulturellen Beitrag? Wo
sind die Spuren seiner zweitausendjährigen Kulturaktivität? Warum
ist dieser beispiellose Kulturbeitrag nicht in der Lage, dem jüdischen Volke Recht und Achtung zu verschaffen, das Recht und die
Achtung, welche Völker geniessen, deren Beiträge zur Kultur in keinem Verhältnis zu dem des jüdischen Volkes stehen? Warum können Al-
banien und Haiti Mitglieder der UN sein, warum kann Libanon einen
Sitz im Sicherheitsrat haben, während dem jüdischen Volke nicht
einmal das Recht eingeräumt wird, seine Reste der grossen Katastrophe unterzubringen.
Unwillkürlich drängt sich die Analogie mit Eigen- und Fremdarbeit
auf. Ein Lohnarbeiter verkauft seine Arbeitskraft. Die Früchte seiner Arbeit gehören dem Eigentümer der Produktionsmittel. Und sollte
der Lohnarbeiter das ganze Leben hindurch geschaffen haben, am Ende des Lebens gehört alles dem Eigentümer, und er kann als verlassener Bettler im Elend verkümmern.
Das jüdische Volk war Lohnarbeiter der herrschenden Kultur, derjenigen Kultur, welche Eigentümerin der Produktionskräfte "Boden" und
"staatliche Organisation" war. Und mag der Beitrag noch so grossartig gewesen sein, die Früchte des Beitrages gehören dem Herrscher.
Und das jüdische Volk kann am Ende seiner europäischen Geschichte
als verlassener Bettler der Welt im Elend verrecken.
Grossartig war der jüdische Kulturbeitrag. Aber es war ein Beitrag
für den fremden Herrn. Hätte das jüdische Volk diese Kultur bei
sich und für sich geschaffen, dann wäre es hoch in Ehren. Weil es
sie anderen gespendet hat, erntete es Hass und Missachtung.

                                                    Tal.

IN CUG NOCH MINCHEN

In cug noch minchen durchn fen-
                                    ster
kuk ich mir azej un kler:
o! dajn weltl, got, dajn szenste,
iz geworn populer.

Host ir grenecn gegebn
un mit meluchelech bacirt
jeder ejner hot zajn sztrebn
ojf der wur szojn ojsgefirt.

Host a meluchele, wi ... ...
grojs un mechtig ir gemacht
wu ire merder on szande
milionen menszn umgebracht.

Ich zej di felder ire grine
mit gros bawachsn zej ich klor
far majne ojgn sztejn diner
szwarc bawachsn menszn hor.

Ich zej di hajnlech di szejne
mit grine cwajgelech bedekt,
far majne ojgn kinder klejne
cu mir di hentelech gesztrekt.

Un di felder szejn geaktert
jo ich zej dos dacht zich gut
far majne ojgn sztejen naket
milionen menszn in tajchn blut.

dajn lokomotiw di reder krechcn
pfajft ... ojs gancz frank un frej
majne ojrn ... lechcn
kinder-jomer un geszraj.

                                    hojche
h'zej mir dacht zich berg gancz
di szpicn wajs badekt mit sznej
najn! dos zajnen menszn-lajchn
ojfgesztaplt in a raj.

                Un der tog a szejner heler
                ojf der fraj cu lebn iz gut,
                majn harc iz finster wi a keler
                un far di ojgn blut nor blut.

                                        Noch Cypora.

ETWAS ÜBER DREI VERBÜNDETE

Gross-Britannien.

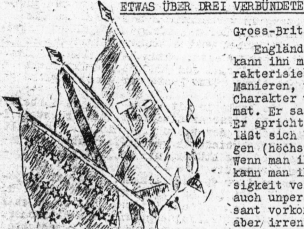

Engländer - der Insulaner. Man kann ihn mit einigen Worten charakterisieren: vornehm in seinen Manieren, verschlossen in seinem Charakter und ein geborener Diplomat. Er sagt selten was er denkt. Er spricht leise, mit ruhigem Ton, läßt sich kaum in Aufregung bringen (höchstens bei Derby-Rennen). Wenn man ihn näher nicht kennt, kann man ihn leicht der Gefühllosigkeit verdächtigen, er wird uns auch unpersönlich und uninteressant vorkommen, wir werden uns aber irren. Er findet es unfair, seine Gefühle zu zeigen, sein Benehmen bleibt in allen Situationen dasselbe, ruhig, korrekt und konsequent.

Ein grosser Patriot hängt sehr an seiner Tradition, was wir an ihm "konservativ" finden. Liebt alles, was an seine Geschichte erinnert, hat grosse Pietät für alte Häuser, alte Möbel und alten Schmuck. Alles, was ihm teuer ist, bezeichnet er als "old". Old friend, old house etc.

Meinem Leser, welcher Lust hat, nach England zu fahren, will ich nur einige Anweisungen geben.

Wenn sich Männer auf der Strasse treffen, reicht man sich nicht die Hände, wie es bei uns üblich ist, man zieht auch selten den Hut herunter, ein Kopfnicken oder sonst ein Zeichen des Erkennens genügen.

Eine Dame grüßt als erste, genau so Personen höheren Ranges. Wenn man mit einer Lady durch die Stadt spazieren geht, muss man immer auf der äusseren Seite bleiben, um sie vor dem Strassenverkehr zu schützen.

Es ist nicht Sitte, sich in einem Bierausschank aufzuhalten. Man nimmt sein Getränk stehend und verläßt das Lokal. (Das Bezahlen darf man natürlich nicht vergessen). Die Restaurants und Clubs sind meistens für bestimmte Gesellschaftsklassen geschlossen.

Den Rest wird der nach England Reisende nach einigen Monaten selbst lernen.

Gross Britannien, einst die grösste politische und ökonomische Weltmacht, dank seiner konservativen und doch fehlerhaften Politik, verliert langsam seine Bedeutung, zieht sich von der Weltbühne in die Vergangenheit zurück.

Der neu aufgehende Stern heisst:

U. S. A.

Sein Geburtsort ist England. Von dort stammen die Gründer des grossen Staates, die einst auf Grund religiöser Verfolgungen gezwungen waren, ihr Vaterland zu verlassen, um eine neue Heimat zu gründen. Die ersten Kolonisten waren politisch und religiös Verfolgte (beinahe hätte ich rassisch geschrieben, solche gabs aber damals noch nicht), welche in sofern besserer Lage als wir heute, waren, da das riesengrosse Land jenseits des Ozeans gastfreundlich auf sie wartete.

Das die Amerikaner aus einer Mischung verschiedenartiger Nationen bestehen, ist für uns nichts Neues. Die Emigranten, gleich welchem

Volke sie angehören, behalten nicht ihren nationalen Charakter, (was auch schlecht angesehen würde), sie bemühen sich so schnell als möglich den amerikanischen Sitten und dem Geist sich anzupassen.

Die Städte in Amerika unterscheiden sich kaum eine von der anderen. Alle richten sich nach dem bestimmten Typus. Jeder Amerikaner, jede Stadt, jedes Haus trägt einen unverkennbaren Stempel der Einförmigkeit. Aus diesem Grunde wechselt der Amerikaner leicht seinen Wohnort, wenn sich irgendwo bessere Gelegenheit bietet, vorwärts zu kommen. Wenn es sich um seine Karriere oder geschäftlichen Erfolg handelt, ist er unerbittlich und in seinen Mitmenschen sieht er nur Werkzeuge, die er für seine Zwecke gebrauchen oder vernichten kann. Es gibt für ihn nichts, was er "impossible" oder "I can't do that" nennt.

Alles ist für ihn Geschäft: auch Kirche und Philanthropie. "Hilf dir selbst" - ist die Parole in Amerika.

Der herrschende Gedanke ist das Geschäft. Amerika handelt nicht nur mit Ex- und Importartikeln, es handelt mit dem Gelde selbst. Daher sind es die reichen Leute, die Titanen, welche das Räderwerk dieses Weltreiches nach ihrem Vorteil lenken.

Der Amerikaner ist gastfreundlich und hat ein fröhliches Gemüt, das beweisen seine täglichen Grundsätze: "Take it easy" und "Keep smiling". Sehr bezeichnend für seine allgemeine Charakteristik ist, dass nach dem grossen Erdbeben in San-Francisco man auf den Ruinen grosse Plakate lesen konnte: "Sprich nicht über Erdbeben, sprich über Geschäft". (Don't talk earthquake, talk business).

Amerika ist heute Finanzier der ganzen Welt. Was für ein Geschäft sie dabei macht, weiss ich euch nicht zu erklären. Mit seinem Dollar kann es eine Menge Gutes tun und viel Not lindern.

Vereinigten Staaten sind uns das Beispiel eines Landes, wo verschiedene Nationen ihre wirtschaftlichen Interessen verbunden haben und zur politischen Einheit wurden.

Amerika ist das Land der Gegenwart und von seinem Handeln hängt die Zukunft der Welt ab.

Sowjet-Union.

Wir sagen Russland. Wir denken an Tolstoi, wir sehen den gut- und schwermütigen russischen Bauer, den Fatalisten und Fanatiker. Wir hören russische Musik, welcher leidenschaftliche Klänge zum Tanz einladen, der über alles vergessen lässt, welcher melancholischer Ton eine unbegreifliche Sehnsucht nach den endlosen Steppen, langsamen Wolga-Wassern, und nach dem wilden Kaukasus, hervorruft.

Wir sagen Sowjet-Union. Wir denken an Lenin, wir sehen rote Fahnen und Transparente - eine Demonstration enthusiastischen Volkes. Wir hören Soldaten singen: "Wenn es morgen zum Kriege käme..."

Eine neue Wirklichkeit mit dem neuen Namen...

Der Bauer des Tolstoi hat eine Soldatenmütze aufgesetzt, der Wolga-Schiffer wurde zum Bolschewik, stille Natascha mit langen Zöpfen und sehnsuchtsvollen Augen wurde zur politischen Aufklärerin ihres Dorfes.

Das ganze Volk kämpft in Anstrengungen mit Entsagungen für seine Zukunft. Das ganze Volk nimmt Anteil an seinem politischen Leben. Die ganze Welt schaut zu, die ganze Welt lacht, die ganze Welt fürchtet....

Was wirst du uns zeigen, du Volk der unbegrenzten Möglichkeiten, du Volk der schönsten Volkslieder, der reizendsten Tänze, du Volk der unbegreiflichen Seele?

Dir gehört die Zukunft. Das Blatt der Geschichte liegt unbeschrieben da. Wirst du es mit blutigen Buchstaben ausfüllen?

K a m a .

A. Słonimski.   D O   R O S J A N

Już nie o Wołyń czy Pińszczyznę,
 O powiat, gminę czy o las,
  Nie o graniczny idzie pas,
   Na którym strażnik z psem waruje,
    Tu sprawa idzie o ojczyznę.
     Czem jest ojczyzna? Każdy z nas
      Inną w tym słowie treść znajduje.
       Niech posły, dumne generały
        Nasze, brytyjskie czy sowieckie
         Taki czy inny piszą pakt.
          Niech łamią pakty. Te szpargały
           Rozwieje kiedyś dziejów wiatr.
            Zostaną ludy dwa. Sąsiedzkie.
             I to jest jasny, prosty fakt.
              Cóż nam przyniesiesz dziś sąsiedzie?
               Gdy twoje armie przejdą Prut
                Gdy w miasta pełne zgliszcz i gruzów
                 Kudłaty koń kozacki wjedzie
                  Kto stanie pułkom tym na przedzie?
                   Suworow znów czy znów Kutuzow?
                    Patrzy Europa i świat czeka
                     Co przyniesie na sztandarach,
                      Czy wolność ludów i człowieka
                       Czy nowy ukaz nowych carów?
                        Proletariusze, których Lenin
                         Uczył braterstwa ludów wolnych
                          Was wzywam synów dekabrystów,
                           Więzniów cesarskich turm i twierdz
                                        ----
                            Lecz jeśli krew się znów poleje,
                             Krwią dalej będą płynąć dzieje.
                              Czy źle czy dobrze. Tak już jest.

I. Mosenson.   (ibercezt d. F. Ajchenbaum)

Kapral
Sonnenberg

Der ojto funem ojsfor szuhgsrichter
hot di alte gebfrengt ojfn hojf func
kibuc. Men hot zi arajngefirt in
ejnem fun di cimern; bichdej zi zol
zich opruen funem weg, wos hot zi
gefirt fun Jehuda biz cum Galil. Di
alte hot gornit gezogt, zi iz gewen
farwundert, derszrokn, zi hot nit
ojfgenumen di rajt wi s'gehert cu zajn, zi iz gewen ongelejnt ojf
ir sztekn, welche iz gewen badekt mit sztojb.
Ir tunkl ponim hot ojsgezen wi di rand fun ir top, in welchn zi
hot gekocht di melcajtn far zich, zajt ire zun hobn zi farlozn,
un ir man iz awek ojf jener welt.
Szojn fun fil jorn curik iz zi teg teglech cugangen ojfn hojf fun
der kfuca un hot geret cu zich unfarsztendleche worter, wos a
mensz hot zej nit gekont farsztejn, a min gemurmul fun a kind.

Di alte iz szwer gewen cu banemen dos ganec umglik wos hot ir getrofn mit ir zun, dem kapral Zonenberg. Wen der kremer funem
szpajzkromel, fun der moszawa, welche ligt ojf di wegn fun Jehuda,
hot ir ibergegebn a cetl welches hot gelojtet "bite zegn der
froj Zonenberg, dos ir zun iz elektrizirt gewern". Un wen der kremer hot ir ibergegebn dem inhalt fun dem cetl hot zi nit farsztanen wos men wil fun ir. Ober noch a por mol iberchazern di worter
funem cetl durchn kremer, hot zich ongecundn a sztral fun licht in

NACHRICHTEN AUS ALLER WELT

Der Leiter der Oppositionellen bulgarischen Agrarpartei, Nikolai Petkoff, ist am 23. September im Hauptgefängnis von Sofia durch den Strang hingerichtet worden. Die Begründung lautete, Petkoff sei wegen des Versuches, die legale Regierung zu stürzen und den Faschismus in Bulgarien durch verschwörerische Verbindungen mit militärischen Organisationen wieder zu errichten, verurteilt worden.-

Der gewesene Oberbürgermeister von New York und General-Direktor der UNRRA Fiorello La Guardia ist am 2o. September gestorben.-

Der britische Kolonialminister Creech Jones beantragte im Palästina-Ausschuss der Vollversammlung der UN formell die Befreiung Gross-Britanniens vom Palästina-Mandat und erklärte, Gross-Britannien wünsche so schnell wie möglich seine Truppen aus Palästina zurückzuziehen.

In einer Ansprache an den Fernen Osten über den Sender der Vereinten Nationen erklärte die Leiterin der indischen UN-Delegation und Botschafterin in Moskau, Frau Widschaja Lakschmi Pandit, Indien, werde sobald wie möglich seinen Dominionstatus ablegen und sich als "unabhängige sozialistische Republik Indien" konstituieren.

Ende September ist mit der allmählichen Auflösung der amerikanischen Postzensureinheiten begonnen worden. Wie Offiziere des US-Hauptquartiers erklärten, habe General Lucius D. Clay kürlich geäussert, dass die Aufrechterhaltung der Zensur im Befehlsbereich des US-Hauptquartiers nicht mit den Grundsätzen der Demokratie zu vereinbaren sei.

Im Jahre 1941 war der frühere Reichstagsabgeordnete Stefan Mayer denunziert worden, weil er von Hitler als einen grössenwahnsinnigen Dschingis Khan gesprochen hatte. Zu drei Jahren Zuchthaus verurteilt, wurde er nach Verbüssung der Strafe nicht entlassen, sondern nach Mauthausen verbracht und sofort erledigt. Die Denunziantin, eine Frau Ritter wurde jetzt wegen Verbrechens gegen die Menschlichkeit zu drei Jahren Gefängnis verurteilt.

---

ire farloszene ejgn, un hot gezogt: "jo Jerachmil, wos hot den pasirt mit Jerachmil? Er iz elektrizirt geworn hot der kremer ibergechazert. Un ojch ject hot zi nit farsztanen wi s'gehert cu zajn, zu hot gemajnt, dos ir zun iz krank, szwer krank, ligt cu bet. Ezojn jorn wi zi hot im nit gezen. Un bald hot zich ir wider geduchtn, dos nit lang curik iz er baj ir gewen un hot ir afile a szejne matone mitgebracht. Azoj hobn zich ir di gedankn gemiszt, ir zikorn iz szojn nit wi a mol, er iz in ir bajged cu cajtn, in wos iz gewen mit jorn curik ducht zich ir wi es wolt erszt gewen nechtn.

"Ich zol cu im forn"? hot zi zich ibergefregt, der grojser merchek hot zi zejer geszrokn zi wert zajn a ganen tog in der gezelszaft fun fremde menszn, un do iz szojn 30 jorn wi zi hot nit farlozn di moszawa fun damols zajt men hot gefirt ir man mkaber cu zajn ojf midron hagiwa ojsern dorf.

"- Jo du muzt forn cu im froj Zonenberg, dajn zun iz elektrizirt geworn."

"No gut wel ich forn".

Zi hot zich opgewaszn, un zi hot ongeton a tunkl klajd, wos zi hot szojn nit gehat ojf zich fil jorn. Funem klajd hot zich getrogn a rajch fun naftalin, zi hot arajngelejgt geld in ir opgenuetn bajtl, ojch genumen ir sztekn un azoj hot zi zich opgeszlept cum ojtobus, wos hot zi gedarf firn cu ir zun. Do hot gewojnt der kremer.

Fortzecung kumt.

H. Mierzwa.   Felieton

NASZE ŻYCIE

Mam chore nerwy. Lekarz zalecił mi
spokój. Rano skoro świt wybekują mi
pod oknem rozkoszną serenadę barany.
Ponad ich miłe głosy, przebija niby
beczący organ, - głos mojego sąsiada z zaściany. - W naśladowaniu
dźwięków tych szlachetnych istot,
doszedł on do tak kolosalnej wpra-
wy, że często zaczynam się sam za-
stanawiać; "baran czy nie baran" z
trwogą zaglądam przez uchylone okno
czy już nie wylazł na czworakach i
nie żre namiętnie zaśmieconą trawę.

Ledwo to umilkło i przymknąłem lewe oko do dalszego snu, a już przez
uchylone drzwi widzę ondulowano-kudłaty łeb naszego pielęgniarza
i słyszę jego basowe "gut Morrgen".

Posłałem mu życzenie, które jakby się spełniło, więcejby mi tych
powitań nie wygłaszał. Nakryłem na ucho kołdrę ażeby przynajmniej
utulić się własnym ciepłem. Zacząłem już nawet śnić bajeczkę o
czerwonym sweterku, gdy przez otwarte z hałasem drzwi, z uśmiechem
na zaspanej twarzy weszła siostra. Zaczęła zbierać brudne filiżan-
ki. Stęknąłem jak człowiek, któremu dentysta wyrywa trzeciego z ko-
lei zdrowego kła i syknąłem jej przez zaciśnięte zęby: "Guuut Morgen Schwesssster". Wytrzeszcz - czyłem przytem tak bardzo oczy i wysta-
wiłem na nią mój rozczochrany łeb, że tyłem wyszła z pokoju.

Zostałem sam, sam i moi dwaj sąsiedzi. Jeden z nich chrapał namiętnie jakieś tango, a drugi udawał, że płynie "na wznak" i dusił się
rozkosznie własną śliną.

Rozmyślanie moje nad tym kto z nich pierwszy skończy, przeszkodził
znowu bas kudłatego pielęgniarza "zum Wiegen meine Herren", zum "Wiegen", a potem szpiczasty głos wysmukłej siostry przewiercił, aż do
szpiku kości: "alle Pneu, zur Durchleuchtung". Ledwo to ucichło i
dwaj moi sąsiedzi wydali jakieś nieartykularne dźwięki, weszła ga-
datliwa "Putzfrau" ze wszystkimi przyrządami do "manikur" podłogi.
Suwała szafki, przewracała stołki, wywijała szmatami na prawo i lewo. Posypały mi się na głowę okruchy chleba, farba z okna, liście
z kwiatków. Wyciągała paczki spod łóżek, buty skarpety, a nachyla-
jąc się przytem pokazywała swoje bilardowo nogi, aż prawie do
miejsca ich rozgałęzienia. Mamrotała jakieś niezrozumiałe wyrazy,
które jednak w moim pojęciu nic dobrego nie wróżyły.

Wyskoczyłem z łóżka i zacząłem się pospiesznie ubierać. Ponieważ
w między czasie skończyło się sprzątanie jeden mój but znalazłem pod
łóżkiem sąsiada, a drugi w pudle od śmieci. Piżamę zabrali do prania,
a ręcznik do wymiany. Pendzel do golenia pożyczył kolega i wyjechał
na urlop. Naciągnąłem mokre od podłogi skarpetki i poszedłem się
golić, trafiłem na ósmego w jedem lustrze. Tak byłem ósmy. Cały czas
widziałem osiem czubków włosów, osiem rąk, osiem nosów, ale mojej
gęby nigdy nie ujrzałem. Goliłem się na pamięć. Wróciłem poprznięty
jak z rzeźni miejskiej i miałem tego dość. Postanowiłem wyjść na
świeże powietrze.

Wyszedłem z głównych drzwi i skręciłem w lewo. Naraz cos migneło w powietrzu i dostałem w łeb jakąś puszką z sardynek. Tuż za puszką z górnego okna wychylił się kolega "Dy-Pi" i nim zacząłem mu wymyślać, krzyczał na mnie łamaną niemczyzną - co się tu pętam pod oknami i że wogóle mam szczeście bo oni chcieli całą beczkę z piwa wyrzucić, "to bym ja dopiero wyglądał" . Zamilkłem, Skłoniłem się grzecznie i rad, że jeszcze żyję poszedłem dalej.

Na zakręcie trzymałem się widocznie za blisko budynku bo oblano mnie resztkami jakiegoś zaftu spod śledzi. Poznałem to po figlarnym szkieleciku z łebkiem, który zawisł na moim pulowerze, jak na choince i nie chciał sam upaść na miekką ziemię.

Około B IV ktoś widocznie mierząc plwocine przez okno w przydrożne drzewko, trafił swoimi pięcioma krzyżami w moją szlachetną osobę.

Obok bloku B II szedłem już przezornie z daleka, ażeby znów nie otrzymać czegoś w spadku. Naogól było spokojnie. Dopiero wstawano.

W jednym tylko pokoju jakiś kaszlący blondyn krzyczał zachrypłym głosem:

"szesc marek zapłaciłem i za co", a na to mu drugi "keine gołe nogi, niks!"

"I ani se przygwizdać nie można" - ciągnął pierwszy. At mać ich...

To było wszystko. Nie słuchałem dalej bo bałem się, ażeby mi znów ktoś na głowę nie napluł.

Skręciłem w stronę A-Bau. Tu było ciszej. Naraz z okna w którym wiatr figlarnie zadzierał różowa nocną koszulke doleciał mnie przenikliwy pisk. Poznałem miły głosik Linki. Zaczęła śpiewać światu melodję przepełnioną uczuciami skrwawionego dziewczęcego serca i dziurawych płuc. "On nie powróci już...."

Widząc, ze i tu na swój sposob morduja przechodniów ucjekłem za t. zw. "Babski blok."

Smutno tu było, ale jakoś "ozdobnie". Opuszczone w nieładzie leżaki i powywieszane w oknach i na krzakach dyskretne części damskiej garderoby, zrobiły na mnie przygnębiające wrażenie. Poczułem się małym. Myślałem sobie, jakby to było piękne gdybyśmy mężczyzni zamiast "białych" używali jedwabne, rózowe, czerwone, zielone, lub w groszki i wywieszali je w oknach i na krzakach to to nasze sanatorium wyglądałoby nareszcie namiętnie przystojnie. Trudno. Pojąłem wyższość kobiet nad nami. Zrozumiałem artykuły "Kamy"..... Struty do reszty z rozstrojonymi nerwami poszedłem jej szukac. Szukac "Kamy". Może mi poradzi jak zostac kobietą? Może będę miał spokuj.

DIE SEITE DER FRAU

§§§

Die Männer sind doch beneidenswert!

Das glückliche Frauenleben, welches uns "Kama" beschrieben hat, gehört leider zu den uralten, vergessenen Zeiten unserer Grossmütter. "Die unglücklichen Männer" haben uns diese Zeit nicht lange gegönnt, und uns schleunigst ein Gleichberechtigungsgesetz gegeben. Angeblich sollten sich die Frauen durch blutiges Auftreten dieses Privileg selbst erworben haben, daran zweifle ich aber stark. (Die Männer sind Geschichtsschreiber und fälschen die Tatsachen je nach ihrem Vorteil).

Mit der Gleichberechtigung haben sie uns nach und nach mit neuen Aufgaben belästigt, unsere Pflichten als Mutter und Gattin schienen ihnen zu leicht. Um dann ganz ohne Skrupel mit uns umzugehen, haben sie uns zum "Kameraden" ernannt. Und so brauchen sie in der Strassenbahn einer "Kameradin" keinen Platz anzubieten, sie können den Kameraden nach Belieben stossen, auf die Füsse treten, auch noch ohne auf die Worte richtig zu achten, ausschimpfen, wenn "Er" nur etwas dagegen zu sagen wagt.

Der Nachfolgerin der schwer bestraften Eva wurde damit keine Bitternis des Lebens erspart. Sie leidet zu Hause unter schweren Sorgen des alltäglichen Lebens (ausser ihrer mütterlichen und haushaltlichen Pflicht trägt sie gehorsam die Hälfte des materiellen Versorgens). Im Beruf lässt sie ihr Chef ohne Rücksicht auf ihr Geschlecht seine Laune spüren, aber wenn man da einen Fehltritt macht, wird einem sofort weibliche Vergesslichkeit und begrenzter Intellekt vorgeworfen.

Es fällt direkt auf, dass immer mehr weibliche Arbeitskräfte gesucht werden. Wisst ihr, aus welchem Grunde? Weil eine Frau sich viel mehr gefallen lässt (sie weiss, die hungrigen Kinder warten zu Hause, wo bei einem Manne die beleidigte Ehre eine viel grössere Rolle spielt), sie bringt viel mehr Geduld entgegen und lässt sich dabei weniger bezahlen.

Für eine Frau gibt es keine Schonzeit, wenn sie ein Kind trägt, muss sie bis zuletzt arbeiten, die Ärzte finden das sogar "aus gesundheitlichen Gründen erwünscht". Sie wissen, die Herren Ärzte, wie katastrophal es wäre, wenn sich die Frauen für neun Monate der beruflichen Tätigkeit entzögen.

Die Natur hat einer Frau viel mehr Pflichten auferlegt als einem Manne. Und man sagt: Grössere Pflichten ziehen grössere Rechte nach sich. Wo sind unsere Rechte? Werden wir jemals das, was einem Manne erlaubt ist, tun dürfen? Also, das ganze Gleichberechtigungsgesetz ist ein Bluff, es kann als ein Versklavungsgesetz gelten.

Wenn ich ein wirklicher Mann wäre, hätte ich die Frau dem Familienleben zurückgewonnen, ihr die Lasten, die des Mannes Pflicht sind, abgenommen. Dann würde es viel mehr körperlich und moralisch gesunde Kinder geben und viel weniger nervenkranke, lebensmüde Frauen.

Antikama.

§§§§§§§§§§§§§§§§

Meine Stellung zum Artikel in der Seite der Frau.

Noch nie habe ich Anteil genommen bei einer öffentlichen Diskussion, aber der Artikel der "Kama", welche das ganze Leben "von weissem Kleide, einem Schleier und einem Hochzeitsmarsch" träumt, hat mich dazu veranlasst, ihr einiges über ein so interessantes Thema: "was möchtest Du lieber, ein Mann oder eine Frau, sein" - zu sagen.

Meine Argumente will ich mit Beispielen aus dem täglichen Leben begründen, um zu beweisen, dass die Frauen viel minderwertiger als die Männer sind.

Schon der obengenannte Artikel auf der Seite der Frau kann als Beweis dienen. Der Mann, mit welchem "Kama" soviel Mitleid hat, muss von frühester Jugend Mut und Initiative zeigen, während die kindische Frau von einem der sie auf "Händen tragen wird" träumt. Im Gegenteil, von einem Manne, der im Lebenskampf immer wieder Mut und Initiative zeigt, lässt sich eine Frau wie ein Kind durchs Leben führen. Sie ist auch nicht mehr wie ein Kind, "Aus dem Schutze der Eltern geht sie in den Schutz des Mannes", bringt ihm Kinder und betrachtet sich als eine Heldin, trotzdem kein Grund dazu besteht. Sie ist doch von Natur dazu geschaffen und so wie Tiere und Pflanzen erfüllt sie nur das Gesetz der Natur.

"Kama" wirft uns vor, dass wir Kriege führen. Ja, wir führen Kriege, aber wer steht immer hinter den Kulissen eines jeden Krieges? Wer macht die Intrigen, die zum Kriege führen? Die Frauen sind es, die der Spionage dienen, die Werkzeuge des Verrats sind, Frauen sind am leichtesten dazu geneigt, sich geistig und körperlich zu verkaufen.

Auch in der Liebe spielt die Frau keine positive Rolle. Ein Mann kann hundert Frauen besitzen, aber lieben nur eine. Eine Frau dagegen ist fähig, in derselben Zeit mindestens drei Männer zu lieben. Als Grund zur Liebe kann ihr dienen, dass ein Mann gut tanzt, oder gar nur, dass er einer anderen gefällt.

Sogar zu einer wahren Freundschaft untereinander sind Frauen nicht fähig. Sie beneiden sich gegenseitig um jedes Kleid, jeden Erfolg bei den Männern, wenn die eine blond ist, beneidet sie bei der anderen deren schwarzes Haar - u.s.w.-

Und doch sind sie dazu geschaffen, dem Manne zu helfen und sein schweres Leben zu verschönen. Wer weiss, wie weit wären wir heute, wenn sie uns von unseren Pflichten nicht ablenken und abhalten würden.

"Kama" beendigt ihren Artikel mit den Worten: Die hässlichen, die armen Männer. Ja, es ist wahr. Wir sind hässlich, arm - äusserlich, innerlich sind wir aber geistreich, während die Frauen, das schöne Geschlecht äusserlich, innerlich hässlich, geistarm und minderwertig sind. Das ist die Unwissenheit der Männer, welche "Kama" nicht verraten wollte.

Jodka.

§§§§§§§§§§§§§

Angenommen ihre Frau käme ihnen plötzlich abhanden und sie müssten mit einer Zeitungsanzeige jemanden suchen, der Ihre Arbeit tut, so müsste das Inserat etwa folgendermassen lauten:

F r a u g e s u c h t

als Hilfe im Haus. Arbeitszeit 16 Std. am Tag incl. Sonntags. Nachtruhe nicht garantiert, - muss kochen und nähen können, sich in allen anderen hauswirtschaftlichen Fächern gut auskennen, Ausbildung in Gesundheits- und Kinderpflege, Verständnis für Männer und für Gärtnerei. Gute Gesundheit und Arbeitswilligkeit Bedingung. Kein Anspruch auf Lohn, nur Ferien und auf - Kündigung.

(World Press News).

Bücherecke

Anfang August hat man aus Initiative des Patienten-Komitees Repräsentanten aller Nationen in unserem Sanatorium zusammengerufen, um die Neugründung der Bibliothek zu besprechen. Die Versammelten sind zu dem gemeinsamen Ergebnis gekommen, daß die Bibliothek für uns von erstklassiger Bedeutung ist und wir müssen uns alle stark bemühen, um eine solche baldigst zu eröffnen. Man hat beschlossen, sich an folgende Richtlinien zu halten:

1. Eine Sammelaktion bei Patienten und Personal durchzuführen

2. dito ausserhalb Gautings

3. sich an die Direktion um eine materielle Unterstützung zu wenden.

Gleich danach hat man die praktische Aktion begonnen, welche allgemeines Verständnis und Unterstützung gefunden hat. Man hat cirka 5oo Bücher in verschiedenen Sprachen gesammelt.

Auch das Personal, bei welchem die Aktion allerdings noch nicht beendet ist, gibt viele Beweise in Gestalt von Büchern und Geldspenden (wie zum Beispiel Herr Dr. Saame - welchem unsere Bibliothek lo wertvolle Bücher verdankt) des guten Willens.

Inzwischen haben viele unserer Patienten unter Leitung von Herrn Zajao, Krakowiak, und Frau Widakowicz, sich mit dem Binden, Numerieren und Katalogieren der Bücher, beschäftigt. Viel Arbeit und Mühe hat Herr Eckel dieser Aufgabe gewidmet.

Heute zählt unsere Bibliothek über 1.ooo Bücher. Es gibt Kataloge, die zur Orientierung dienen. Sie umfassen Bücher in folgenden Sprachen:

deutsch	65o
jüdisch	85
polnisch	2o6
russisch u. andere	11o
zusammen:	1.o51

Die Leitung der Bibliothek hat beschlossen, mehrere Kataloge auszustellen, damit sie auch durch bettlägerige Patienten eingesehen werden können.

Die Bibliothek vergrössert sich täglich und wir hoffen, sie auf 2.ooo Bücher zu bringen.

Hiermit danken wir allen, die uns dazu verholfen haben und uns weiter behilflich sein werden.

Mitarbeiter.

Weiter wurden folgende Bücher zur Buch-Sammel-Aktion gespendet von:

patienten		Personal	
Langowska	2	Dr. Sparse-	10
Burgman	2	Schaschlo	10
Lange	1	Körbel	8
Eisenstein	1	Matuszak	3
Herman D.	2	Czapek	37
Semeni W.	2	Titelbach	1
Dreiman R.	1	Priebe	3
Podgorski T.	1	Kmeć p.	1
Pras J.	2	Winkler L.	1
Studniberg M.	2	Machmayer	3
Nordon I.	1	Arnold H.	5
Laskier	3	Pfadenhaur	1
Zubrycki	8	Stanger K.	1
Handuratow	1	Viren	1
Borkowicz M.	1	Gatters	8
Polcor	2	Lupert P.	5
Jonensohn M.	4		5
Löw W.	1	Dr. Berlin	1
Nikowski	1	Brot J.	3
Hermann D.	2	Deutsch A.	3
Gläser	7	Kleinhammer	1
Kittel, J.	1	Moskowitz Jö.	1
Golomb J.	3	Moskowitz Je.	1
Konigsbach		Rechtman W.	1
Frejlich	2	Rosenfeld S.	1
Gelman J.	1	Rosenstein K.	1
Klein	2	Szkoba	1
Milau Lazowitz	2	Schulz Z.	2
Szynalski	3		
Feldberg	1		
Kolo Pacjentow Polaków (Krakowiak)	113		
"Bund Organ" (Zajac)	45		
Krawiec J.	1		
Lander	1		

Personal	
Abraham E.	20.--RM
Birnbaum B.	10.--"
Bloch H.	20.--"
Braunstein G.	25.--"
Brust R.	25.--"
Deutsch	25.--"
Gelber A.	20.--"
Grubner R.	10.--"
Henik K.	10.--"
Herszkowitz	10.--"
Kogan Z.	10.--"
Kaluska Z.	20.--"
Karpuch S.	25.--"
Karpuch J.	25.--"
Kac I.	30.--"
Korn I.	20.--"
Kesler H.	10.--"
Kornfeld S.	20.--"
Kohn M.	10.--"
Leibi H.	10.--"
Lewkowicz B.	10.--"
Lipson M.	20.--"
Meislik S.	20.--"
Neumann M.	20.--"
Osipowicz B.	10.--"
Pacanowski I.	25.--"
Rozengarten	10.--"
Rozenstein K.	10.--"
Rozenzweig S.	10.--"
Zonenschein E.	10.--"
Zonenschein F.	10.--"
Schwarz E.	10.--"
Steinhorn E.	25.--"
Steinhorn H.	25.--"
Weiss W.	20.--"
Zeiger M.	10.--"
Zeiger S.	10.--"
Jawnerowicz	10.--"
Walczak J.	50.--"

[handwritten: hier fehlt noch Deine Name]

HAST DU DEINE PFLICHT GEGENÜBER DER PATIENTEN-BIBLIOTHEK ERFÜLLT?

CZY SPELNILES SWOJ OBOWIAZEK WOBEC BIBLIOTEKI PACJENTOW?

HOT IR AJERE PFLICHT FAR DER PACJENTEN-BIBLIOTEK DERFILT?

AUSSTELLUNG DER PATIENTEN-
ARBEITEN.

Am 19.7. d.j., um 3 Uhr nachmittags, ist im Bastelraum des Gauting Sanatoriums die Ausstellung von Handarbeiten unserer patienten und Personalangestellten feierlich eröffnet worden. In Anwesenheit der Insassen unseres Sanatoriums, der Direktion und Vorstehern vom IRO Headquarters Pasing, polnischen Roten Kreuz, Major Blazejewski und Fr. Lt. Nacholinska, vom Board for Education beim Jüdischen Zentral Komitee in München, Herrn Nachum Goldman aus Palästina, Area Team Gauting, Miss Nye, Mr. Moller und vielen, vielen lieben Gästen, hat die Eröffnungsrede Frau Körbel gehalten. Diese Ausstellung zeigt den guten Willen seitens unserer patienten, etwas Nützliches und Schönes zu schaffen, wie auch die verständnisvolle Unterstützung seitens der hiesigen IRO-Direktion. Durch diese Ausstellung zeigt der TB-Kranke in Gauting Sanatorium, dass er ein Glied der Gesellschaft ist - dass er trotz seiner Krankheit arbeiten kann und will - und keine Last in der Zukunft für irgendjemanden zu sein beabsichtigt.

Miss Ostry - die bis vor kurzem die Stelle des Principal Welfare Officers inne hatte, wird beehrt, das Band feierlich zu zerschneiden und damit beginnen unsere Gäste, die Handarbeiten unserer Patienten zu betrachten. Schöne Bilder, Holzschnitte, Lederarbeiten, Kleider, Pullovers, Blusen, Servietten, sogar eine ganze Farm - und einen echten Webestuhl in Miniatur - können sie finden.

Zum Schluss wird eine Preiskommission gewählt, die folgende Preise verteilt hat:

Die Maler: Dyrdal, Kolizanski, Mierzwa
Radiotechnik: Kujawski
Holzarbeiten: Belfer, Kokotek
Musik-Kompositionen: Treger
Frauenhandarbeiten: Kudinowa, Widakowitz, potapenko, Maliniak, Hrynewitz.

Auch haben sich besondere Aufmerksamkeit die Herren Laskier und Wachter verdient durch die gelungene Kollektion von Bildern, die über das Leben der Patienten auf allen Gebieten dem Zuschauer erzählen. Beide Herren wurden mit Extra-Preisen ausgezeichnet.

Zum Schluss hat Herr Mierzwa, im Namen der patienten, den besten Dank der Direktion ausgedrückt, für die Ermöglichung entsprechender Arbeitsbedingungen, welche uns die Möglichkeit geben, über unsere traurige und schwere Lage zu vergessen.

/////////

S. Koerbel.

N E U E S T E S   A U S   G A U T I N G.

Wie unser Korrespondent aus Gauting berichtet .... ist Herr Lewy wegen unehrlicher Konkurrenz durch hiesige Schwarzhändler angeklagt worden.

Wie aus der Anklage hervorgeht, wird ihm vorgeworfen, dass er eine Menge Äpfel und Butter auf den Markt geworfen hat, wodurch die furchtbare Erniedrigung der Preise erzwungen worden ist.

-.-.-.-.-.-

Der Besuch der türkischen Offiziere bei Dir. Dr. Weiss hat zu einem positiven Ergebnis geführt.

Das Sanatorium-Personal wurde mit einer Menge türkischen Zigaretten erfreut.

M I G A W K I

"Co? po spodnie! pan nie widzi
Ogłoszenia? Co pan szydzi
Z przepisów dyrekcji całej?!
Przyjdzie pan po chwilce małej,
Momentalnie nie mam czasu,
Proszę nie czynić hałasu."

                "-przepraszam, ja już wybrałem -"
                Szepnąłem głosem nieśmiałym.
                "-Mam dwa palta do przeróbki,
                Wybrane z łachmanów kupki-"

"-Do przeróbki, to nie z tego,
Nie mamy krawca wolnego"

                "Przyjdę później?
                        "-To zbyteczne
                Takie tu łażenie wieczne.
                Dam znać panu, sam zadzwonię"

Śnieg wówczas pokrywał błonie.
Dużo upłynęło wody
Kwieciem zakwitły ogrody.
Przeszła wiosna. skwarne lato
Zlało nas potem bogato.
Przyszła jesień. Idzie zima

A telefonu wciąż   n i m a .

                            H. Mierzwa.

                &&&&&&&&&&&&&&

ELEMENTARE PSYCHOLOGIE. (Anekdote).

Der Präsident einer Firma brauchte eine neue Se-
kretärin und liess sich durch einen Psychologen da-
bei beraten.
Drei junge Damen stellten sich vor.
"Wieviel sind 2 und 2?" fragte der Psychologe die
erste.
"Vier" war die prompte Antwort.
Zu der gleichen Frage antwortete die zweite:
"Es kann 22 sein."
Das dritte Mädchen sagte: "Es kann 4 sein, aber
auch 22".
Als die jungen Mädchen den Raum verlassen hatten,
wandte sich der Psychologe triumphierend zu dem
Präsidenten.
"Sehen Sie, sagte er, "so arbeitet die Psychologie.
Das erste Mädchen sagte das Naheliegende. Das zwei-
te witterte eine Falle und das dritte sicherte sich
nach beiden Seiten. Nun, welches Mädchen möchten
Sie haben?"
Der Präsident sagte ohne zu zaudern: "Ich will die
Blonde mit den blauen Augen."

                            (The Reader's Digest).

Mojsze Kapojer zogt .....

.... Culib dem falen fun der **s i e g f r i e d** linie, mi
di o s t r i paragrafen un di k e r b e l walute iz gewo
aktuel in Pojln.

Hot di l e w y politik, welche iz gefärbt geworn du
a m a ü l e r gewolt gebn a **k l a p** mit a **k l e i n -
h a m m e r** unter dem szuc fun a **d e u t s c h**, ajncu
haltn ale krigs-forrejte far zich... und nit cuculozn dem
sojne cu der szisel.....

Dermit hobn zej gewolt durch a **s t e i n h o r n p f a**
fen ojf der gancer welt.

Der sojne iz gewen gecwungen arojscuhengen a fon, wel
ches kolir iz **w e i s s** .

Un dermit iz geworn szolem in land .....

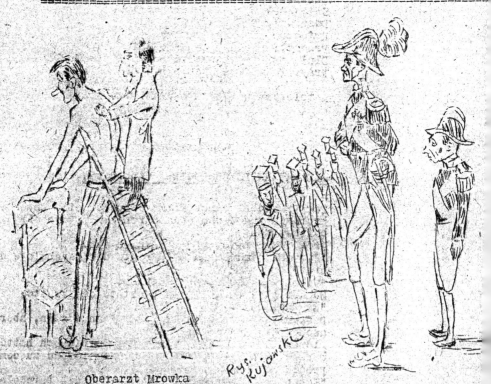

Oberarzt Mrowka
untersucht einen Patienten.   Unsere Polizei in kurzem.

Unser Leben

PATIENTENZEITUNG DES SANATORIUM GAUTING

Nr. 6 -------------------------------------- Gauting, den 24. Okt. 1947.

G E S T E R N , H E U T E U N D M O R G E N ....

> Der heutige Tag ist
> keine Fortsetzung von Gestern-
> sondern ein Beharren
> in dem Vergangenen.
> Und die Vergangenheit war
> ein heisserfüllter Traum
> an Morgen.
>   (Reiner).

Wir leben in Deutschland, getrennt von heimatlichen Boden und deshalb noch mehr als andere getrennt von unserem Gestern. Es ist uns sogar keine visuale Verbindung mit unserer regionalen Landschaft geblieben, mit welcher uns die zärtlichsten Erinnerungen unserer Vergangenheit verbinden.

Nichts ist uns geblieben, wo wir festen Fuss fassen und von neuem anfangen könnten.

Der chaotische Realismus der Gegenwart bleibt in keinem Verhältnis zu der Welt von Gestern, die wir eigen nennen. Nicht nur deshalb, weil wir den nachkatastrophalen Zeitraum erleben - sondern, weil in dieser Katastrophe unsere Empfindsamkeit und unser Zartgefühl verhärtet wurde, also diese Eigenschaften der menschlichen Natur, welche am ehesten geeignet sind für das, was wir vor dem Krieg als Begriff des Humanismus verstanden.

Europa - einst, der fruchtbarste Boden für freien Geist und freie Gedanken, lähmte und tötete das Beste, was es besass und liegt heute kraftlos da - wie eine Leiche der früheren Pracht.

Die Menschen von Gestern sind von uns fortgegangen. Manchmal gingen sie freiwillig, wie Janusz Korczak und Stefan Zweig getreu ihren Idealen bis zum Ende. Die anderen hat der Kriegssturm weggefegt. Es sind nach ihnen intellektuelle Trümmer und eine geistige Leere übriggeblieben.

Europa von Gestern besass grosse und wahrhaftige Führer der Menschheit. Die Menschheit dieses Kontinents hat seine besten Söhne verraten, ist in die Dienste der feindlichen Mächte über-

gegangen, dieser Mächte, welche in die wesentlichsten Interessen
eingegriffen haben. Heute möchte sie vielleicht ihren Fehler
wieder gut machen, sie steht aber ratlos und kraftlos dem Haufen
der Probleme gegenüber, verwaist und verlassen von ihren früheren
guten Ratgebern, läßt sich heute noch beeinflussen und irre-
führen durch diese, welche "trotz der Niederlage den Kampfplatz
nicht verlassen wollen", immer noch giftig den Ferment der Zersetzung in die ermüdete Menschheit bringend.

Es ist uns nicht neu, dass das Leben in fast allen Ländern Europas radikalen Veränderungen unterlag. Das es weiterhin
Veränderungen unterliegt und der Morgen dieses Kontinents eine
grosse Ungewissheit ist.

Ich meine, wir leben in einen Chaos der Begriffe, und wir
bilden ein biblisches Babel, wo der Gott den Menschen die Sprache vertauschte, um die Verständigungsmöglichkeit zu verhindern.

Es ist eine bekannte Sache, ohne eine gemeinsame Sprache,
ohne eine Sprache, die allen verständlich wäre, wird kein Bau-
werk zu Ende geführt, der Aufbau des Weltfrieden keinesfalls.

Und wir wollen diese gemeinsame Sprache finden.

Politik ist eben das Babel und politik wird nie einen
Weltfrieden aufbauen. Sie ist das Chaos und die Zersetzung. Über
den grünen Tisch der Diplomaten, über ihren Intrigen und Kon-
flikten wollen wir eine Brücke bauen zum gemeinsamen Aufbau des
Morgens. Und wir hoffen, wir werden es schaffen, um kein Spielzeug in den Händen der Mächtigen zu sein. Wir werden stärker
als sie, viel stärker, denn wir sind die Gerechtigkeit, die Men-
schenliebe, die Vernunft!

Wir sind Kinder des Morgens und unsere Parole ist das
Wort Kant's: EIN MENSCH MUSS EIN ZIEL WERDEN, KEIN MITTEL.

                                          B o s s .

Im Rahmen der heutigen Zeitung müssen wir eine für das
Sanatorium traurige Mitteilung machen:

Unser Dir. Dr. Weiss hat uns vor wenigen Tagen verlassen.
Was wir an Dr. Weiss hatten, weiss jeder von uns genau, einen
Freund. Einen wahrhaftig guten und klugen Freund, das konnte man
aus jeder seiner Handlungen herausfühlen. Wenn wir ihn heute
scheiden sehen, dann darf er überzeugt sein, wir wussten, was
wir an ihm besassen und wir verabschieden uns von ihm mit dem
grössten Bedauern.

Er hat von uns gesagt: Diesen Menschen soll nur eine Möglichkeit gegeben werden ... wir können in seinem Fall die gleichen Worte anwenden:

Diesem Mann soll eine Möglichkeit gegeben werden, für
Menschen zu arbeiten und er wird zeigen, was für ein Mensch er
ist.

GLÜCK UND ERFOLG SOLLEN IHN NIE VERLASSEN !

Das ist der Segenswunsch der Kranken.

                                             Redaktion.

Der Arzt hat das Wort

Dr. Tuczek.

DIE KONSERVATIVE BEHANDLUNG DER TUBERKULOSE.

Mein Lehrer, Prof. J a k s c h - Wartenhorst, pflegte
seine Vorlesung über die Tuberkulose mit dem Satze zu eröffnen:
"Die Tuberkulose ist eine Volkskrankheit, welche den Menschen
von der Wiege bis zum Grabe begleitet." In diesem Satze ist auch
das schicksalbeeinflussende Krankheitsgeschehen des Einzelnen
wie auch die soziale Bedeutung dieser Volksseuche klar umrissen.
Eines zeichnet diese Krankheit aus: Ich möchte sagen,
die relative Gutartigkeit. Wie Schuluntersuchungen, Reihenunter-
suchungen breitester Volksschichten mittels des Röntgenschirm-
bildgerätes zeigen, haben die meisten Menschen, besonders dort,
wo sie gedrängt leben, einmal in ihrem Leben, meist in frühester
Kindheit, Bekanntschaft mit dem Tuberkelbazillus gemacht, ohne
je augenfällige Krankheitserscheinungen gezeigt zu haben. Ja, in
den meisten Fällen wissen sie nie etwas davon. Doch liegt gerade
in diesem Umstand die ganze Heimtücke dieser Krankheit, dass An-
fangserscheinungen, oft schon mit den schwersten Zerstörungen
des Lungengewebes, übersehen, nicht erkannt werden oder unter
Erscheinungen verlaufen, die als banal angesehen oder auf andere
Organe bezogen werden. Früherfassung gerade solcher beginnender
Erkrankungsformen ist Aufgabe des Arztes sowie der staatlichen
Fürsorgestellen, um die Erkrankten sobald wie möglich der zweck-
mässigsten Behandlung zuzuführen. Aufklärung der breitesten
Volksschichten durch Wort und Schrift ist notwendig, solange re-
gelmässi-ge Untersuchungen nicht zur Pflicht gemacht sind. Andererseits sind aber unheilbar Kranke, die als Bazillenausscheider
oft unbewusst oder unbelehrbar die grösste Gefahr für ihre Um-
welt darstellen, in geeigneten Heimen oder Heilstätten unterzubringen. Hoffen wir, dass baldigst durch gesetzliche Massnahmen
eine regelmässige Untersuchung eines jeden einzelnen zur Pflicht
wird, genau so, wie in den meisten Kulturstaaten die Blattern-
impfung heute Zwang ist.
Ich will mich nicht über allzu spezielle Fragen auslas-
sen, doch soviel sei über das Problem der Behandlung der Tuberkulose - ich meine hier vor allem die Lungentuberkulose - gesagt,
dass bei dem einzuschlagenden Weg nicht nur das momentane Zu-
standsbild der örtlichen krankhaften Veränderung massgebend ist,
sondern vor allem der allgemeine Verlauf der Krankheit. Sind
doch neben der pathologisch-anatomischen, das ist örtlichen Veränderung, vor allem immun-biologische, den Verlauf der Krankheit
wechselnd im positiven und negativen Sinne beeinflussende Faktoren (Abwehrlage) und konstitutionelle Momente oft von grösserer
und ausschlaggebender Wichtigkeit. Hier setzt nun die konservative Behandlung ein, wenn also aktive Massnahmen (Pnth. Operation), deren Domäne die Caverne ist, aus den vorher angeführten
Gründen nicht oder noch nicht möglich bezw. nicht notwendig sind.
Über die symptomatische Behandlung, das ist die Behandlung der
allgemeinen Krankheitserscheinungen, wie Fieber, Husten Blutung,
Appetitlosigkeit, usw., ist nichts Besonderes zu sagen, da sie
sich von den üblichen Behandlungsmethoden der Krankheitserscheinungen anderer Infektionskrankheiten nicht wesentlich unterscheidet.

"Konservativ" kommt vom lateinischen "conservare" und bedeutet erhalten, beobachten, am Leben erhalten, also hier im übertragenen Sinne: den Organismus in seinem Abwehrkampfe gegenüber der Erkrankung zu unterstützen und zu helfen oder, wie der Arzt sagt, die günstigsten immun-biologischen Verhältnisse zu schaffen, die Abwehrlage des Organismus im positiven Sinne zu heben. Genauso, wie wir nur auf indirekte Art (Fieber, Gewichtskurve, Senkungsgeschwindigkeit der roten Blutkörperchen, usw.) auf das Ab und Wieder des Abwehrkampfes, der sich im Organismus abspielt, schliessen können, so besitzen wir auch keine direkte Methode, um diesen zu beeinflussen. Ja, im Gegenteil, wir lehnen heute Massnahmen, die eine allzu starke Reizwirkung auf den Organismus und damit auch auf den örtlichen Krankheitsherd ausüben, wegen ihrer Gefährlichkeit ab und beschränken uns vor allem auf allgemeine Massnahmen. Hierher gehört zuerst einmal die völlige Bettruhe. Ein Patient mit Temperatur über 37,5 Grad mit selbst dem kleinsten Exsudat, selbstverständlich mit festgestellten Streuungen, gehört ins Bett.

Für die übrigen Patienten sind, soweit der Arzt nicht anders erlaubt, die Liegekuren vorgeschrieben, beides Massnahmen, die nicht nur einen disziplinierten sondern auch krankheitseinsichtigen Patienten voraussetzen. Die Kost verlangt keine spezielle Diätform, auch eine Mast ist wegen der gleichzeitigen Belastung des Kreislaufes und Verschlechterung der Konstitution nicht erwünscht. Was die klimatische Behandlung anbelangt, so wird man staubfreie, waldreiche Gegenden mit mildem Klima vorziehen, doch sei bemerkt, dass Klimawechsel, besonders Verlegung ins Hochgebirge, durch unerwünschte Reizwirkung oft eine Verschlechterung zur Folge hat, während chronische Krankheitszustände manchmal eine gute Reaktion zeigen. Beratung durch den Arzt ist auch hier ausschlaggebender als der Geldbeutel. Im Sinne einer Reizbehandlung lehnen wir auch die Tuberkulinbehandlung ab. Als Robert Koch das Tuberkulin der Ärztewelt zur Verfügung stellte, glaubte man, das Allheilmittel der Tuberkulose gefunden zu haben, doch wurde die enthusiastische Stimmung im Laufe der Zeit wieder still, und das Tuberkulin ist aus dem Medikamentenschatz als Behandlungsmittel verschwunden und wird nur zu diagnostischen Zwecken verwandt. Hier leistet es freilich oft Ausgezeichnetes. Überhaupt sei gesagt, dass wir bis heute kein Medikament besitzen, um den Tuberkelbazillus oder die krankhaften Veränderungen, die er im Gewebe verursacht, zu beeinflussen. Auch die Hoffnungen, die man auf die neuesten Mittel, wie z. B. das Streptomycin, setzte, haben enttäuscht.

Die Calcium-Behandlung, die bei dem leider bestehenden Mangel eines auf die Tuberkulose direkt wirkenden Heilmittels besonders in der allgemeinen Praxis angewandt und von unseren Patienten immer wieder verlangt wird, entbehrt ebenfalls jedweder wissenschaftlichen Grundlage. Das Calcium selbst wirkt wohl entzündungshemmend auf die Art, dass es die Gefäßwand abdichtet, doch ist es auf die Verkalkung, also die Ausheilung des tuberkulösen Entzündungsherdes, absolut ohne jedwede Wirkung. Steht doch dem Organismus im knöchernen Skelett ein unerschöpfbares Kalkdepot zur Verfügung, auf das er jederzeit zurückgreifen kann, falls er Kalksalze benötigt. Das Calcium hat seine wohlfundierte Berechtigung bei gewissen Krankheiten, doch nicht bei der Tuberkulose.

Die Forschung ruht nicht, so dass wir hoffen können, einmal ein Heilmittel zu haben, das als "therapie sterilisans magna" im Sinne Paul Ehrlichs (das ist allumfassende, dem Bazillus als solchen vernichtende Heilmethode) die Tuberkulose heilen wird. Aber auch dann wird die konservative Behandlung ihre Berechtigung weiter besitzen.

Henryk Micrawa.

"MATULA"

Hen w Polsce wioska ma lezy
Tam rzedem kucnely chaty.
Tam sady, tam dzwony z wiezy
Graja, jak dawniej przed laty.
Tam Matus moja, gdy zorze,
Dzien nowy rzucaja swiatu,
Za wies, gdzie krzyz przy drodze,
Gdzie pola pelne blawatu
Wychodzi codzien, co rano,
Reka przysloni oczy dwoje.
Natchy twarz poorana
Przez troski, trudy i znoje
I patrzy i sledzi w dali,
Czy z pol, gdzie pachnie kwiecie,
Ta droga, co jencow gnali,
Nie wroca jej lube dziecie.
Za wioska co dzien i co rano
Wsrod burzy i zawieruchy,
Czeka matula kochana,
Ktoz jej tam doda otuchy?

&&&&&&&

GAUTING - ECHO DER GESCHICHTE.

Der Kriegswind hat uns wie Staubkörnchen aus
unserer Heimat vertrieben, in der Welt herumgejagt, um uns endlich nach Gauting zu bringen. Hätte man uns jemals nach dem Orte dieses Namens gefragt, hätten wir sicher nicht gewusst, in
welcher Weltrichtung er sich befindet.

Nun sind wir aber da, wir Gautinger D.P.'s,
verschiedenartige Menschen, durch Zufall und doch, wie verab-
redet, um dieselbe Zeit hier eingetroffen.

Was wissen wir von dem Ort, in welchem wir
glücklicherweise eine kurze Zeit unseres Lebens verbringen?

Wenn wir nach Jahren uns an dieses Dorf er-
innern, werden wir kaum den unbedeutenden Namen Gauting behalten.

Und doch möchte ich ihnen beweisen, dass es
wert ist, Gauting näher kennenzulernen, dass die Asphaltstras-
se mit weissen Häusern auf ihren Seiten, die vom Bahnhof bis
zum Sanatorium führt, noch kein Gauting ist. Auch Gärtnerei
Arnold und die Waldpromenade bilden nicht das wahre Gauting.

Gauting an der Würm, in alten historischen
Dokumenten als Gouttinga bekannt, ist durch seine Lage an der
römischen Heerstrasse von Salzburg nach Augsburg der bedeutendste Ort des Würmtales. Der Rest dieser Strasse hat sich
bis heute erhalten. (Römerstrasse). Rom war es auch, das die
Fackel der geschichtlichen Nachricht in diese Gegend trug. Im
Jahre 15 v. Chr. eroberte Augustus, Stiefsohn Tiberius, das
Land. Bodendenkmäler und Funde erzählen von dieser Zeit. Ende
des fünften Jahrhunderts war das Land kurze Zeit ostgotisch
unter Theoderich, um von da an endgültig an das Volk der Baju-
waren, seine heutigen Besitzer, überzugehen.

Gauting mit Spuren der Geschichte, das ist
das Dorf mit der Frauenkirche, Pfarrkirche, dem Postwirtshaus
und der Würmbrücke mit dem schäumenden Mühlwerk. Da ist das

alte Schloss Fussberg (heutige Papierfabrik) als Typus eines
der alten Würmgrundschlösschen. Wer Augen offen hält, findet
manches alte Bauernhaus, welches den Geist der Vergangenheit
atmet. Wenn man aber den ganzen Reiz und die Romantik dieser
Gegend geniessen will, wandert man am linken Ufer der Würm
nach Reismühle und von da aus nach Mühltal.

Die Reismühle bei Gauting ist ein sagenumwobener
Ort. Wie die Legende erzählt, wurde hier Karl der Grosse geboren. Sein Vater, Pipin, König von Franken, schickte einen
seiner Höflinge, um in seinem Namen um Berthalda, des spanischen Königs schöne Tochter, zu werben. Der Gesandte aber un-
terschob mit Einverständnis seiner Frau, seine eigene Tochter
und befahl den Jägern, die Prinzessin zu töten. Diese aber
schenkten ihr aus Mitleid das Leben und sie traf nach langem
Irren in den dichten Wäldern, in dem Hause des Reismüllers,
ein. Der Müller hat sie aufgenommen, trotzdem er ihre Sprache
nicht verstanden hat, und sie verbrachte in seinem Hause sieben Jahre. In dieser Zeit jagte der König in dieser Gegend
und trat in die Mühle ein. Die Prinzessin erkannte ihren Bräu-
tigam und warf ihm ihren Ring, ein Geschenk von ihm, in den
Wein hinein. So erfuhr der König die vor sieben Jahre voll-
brachte Intrige, verstiess die falsche Gemahlin und heiratete
die richtige. Kurz danach musste er gegen die Sachsen ziehen,
währenddessen blieb Berthalda in der Mühle, wo sie dem König
einen Sohn - Karl - schenkte. So nach dem Volksmund. Ob das
wahr ist, kann niemand sagen. Kaiser Karls Anwesenheit im Tal
ist aber urkundlich bezeugt, da er im Jahre 778 in der "villa
Goddinga", dem Kloster St. Denis, Privilegien erteilte. Und
wenn wir an der Reismühle vorbeigehen, müssen wir unwillkürlich daran denken. Wir fragen die Einwohner nach dem Alter
dieses Hauses, und sie sagen: "elfhundert Jahre", als wenn das
die normalste Sache unter der Sonne wäre. Das Haus ist schon
allerdings sehr viele Male umgebaut worden, aber die Fundamen-
te und die Mühle sind dieselben, wie vor Jahren, und das Wasser murmelt wie vor Jahren und erzählt für diese, die es hören wollen, die Geschichte einer spanischen Prinzessin...

Der Weg führt weiter nach Mühltal. Es ist derselbe uralte Weg von damals, und das weisse Band der Starnberger
Strasse, das man von weitem sieht, ist die einstige Wildnis,
wo Bertalda irrte.

Man geht an einem Kirchlein Königswiesen vorbei,
dem einzigen, was von einer Burg dieses Namens geblieben ist.
Es wurde 1524 zum ersten Mal erwähnt. Auch Mühltal und dann
die beiden Grenzorte des Würmtales Pasing und Starnberg haben
ein sehr hohes Alter.

Gauting hat oft seine Besitzer gewechselt, vielen
Kriegen zum Opfer. Römische, schwedische und spanische Soldaten
hausten darin, und die Ahnen der heutigen Bevölkerung waren
oft "unbekannte Soldaten" gewesen.

Die heutige Städter-Siedlung entstand erst nach
der Eröffnung der Eisenbahn nach Starnberg im Jahre 1856.

Und unser Sanatorium? Es wurde im Jahre 1937/38
als eine Kaserne für die Luftwaffe gebaut, aber die C und B-

Gebäude entstanden erst im Jahre 1940/41 . 1942 wurde die Militär-Kaserne in ein TBC-Lazarett für die Luftwaffe umgebaut.

Nach dem Kriege erschienen wir, sogenannte D.P.'s in Gauting. Wir werden ein trauriges Dokument hinterlassen; den Friedhof, wo viele von uns ruhen, nachdem sie den Frieden mit dem Tod begrüsst haben. Und diese Gräber, werden den Gautingern die Geschichte der unzähligen, unschuldigen Opfer des grössten Verbrechens erzählen.

                                                K a m a .

                        &&&&&&&&&&&

Julian Tuwim

MATCE W POLSCE LUB NAJUKOCHAŃSZEMU JEJ CIENIOWI.

M Y   Z Y D Z I   P O L S C Y .

Artykul poniższy, piora jednego z najznakomitszych poetow wspolczesnych, zostal napisany w Ameryce w roku 1945, Stanowi on credo poety, a temat jego jest napewno bliski wielu naszym czytelnikom. Poniewaz tresc jego jest w Niemczech malo znana, sadzimy, ze wypelnimy pewna luke, umieszczajac artykulo na lamach naszego pisma.

                                                (Red.)

I odrazu slysze pytanie: skad to my? Pytanie w pewnym stopniu uzasadnione. Zadaja mi je Zydzi, ktorym zawsze tlumaczylem, ze jestem Polakiem, a teraz zadaja mi je Polacy, dla ktorych w znakomitej wiekszosci jestem i bede Zydem.

Oto odpowiedz dla jednych i drugich.

Jestem Polakiem bo mi sie tak podoba. To moja scisle osobista sprawa, z ktorej nikomu nie mam zamiaru zdawac relacji, ani wyjasniac jej, tlumaczyc, uzasadniac. Nie dziele Polakow na rodowitych i nierodowitych, pozostawiajac to rodowitym i nierodowitym rasistom rodzinnym i nierodzinnym hitlerowcom. Dziele Polakow jak Zydow i jak inne narody, na madrych i glupich, uczciwych i zlodziej, inteligentnych i tepych, interesujacych i nudnych, krzywdzacych i krzywdzonych, gentlemanow i niegentlemanow i.t.d. Dziele tez Polakow na faszystow i contra-faszystow. Te dwa obozy nie sa oczywiscie jednolite. Kazdy z nich mieni sie odcieniami barwo rozmaitym zgeszczeniu. Ale linja podzialu napewno istnieje, a wkrotce da sie calkiem wyraznie przeprowadzic. Odzienie zostana odcieniami, lecz barwa samej linji zjaskrawieje i poglebi sie w zdecydowany sposob. Moglbym powie - dziec, ze w plaszczyznie politycznej dziele Polakow na antysemitow i antyfaszystow. Bo faszyzm - to zawsze antysemityzm. Antysemityzm jest miedzynarodowym jezykiem faszystow. Gdyby jednak przyszlo do uzasadnienia swej narodowosci, a raczej narodowego poczucia, to jestem Polakiem dla najprostrzych niemal prymitywnych powodow, przewaznie racjonalnych, czesciowo i nieracjonalnych, ale bez mistycznej przyprawy. Byc Polakiem, to ani zaszczyt, ani chluba, ani przywilej. To samo jest z oddychaniem. Nie spotkalem czlowieka, ktory jest dumny z tego, ze oddycha. Polak, - bo sie w Polsce urodzilem, wzroslem, wychowalem, nauczylem, bo w Polsce bylem szczesliwy i nieszczesliwy, bo z wygnania chce koniecznie wrocic do Polski, choćby mnie gdzie - indziej rajskie rozkosze zapewniano. Polak, bo dla czulego przesadu, ktorego

żadna racja ani logika nie potrafi wytłumaczyć, pragnę aby mnie
po śmierci wchłonęła i wessała ziemia polska, nie żadna inna.
Polak, bo mi tak w domu rodzicielskim po polsku powiedziano, bo
mnie tam polska mowa od niemowlęctwa karmiono, bo mnie matka
nauczyła polskich wierszy i piosenek, bo gdy przyszedł pierwszy
wstrząs poezji, to wyładował się polskimi słowami, bo co w życiu
stało się najważniejsze, twórczość poetycka nie jest do pomyśle-
nia w żadnym innym języku choćbym nim najbieglej mówił. Polak -
bo po polsku spowiadałem się z niepokojów pierwszej miłości i
po polsku bełkotałem o jej szczęściu i burzach. Polak dlatego
także, że brzoza i wierzba są mi bliższe niż palma i cyprys, a
Mickiewicz i Chopin drożsi, niż Shakespeare i Beethoven, drożsi
dla powodów, których żadna racja nie potrafi uzasadnić. Polak,
bo przejąłem od Polaków pewną ilość ich wad narodowych. Polak,
bo moja nienawiść dla faszystów polskich jest większa, niż
faszystów innych narodowości. I uważam to za bardzo poważną ce-
chę mojej polskości. Ale przedewszystkim Polak dlatego że mi się
tak podoba.

Na to słyszę głosy, dobrze, ale jeżeli Polak, to
dlaczego w takim razie: My Żydzi?

Służę odpowiedzią: Z powodu krwi. Więc rasizm? Nie,
wcale nie rasizm. Wprost przeciwnie. Dwojaka jest krew: ta w
żyłach i ta ze żył. Pierwsza jest sokiem cielesnym. Więc badanie
jej należy do fizjologów. Kto tej krwi przypisuje jakieś inne,
poza organicznymi, specjalne właściwości i tajemnicze moce, ten
jak to widzimy w konsekwencji, obraca miasta w zgliszcza, wyrzy-
na miliony ludzi i wreszcie jak to zobaczymy, sprowadza rzeź na
własny swój szczep. Druga krew, to ta właśnie, która ów herszt
międzynarodowego faszyzmu, wytacza z ludzkości, by zadokumento-
wać trupią własnej juchy nad moją juchą, krew niewinnie pomordowanych milionów ludzi, krew nieukryta w arteriach, lecz krew
ujawniona. Takiej powodzi męczeńskiej krwi nie było jeszcze jak
świat światem, a krew Żydów (nie krew żydowska) najszerszymi i
najgłębszymi płynie strumieniami. Zcieśniałe jej potoki zlewają
się już w burzliwą, pienistą rzekę. I w tym oto nowym Jordanie
przyjmuje chrzest nad chrzestami: krwawe, gorące, męczennicze
braterstwo z Żydami. Przyjmijcie mnie bracia do tej zaszczytnej
wspólnoty niewinnie przelanej krwi! Do tej gminy, do tego
kościoła chcę od dziś należeć. Ta ranga, ranga Żyda Doloris Cau-
sa niechaj będzie udzielona polskiemu poecie, przez naród,
który go wydał. Nie żadne zasługi, bo ich przed wami nie mam.
Będę to uważał za awans, najwyższą nagrodę za tych parę wierszy
polskich, które mnie przeżyją, pamięć o których związana będzie
z moim imieniem Żyda polskiego. Na opaskach jakie nosiliście w
gecie, wymalowana była gwiazda Dawida. Wierzę w taką przyszłą
Polskę w której ta gwiazda, ta z opasek stanie się jednym z
najwyższych odznaczeń udzielanych najwaleczniejszym żołnierzom
i oficerom Polski. Będą oni z dumą nosili na piersiach, obok
Virtuti Militari. Będzie i krzyż geta, nazwa głęboko symboliczna.
Będzie order żółtej łaty, zaszczytniejszy niż niejedno dotych-
czasowe świeciło, i będzie w Warszawie i w każdym innym mieście
polskim, pozostawiony, utrwalony i konserwowany jakiś fragment
geta w niezmienionej postaci, tak jak go zastaniemy w całej
zgrozie zgliszcz i zniszczenia. Otoczony ten zabytek hańby naszych wrogów a chwały naszych umęczonych bohaterów łańcuchami ze
zdobytych hitlerowskich armat i świeże kwiaty będziemy codzień
wplatać między żelazne ogniwa, aby po wieczne czasy, świeża i
żywa pozostała pamięć przyszłych pokoleń o zmasakrowanym narodzie
zie i na znak, że zawsze żywy i świeży jest nasz ból po nich.
Kościołowi narodowych pamiątek przybędzie jeszcze jedna. Będziemy tam prowadzić dzieci i opowiadać o najpotworniejszym w dziejach świata męczeństwie ludzi. W centrum tego pomnika, którego

tragizm uwydatnia otaczające go nowoczesne, do Bóg szklane domy
odbudowanego miasta, płonąc będzie nigdy nie gasnący ogień.
Przechodnie będą przed nim zdejmować kapelusz. A kto chrześci-
janin - przeżegna się krzyżem. Więc z dumą, żałobną dumą, będziemy znosić tę rangę, wszystkie inne zaćmiewającą, - rangę Żyda
polskiego - my cudem i przypadkiem pozostali przy życiu. Z dumą?
Powiedzmy raczej: ze skruchą i żrącym wstydem. Bo przypadła nam
ona za waszą mękę ... Za waszą chwałę, Odkupiciela... więc może
nie "My Żydzi polscy", ale my, widma, my cienie pomordowanych
braci naszych, Żydów polskich. - My Żydzi polscy... - My wiecz-
nie żywi - t.zn. ci którzy zginęli w getach i obozach i my widma.
- t. zn. ci, którzy z za mórz i oceanów wrócimy do kraju i będziemy straszyć wśród ruin swymi w całości zachowanymi cielskami
i upiornością niby to zachowanych dusz. - My prawda grobów i my
złuda istnienia, my miliony trupów i kilkanaście tysięcy niby nie
trupów. - My nieskończenie wielka bratnia mogiła, my kikut, ja-
kiego dzieje nie widziały i nie zobaczą. My poduszeni w komorach
gazowych i przetopieni na mydło, którym nie zmyje się ani śladów
naszej krwi ani piętna grze-chów świata wobec nas. My, których
mózgi tryskały na ściany naszych nędzarskich mieszkanek i na mury,
pod którymi nas masowo rozstrzeliwano. - Tylko zato, że jesteśmy
Żydami. My golgota na której mogłby stanąć nieprzebyty las krzy-
żów, my, którzyśmy dwa tysiące lat temu dali ludzkości jednego,
niewinnie przez imperium rzymskie zamordowanego syna człowieczego,
i wystarczyło tej jednej śmierci, aby się stał Bogiem. Jaka religia wzrośnie z milionów śmierci, tortur, poniżeń i ukrzywdzonych
w ostatniej rozpaczy ramion? - My Szlojmy, Strule, Moszki, Parchy,
Bejlisy, gudłaje - my, których imiona i przezwiska prześcigną w
dostojności brzmienia wszelkich Achilesów, Chrobrych i Ryszardów
o Lwich Sercach. - My znowu w katakumbach "w bunkrach" pod bru-
kiem Warszawy, człapiący w smrodzie ścieków, ku zdziwieniu naszych
kompanów-szczurów. - My z karabinami na barykadach, wśród ruin
bombardowanych z powietrza domostw. My, żołnierze wolności i ho-
noru... "Jojne idź na wojnę - poszedł szanowni panowie i zginął
za Polskę.
          My, którym twierdzą był każdy próg, każdego walącego się
na nas domu, my Żydzi polscy dziczejący w lasach, karmiący przera-
żone nasze dzieci korzonkami i trawą, my pełzający, czołgający
się nastraszeni z jakimś cudem zdobytą lub za grube pieniądze
wybłagana staroświecka dwururka... - My Hiobowie, my Nioby, my w
pokucie po setkach tysięcy naszych Urszulek... - My głębokie doły
potrzaskanych, pomiażdżonych, pręgami pokrytych zwłok. My -
krzyk bólu! Krzyk tak przeciągły, że go najdalsze wieki usłyszą.
My, Wycie, my, chór, zawodzący mogilne El m l rachanim, którego
stulecie będzie przekazywać stuleciu. My, najwspanialszą w dziejach kupa krwawego nawozu, którym użyźniliśmy Polskę, aby tym
co nas przeżyli lepiej smakował chleb wolności, - my, makabryczny
rezerwat, my ostatni mohikanie, niedobitki rzeźi, które jakiś
nowy barmun może obwozić po świecie, obwieszczając na pstrych
plakatach; "Niesłychane widowisko! My gabinet okropności "Schrek-
kenskammer", Chambre de fortures!"osoby nerwowe uprasza się o
opuszczenie sali"; My nad rzekami nadmorskich krain siedzący i
płaczący, jak ongiś nad rzekami Babilonu. Po całym okręgu świata
płacze Rachel dzieci swoje ale ich nie masz! Nad rzeką Hudson, nad
Tamizą, nad Eufratem, Nilem, Gangesem i Jordanem błąkamy się w
rozproszeniu naszym, wołając: Wisło! Wisło! Matko rodzona, szara
Wisło! Nie od brzasku różowa, ale od krwi. My, którzy nawet grobów dzieci naszych nie odnajdziemy, tak się na całą ojczyznę w
szerz rozpostrza w jedno pogrzebanie! I nie! I nie będzie upatrzo-
nego miejsca, żebym miał na nim kwiaty położyć, ale jak siewca
ziarno, będziesz je szerokim rozmachem rąk rozrzucał. Może przypadkiem trafisz ... - My, Żydzi polscy. My, legenda krwią i łzami

ociekająca. Kto wie, czy jej nie trzeba będzie pisać biblijnymi
wersetami: "aby rylcem żelaznym i ołowiem na wieczną pamiątkę
wydrązoną była". My, apolaliptyczna stadium dziejów, my Jeremia-
szowe treny: "Leży na ziemi, po ulicach dziece i starzec, panny
moje i młodzieńcy moi polegli od miecza, pobiłeś ich w dzień za-
palczywości twojej, mordowałeś, a nie sfolgowałeś...
          Wrzucili do domu żywot mój, a przywalili mnie kamieniem.
          Wezbrały wody nad głową moją, rzekłem: Juści po mnie!...
          Wzywam imienia Twego, o Panie z dołu bardzo głębokiego...
Widzisz o Panie bezprawie, które mi się dzieje, osądźże sprawę
moją, oddajże im nagrodę panie, według sprawy rąk ich! Dajże im
zatwardziałe serce i przeklenstwo swe na nich ! Goń ich w zapal-
czywości a zgładź ich, aby nie byli pod niebem Twoim, o Panie!
Nad Europą stoi olbrzymi i wciąż rosnący widmowy kościo-
trup. W jego pstrych oczodołach świeci ogień niebezpiecznego
gniewu, a palce zacisnęły się w kościstą pięść.
          I on, nasz wódz i dyktator, będzie nam dyktował prawa
nasze i zadania.

                        &&&&&&&&&&&&&&&&&

E I N   W I C H T I G E S   E R E I G N I S.

• Am 19. d.Mts. wurde die Enthüllung des Monumentes für die
6.000.000 jüdischen Naziopfer, auf dem jüdischen Friedhof in Gauting gefeiert.
          Die Feier fand um 10 Uhr bei schönen herbstlichen Wetter
statt. Es waren Patienten des Sanatoriums, Personal, auch zahlreiche Zuschauer anderer Nationen anwesend.
          Zur Ehrung dieser Feier erschienen auch hohe Gäste, wie
Vertreter der Militär-Regierung, der Armee, des Kommissariats für
religiös, politisch und rassisch Verfolgte, von verschiedenen jüdischen Institutionen, auch von den deutschen Behörden, wie der
Bürgermeister von Gauting, Landrat von Starnberg, u.a.
          Der Friedhof sah mit unzähligen Kränzen, mit der Ehrenwache
der D.P.-Polizei, sehr feierlich aus.
          Die Eröffnungsrede hielt Herr Lipszic, ein ehemaliger Pa-
tient und Initiativgeber. Nach "el mol rachamim" wurde das Monument durch Staatskommissar Dr. Auerbach und Direktor Dr. Weiss,
enthüllt. Nachdem die Kränze zu Füssen des Monumentes gelegt waren, ergriffen viele der Anwesenden das Wort, um in einem warmen
Ton die Sympathie und das Verständnis für die Lage der im letzten
Moment am Leben gebliebenen K.Z.-Opfer auszudrücken. Es sprachen:
Rabbiner Schnitzer, Vorsteher des Kommissariats für rassisch und
politisch Verfolgte in Kreise Starnberg, Landrat des Kreises
Starnberg, Bürgermeister von Gauting, Gouverneur des Military-
Government Starnberg, Vorsteher von Joint, Vorsteher der Föderation polnischer Juden, Dep.Direktor des Sanatoriums, Dr. Sieg-
fried und Direktor des Sanatoriums Dr. Weiss.
          Einen grossen Eindruck hat die Rede des Vorstehers des Ge-
sundheitsamtes beim Zentral-Komitee, HerrDr. Pliskin, gemacht.
Aus seinen Worten kam eine tiefe Sorge um das Wohl der Gautinger
Patienten zum Ausdruck.
          Zum Schluss sprach Staatskommissar für politisch, religiös
und rassisch Verfolgte, Dr. Auerbach, und gab in seiner Rede einen sachlichen und politischen Überblick. Er gab zum Ausdruck
Schwächen und Einseitigkeit der Politik des Military-Government.
Er wies die deutschen Behörden auf ihre Verpflichtungen gegenüber
den Gautinger Patienten, hin. Man muss mit allen Mitteln den Kran-
ken entgegenkommen und ihnen die Möglichkeit geben, als gesunde
Mitglieder ihrer Nation in ihre neugewählte Heimat zu gehen.
                                                        H. Bloch.

Henryk Mierzwa.

O KRYTYCE I KRYTYKACH :

        Szanowanie panie Walenty. Co pan tu od samego rana szuka
jak nieprzymierzając ten redaktor z gazetki?
        - Tylko mi pan, panie Teofil od redaktorów nie wymyślaj.
        - Wymyślać, nie wymyślam, ale tylko tak sobie uważam, że
tą nasza gazetka jak na pacjentów to wcale owszem, owszem, tylko
na trochę za niski poziom.
        - Co znaczy jak na pacjentów? A cóż to pan Teofil myśli,
że ci pacjenci tak od urodzenia w łóżkach leżą i do szklanek plu-
ją, a poza termometrem i "Bauchpneuem" już nic w swoim życiu nie
widzieli? Nie zapomnij pan, panie Teofil, że są między nimi i
tacy co prawdziwe, a nie za tureckie papierosy, stanowiska mieli,
i to takie, że nie jeden z przeproszeniem z t.zw. personelu na
taką posadę jak na szynkę kartkową przez szybę popatrzyć może.
Tak, tak panie Teofil.
        - No to jest niby tak, ale...
        - Nic ale. A tych zaś, co jak pan chcą mieć wyższy poziom
uspokój pan i powiedz, że od pierwszego będą gazetkę na strychu
drukować to się poziom poprawi.
        - Acha myśli pan. Widzi pan panie Walenty, ja to tak cza-
sem kombinuję, że jej, niby tej gazetce, to coś tak pieprznego
brakuje. Sam nie wiem co, ale czuję, że brakuje.
        - A ja to nic nie czuję bo nam katar. A pamiętaj pan, że
drukarnia to nie zakład kulinarny, żeby go było pieprzem czuć.
Jeszcze się taki, panie, nie urodził, żeby wszystkim dogodził.
Gazetka to jak dziecko. A czytelnicy, to jak zła i dobra matka.
Jedni czekają na to dziecko, cieszą się z jego narodzin, pieszczą,
obserwują jak rośnie, doszukują się w nim podobieństwa do siebie,
cieszą się jego uciechą, a smucą jego smutkami. I ci stanowią
u nas przygniatającą większość.
        - A drudzy ?
        - Drudzy. Drudzy biorą ją też do ręki, ale jak zła maco-
cha wyszukują w niej samych wad. Przyczepiają się do kropek, prze-
cinków, do przypadków, układu zdań, a nie patrzą na treść i na
serca, które w tej treści biją. Do tych pan należy, panie Teofil.
        - Ale gdzie tam panie Walenty, ja tam nic nie mówię, ale
bo to nie tylko z gazetką, ale i z teatrem jest to samo.
        - A co jest z teatrem?
        - No widzi pan, na przykład wystawiają takie szwabskie
"Das Familienleben", t.j. niby po naszemu życie rodzinne. Bilety
drogie, że musisz dwa jajka sprzedać. Szwaby się na scenie kręcą,
machają rękami, coś tam namroczą, a przedstawienie do bani.
        - Przepraszam, a co się tam panu nie podobało?
        - Wszystko panie do bani.
        - No to pokoloi. A więc, który z artystów grał źle?
        - No niby żaden. Artyści grali dobrze, nawet bardzo
dobrze. Tylko treść panie, treść...
        - Treść powiada pan, a czy treść nie była zgodna z
afiszem, czy to było życie rodzinne, czy nie?
        - A no niby było i to nawet bardzo dobrze podpatrzone.
U mojej ciotki to nawet się baby o chłopa z miłości za "kudły"
ciągnęły, że i mnie się coś oberwało. Ja tu nawet się trochę
śmiałem.
        - No to co pan właściwie chce. Artyści grali dobrze, afisz
pana nie okłamał, Było życie rodzinne i nawet pan też się śmiał,
czegoż pan chciał więcej? Pan myślał: "może będą pokazywali noc
poślubną, albo życie w sypialni małżeńskiej."
        - O, to, to. To panie Walenty, to by było ciekawe. Ale

mniejsza z tym, u nas tam nigdy porządku nie było i nie będzie.
Ostatnio to nawet słyszałem, że to wszystko jest tylko dlatego,
bo ten co te teatry sprowadza, to jest "antysemitnik."

    - Że co?

    - No tak. Sam słyszałem, jak mu to prezes komitetu mowił
a on nawet się nie obronił. ... jak taki prezes coś powie to już
musi być prawda. Tak, tak. Ha pan zobaczy co on tam w tym teatrze
robi. Do spółki z tym co te wywiady z dziurami w płocie pisze,
scenę zburzyli, podłogę do góry dzwiagają, drzwi zamurowują i
przez nich nie będziemy mieli wogóle teatru. No co pan na to.

    - Głupi pan jest panie Teofil. Widać na pana ta codzienna
wątrobka działa. Scenę przerabiają bo zamała i staromodna. Podłogę robią skośno, żeby było lepiej z ostatnich rzędów widać.
A drzwi na to zamurowują, aby w zimie cieplej było. Rozumie pan.
A to wszystko musza robić sami bo im na to dyrekcja złamanego
grosza nie da. Bida czyli IRO jest, rozumie pan?

    - A no rozumie panie Walenty, rozumiem, tylko nie wiem
poco oni na przykład te książki dla jakiejś biblioteki zbierają.
Ani baby nie znam, a książki jej mam dawać. Pojąć też nie mogę,
czemu teraz biletów do teatru za protekcją nie sprzedają, tylko
według kolejności? Przecież, jak ja mam znajomego sołtysa, to
mogę chyba lepsze miejsce dostać, no nie? Jak tak dalej pójdzie,
to będę musiał, jak te "lepsze", goście na cudze miejsca w
pierwsze rzędy siadać. Przecież ja nie mogę siedzieć ostatni.

    - No widzi pan panie Teofil. Innych pan krytykuje, a sam
złe robi. Nie zapomnij pan nigdy, że krytyk musi sam coś potra-
fić. Musi dać projekt, jak czynić, żeby było lepiej. O taka
krytykę jest trudno, bo taka krytyka idzie w parze z inteligenc-
ją człowieka, a inteligencji nie kupisz za paczkę masła i nie
mierzysz jej pięknością sukienek, czy ilością modnych ubrań z
marynarkami do kolan. Tak panie Teofil. Bilety trzeba za kolejką
sprzedawać bo i u nas demokracja być musi, a książki chcemy
wszyscy czytać, a nie pod łóżkami chować.

    - E, pan to coś z tą redakcją trzyma, panie Walenty.
My widzę dzisiaj się nie dogadamy. Dowidzenia panu.

    - Dowidzenia panie Teofil, a co do gazetki to czytaj
pan nie tylko humor na ostatniej stronie, ale zajrzyj pan też
do środka i posłuchaj gdzie bije w niej serce.

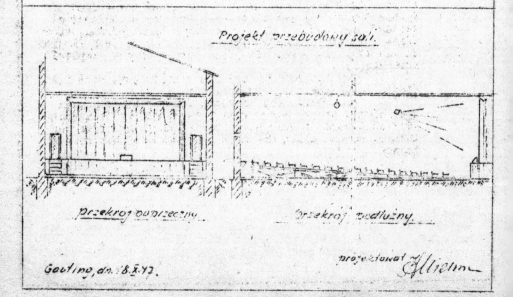

Projekt przebudowy sali.

przekrój poprzeczny.   przekrój podłużny.

Goutino, dn. 8.X.47.

projektował Wiehm

OFFENER BRIEF.

An Herrn

Dr. Ph. A u e r b a c h
Staatskommissar für politisch,
rassisch und religiös Verfolgte.

Ich erlaube mir hiermit, an Sie zu schreiben,
um eine Angelegenheit, die für mich und für alle Patienten des Gauting Sanatoriums lebenswichtig ist, zu berühren.

Meine eigenen körperlichen und moralischen Leiden, während des Krieges, die bei allen anderen Verfolgten fast die gleichen waren, will ich nur kurz beschreiben.

Im Ghetto einer polnischen Stadt habe ich meine Frau und meinen einzigen, geliebten Sohn verloren.
Mich hat man ins K.Z. geschickt, wo ich nach unmenschlichen Leiden in siebenten Konzentrationslager, als seelisch und körperlich kranker Mann befreit worden und gleich danach mit schwerer TBC ins Sanatorium Gauting eingeliefert worden. - Zwei Jahre verbrachte ich hier, um heute endlich als gesund anerkannt und vom Hospital entlassen zu werden.

Zu meinem Erstaunen muss ich gleich feststellen, dass es noch kein Ende meines Martyriums ist.

Es ist eine bekannte Tatsache, dass ein gewesener Lungenkranker mittelmässig gute Wohnbedingungen haben muss, was in einem D.P.-Lager unmöglich ist (wenn schon eine Aufnahme in ein Lager heute möglich wäre).

Es stellt sich heraus, dass in keiner Stadt eine Anmeldungsmöglichkeit besteht und aus diesem Grunde bin ich gezwungen, weiter im Hospital, in der Atmosphäre dieser Krankheit zu leben.

Ich möchte wissen, ob man etwas unternimmt, um diesen Opfern des Faschistischen Regimes zu helfen? Ob sie auf irgendwelche Unterstützung rechnen dürfen, oder müssen sie (wie es hier schon der Fall war) nach Kämpfen um das tägliche Brot, als Rezidiwisten in das Hospital zurückkehren.

Ich bitte Sie, Herr Staatskommissar, sich mit diesen Angelegenheiten zu befassen.

Wir, deren physisches Leiden noch heute kein Ende nimmt, sollen nicht voller Nachteile und stiefmütterlich behandelt werden, wenn wir das Krankenhaus verlassen, um das Leben normaler gesunder Menschen zu beginnen.

/-/ N. Miller.

J. Szperling.

GRINE FELDER

cu der ojffirung fun perec Hirszbajns
"GRINE FELDER" durch den Fernwalder
Dram.-krajz "NEGEW", dem 13. oktober
in unzer sanatorium. Bearbet durch
I. Sandler, regie Sandler Rubinek.

Szojn a sach jorn zajnen farbaj zajt perec
Hirszbajn hot ongeszribn di piese "Grine Felder", fun
welche es szlogt un szprudlt, der jidiszte folklor,
dos pasztus fun jidiszn pojer un zajn grojse benkszaft
cum gajstign jidiszn mekor. Di dozike ukrainisze
"Grine felder"... zajnen szojn nit mer di szpajzer fun
di "Duwid Nojachs" "Hirsz-Bers" un "Elkones". Der naci-
szer nabul hot zej opgeswenkt cuzanen mit di "Lejwi-
Icchoks". Den "Jiszuw" un di "sztot" bajden hobn di
ukrainisze szchejnim "geholfn" in der finsterer nacht
fun langn neser... Bajdns umszuldike blut szrajt fun
di ukrainisze griber arojs.
Un doch Hirszbajns "grine felder" zajnen noch
hajnt aktuel un weln es ojch farblajbn wi a opszpiglung fun falsze ajnsztelungen, iluzjes wegn jidiszn
pojer ojf fremde erd...
Ot azoj hobn zej gelebt. Di Duwid Nojachs
elkones cwiszn felder un himlen, kartofl un ku, un
gebenkt noch a jidisz wort wos zol lichtig machn zej-
szwer lebn, wos zol kinder nit fargrebt lozn.----------

I. Mosenson.   (überzect d.F.Ajchenbaum)   hemszech.

Er hot ir arajngesztipt a sztikl
papir in der hand, opgerisn fun
di papirn, wos er banuct zej cum
ajnpakn di schojre. Froj Zonenberg, wendet zich cu ir der kre-
ner, dos papir zolt ir wajzn di
menszn, un zej weln ajch szojn zogn, wuahin ir zolt forn, zej
weln ajch szojn zogn. "Gut, gut" - entfert zi un dabaj szejnt
zi zich wos nen gajt zich mit ir um, wi nit a klejn kind, un a
biterer sznejchl bawajzt zich ojf ire ajngeszrunpene bloje lipn.
Di mitforers helfn ir arojfgajn ojf di treplech funen ojto, nen
zect zi awek nebn fenster bichdej zi zol szepn frisze luft in
der cajt fun der rajze. Ict zict zi in ejnem fun di kwuca-cinern
un zi farsztejt nit farwos halt zi ajgentlech ire hent farlejgt
in der cajt, wen di zun sztajt ict in der nit himl, un s'iz cajt
cucuszteln dos nolcajt cum kochn. Zej hobn doch ir gewolt wajzn,
ir Jerachmiln, un ot hot nen zi ahergebracht nit zogndik cu wos.
Ot zict zi an angehojkerte ojfn sztul un hojbt on drinlen. Wen
zi nacht cu ire ojgn, welche zien tif, tif in ire ojgn - grib-
lech, ducht zich ir, az gejt wer arajn in einer ojf di szpicn

CWISZN SOSNE WELDER

Nit azoj lebt der jidiszer pojer in zajn hejmland. In Erec-Isrool iz der haluc- der kibuc- der in-
diwidueler erdarbeter, nit nor der szefer fun di broche fun der erd, er iz ojch der banajer fun jidiszn
gajst. Er bengt nit noch di "gejwi Iochors" er szaft
zej un gist in zej arajn a najem inhalt a ruach-hajim.
Er zogt szojn nit wi "Dowid Nojach" in "grine felder"
"a sztot-jid iz take a jid". Er der dorfs-jid ojf zajn
erd, in zajn hajmland, er iz der ereser jid. Un dariber iz "grine felder" aktuel ojch hajnt, ojch in der
Szejrit Haplejta. Un noch epes. Fun di heldn fun "grine felder" fun zejere bawegungen, zejere wertlech, zejer frajd un zejere cankerajen szlogt der rejach fun a
fargangen jidisz lebn. Di tife wurclen fun jidiszn
folksmencz, der kern fun folkstimlichkajt wos iz awek
nit fajer un rojech. Un es szod nit, wen farblibene
resztlech wos hobn szojn kimat wi fargesn di farszin-
dene jidisze welt, dermonen zich dos amolike. Un es
szat ojch nit, wen durchn jidiszn gezundn folkshumor,
wos szlogt fun "grine felder" blinct ojch ojf zejere
penener amol a jidiszer trer fun chawal al Deawdin.----
    Dem dram.-krajz "Negew" zejen mir dos erszte mol.
Ober saj dos farhaltn zich fun di artistn-amatorn ojf
der bine un saj der farnest fun ojsfirn a gance piese,
wi "grine felder", wos iz zej agew in algemejn nit
szlecht gelungen, zogn ejdes wegn der rajfkajt fun do-
(fortzecung S. 16)

finger. A blond kind sztejn unter ir rikn, rirt on ir achsl
un frejgt sztil, sztil; "bubysi, di szlofst?" - zi entfert
nit. Szojn jorn wi shot zich cu ir nit gewondn a wajch kin-
derisz kol. Du bist di muter fun Jerachmiln? wendet zich cu
ir dos kind. Er iz gewon a held, Jerachmil, zogt cu ir wajter dos kind, un mit zajn klajn hentl glet er ire groe hor.
Un wen es hot dermont dem nomen fun ir zun hot zi zich um-
gedrejt cum reder. Wos host du gezogt, kind? "Az du bis bubysi zer alt". Di froj Zonenberg knajszt noch mer ajn ir
ajngeknajczt gezicht, zi dermont zich, az kinder muz men
brengen cikerlech. Un zi iz zich zejer maar, dos zi hot
gornit in der hand in wos cu gebn. Ojch Jerachmil, wen er iz
gewen a kind hot lib gehat cikerlech ajngewiklt in kolirte
papirlech. Dos kind iz arofgekletert un zich awekgezect ojf
ire knien. "Ich bin zejer alt" hot zi gezogt un in ir mojech
hot zich ojfgewekt a bild wos iz gewen glajch cu dem, in der
cajt wen ir Jerachmil iz ojch arojfgekletert un zich awekgezect ojf ir kni un awekgelejgt zajn kopf ojf ir szojs. Nachher iz er awekgeflojgn fun di gniazde. Der wind hot in fartrogn
un iz szojn nit mer curikgekumen.
                                        fortzecung kumt.

(fortzecung fun S. 15)

zikn dram.-krajz. Wegn di bazundere roln zajnen ambestn ojsgefaln fun di chawejrim M. Wilner als Duwid Nojach, Rubinek,
als Elkone un speciel melaned als Hirsz-Ber, wemen es gelung
faktisz cu gebn a typ fun a dorfs-jing mit menszleche gefiln.
Un der jinge Ajnsztajn als Awrum Jankew (singt nit szlecht).
Zej filn zich fraj ojf der bine un brengen arojs gance typn.
Fun di frojen zajnen ambesten R. Margoles als Cine (in zingen iz zi ober szwacher). Froj Ickowicz un Chmielewska hobn
noch nit in ganen baherszt zejere roln, hobn ober di male wos
zej zonglirn nit un brengen arojs nit gecojnkajt zejere roln.
Her Zylberman als szadchn (a arajngefirte perzon in der forsztelung durch der regie) firt ojs zajn rol beszlejmut, ober
noch unzer mejnung noch iz er an ibriger perzon in der forsztelung. Farkert zajn Menachem-Mendel rol nemt cu den besern
ton fun der forsztelung, welche wolt fil beser ojsgefaln in
dem szatchn-typ (azej hot ojch menhasten getracht Perec Hirszbajn...) Un achron, acharon hawiw J. Sandler als Lewi Icchok,
iz in zajn szpiln a fejiker un rajfer artist, ober mit zajn
typ fun Lewi Icchok iz der regiser fun "Negew" abisl awek fun
der piese "grine felder". Zajn jesziwe-bocher un dorfiszer melaned past zich gicher arajn in Ajnskis "dybuk" als Chunon un
nit als Lewi Icchok in "grine felder". Un derfar wert unz Lewi Icchok fil sympatiszer in lectn akt, wajl dortn wert er mer
erdiszer menszlecher.--------------

               In algemajn iz di forsztelung ojsgefaln zer gelun-
gen un hot farszaft an emesn nachat-ruach di jidisze pacjentn
fun Gauting. Un derfar kumt a harcikn dank dem dram.-krajz
"Negew" der Fernwalder lager-farwaltung un unzer Kultur-komis-
je. Ich majn az dos wet zajn di mejnung fun ale pacjentn in
Gauting wen ich wel mir derlojbn ajmculadn dem dram.-krajz
"Negew" cu kumen wos merer un mit zajne lajstunge unz mechane
zajn.

               Lesof a klejne bamerkung. Dram-krajz "Negew" hot
noch a mol bawizn wi nojtik es iz aropcubrengen gute trupn
in Gauting un nit di macherajkes fun "szmajchl hob sejchl"
un andere ejnleche "teatern".

==========================

Sara Koerbel:

               In der letzten Zeit haben wir die Ehre gehabt, in
Gauting Sanatorium in unserem Theatersaal, palästina-Künstlerin-
nen sehen zu können. Paula P a d a n i und Danja L e w i n
haben uns in ihren herrlichen Tänzen und prachtvollen Rezitatio-
nen (Danja Lewin) manche typischen Momente des Palästina-Lebens
ausgedrückt. Das erste Mal haben wir hier in Sanatorium palästi-
na-Künstler sehen können, die uns mit dem lebendigen hebräischen
Wort ein paar Stunden lang in grosse Spannung gehalten haben.
Echte Kunst und Liebe zu diesem Beruf, wie auch das innige Sich-
einleben in das jüdische Leben drücken die Tänze von paula Padani aus. Jede Bewegung wie jedes Glied ihres Körpers sind bei
ihr Kunst. Sie schwebt über die Bühne und ihr Gesicht spiegelt
jedes Gefühl wieder.

               Und wie herrlich einfach klingt die hebräische
Sprache aus dem Munde von Danja Lewin. Ihre Geschichten, naive,

aber so vernünftige und kluge, rühren das Herz jedes einzelnen.
Die aktuellen, jüdischen Probleme, die Vergangenheit und die
Sorge um die Zukunft des jüdischen Volkes werden durch Danja
Lewin so charaktervoll, in den einfachen Worten eines Kindes,
hervorgehoben.

    Auch die Kostüme unserer Palästina-Künstler riechen nach
etwas anderem als das, was wir immer sehen. Nach den Mizrach -
nach dem nationalen Palästina.

    Viel verholfen haben die Erklärungen von Dr. Wechsler,
der erst kürzlich von Palästina gekommen ist und der jeden Auftritt von Danja Lewin entsprechend interpretierte, damit die Zuhörer den Inhalt und die Tendenz verstehen konnten.

    Wir müssen uns beim Board for Culture herzlichst bedan-
ken, dass man den Insassen unseres Sanatoriums durch den Auftritt
von Palästimonsern so viel Vergnügen bereitet hat. Soll das aber
nicht zum letzten Mal gewesen sein. Und soll unser Board immer
an die geistige und kulturelle Unterstützung für uns denken.

UNSERE LESER SCHREIBEN:

Geehrter Herr Redakteur!

Ich bitte Sie durch Vermittlung der Zeitung, die Direktion des
hiesigen Sanatoriums zu verständigen bezüglich der herrschenden
Unordnung in der Friseurstube für die Patienten. Jeder einzelne
weiss, was für eine wichtige Rolle die Reinlichkeit für Kranke
spielt. Die Patienten des hiesigen Sanatoriums sind gezwungen,
unrasiert und ungeschert zu gehen, trotzdem hier eine Friseurstube mit Friseuren vorhanden ist. Dies geschieht dadurch, daß
die Friseure die Arbeitszeit nach ihrem eigenen Ermessen bestimmen. In der Friseurstube ist nur 1 Friseur immer anwesend. Um
sich die Haare schneiden lassen zu können, muss man einige Tage
lang in der Friseurstube erscheinen und die Herren Friseure höflichst darum bitten. Drei der Friseure beschäftigen sich ausschliesslich mit solchen Patienten (in den Krankenzimmern), von
denen sie 10.--RM bezahlt bekommen. Ich, als Kranker zahle für
das Haarschneiden nur 5.--RM und darum muss ich jeden Tag den
Friseur besuchen, welcher mir jedesmal die Antwort gibt, ich
soll am nächsten Tag wiederkommen. Am nächsten Tag erzählt mir
der Friseur, dass es kein Licht gibt. Wenn ich dann wieder er-
scheine, sagt er mir, warum ich am Vormittag nicht gekommen bin.
"Kommen Sie morgen, da werde ich alles in Ordnung bringen."....
Mit solchen Ausreden ärgern sie die Patienten und auf diese Weise erzwingen sie die phantastischen Summen.
Man muss endlich Schluss machen mit solchen anormalen Zustand.
Ich bitte um Ihre Intervention in dieser Angelegenheit.

                 Mit Hochachtung

                 Patient Stat. A I
                 Zm. 33.

(Der obenangeführte Brief ist uns in russischer Sprache zuge-
schickt und ins Deutsche übersetzt worden).

                                       Red.

Do

    Komisji Kulturalno-Oświatowej
    przy Komitecie Pacjentow,

                   Gauting.

    Zwracam się do Panów w następującej sprawie.
Tutejsza rozgłośnia rajowa w swoim programie, ma wyłącznie
program stacji w Monachium i zrozumiałe, że tylko w języku
niemieckim. Przeżyliśmy 7 lat w atmosferze wrogiej niem-
czyzny, jest to język, który każdemu przypomina wiele przy-
krych i tragicznych chwil w piekle hitlerowskim. Czy nie
można byłoby w ramy programu radiowego włączyć transmisję
w języku polskim, choćby komunikaty z Warszawy, Londynu,
lub "głosu ameryki" przez stuttgart.
    Prawie 7o % tutejszych pacjentów zna język polski, czyż
nie będzie dla nas miłą ta inowacja. Nie znam technicznej
strony tego zagadnienia, ale są przecież nasi radiotechnicy
z kursów, którzy napewno pomogą rozwiazać tę sprawę techniczn-
ną.
    Wierzę, że Panowie w trosce o nasze zadowolenie
dołożą wszelkich starań dla pomyślnego załatwienia tej sprawy.
    Łączę wyrazy prawdziwego szacunku

                         Jan K i t e l
                         por.

                  ===============

An

    P.T. Redaktion "Unser Leben"

    Seit einigen Wochen lässt sich ein empfindlicher Mangel
an Wasser bemerken. Obwohl die Patienten längere Zeit nicht
gebadet haben, haben sie doch nur einmal täglich die Möglichkeit, Hände und Gesicht zu waschen. Das Geschirr ist nicht
gewaschen und wenn schon, dann auch alles in einem Wasser,
nicht ordentlich abgespült, was eine grossartige Entwicklungs-
möglichkeit für verschiedene Bakterien bildet. Das grosse
Übel ergänzen hoch verunreinigte Toiletten, welche ohne jedes
Desinfektionsmittel, offen die Infektion verbreiten.

    Eine Verlängerung dieses Zustandes kann zum Ausbruch
einer Epidemie führen.

    Es wäre erwünscht, die zuständigen Behörden aufmerk-
sam zu machen, dass eine Wassersparaktion überall durchgeführt werden kann, nur nicht in einem Tbc.-Sanatorium.

    In der Hoffnung, dass die entsprechenden Organe Ver-
ständnis für unsere "verunreinigte" Lage finden werden und
sich damit näher befassen, bitte ich um Veröffentlichung
meines Briefes in den Spalten unserer Zeitung.

                         Ein Patient.

ÖRTLICHE NACHRICHTEN

Sämtliche Insassen des hiesigen Sanatoriums jugoslawischer Nationalität, die interessiert sind, in ihre Heimat zurückzukehren, melden sich bis zum 25. dieses Monats im Welfare-Office zwecks Repatriierung. Nach diesem Datum werden keine Repatrianten nach Jugoslawien mehr aufgenommen.

Die hebräisch sprechenden Personen in Gauting Sanatorium haben einen Chug Dowrej Iwrit gegründet. Jeden Montag um 7.oo Uhr abends, im Lokal der Patienten-Bücherei, Block C II, (2. Stock) findet eine Sicha von allen unseren hebräisch sprechenden Personen statt.

Jeder ist herzlichst willkommen.

Unsere Mitbrüder in Österreich leiden Hunger und Not. Der Winter steht vor der Tür. Wir wollen nicht unsere Mitbrüder barfuss und nackt sein lassen. Jeder, der nur in der Lage dazu ist, bringt zum Patienten-Komitee Kleider und Schuhe, um an der Sammelaktion für unsere notleidenden Brüder in Österreich teilzunehmen.

Na terenie naszego Sanatorium zdazyl sie ubolewania godny wypadek. Dnia 21 b. m w godzinach wieczornych dokonano na bloku B I, pokoj Nr. lo, wlamania z kradzieza. Ze wzgledu na toczace sie sledztwo, blizszych szczegolow nie podajemy.

Dem Patienten-Komitee ist es gelungen, ohne hierzu die Unterstützung der IRO-Direktion in Anspruch nehmen zu müssen, aus eigenen Mitteln einen grosszügigen Umbau unseres Theatersaales zu ermöglichen. Die Bühne wird vergrössert und die Bestuhlung in amphittheatralischer Höhe angeordnet werden.

Aus diesem Grunde finden vorübergehend keinerlei Veranstaltungen im Theatersaal des Sanatoriums statt.

WYMIANA KSIAZEK w Ogolnej Bibliotece Patientow BLOK C II:

we wtorki /Dienstag/ od 11 do 12
w piatek /Freitag / od 15 do 16.3o.

MSZA sw. dla Polakow katolikow odprawiona zostanie w niedziele dnia 26 pazdziernika br. o godz. 8-3o.

WIADOMOSCI TELEGRAFICZNE.

Gauting-Sanatorium.

Jak nam donosi agencja J.P.P. / czytaj Jedna pnai drugiej Pani powiedziala/ w dniu 2o i 21 bm. bawil tam przejazdem z Szwajcarji do Ameryki znany ogolnie "Champion" wagi ciezkiej i pozeracz serc niewiescich MISTER ABAK. W zwiazku z przybyciem znakomitego lowcy cnot i serc, wladze bezpieczenstwa /Policja D.P.-Gauting/ zarzadzily ostre pogotowie dla bloku C i barakow personalu zenskiego.

Obowiazuje godzina policyjna 21.

Jak dotychczas nie zameldowano zadnych "z a j s c ".

B Ü C H E R   E C K E :

Cwei forsztejer fon Kulturamt bajm patienten-Komitee zenen gewejn in Landsberg den 12/X.1947 wejgen organiziren a zamel akcie
fon Bicher far unzer sanatorium.
Der Landsberger Kulturamt hot in den cuzamenhang gerifen a fer-
zamlung, wegen der wichtikajt fon der akcie hot referirt der her
Herman.
Ale ajnwezende hobn ajnsztimig beszlosen cu interszticen di wichtige akcie.
Als erszte szpendung hot di Landsberger biblotek geszonken 45
bicher wi ojch gute ceitszriften.
Mir driken ojs unzer harcigen dank den Landsberger Kulturamt wi
ojch di untejl nemer in der heliker akcie.

Kulturamt bajm
patienten-Komitee.

W czasie od wydania ostatniej gazetki, wpłynęło do naszej biblioteki: 6o książek od Polskiej Misji Wojskowej w jęz. polskim
     4o   "   z Biblioteki w Landsbergu. w jęz. żydowskim
     4o   "   zakupionych w języku ukrainskim
     54   "   z miejscowej Polskiej Biblioteki
     7   "   ofiarowanych przez p. Eichenbaum'a
     2   "   "   "   p. por. Kittla
     3   "   "   "   +p. Koerbel

W gotówce wpłynęło:

     100.--RM   P. Feder,   Garmisch
     25.--"   P. Bort.

==

DIE ANTWORTEN DER REDAKTION:

CYPORA BLOCH   :   wegn den uns cugesziktn artikl bite zich far-
                  sztendikn mit di redaktion.

W. PASZKOWSKA   :   Nie unieścimy. Prosimy pisac na temáty
                  bardziej interesujące. Zapraszamy do współ-
                  pracy.

B E M E R K U N G :

           Manuskripte werden nicht zurückgegeben.

==

§§

Die Zeichnungen in sämtlichen Zeitungen sind von M. M i e r z w a
projektiert und ausgeführt.

§§

§§

Herausgegeben von der Kultur-Kommission beim Patienten-Komitee.

§§

Docteur Th. Weiss

Ancien Externe des
Hopitaux de Paris.

Medical Director
p.o.IRO Sanatorium   Gauting, den 21. Okt. 1947.
    Gauting.

AN: Patienten-Kommité
       des p.o.IRO Sanatoriums Gauting.

        Sehr geehrte Herren!
        Nach 25 Monaten Tätigkeit in Gauting sehe ich
mich gezwungen, dieses Sanatorium aus familiären Gründen zu verlassen.

        Es hat mir Freude gemacht, die Entwicklung Ih-
rer Körperschaft in diesem Hause zu verfolgen, und ich
bin sehr erfreut zu sehen, daß Sie mehr und mehr Verantwortung übernommen und positive Arbeit geleistet haben.
Es war dies für mich ein Beweis - wenn es überhaupt
eines Beweises bedarf - dass die demokratischen Methoden doch die besten sind, und dass eine Körperschaft,
deren Mitglieder aus freier Wahl hervorgegangen sind,
die besten Elemente einer Gemeinschaft in sich verei-
nigt. Ich hoffe, dass Sie durch Ihre Mitarbeit und ihre uneigennützige Tätigkeit auch weiterhin zum Wohle
Ihrer Kameraden beitragen werden, und dass Sie auch
weiter die Direktion des Hauses durch Ihre Anregungen
unterstützen werden.

        Soweit es mich betrifft, verlasse ich das Haus
mit dem Bedauern, nichts mehr zum Wohlsein unserer
Patienten beitragen zu können, und ich wünsche sehr,
daß die Zukunft für sie besser sein möge als die Vergangenheit.

        Ich bitte Sie, Ihren Kameraden meine besten
Wünsche für eine schnelle Genesung übermitteln zu wollen, damit sie so schnell wie möglich Deutschland verlassen und in das Land ihrer Wahl gehen können, um ein
neues Leben fern von den Sorgen der Vergangenheit zu
beginnen.

                              /-/ Doctor Th. A. Weiss
                                   Medical-Director.

Der Gautinger Bet hoven schaft Musik...

Gauting in Karikatur

Rauchen verboten!!

Der Mann hat die "Grenze" überschritten, Herrn Kommissar...

Unser Leben

PATIENTENZEITUNG DES SANATORIUM GAUTING

Nr.7/8

Gauting, den 26. Nov. 1947.

Aus dem Inhalt

UNSERE ZEITUNG.

Mit Stolz können wir sagen: Unsere. Von uns gegründet, von uns redigiert, von uns gelesen und von uns mit Ungeduld erwartet.

Wir bekommen täglich verschiedene Zeitungen, deutsche und amerikanische, polnische, jüdische und russische, die diese od-er jene Richtung vertreten, die auf höherem oder niedrigerem Niveau stehen, die besser oder schlechter sind, doch keine von ihnen ist unserer Zeitung gleich.

Ich will nicht sagen, dass sie ihr nicht gleichwertig seien, im Gegenteil, sie sind wertvoller und vielleicht geschätzter, sie werden von tausenden von Menschen gelesen, es sind Zeitungen von Weltruf. Man nimmt sie trotzdem kalt in die Hand, man liest einen Artikel oder eine Annonce - und legt sie beiseite.

Unsere Zeitung bringt keine Sensationen, ihre Artikel werden von keinen Journalisten und Literaten geschrieben, ihre Gedichte - keine grossen Namen, ihr Redakteur hat nicht mal eine Privatsekretärin.

Und trotzdem wird sie mit Jubel empfangen, trotzdem wird sie gelesen mit von Fieber brennenden Augen und durchgeblättert von den schwachen Händen der Kranken.

Wißt Ihr warum? Weil sie durch Brüder für Brüder geschrieben ist. Weil jeder Schreibende seinem Mitmenschen Freude machen will, man schreibt mit einfachen, verständlichen Worten das, was einem auf dem Herzen liegt und doch mit dem Gedanken des Kranken Interesse zu erwecken, oder ihn zu belustigen. In unserer Zeitung weiss man nichts vom Krieg, von Wychinskis Rede und von Uneinigkeiten der UNO. Dieses zu wissen haben wir auch nicht nötig. Solche Nachrichten wirken beunruhigend und verursachen einen nervösen Zustand bei den schon sowieso genug geplagten Menschen.

Und es ist noch etwas, was in unserer Zeitung als ausserordentlich bezeichnet werden kann, nämlich: sie ist in mehreren Sprachen geschrieben. Diese ausserordentliche Eigenschaft muss noch viel mehr entwickelt werden, sie unterscheidet uns darin hauptsächlich von den anderen Zeitschriften, in welchen nur eine Sprache herrscht.

Nicht nur deutsch und russisch sind zwei verschiedene Sprachen, auch die Sprachen eines Kommunisten und eines Nationalisten sind sich vollständig unähnlich. Denn wie könnte man anders begründen, daß sich zwei Menschen oder zwei parteien nicht verstehen können?

Der Grund ist klar: Sie sprechen verschiedene Sprachen und sie zeigen nicht mal den guten Willen, die Sprache des anderen wenigstens zu verstehen.

Auf der Tribüne unserer Zeitung darf jeder seine eigene Sprache sprechen. Wir vertreten keine Richtung, oder besser, wir vertreten alle Richtungen. Wir wollen jeden hören,

der etwas zu sagen hat. Jeder darf angreifen - jeder darf sich
verteidigen. Unsere Aufgabe und unser heisser Wunsch sie zu erfüllen ist: im Gegenteil zu der Presse der Aussenwelt keinen an
eine Idee blind glaubenden Menschen zu erziehen, sondern einen
solchen, der das seltene Talent besitzt, jede Sache von verschiedenen Standpunkten aus zu beurteilen. Wir werden uns bemühen,
ihm die Möglichkeit zu geben, beide Seiten der Medaille kennenzulernen.

Deshalb - meine Leser - an Euch richtet sich meine
Bitte: Helft mit, arbeitet mit an unserer Zeitung, schreibt über
Eure Weltanschauungen und Eure Überzeugungen. Laßt den andern
kosten von Eurem Wissen und Ihr werdet einen Ziegelstein legen
für eine Brücke zwischen sich feindlich Gesinnten, zwischen un-
versöhnlichen Gegnern, vielleicht zwischen Nationen?! Ihr werdet
beitragen, obwohl in kleinem Masse zu dem ersehnten Resultat,
denn was die Aussenwelt anbetrifft, hoffen wir, dass das gute
Beispiel Wunder tut!

                                                Er. Be.

Die Ordensschwestern, die uns betreuten, haben
uns vor wenigen Tagen verlassen. Es werden wohl andere kommen,
die genau so mit stiller Ergebenheit ihre Arbeit tun werden, die
auf dieselbe Art in ihrer langen Tracht durch die Korridore gehen werden und in den Krankenzimmern wird man manchmal ihre leisen Stimmen hören.

Trotzdem haben wir uns sehr ungern von den Franziskanerinnen getrennt. Sie standen unseren Herzen irgendwie sehr
nahe. Sie waren sozusagen unserer Geburt gegenwärtig, denn sie
waren die Ersten, die uns halb Tote, in letzter Minute dem Tode
Entronnenen, geholfen haben, die ersten Schritte ins neue Leben
zu machen. Sie schienen uns engelsgleich, als sie unsere ermüdeten Glieder in weiche Kissen betteten, als sie unseren vom Fie-
ausgetrockneten Kehlen einen Trunk reichten, und ihre leisen
Stimmen wirkten nach den SS-Kommando-Rufen so beruhigend.

Als sie uns zum ersten Male gesehen haben, waren
wir lebendige Skelette, sie sahen uns dann langsam genesen und
allmählich ins Leben zurückkehren. Wieviel Verständnis mussten
sie uns entgegenbringen, da wir uns auch nur sehr langsam an das
normale Leben gewöhnen konnten. Heute haben wir oft mit ihnen
scherzen können: "Erinnern Sie sich Schwester an mich, als man
mich hierher gebracht hat?"---

Wir sind schon an der Pforte zur Gesundheit. Wir
haben es in grossem Masse den Schwestern zu verdanken. Zum Abschied wollen wir nicht viele Worte verlieren: Helft anderen
Kranken so wie Ihr uns geholfen habt!

Der Arzt hat das Wort

Dr. Krombholz

Übersicht über die operativen Methoden auf dem Gebiet der Lungentuberkulose.

Nach Einführung in das Gebiet der Lungentuberkulose-Therapie und nach Beschreibung der äusserst wichtigen konservativen Behandlung der Tuberkulosekranken wird Ihnen im folgenden eine Übersicht über die heutigen modernen operativen Methoden auf dem Gebiet der Lungentuberkulose gegeben.

Ausgehend von der Tatsache, daß die Tuberkulose eine allgemeine Erkrankung des Körpers ist, hat sich die gesamte Behandlung danach auszurichten.

Neben der Behandlung der örtlichen Symptome wie Husten des Lungenkranken, Behandlung von eiternden Fisteln der Knochentuberkulösen, ist vor allen Dingen eine intensive allgemeine Therapie erforderlich, um die Widerstandskräfte des Körpers gegen die angreifenden Tuberkelbazillen zu erhöhen und den Körper in seinem Abwehrkampf gegen die Tuberkulose zu unterstützen.

Kommt ein Lungenkranker im Sanatorium zur Aufnahme, so werden wir in den ersten Wochen neben der rein symptomatischen Behandlung nur in der Lage sein, intensive allgemeine Therapie zu betreiben. Im Vordergrund steht zunächst die Schonungsbehandlung, ausgehend von dem Gedanken, daß ein krankes Organ am schnellsten und leichtesten zur Ausheilung kommt, wenn wir es so gut wie möglich aus dem allgemeinen Arbeitsprozess des Körpers herausstellen, indem wir es tunlichst schonen. Wir halten im Falle der Lungentuberkulose, besonders am Anfang, im akuten und subakuten Stadium dieser Erkrankung, eine weitgehende Ruhigstellung der erkrankten Lunge durch intensive Bettruhe für erforderlich. Der Gedanke, in diesem Sinne therapeutisch zu verfahren, ist so einleuchtend und klar, dass man von jedem Patienten das vollste Verständnis für diese Sachlage erwarten sollte. Häufig ist jedoch dies nicht der Fall. Unsere Erfahrungen auf diesem Gebiet zeigen, daß die Kranken von Bettliegekuren und auch von Freiluft-Liegekuren wenig wissen wollen. Sie fordern immer wieder eine möglichst rasche operative Behandlung, um wieder gesund und damit arbeitsfähig zu werden. Wir wissen, dass eine sogenannte konservative Heilstättenkur, die die allgemeine Schonungsbehandlung in Form von Bettruhe und Liegekuren bevorzugt, in vielen Fällen allein zum Ziele führt. Die Lungentuberkulose heilt oft unter der strengen Ruhekur allmählich aus. Ist der Prozess schon weiter fortgeschritten und ist es bereits zur Einschmelzung mit Cavernenbildung gekommen, so werden wir uns ärztlicherseits in den meisten Fällen genötigt sehen, zu operativen Massnahmen zu greifen. Dabei ist der Hinweis wichtig, daß jede operative Methode, die zur Anwendung kommt, nur einen Sinn hat, und erfolgversprechend sein kann, wenn der Allgemeinzustand des Kranken gut ist und wir annehmen dürfen, daß der Organismus stark genug ist, um den Abwehrkampf gegen die

Tuberkulose-Erkrankung zu bestehen. Wir müssen nämlich bedenken, daß es sich bei der chirurgischen Behandlung der Lungentuberkulose nicht - wie sonst bei der Chirurgie - um die Ausrottung eines erkrankten Organes handelt, sondern dass der Körper selbst die Hauptarbeit, d.h. die bindegeweblich-narbige Umwandlung des erkrankten Gebietes, leisten muss. Das setzt wiederum einen Zustand des Organismus voraus, der ihn auch zu einer solchen Leistung befähigt erscheinen lässt. Ein fieberhafter Schwerkranker beispielsweise würde niemals - auch, wenn von Seiten der Lunge betrachtet, die Anzeige für eine operative Massnahme erfüllt wäre, in der Lage sein, die ihm angebotene Hilfe in der richtigen Weise zu benützen. Jede operative Massnahme setzt daher, um es nochmals zu betonen, eine ausreichende Widerstandsfähigkeit des Gesamtorganismus voraus. Gelingt es nicht, die erkrankte Lunge durch konservative Massnahmen zur Ausheilung zu bringen, so müssen wir unbedingt danach trachten, das erkrankte Organ operativ ruhigzustellen. Erscheint dies bei anderen Teilen des Körpers verhältnismässig einfach und war man schon seit langem gewöhnt, einen kranken Finger oder einen gebrochenen Arm zu schienen, so war man sich im Falle der erkrankten Lunge zunächst nicht im klaren, wie diese Ruhigstellung möglich wäre. Bei Sektionen wurde zwar immer wieder beobachtet, daß bei der Öffnung des Brustkorbes mit Einströmen der atmosphärischen Luft die Lunge auf Grund ihrer eigenen Elastizität weitestgehend zusammenfiel, wusste aber kein Mittel, um dieses Phänomen beim Lebenden auszulösen. Erst dem italienischen Forscher P o r l a n i n i war es im Jahre 1894 vorbehalten, durch Einbringen von Luft in den Brustraum die dort herrschenden negativen Drucke den atmosphärischen anzugleichen und den gewünschten Lungenkollaps (Zusammenfallen der Lunge) herzustellen. So wurde um die Jahrhundertwende der erste Pneumothorax - oder auch "Gasbrust" genannt - angelegt. Erst deutschen und dänischen Forschern, so besonders B r a u e r und S a u g m a n n , gelang es, das Verfahren weiter auszubauen, so dass es allmählich praktisch zur Anwendung kam. Heute ist das Pneumothorax-Verfahren, welches ein- und doppelseitig zur Anwendung kommt, längst Allgemeingut der Ärzte der ganzen Welt geworden. Auf Grund der von uns gemachten Erfahrungen wissen wir, dass die erkrankte Lunge im Gegensatz zur gesunden die Eigentümlichkeit hat, maximal zusammenzufallen, sofern nicht Verwachsungen sie daran hindern. Es wird auf diese Weise eine optimale Ruhigstellung des erkrankten Lungenteils auf Grund einer äusserst einfachen, operativen Methode erzielt. Die Luftnachfüllungen geschehen mit Hilfe eines Pnth.-Apparates. Ein gewisser Nachteil dieser Methode besteht darin, dass die regelmässigen Luftnachfüllungen über Jahre hindurch durchgeführt werden müssen. Die notwendige Dauer dieser Behandlung schwankt zwischen drei und fünf Jahren. Allerdings ist der Kranke während dieser Zeit nicht ständig an die Sanatoriumsbehandlung gebunden, da die Pnth.-Nachfüllungen nach der Entlassung aus dem Sanatorium ohne weiteres ambulant erfolgen können. Die Heilungsergebnisse, die wir erzielen, sind hervorragend, die cavernösen Lungenprozesse kommen im Laufe dieser Zeit zur allmählichen Rückbildung und schliesslich zur Ausheilung. In manchen Fällen wird jedoch wegen bestehender Verwachsungen zwischen Lunge und Brustwand ein idealer Lungenkollaps nicht erzielt. Durch das Verfahren der Endoskopie und Thorakokaustik, welches J a c o b ä u s im Jahre 1913 zum ersten Mal zur Anwendung brachte, sind wir jedoch in der Lage, mittels einer Optik mit Beleuchtungsvorrichtung, die in das Operations-Instrumentarium eingebaut ist, die im Brus traum gele genen Verwachsungen mit dem Auge direkt zu kontrollieren und im Anschluss daran mit der elektrischen Glühschlinge zu durchtrennen. (Fortsetzung in Nr. 8).

AMERICAN JOINT DISTRIBUTION COMMITTEE, MUNICH, PIENZENAUERSTR. 15

den 5. Oktober 1947.

An die
Redaktion
der Zeitung "Unser Leben"
D.P. Sanatorium G a u t i n g

　　　Beiliegend übersende ich Ihnen einen von Dr.A.A.
Neuwirth AJDC Medical Director for Germany an die jüdischen
Patienten gerichteten Brief mit der Bitte, diesen in Ihrer
kommenden Nummer veröffentlichen zu wollen.

　　　　　　　　　　　　　　　　　　I.A.
　　　　　　　　　　　　　gez. Nikola Gyenes.

──────

Majne libe jidisze pacjentn!

　　　Es iz mir zejer gut bekant di monotnkejt fun
Ajer lebn un ich frej mich zejer, wos Ir hot Ajch azoj szejn
baholfn mit an ejgener cajtung. Onhejbndik fun di erszte ba-
szejdene onfangn kuk ich zich cu cu ot der Ajer arbet un
lejn mit grejsn interes di wertfule un gajstrajche artiklen,
wos zajnen geszribn geworn durch Ajch, Ajere chwejrim fun
andere nacjonalitetn wi ojch fun Ajere erste. Ajer cajtung
git a genojem bild fun Ajere prob lemen un wejtogn, welche
zajnen mir azej gut bakant.

　　　Mir, d.h. der Medical Department fun JOINT un
der gezundhajtsamt fun C.K., unter der lejtung fun Dr. B.
Pliskin, mit welch mir arbetn zejer eng cuzamen, un in der
lecter cajt hobn mir zich afile gemejnzam aribergecojgn
in a najen arbetsplac in der Pienzenauer-Str. 15 in München,
bamijen zich mit ale undzere kojches cu lindern Ajere lajdn,
un cu bafridikn Ajere badirfniszn. Wen dos gelingt undz ober
nit ganc, iz dis nit undzere szuld.

　　　Es iz Ajch awade bakant, az mir zajnen nor a
frajwilike organizacje, wos ken ojsibn ir tetikajt nor in di
ramen fun a oficjeler organizacje un zajendik ir unterge-
ordnet. Azoj arum zajnen undzere hent gebundn. Mir hobn
szojn mermols geprift ajncufirn gruntzeclache enderungen in
Ajer lage, ober mir zajnen nit gewezn bykojach cu bazajtikn
di dermonte hinderniszn. Culib dem muzn undz　　　　in gebn
mit der ekzistirnder lage un muzn mir undz bamijen in ot di
enge ramen cu tun undzer meglichstes. Ober troc di ale
szwerikajtn bakumt Ir doch a gresere cutejlung, wie ale lagern un wen s'woltn Ajch bakant zajn di grejse szwerikajtn
fun farzorging, transport un andere, wolt Ir gekent richtik
opszacn undzere bamijungen. Mir weln ojch lehabo bamijt
zajn cu rezerwirn far Ajch dem erszten plac, hagam undzer
optejlung iz farflichtet cu zorgn far zejer a grejsn col
fun andere kranke, wos lajdn zejer szwer unter di ojswir-
kungen fun di szrekliche kacat un deportacjejorn un unter
di krankhajtn, wos zajnen baj zej geblibn chronisze, genoj
wi baj Ajch.

　　　　　　　　　　　　　　　　　　　　(fortzetzung in Nr. 8).

Men tor ojch nit fargesn undzere milchome- un andere inwalidn.
Es iz undzere flicht cu farzichern far ot di menczn, far welche
es zorgt nit kejn szum meluche, a wirdikn lebn.

Der ungehajerer mangel in medikamentn, conerctlichn
material un azej wajter lastet ojch ojf undz zejer szwer. Wu nor
es felt baj der bahandlung fun a jidiszn pacjent welche s'iz zach,
gebn mir undz di greste mi cu helfn. Mit penicillin, streptomycin
un andere enliche, zeltene medikamentn ojs undzere forratn hobn
mir szojn asach undzere brider geratewet dem gezundhajt un afile
den lebn.

Dos alc dercejln mir Ajch nor derfar, kdej Ajch cu gebn
a bild fun di kunstgrifn, wos mir muzn nit ejnmol onwendn, kdej
cu kenen mit undzern zejer baszrenkten budget ejnikermosn bafridikn di ale badirfniszn, welche es brengt jeder tog mit zich
ojfsnaj.

Cum szlus wolt ich noch gewolt barirn a frage, wos in-
teresirt Ajch alemen un iber welche der row fun Ajch hobn nit di
richtike forsztelung. Es handelt zich do in der ongelegnhajt fun
kuracje-ojfnthalt in der Szwejc. Es iz a toes, wen men glojbt az
a TB-kranker ken gehejlt wern nor in der Szwejc, oder az an
ojfnthalt in der Szwejc ken di hejlung baszlajnikn. Lyhejfech,
es iz szojn lang erwizn geworn, az dos beste iz, in fal fun a
lungentuberkuloze di krankhejt dort cu hajln, wu men iz krank
geworn. Klimatisze ojfrajoung iz zogar far a grejsn tejl kranke
geferlach. Wos iz nojgeja andere umsztandn, darf a jeder wisn,
az di ferflegungslage iz ojch in andere lender gor nit a glen-
cende. Ir kent awade lezn dariber in di brif fun Ajere frajnt,
wos gefinen zich in der Szwejc, az kalorjemesik basztejt ejgnt-
lich kejn mamoszesdiker unterszejd cwiszn zejer lage dort un
Ajer lage do. Un wen fargegenwertikt zich zejer dortike izoli-
rung in a fremder swiwe, on frajnt un bakante, d-arft Ir zich
beemes filn gliklich, dos s'iz Ajch derlojbt cu lebn in der
noent fun Ajere miszpoches un Ajere gelibte menczn. Di toesdike
ojffasung fun der elterer medicin, dos di Szwejc hot di beste
badingungen far bahandlen dem TBC lebt in di krajzn fun di
nit-mewinim wajter un iz ojch fun Ajch ibergenumen geworn.

Tuberkuloze wert dort gehejlt, wu s'wert ongewendet
moderne un fachmenisze bahandlung. Tuberkuloze wert gehejlt nit
durch gebirg-un welder-luft, nor durch rechtcajtike terapie un
antszprechnden sanatorie-regime.

Majne libe jidisze pacjentn in sanatorium Gauting!

Ir blajbt ojch wajter undzere hojptzorg un mir weln
zich awade bamijen cu machn jedn pruf, kdej cu farbesern Ajer
lage. Ojch lehabo blajbn mir ksejder grejt ojscuhern Ajere wunczn
un bakoszes un mir betn Ajch undz antkegn cu bringen Ajer far-
sztendnis far di umbawingbare szwerikajtn, wos sztejen undz zejer
oft in weg baj undzer arbet. Nor durch a chawerisze mitarbet wet
Ir undz kenen unterszticn in undzere bamijungen.

Dr. A.A. Neuwirth

AJDC Medical Director
for Germany.

Kedves zsido betegek!

Röviden szolhatok czak Hozzatok, jiddisül nem ertökhöz.
Tudom, hogy mik a gondjaitok es erönkhöz kepest segiteni
is akarunk. Hogy ez nem egeszen ugy sikerül, ahogy akarnok,
nem a mi hibank. Mi czak egy masik szervezet kereten belül
fejthetünk ki tevekenyseget es ezzel mar mindent megmagyaraz-
tam. Azonban nem nyugszunk addig, mig helyzetetekben lenyeges
javulas nem all be es ezert a jövöben is teljes bizalommal
lehettek irantunk.

Dr. A.A. Neuwirth
Medical Director
for Germany.

===

S' is hameszech fun kacet!

    Unter geszlosene mojern,
    in szpital ojf a bet;
    gejt majn jugnt farlojren,
    s'is hameszech fun kacet!

        A gancen tog lig ich in bet,
        un ch'kuk durchn fenster arojs,
        cajtnwajz warft mir di zun a glet,
        un cajtnwajz mir dacht, zi lacht mir ojs.

    Wen falt cu di nacht,
    dacht zich az kajn mol wet szojn togn,
    az ajbik wet finsternisz hobn di macht,
    chocz noch di zun wet kadisz zogn;

        Un az di zun kumt endlich wider arojs,
        un gejt ojch majn cimer forbaj,
        wi a gefangen fojgele benk ich dan arojs;
        ci zajn mit menszn ojf der fraj.

    Unter farnachte geszl sene mojern,
    wajt fun menszn un lebn;
    gejt majn jugnt farlojrn,
    cuzamen mit majn hofnung un sztrebn.

Icchok Gitelsohn.

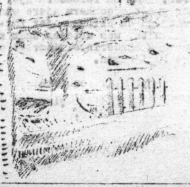

Jan Kittel, por.

REFLEKSJE NAD U.N. (Narody Zjednoczone)

          Wielkim celem drugiej wojny światowej, była
organizacja trwałego pokoju, opartego na wolnym związku narodów.
Z oparów wojennych, z tragedji i cierpienia wyłoniła się wielka
wizja - zjednoczonego, sfederowanego świata, wizja rządu międzynarodowego (światowego). Jeszcze w czasie wojny zagadnienie federacji światowej, a przedewszystkiem sprawa zorganizowania trwałego pokoju, była przedmiotem szerokich studjów i długich dysku-
syj. Krytykowano Ligę Narodów, przygotowywano plany organizacji
silniejszej, któraby rozporządzała silną egzekutywą i policją-mię-
dzynarodową. Wyłonił się wreszcie plan Narodów Zjednoczonych,
plan nowej organizacji. Już przed konferencję w San Francisco,
która odbyła się w maju 1945 r. nie brakło i głosów krytycznych.
Na konferencji w San Francisco poprzednie plany, ustalone między
Rosją, Stanami Zjednoczonymi i Anglią w osobnej konferencji w
Dumbarton Oak, zostały nieco uzupełnione i wreszcie latem 1945
powołano do życia Organizację Narodów Zjednoczonych. Wśród
ekspertów zagadnień międzynarodowych wyłoniły się dwa obozy -
obóz realistów i obóz perfekcjonistów. Tak zwani perfekcjoniści
zarzucali, że taka organizacja Narodów Zjednoczonych jaką plano-
wano i powołano do życia nie będzie w stanie sprostać wielkim
zadaniom zorganizowania i utrzymania pokoju światowego, że nie
spełni ona nadziei ludzkości spragnionej zgody i pokoju. Ostrze-
gano, że tę zw. "Charter", czyli konstytucja Narodów Zjednoczonych nie zapewnia należytej obrony interesów narodów małych i
słabych, że narody małe będą w sytuacji gorszej niż w Lidze
Narodów. Perfekcjoniści przepowiadali też i słusznie, że organ.
Narodów Zjednoczonych w tej formie w jakiej powołano ją do życia,
nie będzie dość mocnym systemem, któryby był w stanie zapewnić ·
trwały pokój. Realiści zarzucali perfekcjonistom, że są przeciwni-
kami Narodów Zjednoczonych, że szkodzą wielkiej sprawie, że należy powołać taką organizację do życia, na jakie warunki polityczne
pozwalają i później starać się organizację ulepszyć. Perfekcjoniści ostrzegali, że doświadczenie Ligi Narodów uczy, że błędy
poczynione przy założeniu organizacji stać się mogą łatwo
przyczyną jej upadku, i że wreszcie nie należy przesadzać w
optymizmie, i od początku przewidywali, i od Narody Zjednoczone nie
będą mogły w pełni sprostać zadaniom. Oczekiwano w czasie wojny
planów organizacji silnej, organizacji, któraby była zaczątkiem
federacji narodów świata, któryby umiała położyć podwaliny pod
gmach przyszłego rządu światowego. Stworzono organizacje słabą.
Jeszcze w czasie konferencji w San Francisko aresztowano 16-stu
kierowników Polskiej Akcji Podziemnej przeciw Niemcom, którzy w
dobrej wierze ujawnili się władzom, osadzono ich w Moskwie.
Padły słabe protesty. Wodza Czetników, generała Michajłowicza
rostrzelano z rozkazu marszałka Tita, zanim trybunał międzyna-
rodowy w Norymberdze zdołał osądzić niemieckich zbrodniarzy
międzynarodowych. Nie było, oficjalnych protestów. Z drugiej
strony sprawa żydowska, pozostałych przy życiu ofiary. Nadal trwa-
ją targi o charakterze politycznym bez rozwiązań tej palącej sprawy. Można byłoby moc podobnych spraw podać dla przykładu. Jest w
Narodach Zjednoczonych komisja, która się nazywa Komisją Praw
Człowieka. Ale Komisja Praw Człowieka nie zechciała się jakoś
zainteresować prawami tych ludzi, którzy walczyli i cierpieli o
Narody Zjednoczone. Kiedyś, pół wieku temu - sprawa jednego

człowieka, sprawa kapitana Drejfusa, niesłusznie zasądzonego ru-
szyła sumienie świata. Po drugiej wojnie światowej ludzie byli
zmęczeni, wyczerpani cierpieniami, tragicznie przywykli do nie-
godziwości i niesprawiedliwości, moralnie bierni. Komisja praw
Człowieka Narodów Zjednoczonych nie stała się sumieniem świata.
Jakże inną jest ta instytucja Narodów Zjednoczonych od owej wielkiej wizji, którą mieliśmy przed oczyma w czasie wojny. Spodzie-
waliśmy się organizacji silnej, któraby umiała obronić człowieka,
jednostkę przed wszechmocą państwa. Nauczyło nas doświadczenie
faszyzmu, że własne państwo może być także groźnym ciemięzcą.
Wierzyliśmy, że Narody Zjednoczone będą naprawdę jakimś zaczątkiem Federacji Świata, prawdziwym gwarantem pokoju i wykonawcą
sprawiedliwości dla ludzi. Oczywiście rozumieliśmy wszyscy, że
nowa Liga będzie miała początkowe swoje wady, mało kto spodziewał
się jednak aż takich bezsilności. Zamiast stać się terenem kon-
struktywnej pracy, była i jest terenem rozgrywek politycznych "
"Wielkiej Trójki". Kto ponosi winę w tym zespole, nato ma każdy
z nas swój osobisty pogląd, faktem jest, że już najmniej mówi
się teraz o słowie zgoda i współpraca. Trudno widocznie ludzkość
"zamało cierpiała", że musi przyjść nowy kataklizm na miarę
światową, aby wreszcie zrozumiały narody, że li tylko zgodą i
współpracą opartą na sprawiedliwości, zbudują pokój przyszłym
pokoleniom. Może, dałby Bóg, zgoda i pokój nadejdą bez strasz-
nych wstrząsów, a więc trzeba nam żyć dalej nadzieją na wymarzone
przez nas, błogosławione "jutro pokoju, wolności i sprawiedliwości."-

Z A D Y M K A.

Dnie wicher w przydrożne drzewa,
Śniegiem zasypał już drogi,
Chmurą jak płachtą powiewa,
A śniegiem sypie pod nogi.

Czy mu pozwolisz próg chaty
Dotknąć ustami suchymi,
Zdjąć śniegiem przemokłe szmaty
I zasiąść znów między swymi?

Przez pola w zadymki tumanach
Ktoś brodzi przez śniegu morze
Zatacza się jakby był w ranach...
Czy mu pozwolisz dojść Boże?

Czy mu pozwolisz, o Boże
Poprzez zawiei tumany
przejść kroków parę tych może
I ujrzeć dom ukochany,

Czy też w zadymki chaosie
W tułaczej tej poniewierce
Ze skargą w zastygłym głosie
przestanie bić ludzkie serce?...

H. MIERZWA.

Profesor J. Klojzner
Jidisz F. Eichenbaum

Der Jiszow in der golut in di entszajdungs szoen.

Di sziserajen in bombn ojfrajsn, rewizjes in szperes, merderaj n in rojberajn, onfaln in nacht szperes, in di forchtige teg in szrekliche necht kumt for in Erec -Jisroel der "Kinus olami, lomdej hajhudim" in der kinus "Olami hachinuch" un cididozike kinusim kumen hunderter gelernte, lerer k'mat fun ale jidisze kibucim, un unter di dinern fun bombn zicn hinderter jidn alte in junge fun Erec un fun galut in baratn zich iber injonim fon wisn, literatur, bildung un erciung. Zet den di zach niszt ojs wild? Iz den ict a cajt cu wisenszaftliche kinusim? in erciung baratungn? Mase jadi towim bajam w,atem omrim szira."

Ich mejn az do hot gewirkt der instinkt fun egzistenc ophitung, wos erwekt in unzer folk in jede szo fon sakone far ir.

S,iz noch nisz do kajn nowi cwiszn unz wos zol kenen on cejchnen di genoje date fun der jidiszer meluche entsztejung, un dos gesztalt wos di medina wet hobn, ober men darf niszt zajn kajn nowi b-chdej oncuzogn dos di g,ula iz noent, S,iz do a gefil dos di peri iz szojn cajtik ojfn bojm, un zi ken szojn ner zich niszt haltn ojf di cwajgn. Di "Medina" wet geszafn wern in ejnige teg. in ojb di cionistisze onfirer szaft wet niszt maskim zajn cu a getejlter klejne medina wet niszt adurchgehen fil jorn in s,wet entsztehen a Jidisze medina in Erec-Jisroel. Kejner ken niszt obhaltn fin ir entszteung in der nmentster cukumft, nur a blinder zet dos niszt.

In cuzamenhang mit di dernejterung finm farwirklichung fin der jidiszer Medina erwekt zich di grose, tife in harbe szale.

Wenig fon inz glojbn wi ich, az der golut nemt a ende, in der kibuc Galiut wet kumen, ober s,iz niszt logisz cu trachtn, az di finf milion jidn fun Amerika, di cwei milion fon Sowiet Rusland, in di hindert tojzent Englisze jidn, dorim afrika, Frankrajch, Ungarn, Rumenje, Pojln, Maroko, Tunis, Alszir, Sirien, Irak, Tejman, un and. weln ferlozn zejre wojnungs lender fun hajnt cu morgn in weln ojle zajn noch Erec-Jisroel. Der golut ende wet zajn langzam in zich szlepn, un niszt wenik jorn weln noch lebn milionen Jidn in chuc-l, arec.

In azoj lang wi Erec-Jisroel iz gewehn in Englisze hend, un der jidiszer jiszuw in Erec-Jisroel hot zich gesztict ojf di jidn fon chuc-l, arec niszt blojz in matriele mitlen, nur ojch in umojfherbarn sztrom fun ojlim, iz der unterszid cwiszn galut in Erec Jisroel gewen azoj merkbar wajl sof kol sof zenen mir in Erec Jisroel ojch gewen farszklaft cu fremde, welche hobn gekent opszteln di alija, un unz cwingen az mir zoln lernen zejer szprach in literatur in unzere szuln, in di fremde hobn basztimt unzer lebn in land lojt zejer wiln in zejer cil. Ober ict kumt di cajt fun entsztehen a jidisze medina, s-kimt di cajt fun aropwarfn dem fremdn ol. In cuzamen mit dem wert unz klor dos mir hobn frier niszt getracht: dos ein jidentum ken wern cwej jidentums. Azoj besztejt di zach: durch der jidiszer

medina wert dos jidisze folk cu cwj felker. Fun ein zajt: a folk
wi ale felker, a folk fun a zelbsztendike medina, un a zelbsztendike medina, un a zelbsztendike regirung, a folk wos hot meluche-
sze un diplomatisze baciung mit nonte in wajte felker, azoj wi
s,hot merwenig jede zelbsztendige meluche, dos sztimt, di jidisze medina iz ophengig ojch fun di medinot fun di szchajnisze
felker, ober sof kol sof iz es a specjele medina far zich.

Di jidisze medina hot niszt blojs sztet un sztetlech
azojwi in galut, nor hot ojch derfer in moszawot, kwucot un kibucim, zi hot bodn, industri, jam-wegen, fisz-fang un desglajchen.
Ir felkerliche ekonomi iz ojch ophengig fun onknipen handlsbaci-
jungen mit andere felker. Ober di jidisze folkseconomie endert
zich culib fil taamim fun andere felker weil der jidiszer pojer.
iz niszt glajch cu andere pojerim, er endert zich mit zajn arbet
in bildung fun andere pojerim, un ojch der jidiszer handwerker
un sojcher zenen in der natur in lebensfirung andersz wi der
handwerker un sojcher fun andere felker, un a specjele szprach
hobn di Jidn in di specjele jidisze medina, un in der szprach
szafn zej literatur un wisenszaft specjel in zejer min. Ojch
specjele handwerkeraj entsztejt bislechwajs in di jidisze medina, azoj wi es gefint zich in jede fraje medina fun a mer wenig
zelbsztendig folk. Un dos spicjele sztatlichkejt, un spicjele
ekonomisze lebn tut maszpije zajn ojf di specjele felkerliche
bildung wos zi fon ir zajt tut maszpije zajn ojfn melucheszn un
ekonomiszn algemejnen lebn, wajl in unzere teg wi s,herszt di
"technizacje" iz niszt nojtig ekstra arojscugejbn a bafel ojs-
cufiln di wisnszaft in algemejnen un in melucheszn lebn.

Azoj iz di zach baj ale felker, un azoj wet ojch zajn
baj di Jidn, in a jidiszer medina.

Un zoln mir onnemen, dos di jidisze medina wet niszt
zajn azoj klejn in onfang wet zi arajnemen 2 miljon Jidn wajl
s,weln zich dort gefinen a badjatende col niszt jidn.

Cum hajntign tog, nochn umbrengen fun 6 miljon jidn in
eropa zenen noch ibergeblibn 11 miljon Jidn in der gancer welt,
un zoln mir onnemen az in ferlojf fun dem dor wet zich szojn
niszt minern di col Jidn , un azoj wet zajn 2 miljon jidn in
Erec -Jisroel gegen der col 11 miljon in galut. Alzo fun ein
zajt: ajn jidisz folk, wos wet zajn a folk wi ale felker wet
zicn in ir land wet hobn an ejgene meluche, ir ejgene ekonomje
ir specjele religje dem "dat Mosze w. Jisroel" un ojb ba anander
folk fernemt di religje nur ejne fun di choszewe erter -zol zajn
fon di choszewste- in lebn fun folk, ober di religje fernemt
niszt dem ort fun gancn felkerlichn lebn, un zi kumt niszt ojfn
ort fun sztatlichkajt un ekonomje, szprach, wisn, literatur in
kunst.

Un di cwejte zajt: dos cwejte jidisz folk wos zict niszt
in ir land hot ojch ir ejncige un spicjele felkerliche szprach,
wajl kejnem wet niszt faln ojfn gedank az ale Jidn fon di galut
lender weln redn nur hebrejisz oder lcholhapachot, wet dos zajn
zejer ikar szprach; am hechstn, wet hebrejesz zajn a cwejte ba-
nicungs szprach, in dos cwejte Jidisze folk, wet niszt hobn ir
ejgene sztatlichkejt - di sztatlichkejt finm gegejbenem Jidiszn
kibuc. Un dos cwejte Jidisze folk wet ojch niszt hobn ir ejgene
folks ekonomje, wajl di pjrim, arbeter, handwerker un sochrim
funm gegebenem land, zej weln zajn di ojfhalter finm felkerlichn
ekonomi funm gancn land. Un in a spicjele herszende szprach, un

a specjele ekonomi wet ojch di fremde kultur hobn ojf di jidisze
minderhajt a grojse asimilirnde haszpoe. Der ejnciger fon der
oder lchol hapachot der hojpt far der genclicher asimelacje wet
zajn di religje, un azoj weln sztejn ejne gegen iber dem cwejtn
"ein Jidentum fun cwej miljonen Jidn wos weln hobn ale priwileg-
jes fun a folk, szprach, sztatlichkejt felkerliche ekonomje, literatur in wisenszaft, un di religje wet nur zajn ejne fun di
specjele prewilegjes fun dem "Jidentum". Dos cwete "Jidentum"
fun 9 miljon, wos di religje iz ba ir der ikar fun ale ikarim,
un di szprach literatur, wisn un kunst zenen far ir zachn fun
cwejter madrejge.

Iz den meglich dos es zol niszt kumen cu a ris cwiszn
"Jidentums" a ris wos zol niszt kenen farmitn wern?

Jeder meszinediker najer ojftu fun di "Hebrejer" un
JIDN wos iz geworen geszafn in Amerika. wos in zajne trit gejt
a grupe emet niszt kajn grojse - fun unzere jugent in Erec, wos
zej zenen niszt nur di "Szillej Hagalut" nur ojch di "Szille
Hegola" un ir ganc jidiszkajt jedes mesikendike najes in der
szpic fun asimelacje, iz den niszt kajn zorgendiker siman fun
dem kimftign ris, wos gejt in wert ferwirklicht cwiszn di cwej
minim "Jidentums" wos wet gejn in wuks mit di sztatliche zelb-
sztendikejt fun unzer folk in Erec-Jisroel?

Der felkerlicher instinkt fun di Jidn merkt un szpirt
es, un di beste fun folk prifn makdim zajn di refue far der
make, un culib dem rufn di Chachmej Jeruszolajim in di pedagogn
fun Erec welt kinusim, wegn jidisze wisenszaft in felkerliche
hebrejesze ercijung durchn instinktiwn gefil. wos kimt niszt
durch di zochere ibercajgung bamijen zej zich ojscumajdn dem
ris, wos gejt in wert in folk, b,chdej er zol niszt greser in
brejter wern un cutejln unzer folk cu cwej felker.

Culib dem kumen niszt di kinosim menszn ojf di sziserajen un bombn ojfrajsnsztechl drotn un szperes un noch andere
pgaim. Der instinktiwer gefil fon obhitn dem "kijumhalumi" zokt
zej inter az di szo iz anentszajdings szo, farn jidntum: es er-
wart ir di sakone finm gajstign ris, gegen welchn men darf
kajgenwirkn kol zman s,iz cajt.

Un wer s,nemt ontejl in di dozike kinusim, un wer s,hot
gezen mit wosere mesirot nefesz zej zenen gekumen cuforn fon di
wajte erter, un es hobn ontejl genumen di Jidn fon galut, mit
wos farasimche zej zenen geworn ojfgenumen durch di Erec-Jisroel Jidn wet anerkenen in wisn az do iz gegangen mer wi dos
arajntrachtn zich wegn wisn un ercijung. Do iz gewejn di sztarke
zorg un festn wiln cu farejnikn di cwej minim Jidentums. Do iz
gewen di sztrebung ojscumajdn dem ris cwiszn Erec-Jisroel in
galutwos gejt in szaft zich un unzere teg un in unzere ojgn.

Un s,iz nor do cu hofn az der instinktiwer gefil wet
iberkern cu a zichere felkerliche onerkenung, az s,wet zich
noch mer farfestign der bunt cwiszn di Erec-Jisroel Jidn und
galut Jidn. Der Erec-Jisroel Jid wet ojhern cu szikn in galut
szeluchim wegn geld zamlen, nur wet ojch szikn lerers, szrajb-
bers un kincler, wos weln mkarew zajn dos Erec-Jisroel bildung
cum gajst funm galut Jid, un ojch di golut Jidn weln szikn noch
Erec-Jisroel niszt blojz geld nur ojch menszn. Jede choszewe
kehule in chuc larec wet szikn noch Erec ejnem oder cwej fon
ire beste zun un techter dos zej zoln ajnzapn di luft fun Erec-
Jisroel, dem gajst fun szprach di literatur un unzer wisenszaft.
Zej weln curikkern in zejere lender bahawnte in di felkerliche

szprach un in di felkerliche szitfesdike bildung un zej weln lernen zejre bruder in galut ditorat jisroel wos zi iz b.ikra Torat
Erec-Jisroel: Niszt blojz a tojre wos becit zich ojf bicher nur
a lebedike Tora fun a lebedik folk, wos ir szprach iz lebedik un
ir foterland wet ojfsztehen cu a sztatliche ojflebung un gajst-
lichkajt wi ejns

Jeruszolajim Talpijot kaf b.elul
t,sz, zajin.

R E F L E X I O N E N.

        Die Nr. 6 der Patienten-Zeitung "Unser Leben"
ist schön und attraktionsreich, so wegen Inhalt und Form, wie
auch wegen der Tatsache der immer wachsenden Zahl der Mitarbeiter. Wenn man der Reihe nach die Nummer von "Unser Leben" durch-
blättert, stellt man mit Vergnügen fest, daß das Interesse für
die Zeitung wächst, die Artikeln mehren sich, es werden immer
mehr äusserliche und innerliche Probleme betrachtet und behandelt. Wenn man einzelne Artikel aber analysiert - über ihren
Wert und Zweck nachdenkt, fallen einem plötzlich verschiedene
kritische Gedanken ein, die zur Erhöhung des Niveaus der Zeitung und zu ihrer Vervollkommnung beitragen könnten. So sind Kritik und Äusserung von seiten des Lesers eine erwünschte und wertvolle Mitarbeit, sie bezeugen das Interesse und keine Gleichgültigkeit für die Zeitung.

        Ich habe in der Nr. 6 den Artikel von Kama
"Gauting-Echo der Geschichte gelesen und mir verschieden den Wert
dieser ausgelegt. Es ist wahr, daß der Artikel auf Grund der Vorbereitung, Information- und Materialsammlung die Geschichte Gautings schildert und uns über diese Ortschaft, in welcher wir gezwungen sind, eine gewisse Zeit zu verbringen, mehr wissen läßt,
als wir mit unseren Augen sehen können. Es fällt mir aber eine
Frage auf: Für wen ist eigentlich dieser Artikel geschrieben?
Für die Patienten dieses Sanatoriums in erster Linie. Wer sind
diese Patienten? Lebendige Opfer des Nazismus. Wissen alle davon?
Unbedingt! Vergessen manchmal welche darüber? Leider ja! Gerade
in diesem Artikel. Ob hier in dieser Stadt Mitschuldige unseres
Unglücks waren, davon wird nicht gesprochen. Ob die Stadt verständnis für die Patienten des Sanatoriums hat, um ihnen in ihren
Bedürfnissen mit gewissem Sentiment und Freunschaftsempfinden
entgegenzukommen, wissen wir auch nicht. Vielleicht gehören diese Fragen nicht zur Chronik der Stadt und vielleicht sind sie
nicht so wichtig? Sie gehören zur Geschichte und sie sind für
uns die wichtigsten Faktoren in der Gautinger Geschichte. Aber
sie wurden nicht berücksichtigt. Warum?? Ich beantworte mir diese Frage: Weil vielleicht die Fortsetzung mit der Antwort auf
meine Frage in der nächsten Nummer der Zeitung folgen wird. Vielleicht!

H. B l o c h.

TEMPORA MUTANTUR...

Poraz pierwszy w życiu wypadło mi być razem kilka
dni z rzędu z prawdziwymi Amerykanami.
...Komendantem naszego transportu był kapitan, profesor gimna-
zjalny (matematyki i angielskiego) sprawiający wrażenie bardzo
inteligentnego i kulturalnego człowieka. Eskorta transportu
składała się z 4-ech żołnierzy, którzy do swego przełożonego
odnosili się z pełną swobodą. Wszyscy byli Amerykanami.

Gdy w pierwszym momencie zostałam z nimi w wagonie,
czułam się trochę zażenowaną, a może niepewną - z moim językiem
angielskim-. Te uczucia jednak szybko pierzchły pod wpływem
życzliwego i naturalnego ustosunkowania się moich towarzyszy podróży do mnie.

Rozejrzałam się po moim nowym "mieszkaniu"...
Towarowy wagon, kilka polowych łóżek, piecyk w
kącie, kanistry z wodą na drogę... I zaczęłam je urządzać.

Wbiłam trochę gwoździ, pozawieszałam hełmy i mundury,
poustawiałam karabiny równo pod ścianami, ze strachem ich doty-
kając!, poprzykrywałam nasze łóżka, zapaliłam w piecyku!już...
inna atmosfera. Nawet udało mi się zorganizować naftową lampkę.
I można było siedzieć przy ciepłym piecyku i dyskutować na różne
tematy. Żołnierz amerykański orientuje się we wszystkim, na każdy temat ma coś do powiedzenia, o wszystkim coś wie. Podziwiałam
w duchu wszechstronne zainteresowania tych, bądź cobądź, młodych ludzi (19-22 lat). A jak silna jest ich dumą narodowa, co
za pewność siebie i wiara we własne państwo, ustrój! Tej pewnej
siebie dumy narodowej zazdrościłam im - mocno!

Co to jest "koridor" polski - zapytał mnie kapitan
wśród ożywionej dyskusji. W odpowiedzi, przedstawiłam historję
Pomorza od królów polskich poprzez rozbicie dzielnicowe, czasy
nowożytne, odwieczne walki o dostęp do morza między Polakami a
Niemcami, okres rozbiorów Polski, a wkońcu stosunki przed i po

----

J. Nosenson   (Übercezt J.F Ajchenbaum)

Noch im iz awek der cwajter zun.
Ject dint er in keniglichn mili-
ter un dos hojs iz ibergeblibn
leer, farwist. S'iz szojn alt geworn der tink ojf di went un di
amolike klejne hindelech gebojrn
szojn hajnt ojch hindelech in
zejer gesztalt. Nor blojz Jerachmil hot nit chasene gehat, wifil
jorn zajnen szojn awek, zajt er hot farlozn dos hojz, zi wajst
nit, efszer cejn, efszer cwancig; - wer wejst.

"Noch a bisl wert es dojern un men wert im bagrobn" zogt
dos kind.

"Wos? wemen wert men bagrobn? noch wos?" hot zi gefregt.

Di dozike werter zajnen ibergeblibn wi a zejcher fun a cufal
wos hot szojn lang pasirt, un der cufal iz gewen zejer biter;
A rijach fun walerian iz gewen in im,

"Du bist a meszinedike babe" - zogt dos kind. Jerachmiln
wet men bagrobn, farwos fregst du tomid, noch wos? - Un iz glajch
aropgeszprungen fun ir kni mit rigze ojf der podloge iz cu zajn
szenkl mit szpilzachn, wos iz gesztanen in winkl un hot zej ojf-
gemacht.

obydwóch ostatnich wojnach światowych. Podkreśliłam znaczenie
morza dla panstwa wogóle, a dla Polski, będącej krajem młodym,
niedawno wyzwolonym, w szczególności.

      Gdzie chciałabyś żyć, mieszkać - padło pytanie kapitana.
W Palestynie - odpowiedziałam, patrząc obecnym w oczy. Czy z
przyczyn narodowych - ponownie zapytuje. potwierdziłam...Zrozu-
miał...

      To wytłumacz mi. dlaczego Żydzi porucili w swoim czasie
Palestynę - zaskoczyło mnie pytanie.
      Teraz mi się juz "całkiem" mój angielski język rozwiązał.
      I mowiłam o całej historii naszego bytu politycznego,
naszej dawnej swietności panstwowej. potym - upadku, diasporze,
od Tytusa do Torkwemady i.. Hitlera, o naszym odrodzeniu narodowym, neosjoniżmie, o tym całym bezmiarze twórczej. pełnej poś-
więceń. pracy w Palestynie, o wielkich trudnościach, z jakimi
się spotkamy w naszych wysiłkach. Słowa płynęły same... Nie musialam nawet myśleć, co mam mówic. A Amerykanie słuchali... Z życzli-
wym wyrazem twarzy, z uwagą. I mimowoli pomyślałam o tym, że
kiedyś , w noc z 31 lipca na 1 sierpnia 44 r. jechałam w takim
samym bydlecym wagonie. Ale wtedy "towarzyszyło" mi bardzo wielu
ludzi. Żydzi po 120 w wagonie osób i SS - mani stanowiący naszą
straż. Wieźli nas do Auszwicu.. Wargi mieliśmy spieczone, serca
rozedrgane w bezdennym strachu... W takim samym wagonie, w jakim
teraz opowiadam Amerykanom o etycznych wartościach moralnych narodu żydowskiego, jego prawach do samodzielnej panstwowej i
narodowej egzystencji.
      I czułam też, jak te nowe pojęcia kształtują się w
mózgach moich towarzyszy w nowe formy. Teraz będą wiedzieli, czym
jest "koridor" dla Polski. I będą też wiedzieli, że... niema
narodu, który rzuca swą Ojczyznę, nawet gdy jest nią... kraina
mlekiem i miodem płynąca.

      Tempora mutantur et nos mutamur in illis ! ...

                    Sara Koerbel.

Di Froj Zonenberg hot zich ajngekukt in im mit ire ojsgelasene
ojgn un nachher iz ir curik bafaln a driml, zi hot gesznorcht mit
a ofn mojl, a mojl on cejn.
      Dem Kind iz bafaln a szrek far di alte. R'hot arajnge-
sztekt zajn finger in mojl un szpringendik ojf ejn fus iz er
arojs ojfm hojf, onzogn di bsire di andere kinder, az Jerachmils
muter iz gekumen.
      Noch ejnige minutn zajnen arajn inm cimer a chewre
kinder, zej zajnen arajn un hobn zich gesztelt in a rod arum di
szlofndike alte. Cwiszn zej zajnen gewen goldfarbike keplech,
szwarce, blonde un ale hobn gehat grojse sztralndike ojgn.
      Cuerst hobn zej zich gesojdlt in der sztil, nochher
hobn zej ongerirt di altes kop. ire hor, ir klejd, biz zej
hobn ongehojbn cu klapn in der sztil, szrajendik: "babiszi sztej
ojf", "babiszi sztej ojf"!
      Di froj Zonenberg iz ojfgewacht zi hot zich gewundert
zejendik arum zich di chawera Kundisim. Zi hot nit gewust wu zi
iz un cu wos iz zi do. Un wi zi iz arajngekumen in dem cimer nor
bislechwajz hot zi zich ongehojbn in alem cu dermonen.
      -"Ich wil zejen Jerachmiln, hot zi gezogt, kukndik mit
ire halb farloszene ojgn.

Seite der Frau

Dem Schmetterling gewidmet:

Anuschka:

Die geblünte Welt...

Man vergleicht gerne Frauen mit Blumen, man
bringt gerne einem schönem Mädchen einen Blu-
menstrauss, und schenkt ihr mit Worten: "Blume
für Blume".

Woher kommt dieser Vergleich? Sehen wir uns
näher die Blumen an. Stimmt: Sie haben Mädchen-
gesichter.

V e i l c h e n -   sind kindliche Schulmäd-
chen mit schüchternem Wesen.
G ä n s e b l ü m c h e n - junge Dorfmädchen
mit gelbem Haar, welche im Frühling auf den
Wiesen tanzen, lachend und singend ihre weissen
Zähne zeigend.
S t i e f m ü t t e r c h e n - warten sehn-
süchtig, dass man ihre samtenen Wangen strei-
chelt.
N a r z i s s e n und K o n w a l i e n -
mit ihren durchsichtigen Gesichtern sind zarte
Großstadtgeschöpfe, die uns eiligst auf der
Strasse einen flüchtigen Blick schenken - und
weitergehen. Es bleibt nur ein leichter Duft
hinterher.
R o s e n - eine schöne blühende Frau,
S o n n e n b l u m e - eine gesunde - breite
Bäuerin, mit lachendem Gesicht,
L i l i e - eine blasse Nonne,
O r c h i d e e - eine prunkvolle Dame des
High-life.

Was wäre eine Welt ohne Blumen - das wäre das
Leben ohne Frauen, ohne jeden Reiz, Schönheit
und Duft. Eine graue Grosstadtstrasse wird
gleich belebt und verschönt, wenn Frauen vorbeigehen.
Es ist Herbst. Die letzten Blumen sind Astern
und Chrysanthemen - kluge, erfahrene Frauen mit
dem Lächeln der Mona Lisa. Sie verlassen uns als
Letzte. Ihr geheimnisvolles Lächeln sagt: Wir
kommen wieder nächstes Jahr. Jetzt müsst Ihr
Euch mit Eisblumen begnügen. Das sind die unnah-
barsten Frauen. Man kann sie nur bewundern, nie
besitzen!
Und wird mich jemand fragen, was machen die Männer in der Blumenwelt?
Sie sind oft die bösen Hände, die die Blumen
pflücken, um sie wegzuwerfen, oder der Sturm,
der mit kaltem Wind der schweren Enttäuschung ihr
Leben bricht, oft sind sie wie Schmetterlinge,
die sich für keine entscheiden können und sich
bei keiner länger aufhalten, es gibt aber auch
solche, die wie gute Gärtner die Blume zum ewi-
gen Blühen bringen.

ETWAS ÜBER DAS RADIO...

Wir hören viele Bitten, Klagen und Vorwürfe über das
Radio. Dazu sagt nun der Fachmann einiges auf dem Weg über unsere Zeitung:

Man hört immer, das Radio spielt schlecht, das Programm
ist nicht dasjenige, was gewünscht wird und ebenso ist es mit den
Stationen. Ausserdem möchte der eine diese, der andere jene
Sprache bei der Rundfunkübertragung hören. Wer Lautsprecher im
Zimmer hat, möchte Kopfhörer haben, die "Kopfhörer" möchten lieber Lautsprecher, am liebsten möchte natürlich jeder seinen eigenen Apparat besitzen. Sicher wäre es am angenehmsten, wenn jeder sein eigenes Zimmer und sein eigenes Rundfunkgerät hätte, da
könnte er sich die Station nach Belieben selbst wählen und den
Apparat so laut einstellen wie es ihm passt.

Aber realistisch sieht die Sache anders aus. Augen-
blicklich besitzt das Sanatorium 20 Radios, 150 Lautsprecher
und zirka 200 Kopfhörer. Es existiert eine Zentral-Anlage, von
der durch Verstärker den Stationen das Radio-Programm übertragen
wird, wenn nötig gibt man örtliche Aktualitäten durch's Mikrofon.
Die Anlage besteht aus einem normalen Super-Empfänger-Apparat, der
mit 150 Lautsprechern und 200 Kopfhörern belastet ist, daher kann
er auch nur mit grösster Energie die stärksten Stationen weiterge-
ben. So kann tagsüber nur München, der amerikanische Militär-Sen-
der oder andere deutsche Stationen in Frage kommen, auf langer
Welle pflegt noch Luxemburg ein gutes Programm zu geben, aber
auf langer Welle kann man sehr selten einen guten Empfang erzielen infolge atmosphärischer Störungen. In den Abendstunden wäre
es möglich, ein anderes Programm und andere Stationen zu nehmen,
aber wo so vielseitige Wünsche vorhanden sind und Nationalitäten,
muss man sich auf ein allgemeines Programm einigen, denn leider
kann man nicht jeden einzelnen "Hörerwunsch" berücksichtigen.

Es erhebt sich die Frage, ob man dem nicht abhelfen
könnte? Ja, man könnte wohl: Bei den Tages-Sendungen ist lediglich darauf zu achten, dass nach dem Unterhaltungs-Programm der
Apparat auf eine andere Station mit musikalischem oder ähnlichem
Programm umgeschaltet wird. Man könnte bestimmte durch Radio-Zei-
tungen erläuterte Programme geben, und abends wunschgemäss vorher
gemeldete aktuelle und interessante Sendungen einschalten. Man
könnte einmal -- endlich einmal -- indische, russische oder ungari-
sche Sendungen hören. Man könnte auch innerhalb des Sanatoriums
lokale Sendungen einschieben über Probleme, an die jeder interessiert wäre, ebenso örtliche Nachrichten. Damit würde ein Kontakt
zum inneren und äusseren Leben geschaffen, und das Radio würde
seinem ursprünglichen Zweck dienen, zu unterhalten, zu erziehen
und ein sympathischer Freund des Hörers sein.

Wie ist das zu verwirklichen? Es muss von intelli-
genten Elementen geregelt werden, ebenso wie die lokale Zeitung
müsste der Radio-Empfang organisiert sein. Es muss jemand sein,
der sich mit dieser Angelegenheit beschäftigt, um so seinen Kameraden zu helfen, die langen Winter-Tage hier angenehm und abgelenkt zu verbringen.

                                    Ing. Jenö Moskovits.

Henryk Mierzwa.

W GAUTINGOWSKIEJ MAGLI...

Aparaty, szpagaty, krawaty na raty,
szaliki, uliki tylko tu do nabycia.
- Halo! Panie Feluś! Dzień dobry
Panu! Ho, ho. Jak widzę to Pan w
męskiej galanterii pracuje.
- Z przeproszeniem, a z kim mam
okoliczność.
- Jestem Marianna z domu Pśtyk.
- O jak rany Panna! Panna Pśty-
kówna. Przepraszam, a czy panna
jeszcze panna, czy też juz pannie
gruźlica wszystko zżarła?
- A przepraszam, czy pan Feluś się
pyta względem płuc, czy też względem innych względów? Bo jak tak,
to te pańskie uliki zaraz panu na

głowie sos puszczą i będziesz pan jak Beduin w dziąsło szarpany
bez księdza i katolickiego pokropku umierał!
- Cze mu zaraz bez księdza?
- Na a czy to pan Feluś nie wie, że ciotka IRA księdzowskiego
fachu nie uznaje i redukcje wśród sutannowego personelu przepro-
wadza?
- A to szkoda, bo tak to ci choć ten ksiądz kalorie słowem Bożym
dopełnił. Mogłeś se człeku postne intencje wymyślać i jakoś żyłeś,
a teraz?
- Teraz jak kopytami trzaśnierz to ani nikt, świeczki przy łósku
nie zapali ani zdrowaśki nie odklepie. Cheba, że cię ministrant
na tamten świat olejem natrze, albo taki dyrektor od IRO.
- Niech że się panna Mania uspokoi i nie wzywa ciotki IRO nada-
remno, bo kto usłyszy i panne do mamra zamkną.
- Nie zamkną panie Feluś, nie zamkną. Komendantów nie ma.
- Jak to nie ma?
- A tak to, że nie ma. Ten nowy był za porządny na to, aby w
policyjnym fachu pracować, Podobnie z dziur w płocie zabijać - nie
pozwolił i za to go na pysk wyleli.
- No a ten stary?
- Ten stary chciał się w angielskiego króla Edwarda VIII zabawić
i nową panią Sympson poślubił. Za to go starozakonne z wiary
wyklęli i w szeregowca mundur ubrali. Z rozpaczy za władzą i
JOINT-cutajlungen ten ów były pan komendant na urlop wyjechał i.
t.zw. miodowe miesiące odstawia.
- Ale to panna Mania ma wiadomości. No, no. A ktoż to teraz ten
biedny naród do mamra zamykał będzie?
- Kto? Wódz, czyli naczelnik od policyjnych komendantów, panie
Feluś! Ten sam, co to nie pozwolił gruźlicznych bakcyli po per-
sonalnych barakach względem miłości rozwłóczyć.
- Ech, Panny Mani to tylko sprawy sercowe w głowie i ondulowana
szczecina na głowie. Ot ciemna masa i nic więcej.
- No taka oświecona jak pan Feluś to ja nie jestem, bo ja do oświecenia mojego rozumu lampek, za przeproszeniem, z ubikacji
dwozerowych nie kradnę!
- A może panna Mania powie, że ja kradnę. Sam się nocą z musu
na przechadzkę wybrałem do owej wspomnianej ubikacji i omało
bliźniego przez ciemności egipskie nie okokietowałem.

- No już, niech się pan Feluś nie obraża. Ja wiem, że pan do tych
oprychów nie należy, ale odciąć się trochę musiałam. Co do ondulacji, to rzeczywiście uskuteczniam, a to z powodu, że młody lekarz mi pneu daje.
- Czy z przeproszeniem w te ondulacje?
- Głupiś pan, panie Feluś, i wogóle nie rób się pan tym co ryje.
Pod pachę, jako przyzwoita kuracjuszka, pneu sobie pobieram.
- To czemu sobie panna Mania pod pachą ondulacji nie zrobi?
- Bo nie! A pana Felusia, to trzeba by tak do Funk-Kaserne zam-
knać, jak nie przymierzając tego owego Dr. Szora co narod szpilą
po bokach i w brzuch żgał, to jakby pan Feluś tak sobie na wa-
lizach z doktorską parą posiedział, toby się jemu zaraz dowelpów
odechciało.
- A niech no panna Mania tak dużo nie krzyczy, bo spuchnie jak
ta podłoga w negatywnej jadalni; i jak pannie klepki rozbiorą, to
się okaże, że w środku nie, ino smoła!
- Fi! Mondrala w dziasło łechtany.
- A propos panno Maniu. A co nowego w Polsce?
- O nie źle, panie Feluś. Przed paroma dniami inteligentną rozmowę tu z jedną panią prowadziłam, co często do Polski na krajo-
znawcze wycieczki wyjeżdża. Ta mi mówiła: Polska się buduje, tak
tak, i wszystko już jest, tylko im jeszcze gruźlików brakuje!
- No, no. A co ta pani z tą propagandą Ojczyzny, do kraju, też
jedzie?
- Tego nie wiem, ale ludzie mówią, że do Szwajcarii względem
miłości do dziurkowanego sera ma wyjechać.
- Ale pani to mówi tak pachnąco, jak ta Malicka. panno Maniu, a
czyby tak szanowna pani ze mną do teatralnego interesu nie poszła,
na pochyłej podłodze posiedziała, nową scenę zobaczyła?
- Nie mogę, bo wie pan Feluś, że strasznie brudne gadki o tem
teatrze chodzą. Mówię ludzie, że to drzewo, co na sztuczne żebra
dla plastyków przyszło, to na deski porżnęli, podłogę szmalcem
z cykorią, i kakaowym proszkiem wysmarowali.
- To dlatego więcej kakao nie dają!
- Tak, a teraz dalej. Mówię, że te gwoździe do podłogi, to z tego
żelaza Komitety zrobiły, co ludziom w butelkach przyszło na
wzmocnie. A calcium, czyli wapno, to do ścian murowania użyli,
a biedne pacjenty, nawet jednego zastrzyku ani jednej tabletki
nie dostali!
- O rety panno Maniu!
- To jeszcze nie wszystko, słuchaj pan dalej. Z materiału co na
biustonosze i staniki przyszedł poszyli firanki na scenę. Kurtynę panie Feluś, do teatru, to z flaneli, czyli baji zrobili,
z tej baji, toby pacjentki ciepłe desusy na zimę miały. Rozpusta
pana Feluś i tyle, jo teatru przez to iść nie mogę, bo jak pa-
trzę na te kurtynę, to mi się zaraz moje desusy przypominają
i żal mnie taki bierze, że nie czuję nawet, jak mnie sąsiad z
boku w pierwszą krzyzową szczypie.
- No wie panna Mania, a nam to mówili, że ta cała biba, to trzy
papierosy na twarz kosztowała.
- Trzy papierosy, no tak, ale jakby pan Feluś te trzy papierosy
na trzy jajka zamienił i tak długo na nich siedział, azby się
trzy kury wylęgły...
- Panno Maniu!
- Cicho nie przeszkadzaj pan. A jakby te trzy kury cały rok jajka nosiły, jakby się z tych jajek znów wylęgły kury i te znówby
nosiły jaja, to co panie Feluś, czy to nie majątek?
- O rany pana, panno Maniu.
- A widzi pan Feluś teraz żal panu jego jajek, a co ja mam mówić
o moich flanelowych przynależnościach? Nie dobrze jest panie
Feluś i tyle. Wszystko narodowi zabierają, nawet i takie służeb-
nice zakonne, czyli nony, i to zabrali. I co teraz jest. Te nowe
cywilne nony, co się do klasztornego fachu zabrały za łby się

względem konkurencji wodzą, że aż hej.
- E no, tu to się panna Mania myli. Z temi nowemi nonami, to
tak źle nie jest. Bo widzi pani, jak panne taka zakonna śpi-
lą zgała i krew ciągła, to takie przytym święte oblicze robi-
ła, że choć się panny Mani wnętrzności przewracały, uśmiechał
się człowiek, żeby nie ublizyć świętej osobie. A teraz jak boli, to taka nową noną, niby to cywilną, odpowiedzialnie od
Hitlerów oklnę i na sercu się zaraz jakoś lżej zrobi.
- Not tak. A czy to prawda panie Feluś, że w naszym gautingo-
wie jakiś się nowy paw narodził?
- Jeżeli panna Mania nie potrafi pawia od wróbla odróżnie, to
niech się panna lepiej za przeproszeniem, swoją dziurą w płucu
interesuje, a nie polityką. Adieu. Do widzenia się z panią, bo
mi się interes został i nic nie zarobię.
- Do widzenia się z panem, panie Feluś, a jakbym tak względem
tęsknoty sercowej napisać coś chciała, to pod jakim adresem?
- 42, 37.
- To jest numer telefonu?
- Nie, 42 to numer butów, a 37 to numer kołnierzyka do ślubnej
koszuli która mi panna kupi.
- Ale pan Feluś jest reumantycznie dowcipny. Pa!
- Pa, ty moja w ondulacje szarpana...

===

A untergehert geszprech fon Szeker in Stlomazel...

S.   Wi gejt es dir mit di englisze lekcies?

S.   Gane gut, nur mit der belojnung iz abisel szwer.

S.   Wos hejst? es fejlt dir cholile geld oder puszkes?

S.   Nein, dos hob ich danke got genug, nor du iz lajder a
     ander problem. d.h. ich muz gegenzajtig giben a ru-
     sisze lekcie, wos iz far mir niszt fon di gringe zachen...,

S.   Kenst du doch gejben a hebrejsze lekcie? Di szprach
     kenst du doch jo??..

S.   - Jo wen majn szprach lererin wolt gewejn a jidisze dan
     wolt gewejn o.k., ober zi iz doch a ..... D...........
     in dercu bin ich niszt einer ojfn jerid...

S.   Genug geret dworim botejlin, lomir beser rejden wejgen
     ernste problejmen welche sztehen baj unz ojf dem tages-
     ordnung.

S.   Wos mejnst du Komitet?

S.   Take jo, dos mein ich, men muz szafen a plan, bychdej
     zej kurcer cu machen.

S.   Jo, dos iz emes, es iz a wichtiger problejm, in afile
     niszt fon di gringe zachen, gej wejs az cu zej darfmen
     take machen plejner wiazoj zej culejgen ojf K.O. ot
     l,moszel ich hob geklert dos dim mase piczes wet zej
     lejgen ojf ale loo procent in sum sof zenen mir gebli-
     ben di narunem.

S.   Ich hob a szejnem forszlag, men muz zej chapen baj a
     linken sztos, in mit dem welen mir zej mache blu.

S.   Jo, gej chap az es chapt zich niszt, wen ales sztimt in
bestem ordnung. Wen ich szejm zich niszt far zich alejn
wolt ich gezogt dus zej zenen in ordnung,+wajl zej zolen
kenen azoj farteken men zol zej niszt chapen iz niszt
meglich, zej zenen doch niszt azelche fachlajt wi mir...

S.   Sza ich hob a najem forszlag, in duswet zicher helfen,
men muz arajnfiren in a partaj kamf im dus wet zajn a
mitel cum cil.

S.   Jo mit dem bin ich ajnsztimik, emes es wet kosten cajt
in arbajt ober cu erajchen a cil iz garniszt szwer, in
mir welen zej wajzen wos mir kenen.

      Ich hob szojn aglik cum interheren, iz cufelik hob ich
nechten intergehert wikomitetczykes hoben zich curet, wegen lokale injonim in zejer mejnung iz gewejn niszt cu derlozen cu
a partaj kamf wajl ale kranke geheren cum jidiszen folk in men
muz zehen zej cu helfen sznel gezunt cuweren,

      Azoj arim majne libe herrn S. und S. ich zej az ajer
fogenimene arbajt iz umzist. Hert beser a ejce fon a alten Fachman. Leikt zich beser in bet in zejt wus szneler gezunt cu weren,
wet ir glajcher tun.....

                                Mar-Adam,

Mojsze Kapojer zogt az.........

--- Culib der waser szpere welche
iz gewejn in unzer Sanatorie curik
mit a pur wochn, iz Mojsze Kapojer
gewejn gecwigen uncinemen a ful mojl
mit waser... ojf a zapas... in deriber hot er garniszt gezogt in forign
nomer fun unzer cajtung...

--- Culib dem awekforn fun di nones
iz gekumen a ojflebung ojf unzere
ferlibte purlach. Ersztens zej weln
niszt hobn di hejlike-kontrol -
cwejtens zej weln kenen zajn SEPERAT-
ISTN......

--- Di religjeze Jidn fon Gauting hobn niszt genumen a ontejl
ojfn ONEG-SZABAT culib cwej tamim
1. Farwos men hot arojsgenumen dem szabes fon zejre hend.
2. Farwos hot anomen gegejbn ONEG-SZABAT wen es iz di cajt fo
   MLAWE-MALKA.
Nur cugezokt hobn zej dos ojfn CHANUKA-OWENT weln zej zicher
szebezicher.... zicnin der heja....

--- B,dej cu wajzn dos unzere jidisze doktojrim kenen di psicho-
logje fon di Jidisze kranke, hobn zej geszikt nur a klejne dele-
gacje cum Oneg-szabat welcher iz forgekumen dem 15.XI.47 di kranke zoln fergesn dos zej zenen in a Sanatorie.....

--- Culib dem wos di frojen hobn mojre cu zajn in der fincter
werend der sztrom szpere, ladn zej ajn mener b,chdej zej zolen
cunemen di szrek.....

An alle Patienten!

Mit grosser Mühe ist unlängst der Kino- und Theatersaal renoviert worden. Jeder, der den Saal von früheren Besuchen her kennt und der jetzt hereinkommt, nimmt viele Änderungen wahr. Der Fussboden wurde in amphitheatralischer Höhe angeordnet, die Szene vorgerückt, die Türen vermauert, neue Bänke werden angefertigt und viele, viele Kleinigkeiten mehr, die alle der Bequemlichkeit des Publikums dienen sollen.

Ich betonte eingangs: mit grosser Mühe - und wirklich, diejenigen, die Gelegenheit gehabt haben, den Renovierungsarbeiten zuzuschauen, wissen, wieviel Aufwand an Arbeitskräften und Unkosten hierzu erforderlich waren.

Ich möchte an dieser Stelle erst einmal dem Patienten-Komitee meinen herzlichsten Dank aussprechen für das grosse Verständnis, das es dem Umbau des Kino- und Theatersaals für die "Winter-Saison" entgegenbrachte. Besonders danke ich Herrn Bazar, der unermüdlich und mit grosser Initiative die Arbeiten leitete und an allen Stunden des Tages - bei schönem oder schlechtem Wetter, hin- und hergelaufen ist, um das Material zu beschaffen, die Arbeit zu überwachen, vorhandene Mängel auszugleichen, usw. usw.. Ich wünsche, Ihnen, Herr Bazar, auch bei Ihrem nächsten Schritt, einen Winterlesesaal für die Patienten einzurichten, viel, viel Erfolg.

Und Euch, allen Patienten, für welche diese Bemühungen vorgenommen worden sind, darf ich eins sagen, schätzt diese Arbeit bitte, es ist doch für Euch geschehen, - denkt bitte daran, wieviel guter Wille diese Renovierung erst möglich machen konnte, - und denkt auch daran, die Rücksicht zu nehmen, die man von Euch erwarten kann. Und man erwartet nicht zuviel! Bemüht Euch nur, den Saal in Ordnung zu halten, verunreinigt ihn nicht, vergeßt nicht, dass das alles eine riesige Arbeit gewesen ist. Bemüht Euch auch, diese Idee hochzuhalten, daß das Sanatorium einen schönen und behaglichen Kino- und Theatersaal besitzen soll.

Ich wünsche Euch viel Vergnügen zum neuen Saal!

Georg Birenzweig,
Welfare-Officer.

ONEG SZABAT IN SANATORIUM GAUTING.

Szabes, dem 15.11.1947 iz in lokal fun koszern szpajzezal forgekumen der erszter Oneg Szabat in der geszichte fun sanatorium Gauting.

Der Oneg Szabat iz organizirt un durchgefirt geworn durch di jidisze pacjentn fun sanatorium brosz mit ch. Szperling un unzere junge dichterin CIPORA BLOCH., wi ojch mit der mitbetejligung fun lejter fun Kulturamt bajm pacjentnkomitet ch. Bazar. Es hot ojch ontajl genumen (szpecjel gekumen fun Minchen) der h. Dr. Philipp Friedman, mitglid fun kulturamt bajm "JOINT", welcher hot referirt jf dem temat "felkerwanerniszn in der historiszn perspektiw", welcher hot arojsgerufn grojsn interes baj di onwezende. Der Oneg Szabat, welcher iz gewen farzogt mit rajchn program un a zisn tisz (in di ramen fun di meglechkajtn) hot gegebn a meglechkajt dem ojlom, zich cu farwajln ejnige szo in emeser Oneg Szabat-atmosfer.

Der cil fun Oneg Szabat iz gewen der ; welcher hot bedarft chawerisz un gezelszaftlich dernentern unz alemen, cu sztrajen unzere gemiter... un achron, achron, szafn dem gajstign un kultureln center, welcher zol ojsfiln tejlwajz unzere gajstige blojzn.

Es iz do der ajndruk, dos der cil iz tejlwajz dergrejcht geworn. Es wil zich ojch glojbn, dos in di cukunftike Onegej-Szabat weln zich angazirn un aktiwizirn mer chawejrim pacjentn als dem ersztn mol.

Es iz ojch winsznswert ojscudrikn onerkenung far mithilf dem pacjentn-komitet, wi ojch di frojen fun cimer C V, 127 mit ch. Zajcaczkowski berosz, welche hobm gezorgt far der tochniszer zajt fun Oneg-Szabat.

Dow Wasserstein.

=========

O F E N E R   B R I F   C U M   "O R T"

Mit grojs badojern muzn mir ojsdrukn unzer harcwejtog wegn di algemajne farnachlesigung un kejn interese far unzer gojrl.

Es iz szojn foriber kimat 3 chadoszim, wi men hot ongehojbn cu registrirn jf ejnige fachkursn, welche lojt di doktojrim zajnen cugeleant far ejnige pacjen-tn. Wi mir derwisn zich, hot der ORT kejn szum interese, dos di kursn zoln zich onhejbn. Es zejt ojs, az der ORT halt nit far wichtig cu szikn a instruktor far Gautinger pacjenten. Mir kenen nit farsztejn di urzache. Cu zajnen mir erger wi di andere menszn in drojsn? Es zajnen do jugentleche, wos zejer gezundhajtscuszatand hot B.H. jf azejfil dergrajcht, dos zej kenen szojn zajn bszeftigt, etleche szo in tog. Men git zej ober nit di meglechkajt un unterszticung zich ojsculernen a fach, un arajnkumen curik cu dem normaln lebensniwo. Mir haltn es far unzer pflioht unzere gedanken ofn ojscudrikn mit der fuler hofnung, dos der brif wert machn a erfolgrajche wirkung.

Es iz unzer wunsz, dos der ORT zol zich mer farinteresirn mit dem dozign injen un unz szikn a instruktor cum lernen radiotechnik, wajl dos, glojbn mir, iz dos pasige beruf far unz kranke.

Kahan M.   Klein I.
Berkowicz M.   Gerstner M.

DIE KAMERADEN

die in der Zeitspanne vom 15.10. bis 15.11.
1947

in die Ewigkeit eingegangen sind.

GIONIS   WASYLIUS
geb. 1903 in Krandion-Gri-
che
gest. 21.10.47

ZAC   ROSA
geb. 1.8.06 in Zamose
gest. 30.10.47

BOIK   WASYL
geb. 23.4.93 in Cimerzowi-
ce
gest. 22.10.47

WEISS   DAWID
geb. 4.10.14 in Lechovov
gest. 3.11.47

CIUNYK   MARIA
geb. 6.11.26 in Dubiwei
gest. 29.10.47

DR. HUWM   PETRO
g. 11.15 in Tatakiv
gest. 1.11.47.

BEKANNTMACHUNGEN...

Meldung der Zu- u. Abgänge für
die Zeit vom 15.10. - 15.11.47:
1.) Zugänge:
                123 Patienten.

2.) Abgänge:
                102 Patienten.

Mir machn bakant, az Burko Abraham iz ojsgeszlosn geworn fun
di kwuca "DROR" in Gauting far
zajne mißetatn in arbajtslager
Mielec un far nit menszliche
ojfirung lgabe unzere pacjentn
in sanatorium Gauting.
Kwuca "DROR" hot mer kejn szum
gemajnzames mit Borko Abraham.
        Kwuca "DROR" Gauting.
            6.11.47.

Nakladem "Unser Leben" ukaze
sie drukiem powielaczowym to-
mik poezji Juliana Tuwima.
Dochod przeznaczony dla bibljoteki pacjentow.

ANTWORTEN DER REDAKTION...

Cwi Gross, C II, Zm. 102.:
Ihr Brief ist am 11.10.47 vom
Vorsteher des Patienten-Komitees offiziell beantwortet worden.

L.K.
Ihr Artikel wird in unserer
nächsten Nummer Verwendung
finden.

Die Kultur-Kommission beim Patienten-Komitee beginnt jetzt
mit der Einrichtung des Lese-
saals für die Patienten.
Alle Patienten, die an einer
Mitarbeit hierbei interessiert
sind, werden höflichst gebeten,
sich am 28.11.47, um 16.00 Uhr
in der Patienten-Bibliothek
(C II-Dachgeschoss) einzufin-
den.

OTWARCIE SALI

We wtorek, dnia 11 listopada br., po długim pełnym niecier-
pliwości oczekiwaniu, nastapiło otwarcie przebudowanej sali
teatralnej.

Do pacjentów, wypełniajacych po brzegi sale, przemówił z
przybranej kwiatami sceny, przewodni   y Komisji Kulturalno-
Oswiatowej przy komitecie pacjentów - an Bazar.

W krótkich serdecznych słowah powitał zgromadzoną publi-
czność i udzielił głosu kol. Hermanowi który w imieniu Komisji
Kulturalno Oswiatowej i Komitetu Patientów rzucił krótki szkic
powstania myśli przebudowy sali, podkreślil cele przebudowy i
korzyści jakie w okresie zimowym będą mieli pacjenci, siedząc
w ciepłej sali, zaopatrzonej w drewnianą podłogę i scenę
odpowiadajaca teatralnym wymaganiom.

Cierpkim zgrzytem tej uroczystości był list pacjenta Grossa
odczytany przez kol. Hermana. List ten był dowodem, że w tak
małym jak nasze społeczenstwie potrafią się znaleźć ludzie,
którzy pod płaszczykiem troskliwości o dobro ogółu rzucają kłody
pod nogi jednostek twórczych, wprowadzając zamęt, niesmak i
rozgorycenie. Wyczerpującej odpowiedzi panu Grosowi udzielił
kol. Herman ku ogólnemu zadowoleniu obecnych pacjentów.

W imieniu patient   mowił kol. Mierzwa, który przemowienie
swoje zakonczył tymi słowami: "W dniu dzisiejszym, życzyćby
należało, aby dobry duch, który panuje wsród Komitetu pacjentów
i Komisji Kulturalno - Oswiatowej naszego Sanatorium, był dalej
pobódka do twórczej pracy dla naszego dobra.Byśmy w ciężkich
dla nas warunkach życiowych mogli przynajmniej na chwil pare
zapomnieć o naszym położeniu."

Uroczystość zakonczono wyświetleniem filmu.

                                                              RYK.

WIR SUCHEN EINEN KLANGVOLLEN
NAMEN FÜR UNSEREN NEU-RENOVIER'
TEN KINO- UND THEATERSAAL !!!

ALLE PATIENTEN UND PERSONALANGE⁻
STELLTEN WERDEN AUFGEFORDERT,
     AN UNSEREM HIERZU STATT-
FINDENDEN WETTBEWERB ZU BETEILI⁻
GEN.

DIE EINSENDUNGEN KÖNNEN BIS ZUM 15.12.47 EINSCHLIESSLICH ÜBER
UNSEREN REDAKTIONS-BRIEFKASTEN (HALLE A-BAU) ERFOLGEN!

DER BESTE UND PASSENDSTE NAME WIRD PRÄMIERT , DER PREISTRÄGER
ERHÄLT FÜR SECHS THEATERVORSTELLUNGEN JE ZWEI ERSTE PLÄTZE IM
KINO- UND THEATERSAAL!

                                          DIE REDAKTION.

PATIENTENZEITUNG DES SANATORIUM GAUTING

Nr. 10   Gauting, den 15. Febr. 1948.

J. Gz.

Gandhi tot.

In das Durcheinander der heutigen Welt schlug eine Nachricht
wie ein Blitzschlag ein: Gandhi wurde ermordet.

Auf dem Wege zu seinem täglichen Gebet am Eingang zum Tempel
hat eine mörderische Hand mit drei Revolverschüssen ein 79jähri-
ges, geistreiches Leben eines Inders und eines Menschen vernichtet.

Gandhi wurde als Sohn einer indischen Kaufmannsfamilie im Jahre
1869 geboren. Als 18jähriger kommt er nach London, wo er an der
dortigen Universität Jura studiert. Als Advokat arbeitet er 21
Jahre in Südafrika. Zuschauend dem Leben und der politischen
Entwicklung von Indern in Südafrika, zuschauend, wie sie mit
schweren Steuern als "niedrigere Rasse" belastet wurden, erweckt in dem Schüler der europäischen Universität und dem grossen Kenner der Buddhalehre einen begeisterten Kämpfer des Indu-
Volkes. Hier in Südafrika entwickelt Gandhi zum ersten Male
öffentlich seine grosse politische Lehre vom passiven Widerstand. Diese Lehre, welche in den Augen der Europäer sehr naiv
erschien, ist in der Praxis zur grössten Stosskraft des indischen Volkes geworden. Gleiche menschliche Rechte, passiver
Widerstand, Rückkehr zu primitiven Produktionsmethoden, Boykott
der modernen Technik, das waren die Parolen, durch welche Gandhi
zum Führer des allindischen Nationalkongresses und noch mehr
zum angebeteten, geistigen Führer der 400 Millionen Inder wurde.
Mahatma, der Heilige - hat ihn sein Volk genannt.

Mahatma Gandhi hat die volle Einigkeit seines grossen Volkes
erstrebt, welches durch Zerfall in verschiedene religiöse
Schichten gegenseitig feindlich gesinnt war. Gandhi war der
erste, der zu behaupten wagte, dass die Parias, die unberühr-
bare, gleichberechtigt mit anderen Kasten sein sollen. Mit diesem Kampf für die Parias hat Gandhi 6o Millionen Menschen für
den Befreiungskampf gegen England gewonnen. Ausser passivem
Widerstand und zivilem Ungehorsam benutzte er auch den Hungerstreik als Mittel zu seinem Ziel. Dieses Mittel hilft ihm auch,
die zerrissenen Gruppen und Kasten innerhalb seines eigenen
Volkes zu vereinigen.

Gandhi ist vielmals festgenommen worden. Niemals ist er, der
Unbewaffnete, vor der Macht des englischen Imperiums zusammenge-
brochen. Im Gegenteil, niemals konnte England ein Mittel finden
gegen die einflussreiche Macht seiner Lehre auf das indische
Volk. Und so musste England unter diesem mächtigen, geistigen
Druck eine Position nach der anderen opfern bis zum letzten
Akt, der Wiederherstellung der Unabhängigkeit in Form eines geteil-
ten Staates: Indostan und Pakistan.

Gandhi hat gekämpft bis zum letzten Tage seines Lebens für
Frieden zwischen Indern und indischen Mohamedanern. Seine letzte
politische Betätigung, der zehnte Hungerstreik seines Lebens
um des Friedens zwischen Hindustan und Pakistan willen, beendete
er einige Tage vor seiner Ermordung.

Sein bester Schüler und heutiger Premierminister für Hindustan, Pandit Neru, verabschiedete seinen grossen Lehrer mit
folgenden Worten: "Es ist ein helles Licht erloschen, der
Vater von 4oo Millionen Indern lebt nicht mehr, aber seine Lehre wird noch hunderte Jahre nach seinem Tode leben". Und es
ist symbolisch, dass Mahatma Gandhi des gleichen Todes wie der
grosse Buddha gestorben ist, beide hat man ermordet.

— — — — — — — —

Die ganze Welt trauert um den Tod dieses grossen Mannes. Auch
wir DP's, die direkten Opfer einer Gewaltherrschaft, Menschen-
unterdrückung und Tyrannei, beugen unser Haupt über der Asche
des grossen Greises, welcher sein ganzes Leben gegen Kraft und
Gewalt, gegen Rassenhass und Kastentheorien gekämpft hat.

In cuzamenhang mit unzer abrajze kejn Szwajc
winszn mir alen jidiszn pacjentn, ir zolt wi
am sznelstn gezund wern un onhajbn a normal
lebn in unzer fraj land.

(-) Mittelmann   C I
(-) Kahan   C I

Julian Tuwim
Lutnia Puszkina

O, BOŻE NIE DAJ MI ZWARIOWAĆ .....

O, Boże, nie daj mi zwariować!
Głodować raczej i wędrować
Z żebraczym kijem będę.
Nie przeto, bym swój rozum cenił,
Że chcę zachować go, że chcę nim
Górować nad obłędem.

Gdyby mi wolność zostawili,
O, jakbym puścił się, bez chwili
Namysłu, w borów gęstwę,
W płomiennym trwałbym zamroczeniu,
Śpiewał w rozkosznym zapomnieniu,
W bezładnych słów szaleństwie!

I zasłuchany w szumy morza,
I zapatrzony w dal, w przestworza,
W niebiański strop gorący,
Czułbym, że rośnie siła, wola
Jak wicher tratujący pola
I lasy druzgocący.

Lecz bieda w tym, że przed wariatem
Jak przed straszliwym trędowatym
Drżeć będą, wsadzą w klatkę,
Zakują głupka w ciężki łańcuch
I zaczną, niczym psa w kagańcu,
Przedrzeźniać cię przez kratkę.

– – – – – – –

Josef Szperling

POLITISZE REFLEKSN.
(gzen durch a krankn.)

In Gauting fargejen di teg "normal". Jeder Tog derzelber. Wen es
blojt noch in drojsn un di normale welt sztejt ojf cu ir teglecher
arbajt, wen gezunte arbeter-menszn ojf der gancer welt chapn zich
ojf - un zejer erszter bawegung iz kukn ojfm zejger cu hot men
nit farszpetigt - sztejt ojch ojf der tog in gautinger sanatorium.
Er sztejt ojf mit trit fun der dinerszaft ojf di lange koridorn,
mit dem ersztn hust, mit a friszn krecho - er wegt nit un mont nit
kejn sznel ojfsztejn, er trogt nit mit zich di angst far farszpetign.
In Gauting iz faran fil cajt. Fil cajt, ledike cajt, wi ojf dem
ciferblat fun an altn unbaweglechn zejger. –

In drojsn iber dem parkan, iber di szpicn fun sztile sojdesdike sosnes, wos wejen azojfil fun fargangene lebns un szwajgn, azoklen zich
un szwajgn – rojszt und krechot a welt, a kranke welt, wos hot zich
gesztelt ojfm kop un driget mit di fis. Dos blut zект ir in kop arajn

un wer wejst wos zi ken alc opton. Dergejen ojch di szwere hicbarichtn
fun der misukndiker kranker welt durch die eter-waln, biz cum bet fun
gautinger pacjent un flistern, flistern: nit nor du .... nit nor
du.... die gance welt iz krank, zi brent di welt in hojchn fiber
un szpajt ojs teglech miliardn bakterien fun giftign has un cerude-
rung. Un es wachn iber ir ceglitn guf, di grojse profesorn fun politik. ~ztopn zi mit tabletn un szprion, fun welche zi ceglit zich
alc mer un mer - un kejn r e f u e i z n i t d o.- - -

Ojf cwej jesojdes sztiet zich di medicins diagnostik un heilung.
Bichdej ou kumen cu cwejtn muz men festszteln dos erszte. Nit ale
mol gelingt es, merstens lozt zich di diagnostik jo festszteln -
un ojch dan ken men nit hejln.

Di diagnostik fun a kranker welt iz f~ran, zi hejst:
s z p a l t u n g .

Di fizik iz cugekumen bizn szpaltn dem atom - di politik bizn
szpaltn di welt. Cwej blokn, m i z r a c h un m a j r e w .

Ligt zich di cerszpoltene welt ojfn operacje-tisz. Fun ir gerszpolte-
nen guf trogt zich a giftiger rojoch, a gemisz fun naft un ejlgazn ...
wos wartn ojf a funk, bichdej ojfcurajen un umbrengen dem pacjent
cuzamen mit zajne chirurgn.

Un di arumike miszpoche-menszn fun chorewn welt-pacjent brechn di
finger un betn baj di profesorn: nejt cu dem ojfgesznitenen guf, hot
rachmones; nejt cu di gazn zoln nit aroje, er ken doch noch ojfrajen..

Un di profesorn szoklen mit di glancige plichn in der brejt, n e j n
un n e j n !

Di ejncige refue iz c e t e j l n den guf in c w e j tejln.

Un zej majstrewen fiberhaft mit di instrumentn, der guf fun pacjent
krechct, git aroje meszunedike kejles, wi er wolt zich gebetn lozt
mich, - - ober es helft nit - di operacje gejt wajter un . . . .
g e s z p o l t n .

Ejn tejl mizrach, ejn tejl majrew - - r e c h t s - l i n k s .

Di profesorn wiszn zich dem szwajs oufridene, di operacje iz gelungen.
- - -

In Gauting politikirt men nit. In Gauting tracht men ober fil, trachtr
ken men baj jedn gezundouszt~nd - farkert wos erger dos gezund als
intensiwer dos trachtn.

Ligt der pacjent a priczmeleter un zet un filt dem ganen szojder fun
der drojsndiker welt un er dermant zich wifil chalojmes wegn der do-
ziger welt er hot zich geszafn dan, wen men hot im glajch fun kacet
ajngelifert in ~anatorium. Cerunen zajnen zaj di dozike halucinacjes
wegn a welt fun jojszer, szolem, un ruh. - - - Tulek er zich fester
cum klejnem hartn kiszn fun zajn bet un kukt ojf dem sztikl tribn him
wo zet zich durch zajn fenster, ojf di ejbik grine sosnes, wos
szoklen zich rojszend un dercejln in der farnachtiger demerung, wegn
fargangene lebns, wegn a chorewe welt - ojch fun jener zajt parkan.

- - -

     Es cindn zich lichter in di fenster fun gautinger ~anatorium.
     ~: kumt on di nacht . . . . .

Wir und sie.

Vor fast drei Jahren ereignete sich der grosse historische Moment,
wo die Ideen der Freiheit, Gerechtigkeit und Brüderschaft den
bestialischen, fanatischen und grausamen Faschismus des Naziregims
besiegt haben. Millionen von Menschen, die unter dem Joch der
unmenschlichen Sklaverei gelebt hatten, hoben ihren Kopf hoch
und schauten mit Hoffnung, die sie längst verloren hatten, in die
neue Zukunft. Sie warteten lange und geduldig, sie warten noch.
Sie trösteten sich selbst und waren überzeugt, dass ein gewonne-
ner Krieg die gerechte Lösung sein wird sowohl für den, der gelitten hatte, als auch für den, welcher Leiden verschafft hatte. Die
"Leute" sehnen sich nur nach der Gerechtigkeit.

Wenn man aber am Radio sitzt und die Nachrichten der ganzen Welt
hört, so hat man den Eindruck, dass das wichtigste Problem, das
jetzt die Welt auf beiden Seiten des Ozeans beschäftigt, der Wieder-
aufbau Deutschlands wäre. Die Prominenten der grossen Mächte
scheinen vergessen zu haben, wegen wen und gegen was man 6 Jahre
lang in verschiedenen Ecken Europas und Afrikas gekämpft hat. Wie
viel Leid haben die Faschisten über die Welt gebracht! Faschismus
ist Pest, und ich wünsche, den Faschismus gestürzt und in Trümmern
zu sehen wie Berlin; denn es geht nicht um Steine, sondern um Menschen, um Gedanken und Gedankenlosigkeit, um Gefühle und Gefühllosigkeit, um Gerechtigkeit und Ungerechtigkeit. Dieses Gift ist in
homöopatischen Dosen nur noch gefährlicher. Wenn ich von den Mikroben
des Faschismus spreche, denke ich nicht nur an die unterirdische
Welt, in der die faschistischen oder halbfaschistischen Verschwörer
leben, ich denke auch an die seelische Welt von äusserlich gewöhn-
lichen Menschen (nach Ilja Ehrenburg). In Nürnberg werden die Verbrecher gerichtet. Es würde sich aber bestimmt nicht lohnen, einen
Tag zu verschwenden, um die Strafe zu bestimmen. Die Richter aber
wollen gerecht sein. Man hat schon vergessen die Gründung Ausch-
witzs und Dachaus. Zahlen auf gleiche Art wollen die gerechten Sieger nicht. Es beunruhigt die grossen Herren, dass dem armen Deutschland eine Ungerechtigkeit geschah. Sie tun auch alles, um es wieder
gut zu machen. Schicken Lebensmittel, Kleider und Millionen von Dol-
lars im Rahmen der Europa-Hilfe. In dem gleichen Deutschland lebt
noch eine grosse Menge von Menschen, die auch auf die Gerechtigkeit
warten, die ihnen vielleicht viel eher zusteht. Und was wird für
sie getan? Elende Wohnungsbedingungen, keine Arbeits- und Bildungs-
möglichkeiten, minimale Auswanderungsaussichten. Im Radio werden
viel mehr Tränen über das Schicksal der Kriegsgefangenen vergrossen
als über das Schicksal der K.Z.-Häftlinge, über das Schicksal der
DPs., die vielleicht von dem gleichen SS-Mann einmal geschlagen
worden sind, deren Brüder und Schwestern ermordet wurden, die aus
den Häusern verschleppt, ihrer Existenz beraubt und aus dem normalen
Leben ausgeschaltet wurden. Für die Kriegsgefangenen wird gesorgt
noch bevor sie in ihre Heimat gelangt sind. Und für die anderen?
Sie sind eine unangenehme Last, obwohl sie keine Ansprüche mehr
haben, ja selbst Ingenieure und Rechtsanwälte als Holzfäller zu arbeiten bereit sind und diplomierte Frauen als Putzfrauen arbeiten
wollen, was ihnen aber auch nur selten erlaubt wird.

Es entsteht eine Frage. Für welche Gerechtigkeit wurde gekämpft?
Für welche Gerechtigkeit haben Millionen von Menschen ihr Leben
geopfert?

H.Z.

F. Eichenbaum   (Fortsetzung)

Inem dorf chulikat.

Un cugepast cu di dozike politik iz geworn ojsgewjlt di aztot
aza als center fun der gezelszaft. Baj der ban-stancie fun aza, iz
geworn ojfgesztelt mechtike magazinen un es iz geworn gebracht
dos gance gefoderte material un ale maszinen. s'iz geworn ojfge-
sztalt farszidene bjuros, es'iz geworn ajngeordnt farszidene wark-z-
tatn. 28 man zajnen di technisze specn, fun zej 4 francojzn, 25
britn un 5 amerikaner mitn hern in der szpic.

Der arbajtslajter banugnt sich niszt mit ojfklern wegn di naft
forszungen, er git noch cu ejnclhajten wegn di arbat bajm forszn
dem beer-majim in karbat-makom un glejchcajtik kritikirt er ojf
cjenuen dos waser durch di naje hitgaszwut. Der francojziszer spec
derklert das dos waser in tracht fun der erd wert weiniker fun jor
cu jor und dos iz niszt mer wi a nariszkajt dos machn flisn fun di
weitkajtn waser cu di wisteniszn in negew. Meglech dos in ferlojf
fun lo jor wet dos waser genolech ferszwindn fun thom. Czwarce nwiue
fun a mentsch wos kejner hot im nit gefregt wegn dem.

Noch ejn forszungs eksperiment in jidiszn negew di forszungen wern
gemacht mer weinik 20 kilometer fun cofn-mizrach fun aza ojf a mer-
chik fun 20 kilometer fun jam: in szetach fun di forojszgezeene
arabisze medine in erd pas wos ligt ojfn port fun jam. Nor inem
plan fun der gezelszaft oncuhajbn noch in a cajt arum cuzuchn naft
dos mol ojfn szetach fun jidiszn negew, ojfn ort fun kurnow fun dorm
zajt cu beer-szewa, niszt wajt fun erszten jidiszen punkt in negew.
Do ober weln zej ojch brjngen ale geforderte maszinen in weln.
basztetikn hundert arbejter.

Farsztendlech dos fun frijer ojs ken nen niszt nwies sogn. Ojb
s'wet gefunen wern naft ojf dem ort, di geologisze forszungen
bawajzn dos s'iz do amamoszuszdike hofnung cu gefinen naft, ojoh
hejm jam sof port nobn gewizn di erdforszungen simonim, az in dem
erdtracht iz behaltn naft. Men hot gegrobn un gegrobn un gorniszt
gefunen ojb afiln zaj weln jo gefinen naft hejst es noch nit, az zej
weln bald cutretn ojscunuon di kwaln, noch dem forszungs-eksperi-
ment weln zej noch forszn andere erter un ojb zej weln endikn noch
kwaln wet wern baszloszn in di hojpt biuro fun der gezelszaft ojb
s'lojnt sich fun geszeftlichn sztandpunkt cucutretn ojscunuon oder
nit.

Di erd wos gehert cu di araber iz geworn gepachtet durch der regirung, di erd-bezicer lojtn erec-iszroel gezeo, hobn kajn recht ofj di
kwaln, zej krign pacht gelt 2 lai a jor.

Wer seinen mir dos mir soln wisn? Wi a zoj miszn sich ojs di internacionale naft geszeftn mit injonim fun mamoszuszdikn ojflebn fun
negew. Di naft forszungs turmen zajnen ilul in gichn cucudekn di
himlen fun negew. Un dos internacionale kapitl szacht mit achzor-
jusdikajt sich arajn inm harc fumm jidiszn hofenung fun erec-iszroel.
Ch'hob gefregt ejnem fun di junge britisze geometriker, ojb lojt
zajn deje iz do inm dozikn kojach fun naft unmeglichkajt, az er zol
ojch maszpia zaj ojfn ojflebung fun der wistenisz in welchn di jidn
sztekn arajn zejer ganco farmegn un kapital. - Er hot ojf mir gekukt

mit zajne bloe ojgn un geentfert: - wer bin ich den dos ich zol
wisn? Ich arbet in di naft gezelszaft, m'hot mich do ahergeszikt
und ich bin do, ich weis zejer wejnik fun dem wos wert do geton,
in toch genumen, wos bindet unz mit dem wos di jidn machn do?
Mir zajnen nor do blojz gest un wos wir zajnen gesztatet kejn -
iber dem geojen werk fun der gezelszaft un wir hobn zich cugekukt
cu di majsim fun zejere forszer, wos zejere ojgn zajnen nor gewendet gelt cu fardinen un geszeftn cu machn, zaj sztrebn niszt
ojscubesern, zej sztrebn niszt di welt beser cu machn, do iz nor
ale gejcikajt un wiln cu beherszn kalt un ojsgerechnt. Zij hobn
ojsgewajlt in dem moment in welchn s'wert entszajdn der gojrl fun
erec-isroel.

In a etwas wajtm merchak fun danet fun cofn mizrach, iz entztanen
necn fun waser lajtung wos firt iber wunderliche getrankn ojf dorem.
Milionen kubikmeter waser wern ibergefirt cu cwancik punktn fun
jidiszer hitjaszwut, wos zajnen cuspraj ibern negew. Fun cofn zajt,
fun erza biz di grenen fun egiptn. Zej weln ontrinken sztochin fun
bodn wos iz szojn ojsgetrinkt fun dojres lang. Zej brenen arajn lebn
in di zibike wisteniszn, zej weln ojch mit zich brejngen masn
jidn ojsculejzn di wisztenisz, un zi zoln wern ojsgelejst mit ir
richtiker geula.

P. Bergman

ECHO STRAJKU

Od szeregu tygodni fermentowała wśród pacjentów naszych myśl upom-
nienia się o swoje słuszne prawa i zdobycia koniecznych możliwości
do szybszego wyzdrowienia. Jednym z intergralnych czynników i
nieodzownym płucnikowi w jego leczeniu jest racjonalne odżywienie.
Instytucjami, które zaopatruja nas w żywność są IRO i JOINT, które
traktowały nas jak innych D. pisów zapominając, że nasza choroba
wymaga szczególnej uwagi i odżywienia. Wiadomym nam jest, że wyżywienie w niemieckich sanatoriach podobnego typu jest pod każdym
względem wartościowsze.

Krzywda jaką się działa naszym pacjentom musiała wreszcie zawołać
o pomstę. Prośby, tlumaczenia listy i artykuły w licznych czasopis-
mach nie znalazły echa u odnośnych instancji. Niezmordowanie i
bezskutecznie koledowali nasi towarzysze z komitetu pacjentow
dzien w dzien w przeciągu trzech tygodni, u wszystkich wladz i
czynników decydujących tłumacząc, że już lo tygodni upłynęło od
ostatniego przydziału, że wszystkie rezerwy zostały wyczerpane,
że głodnym burczy w brzuchu, a głodny i chory jest zdolny do
wszystkiego, że dłużej żyć makaronem i sosem pomidorowym jest nie
sposób, że komitet nie jest w stanie opanować sytuacji i odsuwa od
siebie odpowiedzialność za ewentualne poczynania zrozpaczonych pacjentów.

Ujęliśmy w swe ręce nasze losy. Rzuciliśmy hasło strajku. Jaki był
jego cel? Poruszyć opinję publiczną, zmusić ją do zastanowienia się,
czy wolno dzisiaj jednym Żydom żyć dostatnio i spokojnie, nie myśląc
o tym, że ich nieliczni pozostali przy życiu bracia i siostry, chorzy i cierpiący nie dojadają. Zmusić ich do zrobienia rachunku

sumienia, czy spełniaja swoje obowiązki socjalne, jako człowiek
i Żyd, wobec swoich najbliższych.

Najwyższymi i miarodajnymi instytucjami żydowskimi jest JOINT
i C.K. i poprzez nich szukaliśmy drogi do świata żydowskiego. Zor-
ganizowani na zebraniu odbytym w przeddzień wymarszu do Monachjum
omówiliśmy postulaty z jakimi wychodzimy na ulice. Żądania --
pacjentów były: podwyższenie kaloraźu w sumie i jakości, t. zn.
z dotychczasowych 9oo kalorii dziennie na 15oo kal. (normalna ilość
kalorii przysługująca płucnikowi wynosi 4ooo) przyznając resztę kalorii z wyżywienia podawanego przez IRO. Uznanie pracującego personelu
i podwyższenie ich kategorii wyposażeniowych z powodu stale grożą-
cych im infekcji.

Hasła rzucone zostały podjęte z aplauzem i entuzjazmen ze strony
wszystkich mieszkanców sanatorium. Udział w strajku zobowiązał
się wziąć każdy chory, mogący podjąć się podróży.

Bez sankcji i propagandy stanęliśmy w walce o słuszną sprawę. O
świcie, zmyliwszy czujność pełniącego służbę policjanta, wysuwały
się postacie ze wszystkich bloków i w zupełnym spokoju opuścili
sanatorium. Planowo o godzinie 1o-tej rano w München uformował się
pochód z transparentami. Pochód rozdzielił się na Siebertstrasse na
dwie grupy, jedna okupowała JOINT, druga C.K.

Wobec zebranych osobistości wszystkich instytucji Tz. H. i M.R.
została przedstawiona sytuacja chorych w Gautingu która zmusiła
ich do opuszczenia łóżek i do podjęcia walki z obojetnością społeczeństwa żydowskiego wobec swych chorych braci.

Desperacja zadecydowała o odwadze chorych. Po wysłuchaniu życzeń
strajkujących, twarze opiekunów zasępiły się.

"-Nie wiedzieliśmy, że wam jest tak ciężko" brzmiało wyjaśnienie.
Zrozumiałą jest rzeczą, że "opetropes", którzy odwiedzają nasze
sanatorium siedząc w aucie (bo im powietrze nasze jest wrażliwe)
o stosunkach i potrzebach pacjentów wiedzieć napewno nie mogą.

Tym razem zorientowano się, że przepisy i instrukcje władz miaroda-
nych odbiegły od człowieczeństwa. Przyznali się panowie z za
chińskiego muru, że błąd został popełniony i jednogłośnie gotowi
byli sprawę pomyślnie załatwić. Po południu ludzi rozesłano do
domu. Wracali uradowani z wiarą w lepsze jutro. Tym samym przykry
incydent został zlikwidowany.

W tym miejscu należy oświadczyć wszystkim mieszkańcom naszego
sanatorium, że człowiekiem z zewnatrz, który nas rozumie i któremu nasze dobro leży na sercu jest dr. Pliskin. On był podczas obrad
naszym ojcem i jak ojciec się do nas odnosił i zato składamy mu
gorące "Bog zapłać".

Dyrekcje naszą, której naszym czynem wiele przykrości sprawiliśmy,
bardzo przepraszamy, nie znaleźliśmy jednak innego wyjścia z tej
beznadziejnej dla nas sytuacji.

Finis coronat opus!

" K r o n i k a "
Niezależny tygod-
nik demokratyczny

Frankfurt a/Main, dn
23. 12. 47 r.

Szanowni i Drodzy Panowie!

Dziekujemy serdecznie za przesłane życzenia i wzajemnie dla wszystkich chorych Polaków w Gautingu łączymy równie gorące życzenia
świąteczne i noworoczne; oby wszyscy jak najpredzej powrócili do
zdrowia i opuścili Gauting. Proszę przyjąć serdeczny uścisk dłoni.

> Sanatorium Gauting (b. München)
> Koło Polaków Pacjentow.

N A G R O M N I C Z N Ą

Otulone puchem śniegu,
Drzemią w dole chłopskie chaty.
Mróz zatrzymał rzekę w biegu
Pola ubrał w białe szaty.

Śpi spokojnie wieś w zadumie
Nie przeczuwa nikt, że z lasu
Stado głodnych wilkow sunie
Bez szelestu, bez hałasu.

Już są blisko, tuż przy chatach
Blyszcza ślepia ich w kotlinie
W tem z obloków w świetlnych szatach
W mgły spowita Postać płynie.

Z gromnicą palącą w dłoni,
Otulona w płaszcz, prześliczna
Odpędza stada, lud chroni
Matuchna Boża Gromniczna.

Tak legendy mowią słowa,
Tak wieść stara ludziom głosi
Lud legendę w sercu chowa,
O opiekę Matkę prosi.

Gdy nocami wilki wyją,
Wrogie ślepia błyszcza w dali,
A mdłe swiatła z okien biją,
Wiedz, - to lud gromnicę pali.

H. Mierzwa.

C Z Y   W A R T O ?

"Razem, młodzi przyjaciele!...
W szczęściu wszystkiego są wszystkich cele!"
A. Mickiewicz.

Będę królem! Miał będę pałac na szklanej górze i piękną królewnę
za żonę! Tak marzył prawie każd, z nas w latach dziecięcych. Walki
ze smokami, piękne podróże Londona, życie "w pustyni i puszczy", to
okres młodzieńczego jeszcze na wskroś dziecięcego zapału.

Potem przyszły inne. Być takim mądrym jak tatko, czy tak pracować
jak pan doktór w miasteczku, czy mieć tak dużą aptekę zapełnioną
flaszeczkami i słoiczkami jak "nasz" pan aptekarz Niejeden marzył
zostać siwiuteńkim proboszczem w wiejskim kościołku, a może kiedyś i
biskupem co chodzi w szkarłatach.

Pod czułem okiem matki i ojca rósł pomaleńku wchodził na nową, już
bardziej realną drogę życia, która z biegiem czasu krystalizowała
się z dawnych snów czy bajek czarownych.

Gdzieś w kuźni, czy warsztacie szewskim, w szkole technicznej, czy
gimnazjum zaczęli pracować młodzi ludzie nad sobą. Zaczynali przygo-
towywać swoje życie do pracy twórczej dla bliźnich, dla państwa.

I znów pełni zapału snuli plany, ale tą razą już bardziej realne,
bardziej konkretne pod czujnym okiem swych wykładowców.

Przyszła wojna. Bezlitosnym swym prawem przekreśliła wszystkie plany i
zamierzania. Wyrwała ludzi z gniazd, zepchnęła z dotychczasowej drogi życia i rzuciła na tułaczkę, ból, cierpienie czy rozpacz.

Mijały lata. Ludzie młodzi stali się dojrzałymi. W stałej niewolni-
czej pracy nie było czasu na to, aby choć chwil parę pomyśleć o
nauce. Pomyśleć o dokończeniu tego co się kiedyś zaczęło, a bez
czego trudno iść nyprzód przez życie.

Bo cóż dziś w dobie emigracji pocznie człowiek niepiśmienny, który
tu na obczyźnie swoje najprymitywniejsze sprawy musi oddawać w
cudze nie zawsze uczciwe ręce, co list do swojej najukochańszej
w którym chciałby jej tyle powiedzieć, musi paroma tylko zbyć zda-
niami bo pali go wstyd by jego uczuć nie wyśmiano, który podanie do
jakiegoś urzędu, czy list do wuja w Ameryce musi układać przy pomocy kogoś trzeciego?

Jest tylko siłą roboczą, którą można w dowolny sposób wykorzystać,
z której się Niemiec w obozie koncentracyjnym naśmiewał, że krzyże
stawia, albo swój podpis "m a l u j e"!

Chcąc pomódz wszystkim w pogłębieniu swoich wiadomości, zarząd
Ośrodka Polskiego na terenie sanatorium uruchomił z dniem 28 listopada ubiegłego roku, kursa samokształceniowe. Kursa odbywają się
cztery razy w tygodniu i obejmują wykłady z języka polskiego, języka
angielskiego, arytmetyki, geografii, historii, fizyki, geometrii,
rysunków technicznych, etyki katolickiej.

Wykładowcy starają się w przystępnej formie przypomnieć słuchaczą
nabyte kiedyś wiadomości i nauczyć nowych najczęściej w codziennej
pracy spotykanych prawd. Ludzi chętnych jest wielu.

Z wykładów może korzystać każdy, kto siłą swej woli zrzuci z siebie
jarzmo bezczynności i zamiast bezmyślną grą w karty szarpiącą nerwy
i kieszenie zechce zająć się wiedzą, która mu daje okno na świat!

W dzisiejszych czasach nie powinniśmy zapominać o słowach poety:

> "Chcesz mądrym być to się ucz
> Żebyś nie zginął w tłumie
> Nauka to potęgi klucz
> Dziś ten kto więcej umie!"

                                                        Mieryk.

Felieton   H. Mierzwa.

D R U C I K I

- Dziendobry panie Teofil. Co pan tak chodzisz z podrapaną gębą, jakby
  pana rodzona teściowa wybiła?
- Dobrze się panu śmiać panie Walenty, bo pan po całych dniach ze
  swoimi czterema krzyżami w łóżku leżysz i z kultury tego świata nie
  korzystasz, ale ja?
- Nic nie rozumię.
- Ja panie na przedstawienia regularnie uczęszczam, do mruganego
  kina ze Zosią względem ciemności egipskich chodzę i dlatego panie
  taką podrapaną mordę nosić muszę!
- A ja wciąż nic nie rozumię.i grzecznie się pytam czy to panu z
  przeproszeniem panna Zosia tak szlachetne oblicze poorała jak ją
  pan w ciemności za kolanko chwytał, czy też jaki mężczyzna z zaz-
  drości taki panu szanownemu wycisk moralny sprawił?
- Ani jedno, ani drugie. Jestem panie ofiarą motoryzacji i kultury
  tetralnej.
- Taaak.
- Idę sobie z Zosią do tego owego kina i tam na zakręcie w ciemnoś-
  ciach kiedy mnie taka nieprzymuszona wola do całowania zebrała,
  całą twarzą w kolczaste druty zaryłem.
- A żebyście pnoj ścisł! A gdzież tam były druty mój panie Walenty,
  tak na drodze?
- Ano były. Dyrekcja, aby się ukochani pacjenci przy spacerze na
  dłuższe drogi nie zmordował, pół sanatorium na kolczasto odrobiła.
- No, No, To ci bida. Tak, to sobie człowiek w lecie jak się mocno
  kurzyło na łączkę z Andzią poszedł i świeżego powietrza co od
  dużych lasów szło łyknął, a dziś?
- Dziś to tak tragicznie nie jest. Dziś to że pan Feluś może za dar-
  mo inhalacje z tych benzynowych smrodów robić. To bardzo dobre na
  płuca. To jest nowa metoda leczenia.
- Jaka?
- To się nazywa S. H. W.
- Że co?
- S to smrod, H huk, W wędzenie!
- Smrod, huk i wędzenie! A niech cię pnoj ściśnie!
- No dobrze, a jak pan myśli po co oni to ogrodzili?

- Po co? Żeby pacjent sobie na pamiątkę opon samochodowych nie
  brał; to jest raz, żeby przez dziurę na czarno autami na urlop
  nie wyjeżdżali to jest dwa. i żeby im te druty kacety przypominały
  to jest trzy.
- A niewie pan Feluś przypadkiem czy jak się przez te pierwsze druty na czarno przejdzie to już się idzie do mamra za kratki, czy
  też dopiero jak się za te drugie wyśliznie?
- Głupio się pan pytasz! O przejściu wogóle nie ma mowy, bo naokoło
  sanatorium jeden stale na koniu jeździ i pacjentów jak zając do
  dziur zagania, a w środku jak powiadają będzie jeden około tych
  drutów na motocyklu jeździł tak że już nawet ani bąkoyle przez
  dziury nie wyjdą!
- No, no. A moja Andzia to mowiła, że to jest napewno wszystko dla
  naszego dobra bo nawet w lecie jak tak drzewa wycinali to też -
  tylko dla tego aby pacjenci więcej słońca i powietrza do odżywia-
  nia mieli.
- Tak, tak panie Walenty las wygolą, a biedny naród tak ciasno na
  kolczasto ogrodzą że ani splunąć porządnie nie będzie można, bo
  zaraz w jakie auto za drutem trafisz.
- Taka to ci nasza pnojowata dola!

- - - - - - - - - -

Kornel Makuszyński

Wyjątek z Koncertu Paderewskiego.

... Bo Paderewski to nie tylko wirtuoz, co oszołomi tłumy,
zalawszy je brylantową kaskadą dzwięków. O, nie! To wielki w
swej pokorze kapłan, co odprawi misterium na cześć sztuki
najczystszej, boskiej harmonii. Dlatego jest teraz sam. Dlatego
drży. Dlatego owinął się milczeniem, jak białą ofiarniczą
szatą. Dlatego, gdy do swego muzyckiego zbliża się narzędzia,
jest blady i jakby cierpiący .... Cierpieniem jego tajemnym,
głęboko skrytym, jest trwoga. Wydaje się, że zbliżając się ku
pięknu niesmiertelnemu, które ma wywołać zaklęciem z mrocznej
przepaści wśród gwiazd, powtarza szeptem: "Nie jestem godzien ...
nie jestem godzien ... " On, mistrz, z wielkich najwiekszy!" ...

Świat cały skłonił przed nim głowę, wielcy tej ziemi, królowie
i królowe, powstają kiedy on się pojawia, we wielkie milczenie
zapada zgiełk, tumult i zaborcze szalenstwo, budując babelskie
wieże, a on, z pokorną trwogą zbliża się do tego kastalskiego
zródła, z którego bucha to; co niesmiertelne. Tak mu każe
czynić wielkość, bo wielkość prawdziwa nie jest nigdy zuch-
wała pyszną....

- - - - - - - - - -

SEITE der FRAU

Anuschka:

SCHRITTE...

...unzählige durch ein Leben. Schritte, die längst verklangen,
die man nie mehr hören wird, und trotzdem erinnert man sich ihrer wie an eine alte, bekannte Melodie. Schritte charakterisieren
oft Menschen, welchen sie gehören und rufen ganz verschiedene
Gefühle hervor. Die meines Vaters zum Beispiel. Ich erinnere
mich des raschen, männlichen Schrittes, der mein Herz zum ängst-
lichen Pochen zwang. Schnell zählte ich in Gedanken alle kleinen
Verbrechen des Tages und hoffte doch im Geheimen, dass er es
nicht erfahren hat. Doch er wusste es schon, wie er alles andere,
was ich vor ihm verheimlichen wollte, wusste. Sein strenges Gesicht und seine scharfen Augen, die mich ganz durchschauten, sehe
ich noch heute ganz deutlich vor mir. Und an das Gefühl, wie
ich in Erwartung strafender Worte dasaß, erinnere ich mich ganz
genau. Aber auf einmal konnte ich schon erleichtert aufatmen.
Wieder Schritte, die im Treppenhaus ertönen. Diese höre ich noch
manchmal im Traum. Die Schritte meiner Mutter, der Erlöserin aller Kindersorgen. Wie sie so kam, so lächelnd und strahlend mit
tausend Neuigkeiten und lustigen Geschichten, da erhellte sich
auch das Gesicht des Vaters und ... der Sturm war vorüber.
Noch ein Schritt verursachte mir Herzklopfen - aber kein beäng-
stigendes. Drei Stufen auf einmal und keine Sekunde dauerte es,
da klopfte es schon an die Tür. Auf diesen Schritt da lauschte
ich ungeduldig den ganzen Tag, so dass ich zur Tür lief, ohne das
Klopfen abzuwarten. Diesen glücklichen Moment ließ ich mir von
keinem nehmen. Euch werde ich verraten, dass ich immer als Belohnung einen Kuss bekam, von dem mein Vater und meine Mutter nichts
zu wissen brauchten.
Dann kamen neue Schritte. Verhasste Schritte der Soldatenstiefel.
In der Nacht gehört, wenn die ganze Stadt ängstlich atmete. Die
schweren Schritte und die rauhen Stimmen bedrohten in einer fremden Sprache die Dunkelheit und Stille. Man konnte nicht einschlafen
wegen einer bestimmten Ahnung an Grausamkeit und Leiden. Sie ver-
gingen, wie auch das Gute vergangen ist.
Jetzt gibt es in meinem Leben noch gleichgültige Schritte zu hören. Frauen- und Männerschritte gehen an meiner Tür vorüber. Ich
unterscheide sie schon. Ich weiss, welche den geschäftigen Be-
suchern gehören und welche auf Flügeln der Liebe herbeieilen.
Manchmal geht jemand eines unsicheren Schrittes, und vor jeder Tür
bleibt er stehen. Das ist ein Fremder, der nach jemandem sucht.
Da klopft mein Herz und ein Fieber der Erwartung überfällt mich.
Der Schritt bleibt bei meiner Tür stehen - auch mein Herz bleibt
in diesem Augenblick still. Denn ich warte schon lange auf jemanden, der mir das Glück bedeuten soll. Nun auch diesmal war er es
nicht. Aber er kommt. Auch zu Dir. Ich weiss es bestimmt.

E R   I Z   A   M E J W N ....
(Ofener briw)

In Nr. 9 fun unzer cajtung iz farefentlicht geworn a "kunstrecenzje" fun h. A. Sz. iber dem Chanuka-ownt, ajngeordnet durchn hign dramatiszn krajz.

Es iz zejer interesant cu dyskutirn mit a geszultn kunstkritiker, ober cu unzer h. A.Sz. muzn mir zogn folgendes:

Es iz bawust, az a kunstrecenzent muz bazicn folgendeejgenszaftn: er muz hern, zejen un kenen gut analizirn dos, wos er zejt un hert. Ojserdem muz er zajn objektiw un im darf zajn fremd jetwede tendenc. Nor dan iz er bekojach cu gebn dem emesn bild fun a kinstleriszer faransztaltung.

Mir ober muzn lejder festszteln, az h.A.Sz. hot mit a kawone un dilstantisz balojchtn dem Chanuka-ownt. Zol unz h. A.Sz. szlecht nit farsztejen, ober dos szrajt poszet arojs fun zajn kurcer ophandlung. Zicher disponirt unzer cajtung mit mer plac far artiklen geszribn wegn unzere inerleche injonim ...

Szojn gejendik ojfn Chanuka-ownt hot h. A.Sz. zich forgesztelt, az di faransztaltung wet zajn unter jede kritik, trocdem, wos der h.A.Sz. ken genoj di ontejlnemer fun zejere frijedike ojftritn. Di perzenleche kawone iz dabaj farsztendlech...Oder di dunerdike aplodimentn fun di farzamelte kranke hobn l e j d e r gecwungen dem h.A.Sz. cu endern zajn majnung ...

Unzer recenzent hot gezejen dajtlich di klejne ojselech ojfn chanuka-drejdl, ober nit gezejen un nit gehert hot er:

_____

J. Mosenzon   (Fortsetzung)
(ibercezt J.F. Ajchenbaum)

Kaprol
Sonnenberg

Die Kinder hobn awekgenumen fun ir di ojgn un gekukt in der zejt. Ejn kind der grester fun der chewre hot opgewiszt mit zajn tasz di noz zajne un hotgezogt nit kukndik ojf ir: "jirachmiel iz gesztorbn". Die andere Kinder hobn mitgehaltn, richtik, richtik hobn zej geszrinen un hobn ire hent gelejgt ojf zejere kep. Zi hot ojsgezen wi akwoke arumgeringlt mit ire klejne hindelech in der zelber cajt zajnen mentszen arajngegangen inem sekreterjiat bajm tisz wos iz gewen badekt mit grin papir iz gesesn der ojsforszungs richter, rojchendik a cigaret fun welcher er hot arojsgelozn wolkns rojch. Er hot geforszt, ojsgeforszt, mit zajne szpicike sztrenge ojgn hot er adurchgeszpict dem menszch wemen er hot farhert gewolt arajndringen in jenems harc, zen ojb jener zogt dem emes oder nit. R'hot arojsgelozt jede minut frisze wolkns rojch fun zajn mojl. Un mit ejn mol hot er zichgewendet cum noz wos iz gesztanen kegniber im kukndik im glajch in di ojgn: "wu hot ir gefunen di mine? "in feld" - "wos wet zajn dos chiwel dir bawazn dos du zogst lign?!" Der Mencz kegniber dem ojsforszungsrichter kweczt cu di ojgn, tracht awajle un denkt, sich efszer zog ich lign, dem hern ojsforszungsrichter, ober s'iz

1) dem gajstrajchn arajnfirwort fun h. Dr. Bergmann,
2) di dunerdike aplodismentn noch di Erec-Israel-
   lider (geszpilt durchn orkester unter der lejtung
   fun Mgr. A. Treger) welche zajnen gewen far im tem-
   peramentlos, baj di kranke dakegn arojsgerufn a
   bis-entuzjazm, ojf welchn der ansambl hot gemuzt
   entfern mit a lid "Tejl-Awiw",
3) Abwezend zajnen far im gewezn di orkester-mit-
   glider: Waserstein, Koliczanski un Wachter.
4) Nit gehert hot er, az dos mandolin-solosztik "In-
   cholem" iz a kompozycje fun Mgr. A. Treger, wemes
   muzikalisze werk zajnen szojn nit ejnmol ojsgefirt
   geworn in Münchener radiozender,
5) nit gewuzt hot er, az men lejnt a humorfule leben-
   dike cajtung, redagirt durch Mar-Adam,
6) dem unterszid cwiszn mandolin un fidl muzik szect
   awade op unzer muzikaliszer h. A.cz. lojtn hologe-
   wicht fun bejde instrumentn,
7) gezejen hot er di prachtfule, gekincilte menojre
   u.a.w. un nit gehert hot er, az dos iz projektirt
   geworn fun froj Bergman,
8) gehert und "gezen" hot er, az unzer zinger h. Froman
   hot a sztime nur far chazonisze negunim un nit bamerkt hot er di frejd baj di kranke noch zajne folks-
   timliche lider.

Gehert un gezen hot er dawke dajtlich wi Jankele hot in a fliaikn
hebreisz ... "mojre gehat" cu deklamirn, wi ch. Koliczanski hot
drajst ibergetribn un gekincit zajne roln, un mit ch. Podkowiecki
"imitirt Dzigan un "zumacher" un ... derbaj nit bamerkt di lebhafte owacjes fun di kranke ...

----

doch niszt dajn injenen dos cu wisn, efszer zol ich dir dercejln,
hern ojsforszungs richter wegn ti-rat cwi, efszer wegn dos far-
brenen kinder in twerija, oder wegn di reciches in gaw ton, hern
ojsforszungsrichter - "In feld hob ich zej gefunen" er zogt
arojs jedes ojs mit a specjeln druk, s'iz im szwer cu lejkenen,
s'iz beser cu zogn dem ganen emes far dem mensz cu zogn im, mir
bejde wejsn doch beser hern ojsforszungs richter, dos in di
werter iz nito kajn wort emes, s'iz nor blojz emes dos der kapral
zonenberg iz tojt, alebn wos iz gegangen farlorn culib niszt for-
zichtikajt du host doch niszt cusamengenumen zajne resztlech
flejsz fun di went hern ojsforszungs richter, ich hob zej cuzamen-
genumen, ich mit majne ejgene hent- ojb du west gut nochsen,
zajnen majne hent baszmirt mit blut" - "wi hejstu?" -
               - "jicchok eloni" -
               - "policiant" -
               - "jo majn her" -
"iz kapral zonenberg gewen balibt ba dir? Host niszt getrogn a
bahaltene sine cu im?!
               "nejn majn her"
               "emes er iz gewen a sztrenger mencz"
               "s'sztimt r iz gewen zejer sztrenger"
               "efszer" tracht zich jicchok eloni - "meglech.
                                     Fortsetzung folgt.

Cum szlus iz noch kdej cu baern dem h. A.Sz., az culib żajne grojse
bekijos in kentnisz fun muśik un szojszpileraj iz beemes a grojser szod, wos er farnachlesigt zajn grojsn talantojf cu wern recenzent baj kranke nit profesjonele kreftn. Wolt nit gewen beser
far im arojscuszwimen ojf der grojser jidiszer welt un dort wajzn
wos er ken ...

Mir aber glojbn, az azelche szrajberajen weln doch nit szodn di
tetigkajt fun unzer dramatiszn krajz, welchn mir winszn a wajter-
dikn derfolg.

Dem h. A.Sz. blajbt unz cu zogn, az ojb ir kent nit nejen kajn
kneplech lejgt awek di nodl un mir weln (zegendik mit zajne werter)
"hofn ojch ojf wajter un efters cu genisn fun dem genus" ...

                                                        Omega.

- - - - - - - - - - - - - - - - -

Koncert, jaki nam dał 24.1. Związek Studentów Żydowskich z
Monachium, był na terenie naszego sanatorium wydarzeniem wyjąt-
kowo miłym.

Zespół w składzie; panie: Zandel (Akordeon), Borsuk-Schöntal
(śpiew), Kanner (solo fortepianowe), oraz panowie: Erdos (arie
operowe), Mermelstein, Gresser (żyd. i ros. pieśni), Prof.
Wagner (pianista), Krieger (konferancier), zdobył sobie sympatję
naszych pacjentów. Długie owacje były tego najlepszym dowodem. Od
siebie możemy dodać, że amatorski ten zespół jest o niebo całe
lepszym od wielu t.zw. "profesjonalnych" artystów, którzy nas w
sanatorium uszczęśliwiali swymi występami za drogie pieniądze.

Niech nam wolno będzie z tego miejsca miłym gościom z Monachjum,
serdecznie podziękować za ich występ i zapewnić, że jeśli zechcą
o nas i w przyszłości pamiętać, będziemy im bardzo radzi.

- - - - - - - - - - - -

"Kronika" z 1 lutego 48.

NOWE DOWODY OSOBISTE DLA WYSIEDLEŃCÓW.

Wszyscy wysiedleńcy w obczach D.P. łącznie z dziećmi, otrzymają
nowe dowody osobiste z fotografiami i odciskami placów, na wzór
dowodów używanych w amerykańskiej armii. Władzę amerykańskie
Civ. Aff. Div. HQ EUCOM oświadczyły, że wydawanie nowych dowodów
osobistych nie ma nic wspólnego z przeprowadzeniem nowych badań.
Każdy posiadacz dowodu o przysługujących mu prawach D.P. otrzyma
przy jego oddaniu nowy dowód osobisty według nowego wzoru.

Nowe dowody będą wystawiane w dwóch egzemplarzach, z których
jeden będzie przechowywany w registraturze obozu. Dla bardzo małych dzieci nie będą wymagane fotografie, a wystawione dla nich
dowody zostaną doręczone rodzicom.

GAUTINGER CHRONIK

Die Herren Birenzweig (Welfare-office) und Mahler (Personal-chef) haben ihre Tätigkeit in dem hiesigen Sanatorium beendet.

Im Zusammenhang damit danken wir den genannten Herren für ihre Leistungen und wünschen ihnen alles Gute für die Zukunft.

- - - - -

Dem vor kurzem angekommenen Welfare-Officer sowie unserer neuen Oberschwester wünschen wir viel Erfolg und dass es ihnen bei uns gefallen möge.

- - - - -

Der Jüdische Studenten-Verband aus München gab uns ein Konzert, in welchem Arien aus Barbier von Sevilla, Carmen, russische und jüdische Volkslieder gesungen wurden. Ausserdem wurden wir mit einer ausserordentlich guten Klavier-Musik überrascht.

Wir danken dem Jüdischen Studentenverband für die ausgezeichneten Leistungen seiner Künstler, welche unsere Patienten auf das Tiefste beeindruckt haben, sowie für das grosse Verständnis, das der oben Erwähnte für uns hat.

- - - - -

Die am 26. Januar bei uns stattgefundene Vorstellung des Zigeuner-Barons stand auf einem hohen Niveau.

Wir bedauern sehr, dass nicht alle Patienten in der Lage waren, dieser Vorstellung beizuwohnen.

Der Palästina-Film hat den jüdischen Patienten gezeigt, wie das Land ihrer Zukunft aussieht und welche unvorstellbar grossen Leistungen die dortigen Juden vollbracht haben.

Wir hoffen, dass sich auf diesem Boden in kurzer Zeit alle Juden eine neue Existenz bauen können.

- - - - -

In der katholischen Kapelle wurde schon wieder die Lampe entwendet.

Wir bitten alle Patienten und Angestellten, dafür zu sorgen, dass sich dies nicht wiederholt.

- - - - -

Das Patienten-Komitee dankt den Herren Menis und Zajac für ihre Sammlung von Büchern für unsere Bücherei im Lager Föhrenwald.

- - - - -

Die Patienten, die irgendein Instrument spielen, wollen sich bitte bei Herrn Mgr. Traeger, Station B I, Zimmer 8, melden.

- - - - -

Am 24. 2. 48 wird im Kinosaal die Operette

    "DIE UNGARISCHE HOCHZEIT"

aufgeführt.

CU ALE JIDISZE PACJENTN

In-cuzamenhang mit der entsztchender JOINT-Koszer-kich far
ale jidisze pacjentn zenen mir hajnt mojdije, dos der obiger
injen iz forlojfig noch a interwene fun unzer zajt farszoben
geworn bis 1 merc d.j.

In cwiszencajt, wi man hot unz erklert, wet kumen cu unz a
komisje fun JOINT un Gesundhajtsamt un di frage wegn koszer-
kich du ojfn ort cu regeln.

                                   Jidiszer Pacjentn Komitet
                                   sanatorje Gauting

                                   gez. K. Chencinski
                                   Forz. = K. CHENCINSKI

- - - - - - - - - - -

B e r i c h t

fun WAAD - K.K.L. in Sanatorium Gauting farn jor
1947.

Mit cufridenhejt steln mir fest, az dos nacjonale gefil iz
baj di jidisze ajnwojner fun Sanatorium Gauting ojf der geheriger
madrejge. Der bester barometer iz di monats-hachnose fun K.K.L.
Sanatorium Gauting sztejt ojf ejnem fun di erszte plecer in der
Amerikaner-Zone fun Dajczland. Mir zenen zicher, az ojch l'habo
wet unzer bajsztejer cum ojfbojwerk fun unzer Medina in Erec
Jisroel wer nor nyt klajner nor noch greser weren. Mir musen
alajn forberajten a zichern boden far unzer alija, un das kenen
mir dergrejchen nur duch K.K.L.

Trocdem wos di algemejne sume fun di gesamelte gelder far K.K.L.
iz ferheltnismesig nezt klejn macht es doch ojs nor 1o-15 mark
a monat oj jeden jidiszen ejnwojner fun Sanatorium.

Gezamelt iz geworn

im monat	April 1947		RM	15.333.-
"	"	Maj	"	8.889.-
"	"	Juni	"	5.297.-
"	"	Juli	"	8.o33.-
"	"	August	"	6.888.-
"	"	September	"	9.89o.-
"	"	Oktober	"	6.985.-
"	"	Nowember	"	5.446.-
"	"	December	"	8.756.-
Sach Hakl			RM	75.517.-

Di sumes nehmen arum monats-bajtrag nedorim, nedowes, akademjes, chasenes, mifal, hahanacachu un andere.

Mir danken ale coler un mitarbejter un druken noch amol ojs unzer hofnung az in jor 1948 weln noch mehr nemen zich melden cu mitarbejt un mehr weln wern aztabile coler far K.K.L. Dos iz far unz acind di ejncige meglechkejt antejlcunemen in ojfbojwerk fun unzer land.
Gedenkt: Geula titnu-laarec.

> Waad K.K.L.
> Sanatorium Gauting
> Forzicender Dr. Bergmann
> Sekretar J. Podkowietzki
> Kasirer M. Wolf
> Mitarb. in Waad Zysman
> Jonenson

- - - - - - - - - -

DIE KETTE

In Erfüllung der Forderung von Frau Eisenmann spende ich hiermit für den Zeitungsfond RM 100.- und bitte gleichzeitig die nachstehend angeführten Personen, ebenfalls eine Spende für den genannten Zweck abzuführen:

> Dr. Bergmann
> Dr. Berlin
> Dr. Hermann
> H. Walczak
> H. Klapp
> H. Gottheiner
> H. "Mojsze Kapojer".

> Mit Hochachtung!

> /-/ Steinhorn.

- - - -

Die nachstehenden Personen haben für den Zeitungsfond folgende Beträge gespendet:

1. Chencinski, Kalman	RM	100.-
2. Horowicz, Isaak	"	100.-
3. Wolf, Genia	"	100.-
4. Steinhorn	"	100.-
5. Hermann	"	100.-
6. Kahan, Majer	"	100.-
7. Mittelmann	"	100.-

Der Erstgenannte fordert

Herrn S z w i m m e r

auf, ebenfalls eine diesbezügliche Spende abzuführen.

Redaktion
Dr. Berlin

BUNTE ECKE

In der heutigen Ausgabe eröffnen wir eine "Bunte Ecke". In jeder Nummer unserer Zeitschrift werden verschiedene Arten von Denkaufgaben erscheinen, z.B. Kreuzworträtsel, Bilderrätsel, mathematische Aufgaben u.drgl.
Für die Lösung einer jeden Aufgabe erhält der Betreffende eine bestimmte Anzahl Punkte. Derjenige, welcher die meisten Punkte von 4 Zeitungs-Ausgaben erreichen wird, bekommt eine Prämie.
Wir laden sämtliche Leser unserer Zeitschrift ein, an diesem Wettbewerb sowie an der Mitarbeit teilzunehmen.
Die diesbezüglichen Aufgaben sind an die Redaktion zu richten, welche diese im Rahmen der Möglichkeit erscheinen lassen wird.

Aufgabe Nr. 1

1) Ein Gelehrter   6) Ein Staat
2) Eine politische Persönlichkeit   7) Ein Berg
3) Ein Schriftsteller   8) Ein Tier
4) Ein Sportler   9) Eine Pflanze
5) Ein Filmartist   lo) Ein Vogel

Für jeden der lo angegebenen Punkte sind möglichst viele Namen mit dem Anfangsbuchstaben A zu finden.
Erklärung: Im Falle, dass die Lösungen den Anfangsbuchstaben
           R erfordern würden, so würden die Antworten wie
           folgt lauten: 1) Reumeur 2) Richelieu, Ramadier usw.
In diesem Falle sind die Antworten, die den Anfangsbuchstaben A haben, anzugeben.
Es ist eine unbegrenzte Anzahl von Antworten gestattet, dabei bekommt der Betreffende für jede zutreffende Antwort 1/2 Punkt.
Die Antworten können in sämtlichen Sprachen gegeben werden. Es ist aber die Pflicht eines jeden, die gleiche Sprache von Punkt 1 bis Punkt lo zu benutzen.

Aufgabe Nr. 2
Von 8 Kugeln der gleichen Grösse haben 7 das gleiche Gewicht und 1 wiegt mehr. Es steht eine Waage ohne Gewichte zur Verfügung. Die schwerste Kugel ist zu finden, indem man die Waage nur zweimal benutzt.
Frage: Auf welche Weise müssen die Kugeln auf die Waagschalen gelegt werden? (Für zutreffende Antwort 5 Punkte.)

Aufgabe Nr. 3
§§§§§§§§§§§§§
Fr. O. Perso.
§§§§§§§§§§§§§

Was für einen Beruf hat der Herr? (Für die Lösung 1 Punkt.)

Ewa U. Lezen

Wo wohnt diese Frau? (Für die Lösung 1 Punkt.)

Herr E. Cylabos

Welcher bekannte Filmartist deckt sich unter diesem Pseudonym? (Für die Lösung 2 Punkte.)
Zusammen mit den Antworten bitten wir, uns Vorschläge zu machen, welche Arten von Denkaufgaben wir in den nächsten Ausgaben erscheinen lassen sollen.

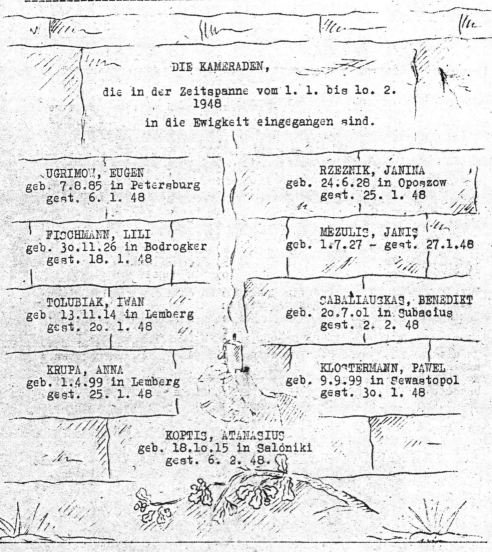

DIE KAMERADEN,

die in der Zeitspanne vom 1. 1. bis 1o. 2.
1948

in die Ewigkeit eingegangen sind.

UGRIMOW, EUGEN
geb. 7.8.85 in Petersburg
gest. 6. 1. 48

RZEZNIK, JANINA
geb. 24.6.28 in Oposzow
gest. 25. 1. 48

FISCHMANN, LILI
geb. 3o.11.26 in Bodrogker
gest. 18. 1. 48

MEZULIS, JANIS
geb. 1.7.27 - gest. 27.1.48

TOLUBIAK, IWAN
geb. 13.11.14 in Lemberg
gest. 2o. 1. 48

CABALIAUSKAS, BENEDIKT
geb. 2o.7.o1 in Subacius
gest. 2. 2. 48

KRUPA, ANNA
geb. 1.4.99 in Lemberg
gest. 25. 1. 48

KLOSTERMANN, PAWEL
geb. 9.9.99 in Sewastopol
gest. 3o. 1. 48

KOPTIS, ATANASIUS
geb. 18.1o.15 in Saloniki
gest. 6. 2. 48.

Meldung der Zu- und Abgänge in der Zeit vom 1. 1. - 1o. 2. 1948:

1. Zugänge: 62 Patienten
2. Abgänge: 1o4 Patienten.

- - - - - - - - - - - - - - - - - - - -

Artikel, die mit dem Namen des Verfassers oder dessen Initialen
gezeichnet sind, stellen die Meinung des Autors, nicht aber unbedingt die Meinung der Redaktion dar.

- - - - - - - - - - - - -

Herausgegeben von der Kultur-Kommission beim Patienten-Komitee.

Unser Leben im Kontikouting Nr. 10

Um 10 Uhr schlaf

Unsere neue Oberschwester!

Miss Welfare-Officer

Chęcinski.

Ob blond – ob braun
ich liebe alle Fraun!

PATIENTENZEITUNG DES SANATORIUM GAUTING

Nr. 11   Gauting, den   . April 1948

WIR ALLE GEGEN DEN NERVENKRIEG!

Nervenkrieg – diese Bezeichnung wurde mit dem Anfang des zweiten Weltkrieges geboren. Heute wissen wir auch schon sehr genau, was dieser Ausdruck in der Praxis bedeutet: Ein Leben in ewiger Angst, in ewiger Erwartung auf etwas, was kommen soll und das alles Schreckliche, was wir bis jetzt erlebt haben, noch übertreffen würde. Wir kennen genau die Stimmung der leise geführten Gespräche, des fieberhaften Flüsterns, wenn schlechte Nachrichten sich auf die Brust legen und so drücken, dass man nicht mehr aufatmen kann. Diese Nachricht, wonach sich die Müttergesichter im Schmerz verzerren und der Väter Rücken sich niederbeugen.

Und ist Nervenkrieg eine Angst vor dem Kriege? Nein! Es ist keine Angst vor etwas Bestimmtem. Ein Mensch ist, wie schon jemand gesagt hat, ein Gewohnheitstier und er gewöhnt sich tatsächlich an jeden schlimmen Gedanken und an jede Möglichkeit. Der Mensch hat sich mit dem Gedanken an den Tod versöhnt. Das, was ihn erschreckt, ist die Ungewissheit, was ihn nachher erwartet. Genauso ist es mit dem Nervenkrieg. Wenn es heisst ins Feld zu gehen, zu morden und zu sterben, geht der Mensch, ohne viel Worte zu verlieren, widerstandslos, denn in seinem Glauben gehört der Krieg zu der Menschheit, wie sinnlos das auch klingen mag. Man kann auch sagen, der Mensch erträgt alles, worauf er geistig vorbereitet ist. Der Nervenkrieg lässt ihm dazu keine Zeit, dieser Krieg lässt den Menschen nicht wissen, was ihn erwartet. Durch einige bedrückende Gerüchte lässt er ihn eine Gefahr vermuten, dann hoffen, dann wieder zweifeln und so lange zwischen Hin und Wider schweben, bis r zu einem verfolgten Tier wird und aus seiner Herzbeklemmung nicht mehr heraus kann. Dann ist der Mensch zu dem geworden, wozu ihn der Nervenkrieg bringen wollte. Die ermüdenden Menschen ohne Mut und ohne Lebenslust, mit gelähmten geistigen Kräften sind ein geeigneter Boden für jede schlau ausgeübte Politik.

Und heute sind wir leider schon soweit. Man kann uns beliebig in
Demokraten, Kommunisten, Marschall-Plan-Anhängern oder seine Gegner
formen. Wir wissen selbst nicht recht, was man von uns will, und
wir wollen jeder Politik dienen, die uns endlich in Ruhe lässt. Wir
sind passiv, so passiv, dass wir uns sogar die Ohren nicht zuhalten
können, wenn die Politiker den Panik-Wirbel schlagen, um uns Angst
einzujagen. Denn das tun sie mit der raffiniertesten Taktik. Sie
wissen, dass wir jedes Gerücht gierig in uns aufnehmen und gleich
auch weiterverbreiten in der Sorge, dass niemand in der bevorstehen-
den Gefahr unaufgeklärt bleibt.
Und was machen dann diese, die man Politiker und Diplomaten nennt und
welche den Nervenkrieg verursachen? Sie lächeln. Sie reichen sich auf
den Versammlungen freundlich die Hände, sagen einige Worte (die die
Welt als Trost aufnimmt und erleichtert aufatmet), dann schlagen sie
womöglich mit der Faust auf den Tisch und verlassen (zum grösseren
Effekt) den Beratungssaal (wonach die Welt in Schrecken erzittert),
um nachher in einem Bankett eigene Wichtigkeit befriedigt zu feiern.

Wie lange werden wir als Spielzeug einigen, ehrgeizigen Männern
dienen? So lange, bis wir nicht taub und blind für das werden, was
man politische Nachrichten nennt. Denn wenn es zum Kriege kommt,
werden wir das früh genug erfahren, und wenn die Welt friedlich
und vernünftig zu sein anfängt, wird das jeder von uns mit Freude
in seinem Hause und seiner Umgebung sofort spüren. Und beides wird
ohne uns geschehen. Wir werden unsere und unserer Mitmenschen Nerven
schonen, wenn wir in solchem Krieg neutral und uninteressiert bleiben.

                                                K a m a

                              - - - - -

Es ist so weit: ein Kapitän P. hat in der Reynolds Bombshell die
Erde in 73 Stunden, 6 Minuten und 40 Sekunden umflogen? In drei Tagen
hat er also alle Ungerechtigkeit und alles Leid, allen Hass und Jam-
mer dieser Welt umspannt.
Zweifellos wird man in ein paar Jahren den Erdball in einem einzigen
Tag umfliegen, dann in einigen Stunden und so weiter .... Aber schliesslich, nachdem wir alle Hindernisse beseitigt haben, die uns die Na-
turkräfte in den Weg stellen, werden wir nach wie vor vor dem Mysterium
der Schöpfung stehen. Und selbst wenn der Mensch alles wüsste, was
über und unter der Erde vorgeht, ja wenn er selbst die Weltkugel zersprengen oder wie einen Knopf in die Luft hüpfen lassen könnte, stün-
de er immer noch vor dem Rätsel seiner Bestimmung.
Aber wenn man einmal die Erde so schnell durcheilen wird, dass sie
zu einer winzigen Insel zusammengeschrumpft erscheint, mag man vielleicht auf die Idee kommen, dass es sich kaum lohnt, Berge von
Leichen und Ruinen anzuhäufen, um diese kleine Kugel zu erobern.
Dann werden die Machtsüchtigen hoffentlich finden, dass das Spiel
den Einsatz nicht wert ist.
Darum hoch der Kapitän P.! Er lässt uns nicht vergessen, dass diese
Erde ja doch nur ein minderwertiger Tropfen ist, für den kein
Mensch, der seine fünf Sinne beisammen hat, seine Seele preisgeben
sollte.

                                    Paul Chapponière in "Journal
                                              de Genève".

Jan Kittel

NAUKA W WALCE Z BAKCYLAMI

Większość odkryć,czy to w dziedzinie medycyny,czy też techniki, to
zwykłe dzieje przypadku.

Tak też było i z odkryciem penicyliny. - "Ojcem penicyliny i twórcą
systemu leczenia jest żyjący jeszcze prof. Fleming.Otóż prof. Fleming przez długie lata zajmował się badaniami nad grupą bakterii,
zwanych stafilokokami. Jest to grupa bakterii o charakterystycznym
układzie i sposobie rozmnażania. Wygląda to jak łańcuch, a raczej
przypomina.- winogrona. Bakterje tego rodzaju rozpowszechnione są
w naturze bardzo licznie, a spotkamy je też na skórze i błonach
śluzowych ludzi.

Stafilokoki dzielą się na nieszkodliwe dla ludzkiego organizmu,oraz
na wywołujące stany chorobowe. Jakie to choroby wywołują te bakterje?
Otóż w pierwszym rzędzie odgrywają dużą rolę przy tworzeniu ropy,
wywołując rożnego rodzaju ropne zapalenia rożnych organów ciała
ludzkiego. (Ropne zapal...gruczołów, flegmony i t.d.)

U organizmów młodych często stafilokoki osiadłe w układzie kostnym
powodują zapalenia najczęściej w kręgach stosu pacierzowego (kręgos-
łupie). Jak juz zaznaczyłem na wstępie, odkrycie Prof. Fleminga
było przypadkowe. - Otóż w laboratorium gdzie prof. Fleming dokonywał
swych doświadczeń, pewnego dnia stwierdził On, w jednym z naczyń
gdzie znajdowała się kultura stafilokoków, że na powierzchni ukazała
się pleśń. - Badając mikroskopowo tę kulturę napotkał się z ciekawym
zjawiskiem: tam gdzie była pleśń,w kulturze nie było stafilokoków.
Prof. Fleming badając szczegółowo to zjawisko dochodzi do
rewelacyjnych wyników. A więc po pierwsze, że tam gdzie pleśń po-
kryła kulturę, stafilokoki zostały zabite przez pleśń wydzielającą
specjalną ciecz zabójczą dla tych bakterji.

Następuje szereg doświadczeń, które wykazują, że nawet słaby roztwór
tej cieczy działa zabójczo na szereg bakterji chorobo-twórczych, oraz
działa hamująco na ich dalszy rozwój. W roku 1929 poraz pierwszy
zastosowano penicylinę jako środka dyzynfekują-cego przy ropieniu ran.
Mimo doskonałych wyników środek ten nie rozpow-szechnił się, a to z
przyczyn natury technicznej. - Produkcja penicyliny była bardzo
trudna, bo wymagała olbrzymiej ilości kultury pleśni, a pozatem sama
penicyliny wykazywała niezmierną wrażliwość nawet na małe wahania
temperatury, oraz na.działanie tak kwasów, jak i zasad. -

Gdy w czasie wojny ostatniej penicylina stała się konieczną dla
frontu dla rannych, do współpracy z prof. Flemingiem stanął Dr.
Florey z Oxfordu, który rozwinął badania i doświadczenia, które
doprowadziły do uzyskania odpowiedniej ilości penicyliny. - I tak z
100 ltr. pleśni uzyskuje 1 gram surowca który w roztworze daje
2000 kg. płynu dostatecznie silnego aby zabijać bakterje chorobotwór...

Próby na organizmie ludzkim dokonano w 1941 r.z, doskonałymi wynikami,
przyczem drogą doświadczeń ustalono sposób dawkowania ilościowo
penicyliny dla skutecznego przeprowadzenia kuracji. - Ze względów
technicznych w związku z wojną prof. Fleming wyjeżdża w 1941 do
Ameryki i tutaj po pokonaniu licznych trudności rozwiazano sprawę
produkcji penicyliny tak dalece, że już w 1941 r.rozpoczęła Ameryka

przesyłać zagranice pierwsze partję penicyliny. Wszystkie kliniki i
szpitale musiały informować wytwórnie o wynikach uzyskanych w
leczeniu penicyliną. - Według uzyskanych danych [danych] penicylina
okazała się bardzo skuteczną, w leczeniu zakażeń ran, no i chorób
wenerycznych (gonorea). Stosują penicylinę lekarze w różnych
wypadkach ropnych komlikacji. - Ciekawą rzeczą jest to, że dotychczas
niemamy dokładnie zbadanego składu chemicznego penicyliny, ale
wiadomo już, że zawiera oña zasadnicze składniki jak węgiel, wodór, tlen
i azot. Jest to więc jeszcze jeden środek leczniczy naturalny,
który jednak produkujemy laboratoryjnie, przyczem sama produkcja
przebiega w sposób naturalny, nie dający się chwilowo zbadać
chemicznie. - Ponieważ penicylina zabija tylko pewne rodzaje bakterji,
uczeni starają się wykryć nowy środek, któryby działał zabójczo na
większą ilość i różne rodzaje bakterji.

W pierwszym rzędzie wysiłki uczonych skierowały się na znalezienie
środka bezwzględnie pewnego dla zabicia "przekleństwa ludzkości"
"ba-kcyla " Kocha (gruźlicy). Podobno wysiłki uczonych amerykańskich
są już bliskie celu, a więc niechaj gruźlicy czekają na ten
obiecywany środek. Narazie w probach jest stosowanie streptomycyny,
podobo z bardzo dobremi wynikami. - Niestety środek ten jest tak
drogi i trudny do zdobycia, że przeciętny gruźlik musi zapomnieć o
skorzystaniu z tego środka. -

W tej chwili jest to dostępny środek dla bogaczy, my biedni musimy
liczyć li tylko na siły odporu naszego organizmu.

KONSTYTUCJA 3-go MAJA

Najwspanialszym   dziełem Sejmu Czteroletniego jest Konstytucja
3-go maja 1791 r. Projekt jej, ze względu na sytuację polityczną,
ułożyli w tajemnicy członkowie stronnictwa patriotycznego. Do
wtajemniczonych należał król, który natychmiast po jej uchwaleniu
zaprzysiągł ją wraz z sejmem i senatem. Tylko nieliczna zresztą
opozycja nie uznała konstytucji.

Konstytucja 3-go mają usuwała gubiące Polskę "liberum veto", kon-
federacje, elekcyjność króla (tron miał być dziedziczny w dynastii),
stwarzała silny rząd, 100-tysięczną armię, usuwała wiele niesprawiedliwości stanowych i religijnych. Najważniejsze jej postanowienia były:
religią państwową jest religia katolicka, lecz inne wyznania mają
całkowitą wolność; szlachta zachowuje swe dawne przywileje,
mieszczaństwo zaś swoje dopiero co nabyte prawa; chłopów bierze
się w opiekę prawa.

Postanowiono celem rewizji praw zwoływać sejm konstytucyjny co 25
lat.

Z innych postanowień konstytucji podkreślić należy ustanowienie
silnej władzy rządowej z podziałem na prawodawczą, wykonawczą i sądowniczą. Władzę prawodawczą miał sejm, wykonawczą król z mianowaną

przez siebie radą ministrów (Straż Praw). Oba te czynniki były
odpowiedzialne przed sejmem.

Władzę sądowniczą sprawować miały sądy pierwszej instancji dla
każdego województwa, od wyroków których była możność apelacji do
trybunałów.

ODEZWA

W OKRESIE niepodległości Polski pomiędzy dwoma wojnami światowymi
utrwaliła się tradycja gromadzenia w drodze darów i składek do-
browolnych funduszów na potrzeby oświaty szkolnej i pozaszkolnej
przez cały miesiąc MAJ.
Zbiórka majowa stanowiła jakgdyby powszechną mobilizację całego
społeczeństwa do świadczeń jednorazowych na te potrzeby oświatowe.
Czasy się zmieniły. Na emigracji ustały wszelkie publiczne
świadczenia na potrzeby oświatowe ludności polskiej.
Polacy na emigracji, rozproszeni po całym niemal świecie, pozbawieni
własnego, aparatu państwowej opieki, nie rozporządzając publiczymi
środkami finansowymi, muszą w wielkim mozole sami sobie radzić,
muszą, przede wszystkim wydobyć choć najniezbędniejszą pomoc
oświatową.
W takich warunkach dobrowolny podatek majowy na oświatę jest
nieskończenie bardziej niezbędny, aniżeli był przed wojną w Kraju.
Dzisiaj, dziecko polskie, młodzież polska, dorosły Polak, pragnący
się uczyć i dokształcać w zakresie języka ojczystego, historii,
literatury, wiedzy o Polsce - mogą to osiągnąć jedynie o tyle, o
ile sami, zgromadzimy jakieś środki pieniężne na ratowanie młodego
pokolenia przed wynarodowieniem, przed utratą silnego związku z
historią i teraźniejszością Polski, z jej tradycjami i kulturą.
Potrzeby są tak olbrzymie. Dlatego wzywamy wszystkich Polaków na
obczyźnie, by poprzez swoje organizacje terenowe oraz osobiście,
nie szczędzili wysiłku w celu wywołania takiego entuzjazmu do-
okoła zbiórki majowej 1948 roku, by nie tylko dała poważne wyniki
pieniężne, ale aby się stała olbrzymią i powszechną demonstracją
kulturalną wszystkich środowisk i skupień polskich zagranicą.
Wszyscy są moralnie obowiązani do podatku majowego. Każdy winien
dać więcej, aniżeli może - nikogo nie powinno zbraknąć.

FRAGMENT Z "PANA TADEUSZA"

... Razem ze strun wisła
Buchnął dźwięk, jakby cała janczarska kapela
Ozwała się z dzwonkami, z żelami, z bębenki:
Brzmi Polonez Trzeciego Maja! - Skoczne dzwięki
Radością oddychają, radości słuch poją.
Dziewki chcą tańczyć, chłopcy w miejscu nie dostoją:
Lecz starców myśli z dźwiękiem w przeszłość się uniosły,
W owe lata szczęśliwe, gdy senat i posły,
Po dniu Trzeciego Maja, w ratuszowej sali,
Zgodzonego z narodem króla festowali.
Gdy przy tańcu śpiewano: Wiwat król kochany!
Wiwat Sejm, wiwat Naród, wiwat wszystkie stany!

MIFAL HABITACHON IN SANATORIUM GAUTING

In cuzamenhang mit der proklamierung fun der akcje far zicher-
hajts-fond farn Jiezuw iz ojch baj unz in sanatorium proklamirt
und durchgefirt geworn di akcje mit der maksimaler materieler
onsztrengung fun jedn jidiszn pacjent wi ojch fun jidisze personal-
ongesztelte.

Es sztelt zich di frage cu hot jeder szpender gehat dem geherign
moraliszn gefil bajm szpendn zajn sume ojf dem azej wichtign lebns-
fond? Cu hot zich jeder ejner fun unz opgegebn a din wcheszon fun
der ernstkajt fun der szo un cajtn in welche unzer dor kumt ojs
cum lebn?

Un ich ken festszteln mit majn gancer zicherkajt, dos nit ale
gautinger ajnwoner hobn zich bacojgn cu ot der akcje mit der
ernstkajt, welche di cajt fordert fun unz.

Wos iz di sibe wos macht unmeglech nochcudenken dem hajntign jidn
wegn zajn perzenlecher lage un gejrl. Zoln mir es onrufn lajchtzin?
Najn! Dos iz nit kejn lajchtzin. Dos iz a tiferer psychologiszer
moment, welcher frest unojfherlich unzer mejach, unzer wezn in
meszech fun dojres.

In meszech fun dojres-langn golut, zajendig arumgeringelt fun di
umes-haojlom un lebendig cwiszn zej, zajendig gejogt un geplogt fun
ejn ort ojfm andern, dos dinen ksejder di fremde geter, dos ksejderdike ophengigkajt fun andere, der wiln fun asymilacje, welndig mit
gewalt farwarfn fun zich unzer kultur un mit gewalt zich klamern on
fremde kulturn un ejgnszaftn, ot dos hot opgetojt baj unz jedn gefil
fun zelbstsztendikn denken fun machn cajt-analizn un kenen opszacn
un kukn mit ofens ojgn in der wirklechkajt.

In unzer langer historiszerkejt fun lajdn und noch jeder epoche fun
fiziszer farnichtung fun di greste tejln fun unzer folk flegt kumen
nor a cajtwajlige ojsnichterung und di wechesszbn. Ober sznel wi a
blic flegt dos farbajgejen, un der jidn fun hajnt hot fargesn, wos
er bedarf lernen fun nechtn. Un noch jeder transfuzje fun dem min,
welche hot gekost milionen fun lebns hot zich wider stabilizirt dos
jidisze lebn in form fun gejeg hoch parnoss, rajchtum, kariere u.a.w.
Ober jeder onhajb hot zajn sof. Ojch unzer anormale lebn hot zajn onfang un in der hajntiger tkufe ojch zajn sof.

Ojb jidn hobn in ale cajtn noch ojsgefunen welche s'iz onszpar-
bret, oder arojsgerufn a rachmones-gefil far zejere lajdn baj di
umes-ojlom, iz hajnt ot der supteler gefil baj unzere szchajnim
inganen ojsgeloszn geworn. Kejn funk fon simpatje, kejn tropn fun
rachmones, ken funk fun nobelkajt ken men fun zejre ojgn nit arojs-
lejnen. Mir sztejen hajnt mit der plejce cugeszpart cu der wand un
fun danen arojs muzn mir kukn cu der welt un mit di resztlech fun
unzer kojach ojskemfn far zich a cukunft. Un do bedarfn mir zich nit
szparn mit unzere achslen cwiszn do umes-haojlom. Mir torn nit gejen
wider cum onhojb fun der geszichte, welche zi hot ir onhojb fun der
cajt, wen mir zajnen fartribn geworn fun unzer land in goles.

Der gefil fun selbstsztendlichkajt in a eigener meluche bedarf
fun ict on zajn der moter fun unzer lbn.

Di orientacje ojf zich alejn, dos bedarf zajn unzer weg-wajzer,
dos darf ojch zajn der recept far unzer dojres-langer chronisz-
kranker psychologie.

D. Wasserstein

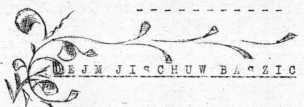

DEJM JISCHUW BASZIC

Dejm jischuw baszic Du Grojser Got
Daj schytzendike hant ihm sztrek ojs,
Dejm sojnes plejner Mach zu szpot
Wi a zajfenbluz zerynen solen zaj blojz.

Fun ale felker host Du unc nascht ojsgeklyben
Blojz cu lozen falen ojf unc Dajn sztrofende rut,
yn'm gerangel solen mir wejren zyryben
unofhejr solen mijr ubgajn yn blut.

O Got! Mach versztumen di szakalen
Ratywy Dajne Kinder fun zajere hant,
Di solst Dajn zorn oj zajere kep losen falen
Funm erdyschen oberflech zaj varlend.

Solen mir Dich nyscht blojz als zorndyken   Got kenen
Als unzer Reter sich ojch a mul bawajs,
Wajs zaj dus mir nyscht hefker zenen
Beschyz dajm jiszuw wus ojsgebojt geworen myt szwajs.

Cekryszel dajm fajnt, Zerbrech zajn kojch
Dos nes fun unzer retung sol geschen
Dajn macht begrajfen sol dejm sojnes möjich
Zajn nyschtygkajt sol er derfilen, darsen.

Zersmeter der sojne ojf pytzlech sol weren
Wi a blytz wet ojftojchen unzer frajdig geschraj,
Fun frajd mir welen dan wajnen mit trejryn
Un Dir welen mir bleiben getraj.

F. Eichenbaum

F. Eichenbaum   Übersetzung

KOOPERATIWE BEWEJGUNG YN ERETZ JISRUEL.

Di kooperacji yn Eretz Jisruel farnemt a bekuwendyken platz yn der
erez-jisrueldiker industrij. Di metarlurgji un elektryzytejt zajlt
11 kooperatiwen myt loo chawajrym, yn letzten juhr hobn zaj gehat
70.000 funt hachnusy. Arbajtslojn yz ojsgezolt geworen 3o.000 funt.
Sztajn yn bojmaterialen kooperatiwen zenen farhanen lo myt 175
arbajter. Di wichtigste zajnen dij beton un zementfabryk "Namlit"
yn Chajfe welche yz ajne fyn di eltste koopetiwen, un "Sulekat" di
grojse zygelfabryk yn Riszon Lezijon. Di produkcji fun di kooperaty-
wen dergrajcht a fyrtel miljon funt. A drytel hachnusy gejt ojf
arbajtslojn.

Di holzbranze hot lo kooperatiwe fabryken myt 31o arbajter. Zajer
jehrliche hachnusy batreft 275.000 funt. Yn Land zenen ojch du 5
kooperatiwe drukerajin un 2 bichdinderajen, myt 145 arbajter, jehr-
licher umsatz 125.000 funt. Di konfekcji un schichbranze hot 7
kooperatiwen myt 13o arbajter un macht a jehrlichen umsatz fyn 250.000
funt baj 65.000 arbajtslojn.

Zen kooperatiwe bekerajin zenen du in land-myt 11o arbajter, 28.000
funt jerlichen umsatz, der arbetslojn betraft 66 tojsent funt.

4 grojse kooperatiwe restauranen zenen du in land-yn Tel Awiw, Jeruszalajim, Hajfa un Twerja. Di zol angesztelte betreft 266 un zaj bekumen
ojsgezolt 7o tojsend funt a juhr. Der umsatz betreft 3oo tojsend funt
a juhr. Di kooperatiwe restauranen znen zer populer zwyschen di
arbajter un angesztelte. Yn brilantenschlajferajfach hobn egzestirt
3 kooperatiwen beschutwut mit priwatkapital, iz zulib dem kryzys yn
der branze zenen entsztanden noch kooperatiwe fabryken, byszytwut myt
priwate kapitalisten, wos bescheftigen zysamen 8oo arbajter un a
dank dem zenen fil arbajter nycyl geworen fyn arbetslosigkajt. Ojser
dem zenen do 23 kooperatiwen yn farschidene andere branzis, wi
wascherajin, fryzjer, chemische indrustrij, glos (Di grojse fabryk
Riszon L'zijon) knep, zajf, traktorysten, kalte getranken, zusztelung
fyn zamd yn sifsuf, senatorjis, ynzynijraj. Zusamen zenen do yn
Eretz Jisruel 123 kooperatiwe unternejmungen myt 374o mytglider, yn
welche es arbetyn 488o man. Zajer umsatz betreft 6 miljon funt a juhr
un der arbetslojn 2 1/2 mil on funt a juhr. Dus yz schojn zusamen myt
der kooperacj fun komunikacji wesen un kojdem kol myt di kooperatiwen
far sztejtiszer un zwischensztejtischer pasazirkomunikacji welche
entwickelt sich zajer sztark. Dy dozige kooperatiwen hoben sich onge-
hojben grynden myt a erech 2o juhr zuryck. Kymat un kapitalen. Un
hajnt dergrajcht zajer kapital miljonen funten. Di zol ojtobusen un
taksis zajere dergrajchen 9oo, zaj firen 17o miljon pasaziren a jor
yn machen a jehrliched umsatz fun 3 1/2 miljon funt ojf 21oo menschen.

Don zenen dy nemen fun di transport yn komunikacji kooperatiwen:
"Agat" a landkooperatiw, "Don"-Tel Awiw yn die umgebung, "Darom Jehuda"
farbyndet Tel Awiw myt darom, "Hamakszer" Jeruszalajim myt der swiwa,
"Chawejr" Hajfe myt der swiwa, "Miszmar Hamifratz" Hajfe myt cafon,
"Neszew" taksi komunikacji yn Jeruszalajim yn noch etlechy firmes.
Di col fyn di komunikacji kooperatiwen yz nyscht grojs, ober dus yz a
rezultat fun zusamengisungen yn farajnigungen. Es zenen do kooperatiwen
wo zenen entsztanen doch zusamengisungen fun zendliger firmes un
komunikacjilinjes. Di jidische ojtobusen un taksilinjes znen ser

wichtig farn land, kojdem kol zulib der opgesztanikajt funm
bajnwejsen un dan treten zaj ojs a weg zu dij naje landwirtschaft-
liche punkten.

Beajs di unruhen fun 1936-39 hobn zaj gespilt a wichtige nacjonale
role, zunyschtmachendyk di plener fun di arabische bandes, obce-
sznajden di jidische jiszuwem ajne fun die andere, un zaj ajnzygwajs
farnichten. Ojch yn mylchume cajt yz zajer tetigkajt gewejn zer wichtig, ojf zaj zenen arojfgelajgt geworen ersztrangike militejrisze
ojfgaben un zaj hoben yn di schwerste momenten di schwerste oj-
gabes glencend durchgefirt, nyschtderlozendyk dabaj az di komunikacji
farbindung zol ojf ajn minut lajden.

"Dij woch yn Eretz Jisruajl"

- - - - - - - -

Abschrift!

IRO-Sanatorium Gauting   Gauting, den 22. April 1948
    Kulturkommission
beim Patienten-Komitee

Chief Medical Officer
Herrn Dr. I. Siegfried

im Hause

Sehr geehrter Herr Direktor!

Im Zusammenhang mit der gestern stattgefundenen Vorstellung möchte
ich Ihnen folgendes mitteilen:
Das Trauerspiel "Maria Stuart", das gestern zur Aufführung kam,
wurde von erstklassigen Kräften gespielt und zog im allgemeinen
die Zuhörer völlig in seinen Bann. Trotzdem erlaubten sich einige
Patienten unliebsame Störungen, was bei den Zuhörern und den Schauspielern unangenehm auffiel. Ein Patient namens Bines von Stat.
B III, Zimmer 22, der in angetrunkenem Zustand in der ersten Reihe
sass und mit lautem Schnarchen und Gähnen die anderen gestört hat,
konnte festgestellt werden. Die anderen Übeltäter sind leider nicht
bekannt.
Wir bitten Sie, Herr Direktor, um Ihre Zustimmung, den oben genannten Patienten sowie alle künftig feststellbaren Störenfriede für
die Dauer von zwei Monaten von sämtlichen Theateraufführungen
ausschliessen zu dürfen.

    gez. Bazar   gez. K. Chenciński
Kultur-Kommission beim   Vorsitzender des Pat. Komitees.
    Patienten-Komitee

Mit dem Vorschlag, den Patienten BINES
für die Dauer von 2 Monaten von der
Teilnahme an Kino- oder Theatervorstel-
lungen im Kinosaal auszuschliessen, er-
kläre ich mich einverstanden.

gez. Dr. I. Siegfried
Chief Medical Officer .

SKLAVINNEN DER MODE?

Eine englische Zeitschrift fragte ihre Leserinnen, wie sie sich
zu der neuen Pariser Mode – den längeren Kleidern – stellen.
Das Ergebnis der Rundfrage war sehr erfreulich: fast 9o % Frauen
erklärten sich dagegen. Als Grund wurde zuerst der Stoffmangel,
dann Unbequemlichkeit und Deformierung der Figur durch die neuen
Kleider angegeben.

Einige Frauen riefen zum Boykott der neuen Mode auf und versprachen,
fest weiter kurz zu tragen. 6 junge Mädchen haben sogar einen Klub
gegründet und haben vor, für jeden Zentimeter längerer Kleidermode
ihre Kleider um 1 cm kürzer zu schneiden. Was sie damit erreichen
wollen, weiss ich nicht recht, bin aber neugierig, wie weit sie
damit kommen und wer zuerst nachgibt.

Es ließ sich auch die Stimme eines Mannes vernehmen. Nach seiner
Meinung waren die kurzen Kleider stets das Zeichen schlechter Zeiten
gewesen, während die langen Röcke den Wohlstand und Frieden kennzeich-
neten. Dieser Optimist glaubt also, dass der Krieg oder Frieden vollständig von den Modeschöpfern abhängt.

Eine von den Gegnerinnen der neuen Mode appellierte an das ganze
weibliche Geschlecht: Überzeugen wir die Welt, dass wir keine blinden
Sklavinnen der Mode sind!

Ja, diese hat recht. Es ist der Mühe wert, sich selbst zu überzeugen,
dass man unabhängigen Geschmack hat und dass man mutig das trägt, was
man hat und worin man sich gut findet. Wie wäre es zum Beispiel, wenn
wir Frauen der Mode den Krieg erklärten?

Ich wäre dafür, dass jede Frau das trägt, was ihr gefällt und was
ihr steht. Ein Mädchen, das gern ihre hübschen Beine zeigt, könnte
dann in Pagentracht gehen, eine andere würde sich gut in einer Krino-
line präsentieren, hingegen könnte eine klassische Schönheit ein
schlichtes griechisches Gewand mit Erfolg tragen.

Wie bunt, wie schön wäre eine solche Frauenmode! Und wie vielseitig
dazu! Da könnte jede Frau ihren Geschmack und ihre Eigenart vor-
teilhaft zum Ausdruck bringen.

Und ich glaube, weder die Männer noch die Geschäftsleute hätten
etwas dagegen. Alle wären zufrieden. Also! Wer macht mit?

                                                Madame X.

H. Mierzwa   Feljeton

PO ŚWIĘTACH

- Czego pan tu szukasz w tych śmieciach Panie Teofil?
- Deseczek na skrzyneczkę panie Walenty.
- A cóż to pan na tamten świat już ciągnie, że panu skrzyneczki
  potrzeba?
- Przeciwnie panie szanowny, prawie że przeciwnie,
  żołądek wydatniej zasilać projektuję.
- Tak ze skrzyneczki jak baranek.
- Baran to pan jesteś bo się w głębszych zamiarach nie orjentujesz.
  Skrzyneczkę sobie na "dżojnt cutajlung" szykuję i koniec.
- A cóż to pan szanowny się na starozakonnego przerobił czy co?
- Jeszcze nie ale głębsze postanowienie już posiadam. Trochę bólu
  parę gram na wadze stracę ale za to co miesiąc odpowiedni przydział
  do skrzyneczki pod łóżko złożę!
- Jeżeli chodzi panu Teofilowi o prowiant względem religji, no to
  już lepiej na ortodoksa, albo na ewangielika się przechrzcić.
  To przynajmniej bez bólu, a paczka żywnościowa raz na jakiś czas z
  nieba spadnie cała, a nie jak przy katolikach dwie na siedmiu.
  A i ostatecznie przy katolickiej wierze też źle nie jest. Cały rok
  makaronu, mało nie widzimy to nam choć na święta makaron z
  pomidorowym sosem przysłali. Tak po aptekarsku na gramy.
- Widocznie im się ta duża waga zepsuła.
- Wszystko się psuje panie szanowny.
- Tak tak to widać, że i pan jakoś ostatnio źle wyglądasz czy się
  aby kawerna nie powiększyła.
- E gdzież tam. Na urlopie byłem. Robaka świątecznego trochę zalałem
  i tak mi się jeszcze perfumami odbija.
- Koniakiem panie Teofil, k o n i a k i e m !
- E, gdzież tam. Kolega do smarowania /na reumatyzm/ spirytus z
  amoniakowym zapachem przyniósł. Powachalim i żal nam się porządnego
  trunku zrobiło. Rozlało się na garnuszki i dalej łykać. Silne to
  było oj silne w nosie kręciło, drapało, a pachniało odpowiedzialni.
- No i co potem?
- No najtrudniej jest zacząć. Jak do łba poszło zaczęliśmy szukać
  więcej. Sąsiad miał pół flaszki wody kolońskiej o zapachu fiołków,
  to my ją też wypili, a następnie ekspelerem do smarowania poprawili.
  Jak się mój panie Walenty te wszystkie zapachy pomieszały to nam
  się zaczął ten świąteczny makaron z pomidorowym sosem od katolików,
  do krtani dźwigać. Nie moglim się w zupełności opanować, ciegiem
  rwało Kolega że ma powonienie delikatne wszystko rozróżniał. I co
  trochę sły-szałem jak przy oddawaniu krzyczał: ekspeler, a-moniak,
  albo fi-jołki, słyszałem jeszcze parę razy "fi-jołki" i już nie
  nie pamietam więcej tylko dwie nogi od sąsiada, które z okna w
  stronę mieszkania wisiały. Koledzy go za nie trzymali, a on biedak
  ofiara zapachów zraszał trawę przez okno perfumami. Ludzie z parteru
  krzyczeli, jednak żaden głowy z okna nie wychylił, bo się bał
  pokropku.
- Tak ci to już los gruźlika na urlopie.
- To jeszcze nie wszystko, panie Walenty. Pod oknem się zbiegowisko
  zrobiło, wychyliłem się i ja, żeby na znajomych z góry popatrzeć
  i niechcąco doniczkę z kwiatkiem jakiejś paniusi na łeb zepchnąłem.
  Kolega Wątor zszedł na dół, z grzeczności po kwiatek, ale że mu się

nagóre po schodach kwiatku nosić nie chciało bo nogi posłuszenstwa
odmawiały, oknem go próbował na pierwsze piętro wrzucić. Po paru
nie udanych rzutach /ku uciesze gapiów/, wreszcie trafił, ale nie
tylko w okno lecz i w półmisek z buraczkami, stojący na stole.
Buraczki się rozprysnęły i cały pokój wyglądał jak szlachtus, a koledzy jak bozekrowki na czerwono nakropione.
-To ci była zabawa.
Koledzy z pyskiem, i na niego, a on jak odpepnie swoją sztuczną
nogę, i zacznie nią w powietrzu obracać, to się zrobiła taka cisza,
że tylko ten sok burakowy słychać było jak na podłoge ze stołu
kapał . . .
-A jak żesz to pan szanowny na urlop pojechał, przecież "pozytyw"?
-Ja panie Walenty po naszemu "przez dziureczkę". Tam za tem piokraglem
garażem.
-Tam przeciez strasznie czuć a papieru, szmat desek i śmieci, i starych
puszek tyle, że na śmietnik z całej Bawarji, a nie na sanatorium
ta dzielnica jest podobna.
-Tam też dobrze przechodzić bo tam żadna władza nie zajrzy, a
policjant przy dziurze od smrodu nie wytrzyma i sam ucieknie.
-Głowe to już tam pan Walenty posiał i widze, że jakby go na
stacjonowego wybrali to napewnoby wiedział jak rozdzielić lo
koszulek bez rekawów na 5o pacjentów.
-Powiadasz pan bez rekawów?
-No właśnie w tem rzecz. Jakby były z rękawami to mogłbyś pan jeszcze
rękawy oddzielnie rozdać. Ale tak to nie dało rady.
-Tak pan to trzeźwo mówicz jakbyś orzeźwiający napój z tych nowych
garnków w "Klubie Pacjentów" pił. Bo to niby dali nowe garnki do picia
tylko bez dekli.
-Słyszałem. Ja tam z tego nie piłbym.
-Zimne jeszcze można, a le ciepłe to by mnie obrzydziło.
-Dobrze, że ta " k o k a k o l a "się nie ciągnie.
-Teraz się wszystko ciągnie i jak się tak dalej pociągnie to
ożłek kopyta wyciągnie.
-Nie wyciągnie p. Walenty, a jeszcze na wojenkę pociągnie. Bo wojna
będzie panie szanowny. Amerykanie się z Ruskimi poobrażali. Ludzkości
już za dobrze się wiedzie.
-Ludzkości pan powiadasz? Nie nie. Ludzkość spokojna jest bo jeszcze
się dobrze z ran nie wylizała i z grůów nie odgrzebała, jeszcze w
powietrzu pachnie zapachem z komór gazowych i jeszcze nie zaorali
wszystkich pól po obozach koncentracyjnych. To nie narody prą, to
prowodyrzy.
-Ja se tak nieraz myślę, jakby tak tych wszystkich wodzów z całego
świata, wszystkich polityków i ministrów na jedną wyspę na Pacyfiku
zgromadzić i zamknąć. Niechby tam się sami między sobą kłócili,
sami sobie wojny wydawali i bloki tworzyli. A Ludzkość w tym czasie
świętego spokoju używałaby do syta.
-A ja to bym im jeszcze do tego, bombę atomową wraz z temi wynalazcami
tam posłał niechby tam sobie zaraz i próby robili.
-Po tej próbie byłby wiązszny spokój.
Narody żyłyby bez wodzów, ministrów, posłów, wójtów i przywódców
partyjnych.
-Czyby tylko po tem baby nami nie rządziły? Tak z wałkami od ciasta.
-Z babą sobie pan poradzisz panie Teofil. Na sukienkę jej obiecasz,
uszczypniesz gdzie potrzeba, albo stary kapelusz na modny fason
wystroisz i spokój masz. Ale co takim wielkim obiecać gdzie ich
uszczypnąć żeby mieć spokój?
Poradź pan panie Teofil.
Pomyśl i Ty kochany czytelniku.

NIESTETY TAK JUŻ BYWA.

Niestety tak już bywa, że każde zbiorowisko ludzkie ma jakieś braki
(wady), w mniejszym lub większym stopniu dokuczliwe dla otoczenia,
lub jednostek zmuszonych do współżycia w tych warunkach. Chciałbym
dla dobra towarzyszy, ciężko chorych, zwrócić uwagę na szereg niedomagań, które w szpitalu nie mogą mieć miejsca, a które są niestety
częstym zjawiskiem na terenie naszego sanatorium. Chodzi o zachowanie
się niektórych pacjentów na terenie sanatorium. Uwagi podaję w
formie przykładowej:

1) Godzina 1o.3o wieczorem (czasami nawet i później), wracają sobie
   nasi niektórzy pacjenci np. z teatru, lub czasem z wizyt, lub
   innych przyjemności. Mniejsza o porę powrotu, ale chodzi o
   zachowanie się takiego wesołego gościa. Otóż wali "kopytami" po
   korytarzu, bo musi wybijać takt, no i proszę państwa dosłownie
   "ryczy", fałszując arje, czy inne melodje "śpiewa", co mu na
   język podleci, bo cóż takiego typa obchodzi, że może obok leży
   ciężko chory, któremu przerywa tak trudny do zdobycia pierwszy
   sen. Dla takiego gościa nie ma nocy, niema szpitala, jest "On"
   i jego dzikie porywy, a reszta niech ginie! Piszę to tak ostro,
   bo były wypadki, że na zwroconą uwagę "gość" taki poprostu oburzał
   się, że przeszkadzają mu w nocnym radosnym nastroju, jemu choremu i to jeszcze siostra Niemka!

2) Inny rodzaj "nocnych ptaszków"! Wraca sobie "gość". (używam stale
   nazwy gość, bo taki typ uważa, że jest w knajpie, a nie w
   sanatorium) tak dla odmiany ok. 11 wieczorem, ale stosunkowo
   cicho, bo bez śpiewu, no ale w pokoju to przecież jak w domu, a
   więc pierwsze, uruchomienie radja, trzeba dowiedzieć się co
   donosi komunikat o 11.15 wieczorem, a dalej musi się wygadać
   z towarzyszami do 12-tej w nocy, bo dzień był zakrótki!
   Głupstwo, że rajo i tubalny głos "gościa", budzi cały pawilon,
   grunt, że gość tak chce i szkoda czasu na zwracanie uwagi, że
   budzi innych chorych, i że to noc, i że to szpital.

3) Nowy obrazek! Towarzystwo karciane (hażard), mija godzina 1o-ta
   wieczór, dopiero gra nabiera smaku, jest cicho nikt karciarzom nie
   przeszkadza! Tak około 12-tej w nocy, jak zwykle, dochodzi do-
   chodzi/do sprzeczki, awantury, no i znów chorzy sąsiedzi mają
   przerwany sen i noc złamaną.

4) Tym razem chodzi o pojentów handlujących. Regulaminowe godziny
   ciszy i leżakowania od 13 - 15 pp, to najlepsza pora dla handlarza,
   aby przerywać odpoczynek i sen chorym. Przychodzi taki typ akurat
   o 2 pp. gdy przed chwilą chory zasnął, wali nogą w drzwi, bo ręce ma
   zajęte noszeniem towaru, no i "ryczy": pomarancze, "Butter" kupi!
   kupi!, aż do obudzenia chorego. Nie pomoże kartka umieszczona na

drzwiach, aby w porze 13 - 15 pp. nie wchodzić, taki gość ma
swoistą mentalność, przepisy są dla innych.

Podając tych kilka przykładów sądzę, że poruszenie takich spraw
na łamach poczytnego pisma naszego, przyczyni się do usunięcia
wspomnianych niedomagań.

Jan Kittel.

TÄTIGKEITSBERICHT

des Patienten-Komitees in Gauting im Jahre 1947/48 und
Änderungen im Sanatorium in der gleichen Zeit.

Das neugewählte Patienten-Komitee vom Jahre 1947 hat sich folgenden
Zweck für die Zeit seiner Kadenz gestellt: Sich nicht mit dem
Status-quo"zu begnügen und nur eingelieferte Zuteilungen weiter zu
verteilen, sondern mit Aktivität und Initiative den Lebensstandard,
das moralische und kulturelle Niveau des alltäglichen Lebens in
Gauting zu erhöhen. Folgend dieser Devise kann das Patienten-Komitee
nach einem Jahr auf erfolgreiche Ergebnisse seiner Arbeit zurückblicken.

Abteilung Jüdische Betreuung.

1. Das Sanatorium hatte im Juli vorigen Jahres 480, heute hat es
430 jüdische Patienten. Im Laufe des Jahres wurden viele Patienten
vom Konsulat vorübergehend unter Beobachtung und Behandlung gestellt.
In dieser Zeit wurden 30 Patienten als gesund entlassen, etwa 52
wurden zur Weiterbehandlung in die Schweiz gesandt.

2. Die JOINT-Zuteilungen waren im vorigen Jahr auf 900 Kalorien täglich berechnet, ab November 1947 sind diese auf 1500 Kalorien täglich
erhöht worden. Wir bekamen vom JOINT monatlich RM 5.500.- für Unterstützung und RM 1.000.- für Kulturzwecke. Ausserdem erhielten wir
einmal wöchentlich einen JOINT-Film, manchmal Vorträge, Konzerte und
Vorführungen verschiedener Art.

3. Von "Bikur-Cholim" erhielten wir im Laufe des Jahres:

Fleisch	2050	kg
Zucker	238	"
Obst	1209,5	"
Butter	52	"

Das Fleisch wurde der gemeinsamen, koscheren Patientenküche zur Ver-
wendung übergeben, alle anderen Artikel wurden an die notbedürftigen
Patienten verteilt. An Bargeld hatten wir von "Bikur-Cholim"
RM 43.726.06, welche von jüdischen Lagerverwaltungen, Privat- und
Organisationsspenden sowie Veranstaltungsüberschüssen stammen.

Dieses Geld wurde hauptsächlich für Unterstützungszwecke verwendet. Der jetzige Kassensaldo beträgt beinahe Roch RM 5.000.-.

4. Sämtliche Bekleidungszuteilungen, die regelmässig an die Patienten ausgehändigt wurden, erfolgten in erster Linie entsprechend der Bedürftigkeit und nicht nur entsprechend der Dauer seines Aufenthaltes im Sanatorium. Dieses Zuteilungsprinzip hat dankbaren Anklang unter den Patienten gefunden.

5. Es ist zu betonen, dass die Lebensmittelzuteilungen vom JOINT-Gesundheitsamt dank der besonderen Bemühungen und dem verständnisvollen Entgegenkommen des Herrn Dr. Pliskin immer rechtzeitig und in ausreichendem Maße geliefert wurden. Die Lieferungen wurden unter der unmittelbaren Aufsicht des Patienten-Komitees nachgeprüft und von den Stationsvorstehern sofort und zur vollen Zufriedenheit der Patienten verteilt. Es kamen keine Reklamationen vor. Die Fürsorge des Patienten-Komitees beschränkte sich aber nicht mit diesen Zuteilungen, sondern versuchte, von sich aus den Gesundheitszustand der Patienten durch Obst- und Gemüseinkäufe zu verbessern, was von den Patienten auch sehr anerkannt und begrüsst wurde. Diese Lebensmittel wurden zum grössten Teil an die schwerkranken und bettlägerigen Patienten und an die Patienten auf Operations-Station verteilt. Diesen Patienten und alleinstehenden Personen ohne Familie oder anderweitige Hilfe hat das Patienten-Komitee auch grössere Zuteilungen an Wein, Kompotten, Pfirsichen etc. zugesprochen.

6. Das Patienten-Komitee bemühte sich und es gelang ihm auch in vielen Fällen, den Patienten notwendige Hilfe auf anderen Gebieten zukommen zu lassen. So hat das Komitee aus eigenen Mitteln den jüdischen Friedhof mit einem Denkmal für die 6.000.000 jüdischer Naziopfer versehen lassen. Aus eigener Initiative, durch Sammlungen, Spenden und mit der freiwilligen Mitarbeit eigener Leute und der Patienten wurde dies bewerkstelligt. Bei Enthüllung des Denkmals erschienen Vertreter der Militärregierung, des Ministeriums der rassisch und politisch Verfolgten, des JOINT, der deutschen Behörden von Landkreis und Stadt und vieler anderer Organisationen, welche die Patienten bei dieser Gelegenheit mit dem Ausdruck tiefster Sympathie begrüssten und ihre Hilfe und Unterstützung zusicherten.

Allgemeine Betreuung

7. Ebenfalls wurde der Kinosaal aus eigenen Mitteln umgebaut und mit amphitheatralisch angeordneten Sitzplätzen eingerichtet.

8. Weiterhin gründete das Patienten-Komitee einen Club zur Zerstreuung und Unterhaltung der Patienten mit einem kalten Büfett, Zeitungen, Journalen, Unterhaltungsspielen und Radio. Des öfteren finden dort Vorlesungen, Vorträge oder kleinere Konzerte statt.

9. Es wurde ein eigenes Patienten-Orchester gegründet und spielte erstmalig zur Feier "Chag-Hanhanukah". Es verbreitete mit seinem Programm allgemein viel Freude und Zufriedenheit.

10. Durchschnittlich einmal wöchentlich finden im Kinosaal Theatervorstellungen statt, an denen sich auch namhafte, auswärtige Künstler beteiligen, wie z.B. Jabtokow aus USA, Michael Taube und die Tänzerin Paula Padani aus Palästina. Oft kamen mit Konzerten und Vorstellungen das Orchester von St. Ottilien und Theater Föhrenwald. Von den deutschen Artisten sind Rudi Schuricke und Magda Hain besonders zu erwähnen.

11. Im Oktober 1947 wurde die Patientenbibliothek mit 1500 Büchern
in verschiedenen Sprachen eingerichtet. Für diesen Zweck sammelte
man RM 500 bis 600 vom Personal und den Patienten des Sanatoriums
und von den verschiedenen Lagern Bücher. Beinahe 1000 Bücher stammen aus Sammlungen. Es wurden für diesen Zweck von den Lagern grosse
Summen vorgeschlagen, aber die Patienten lehnten dies ab und nur
Büchergeschenke wurden angenommen. Beinahe 300 Patienten machen
regelmässig Gebrauch von der Bibliothek.

12. Seit Juli 1947 erscheint im Sanatorium eine eigene Patienten-
Zeitung unter dem Titel "Unser Leben". Bis heute sind 10 Nummern
dieser Zeitung erschienen. Die Artikel werden in verschiedenen
Sprachen veröffentlicht. Das Niveau der Zeitung ist hoch. Es werden
gedruckt: Literarische Themen, interne Probleme, Abschriften von
Artikeln aus anderen Zeitungen und Journalen, wie auch Fragmente von
Arbeiten und Werken der grössten Künstler, Dichter und Schriftsteller. Unsere Ärzte, das Verwaltungspersonal, die Patienten, öfters
auch auswärtige Personen vom JOINT und anderen Organisationen,
liefern Beiträge hierzu.

13. Durch ORT wurden zwei 10-monatige, radiotechnische Kurse eingerichtet, die unter der Leitung eines fachmännischen, deutschen
Ingenieurs aus München stehen. ORT lieferte hierzu auch sämtliche
Lehrgeräte. Es wurden Abiturienten-Kurse eingerichtet, auf denen 5
deutsche Professoren unterrichten. Es gibt auch allgemeine polnische
Kurse, geleitet von polnischen Patienten. Ausserdem laufen Kurse für
die hebräische und englische Sprache.

Die segensreiche Tätigkeit, die aufopfernde Mühe und Arbeit des
Patienten-Komitees im Jahre 1947 sind sehr anerkennenswert.

                                                          H. Bloch

— — — — — — — — — —

M. Gajdzińska
M.G.

INFORMACJE Z KRAJU I O KRAJU.

Minister Repatriacyjny w Polsce dał znać, że Polacy chorzy, których
stan zdrowia wymaga umieszczenia w szpitalu mogą wracać do kraju bez
względu na ich liczebność. Miejsca w szpitalach są.

Polskie Radjo nadaje informacje codziennie od 9 do 9.30 wieczorem
na fali 48.25 Po nadaniu informacji nadawane są następujące po-
gadanki:

Niedziela: pogadanka literacka
Poniedziałek: wiadomości sportowe
Środa: wyciągi z tygodników
Czwartek: pogadanka kulturalno-literacka
Piątek: informacje rolnicze i ekonomiczne
Sobota: studjum problemów komunalnych.

Pociąg sanitarny do Polski odwiezie chorych z zamknięta gruźlicą
wprost do Sanatorium w Polsce. Odjazd w pierwszej połowie maja.
Odjeżdżający mogą zabrać do pociągu całą rodzinę. O ile rodzina nie me
do kogo zajechać w Polsce zaopiekuje się nią Polski Czerwony Krzyż.

NA WYGNANIU

Wycieli bór. Na urwisku
Świerk został jeden wyniosły,
A tuż przy jego leżysku
Trawy i kwiaty w bród rosły.

Wiatr czesał jego konary,
Mgły ranne chyliły czoło
W noc księżyc prawił mu czary
I duszki tanczyły w koło . . .

Przez ciągłe wichry i burze.
Pochylił świerk swe konary,
deszcze wymyły podnoże.
W korzeniach zachwiał się stary.

Konary rozpostarł szeroko,
sił resztką stanął na zrębie,
A deszcze płocze głęboko
I szarpią korzeni kłębie.

A wiatr gdy go czart omota,
W każdą noc ciemną i chmurną
Świerkiem jak płachtą miota
I nuci mu smętne "nocturno" . . .

H. Mierzwa

- - - - - - -

ERGEBNIS DER STATIONSVORSTEHER-WAHLEN
am 24. 3. 48

Neue Mitglieder des Patienten-Komitees:
   1. Chencinski, Kalman   als Vorsitzender   einstimmig
   2. Horowicz, Isaak   als Vize-Vorsitzender mit 10 Stimmen
   3. Krakowiak, Jan   als Sekretär   mit 10 Stimmen

Die neue Verpflegs-Kommission besteht aus:
   1. Horowicz, Isaak   mit 10 Stimmen
   2. Vitols, Ilmar   mit 10 Stimmen
   3. Burschinski, Michael   mit 9 Stimmen
   4. Belfer, Israel   mit 10 Stimmen

Bekleidungs-Komission
   1. Wolf, Menasche   einstimmig
   2. Krakowiak, Jan   einstimmig
   3. Eisner, Pauline   einstimmig
   4. Rosenzweig, Chana   einstimmig

Kultur-Komission

1. Bazar, Oswald   einstimmig
2. Worzmann, Perec   einstimmig
3. Vitols, Ilmar   einstimmig
4. Krakowiak, Jan   einstimmig

Dem 24 merc 1948 hot di konstituirende zicung fun dem jidiszn
komitet, in cnzamensztel fun ale gswelte stacionsforsztejer,
ajnsztimik basztimt dem najem jidiszn komitet in sanatorium:

1. Chencinski, Kalman   – forzicender
2. Horowicz, Isaak   – farflegungs lajter
3. Wolf, Menasze   – baklejdungs lajter
4. Bazar, Oswald   – kultur lajter

Als finfter mitglid fun komitet wert cukoptirt GOTHEIMER, Aron
als personal-forsztejer, zajn fartreter iz KARPUCH, Jakob.

Dem 25 merc 1948 ojf der zicung fun di jidisze elektorn iz
ojsgewejlt geworn di rewizjons-komisje in die jidisze injonim,
in folgendem basztand.

1. Helfgott, Israel
2. Aufseher, Berl
3. Balter, Chaim

Als fartreter: Stanner, Isaak.

Chawejrim!

Ich nuc ojs ajer cajtung cu zogn ajch a por werter iber di frage fun
rehablitaeje un fach-ojsbildung. Es iz fun grojser wichtigkajt, ir
zolt zich mit der frage bakenen un fun ir wert durchgedrungen zajn.

Ir wajst zicher, az di moderne medicin zorgt nit nor far dem kerper-
lichn nor ojch farn psychiszn cusztand funem krankn, wi funem
gezuntn. Szojn baj der erszter baszprechung mit Dr. Siegfried iz
mir klor geworn mit wifil ernst un szecung er bacit zich cu der
frage fun baszeftigung un fachojsbildung far zajne pacjentn. Ale
andere doktojrim in Gauting zajnen ojch zer farinteresirt in dem.

In lender, wi in Amerika, Rusland un England hot men szojn far a
cajt fun far der milchome un in der milchome gezorgt far dem, az
menszn, welche zajnen szwer farwundet oder krank geworn ojf tuberkuloze oder andere krankhajtn, zoln gehajlt wern sznel wi meglech. In

der zelber cajt hot men farzucht ojscunucn di fejigkajtn fun di
kranke cu zajer ajgene gunstn. Men hot ojch in batracht genumen
wi wet der cusztand fun a krankn zajn noch der cajt fun bahandlung
un hajlung un men hot zich bamit, di kranke zoln onfangen lernen pasn-
de fachn noch zajendig in szpital, kdej arojscugejn in lebn als
wertfule menszn.

Fil menszn, welche bawern zich ojf farszidene gebitn in hajntiger
welt zajnen gewis zer dankbar far der hilf un rat, welche zaj hobn
bakumen in richtign moment fun farsztanen dos ojscunucn.

Arojsgajendik fun dem sztandpunkt lejgn di doktojrim in Gauting a
grojsn wert ojf dem, az ejn pacjent, wos hot beendigt di tkufe
fun absoluter ruhe, zol langzam curikkern cum normaln lebn un zol
nit tog un nacht baszeftigt zajn mit gedankn wegn zajne krankhajt,
ojb in der cajt fun bahandlung un hajlung, welche dojert cum badojern
nit wejnig, git es a meglechkajt langzam cu lernen a fach - ken
men mit zicherkajt zogn, az der proces fun gezunt wern iz a dopelter.
Es iz a proces nit nor fun kerperlicher nor ojch fun psychiszer
und gezelszaftlicher wert.

Es iz do a folks szprichwort, wos zogt: "wilst du hobn a sojne -
tu im a tojwe." Ich wil damit nit zogn, az ajere nonste un ir zolt
cholile zajn sonim, doch iz es mer wi klor, az gliklech un cufridn
weet ir nor dan kenen zajn, wen ir wet zajn zelbsztendige un
unophengike birger, zaj es in Erec Israel, oder in a ander land.

Ich kumendik fun Erec Israel ken ajch nit genug ojsdrikn in werter,
ojf wifil es iz wichtig far ajch un far unz cu kumen in unzer land
gezund un grajt cu helfn bojen unzer hajmat.

Ich winsz ajch alemen a frajlechn jom tow un gute un sznele
beserung.

                                                          Sz. Umanski.

Bamerkung:

Der ojbndermonter ofener brif iz fun der chawejra Sr. Umanski, a
szlicha fun Erec Israel, welche bazucht unz ganc oft als farsztejerin
fun der Sochnut Hajihudig in München.

ROCZNE WALNE ZEBRANIE KOLA POLAKOW!

Na Walnym Zebraniu Kola Polakow w Sanatorium Gauting, odbytym
w dniu 23 maja 1948 roku zostaly wybrane nastepujace wladze Kola:

Prezes	H. Mierzwa	
V-prezes	J. Krakowiak	
Skarbnik	A. Walkiewicz	
Sekretarz	W. Szmal	

Komisja Rewizyjna:

Przewodn.	W. Kempa	
Czlonkowie:	M. Burzynski	
	J. Rak	

Sad Koleżenski:

Przewodn.	M. Jaworski
Czlonkowie	S. Miklasiewicz, W. Woźniak.

RÄTSELECKE

GEOGRAPHISCHE AUFGABEN

1) Es ist der Name eines Bauwerkes anzugeben, der die nachstehend
   angeführten Städte charakterisiert:

   1. Gauting
   2. München
   3. Jerusalem
   4. Paris
   5. Pisa
   6. London
   7. New York
   8. Hiroshima
   9. Moskau
   1o. Warschau.

2) Nachstehend werden die Namen der Helden von bekannten lite-
   rarischen Werken angegeben:

   1. Margarete   6. Desdemona
   2. Hektor   7. Winnetou
   3. Sender Brinitzer   8. Sancho Pancho
   4. Raskolnikow   9. Telimena
   5. Jean Valjean

Es ist der Name des Autors und der Titel des Werkes zu finden,
in welchem der in Frage kommende Held auftritt.

Für die richtige Angabe jedes Autors und des Titels der Werke
erhält man je 1 Punkt.

LÖSUNGEN DER RÄTSEL AUS NR. 10

Die Aufgaben in der vorigen Zeitungsausgabe wurden mit 31 Lösungen
(volle und teilweise) beantwortet.

Die grösste Anzahl der Punkte erhielt die kleine Lucia aus dem OP
und "Ma - ma".

- - - - - - - - - - - - - -

ANTWORTEN DER REDAKTION

"Ma - ma": Wir danken für die Aufgaben. Wir werden diese ausserhalb
         des Wettbewerbes veröffentlichen, da im Wettbewerb die
         Möglichkeit gegeben werden muss, die Lösungen in allen
         Sprachen zu finden.

SCHACHTURNIER.

In den nächsten Tagen wird in unserem Sanatorium ein internationales
Schachturnier stattfinden.

Die Hauptregeln werden folgende sein:

1) Der Termin wird vom Patientenkomitee festgesetzt werden, und
   das Komitee gibt auch Preise.

2) Vom Komitee sind 3 Schachspieler bestimmt, welche als Richter-
   kollegium das Turnier leiten werden. Die Namen sind: Mikowski,
   Station B I, Zimmer 2, 2) Kalninsch B.I, Zimmer 11 und 3)
   Baratnitschuk, D II, Zimmer 13.

3) Die Teilnehmer sind Patienten vom Sanatorium Gauting. Die Spiele
   werden im Patientenklub stattfinden.

4) Nähere Bestimmungen werden vom Richterkollegium ausgearbeitet
   und sind von jedem Teilnehmer zu unterzeichnen. Das Richterkollegium hat das Recht, die Teilnehmer, welche die Bestimmungen
   nicht einhalten, von weiteren Kämpfen auszuschließen.

5) Das Richterkollegium ruft die Vertreter der Nationen zusammen
   und bespricht mit ihnen Einzelheiten des Turniers.

6) Alle Schachisten werden gebeten, die Listen der Teilnehmer durch
   ihre Vertreter dem Richterkollegium bis 7. Mai einzureichen.

— — — — — — — — — — —

Ponieważ mój wyjazd nastąpił nieoczekiwanie, więc tą drogą żegnam
Personel i kolegów, życząc najszybszego powrotu do zdrowia.

                                                    Adolf Fröhlich

Serdeczne podziękowanie wyrażamy tą drogą, p. Glücksmanowi za
łask. pamięć i przysłanie książki dla naszych chorych.

                                                    Komitet

Der Froj Hanka Buksbaum cum Geburtstog,winsz jch a Baldige gezundheit,
un a Glikliche Elter!
                                        Hela Skrobacka
Gam ani bein hamworchim!   A. Steinfeld   F. Eichenbaum

Frojlajn CILA MARKOWICZ cum 20stn Geburtstog, a Refua-szlejma un fil
Glik in Wajtern leben. Dem 21jerign Geburtstog żolen mir cuzamen
fajern Gezunterhajt in unzerer a befrajter Jidiszer-Medine.
                                              WINSZN
      Froj Fridman, Froj Hela Skrobacka, Fiszl Eichenbaum un A. Steinfeld

                              Podziękowanie
Koło Polaków w Sanatorium Gauting dziękuje tą drogą panu dr. W.
Zaleskiemu za ofiarowane książki do biblioteki.

KAMERADEN,
die in der Zeit vom 1o. 2. bis 14. 4. 1948
in die Ewigkeit eingegangen sind.

HOHOL, Anna
geb. 27.5.27 in Tymerozi
gest. 22. 2. 48

GAILIS, Arwits
geb. 9.8.o6 in Cirgabi
gest. 27. 2. 48

JAKUBENKO, Natalia
geb. 28.1o.1o in Nestrava
gest. 27. 2. 48

DOMALEWSKI, Anton
geb. 27.7.9o in Karaczun
gest. 3. 3. 48

SCHREIBER, Niuta
geb. 11.11.31 in Warschau
gest. 8. 3. 48

KOTOWYCH, Stephan
geb. 11.9.98 in Nimiruf
gest. 1o. 3. 48

KASPROWSKI, Anatoli
geb. 13.4.81 in Kreminez
gest. 14. 3. 48

KLEIN, Hermann
geb. 18.3.23 in Rust
gest. 17. 3. 48

KROSBERG, Moses
geb. 13.7.23 in Kletzk
gest. 21. 3. 48

RIPKO, Joachim
geb. 7.9.89 in Borzna
gest. 25. 3. 48

SALKIN, Ilumscha
geb. 18.8.89 in Kutjuniskowskaja
gest. 28. 3. 48

SZYMCZAK, Felikas
geb. 24.12.16 in Piatek
gest. 27. 3. 48

PROCIV, Wasyl
geb. 26.8.24 in Mikolajero
gest. 31. 3. 48

KLEIN, Gitta
geb. 21.6.98 in Lodcz
gest. 4. 4. 48

SALZBERG, Josef
geb. 13.3.o7 in Ratow
gest. 5. 4. 48

HELETA, Gregor
geb. 24.2.21 in Tschercze
gest. 5. 4. 48

DELLE, Hugo
geb. 5.1o.77 in Modohn
gest. 5. 4. 48

BALAGIN, Arkadis
geb. 6.1.o8 in Pskow
gest. 6. 4. 48

SACHAROW, Alexander
geb. 27.8.25 in Kostowo
gest. 6. 4. 48

ZARIC, Dobrivoje
geb. 16.5.13 in Dvdic
gest. 7. 4. 48

BEKANNTMACHUNGEN

Meldung der Zu- u. Abgänge für
die Zeit vom 1o. 2. - 14. 4. 1948:

1.) Zugänge:
　　146 Patienten

2.) Abgänge:
　　129 Patienten

- - - - - - - -

Die nachstehend angeführten Per-
sonalangestellten haben für den
Zeitungsfond folgende Beträge ge-
spendet:
　Dr. Bergmann　　RM 100.-
　Dr. Berlin　　　RM 100.-
　Herr Klapp　　　RM 100.-

Der Letztgenannte fordert die Nachstehenden gleichfalls zu einer

Geldspende für den Zeitungsfond
auf:
　Herrn Lehrer
　　"　　Kleinhammer
　　"　　Gelber
　　"　　Braunstein

Der Patient Schwimmer hat einen
Betrag von RM 100.- für den Zeitungsfond gespendet und fordert

　　Herrn Belfer
　　　"　　Jakob Segal
　　Frau　Pauline Eisner
　　Herrn Josef Bojmann
auf, ähnliche Spenden zu entrichten.

Herausgegeben von der Kultur-
kommission beim Patienten-Komitee.

PATIENTENZEITUNG DES SANATORIUM GAUTING

Nr.12.   Gauting, den 6.Juni 1948.

DAS GROSSE WUNDER.

15.Mai heisst es. Und der 15.Mai wird von den Juden ein gelobter
und gefeierter Tag in alle Ewigkeit. Denn dieser Tag ist der bedeutendste und zugleich der glücklichste seit 2000 Jahren. Nach
2000 Jahren hat der ewige Jude sein Heim wiedergefunden. Endlich
beendete er seine lange und mühevolle Wanderschaft. Am 15.Mai 1948
kam er zum Ziele.
Gedenkt es Juden! Dieser Tag hat euch bewiesen, dass ihr nicht
umsonst Jahrhunderte gelitten, dass der Gott, von welchem ihr
euch nie abgewandt habt, welchem ihr gelobt und zu welchem ihr
gerufen in jeder Lebensnot, derselbe Gott, an welchem ihr nie ge-
zweifelt, dass"ER der Einzige und keiner ausser ihm euer Gott ist"-
ER hat das Wunder für sein Volk vollbracht.

" Schaut Völker- rufen heute Söhne Israels- schaut und wundert euch
über göttliches Geschehnis. Er, der uns aus Ägypten ausgeführt hat
und unsere Verfolger im Roten Meer ertrinken liess, er führte uns
heute durch das Blutmeer in die Heimat. Unsere Feinde ersticken im
eigenen Hass und ertrinken im eigenen Blutverguss."
Lange genug versuchte Gott sein Volk, um nun sein Erbarmen und seine
Liebe zu beweisen. Und gross ist sein Zorn gegen die Verfolger.
Fürchtet Euch Barbaren! Fürchtet Euch und büsst, denn lang ist der
Arm des Jehova!
Zweifelt nicht an seiner Macht! Er lässt SEIN Wunder vor euren
Augen geschehen an diesem, gähnlichen Volk, dasselbe, das ihr
lächerlich gemacht, sein Glauben und für Wahrhaftigkeit, für seine
Armut, für seinen Arbeiter gegen kriegerisches Handwerk und jeden
brutalen Akt, für die Liebe für seine heiligen Bücher, die ihm des
Blutes Nähe bedeuteten und sein einziger Trost waren, dieses Volk
anstatt zu sterben- (es war alt genug und ihr habt ihn fast zu
Tode geschlagen) hat sich aufgestreckt und wurde zum Jüngling, der
mit starker Faust und jugendhaftem Enthusiasmus sich seine Rechte
erkämpft.

[...] [...] Feinde! Der junge David wird auch diesmal den
Goliath niederlegen, denn auch diesmal steht ihm der Gerechte,
der EINZIGE GOTT ISRAELS bei!

                                                        Kama.

WIA STEINBERG – ZAREMBINA.

Tak więc krwi i ognia i popiolow rodzi się z głebokich korzeni
zastarych nowa ijczyzna ludzi rozproszonych i talajacych się po
ва mia przez wieki, krzepnie i urasta w sile – sile ich serc i
ramion. Tak organizuje się panstwo obywateli, pozbawionych go dotr.,
ludzi, skazanych wczoraj przez ludobójców na zaglade, a dziś
walczacych o nalezna sobie sprawiedliwość.

Menachem.

QU DER ANTSZTEJUNG FUN DER JIDISZER MEDINA –ISRAEL."

Es iz a grojzer zchus far uns als jeehidim un als folk, cum lebn
in der gojfldike tkufe wos hot gebracht in ire fliglen di bzure
fun eijon hagoelet un cu zajn szutfim cum ojfszteln di jidisze
zelbstsztendigkajt in unzer nacjonaler hejm.

Mir hobn geszpant cu unzer selbsztendigkajt durch a langer ful mit
derner-weg, durch a szlach welche is azoj specifisz far unzer
martirer-folk. Wos nenter der ojsgebengter eil iz gewesn cu uns,
als greser zajen geworn di szterungen. Cunojfzamlendik in onfang
klajne grupes fun unzere brider, welche hobn zich arajnbakumen in
land ojf farszidene wegn, bejs der herszaft fun terkaj, zajen mir
der gangen cu dem grojsn massztab fun " umlegale" ajnwanderung in
dem rezim fun " wajs-buch." Fun kibusz-awoda" in di erszte kolonies
in land biz der szafung fun der chalueiszer hitjaszwut un di kon-
centracje fun 7oo.ooo jidn in sztot un in dorf, in der industri un
landwirtszaft. Fun der szafung fun di erszte autonomie kemerlech biz
dem geszejenem fakt fun der proklamirung fun unzer selbsztendiker
medina.

A naje date iz arajn in der geszichte fun jidiszn folk und fun der
gancer menszhajt– der tog w i-j a r h t s z c h (15 maj 1948) –
der t o g f u n j i d i s z e r z e l b s z t e n d i g k a j t.

Un di date iz gewendet cu der cukunft gehejligt fun ir ersztn
onkum mitn glane fun gwure, glojbn und trajhajt, mitn szajn fun
nsiras-nefesz. Der tog welcher iz ejner in unzer geszichte iz mer
wi a jom-tow. Er iz a tog in welchn es wert basztimt der gejrl fun
unzer folk ojf der dojres, iz an onzog un a ruf, a tog fun eheszbn
hanefesz.

Es iz farwirklicht geworn unzer 2ooo-jeriker trojm cum curikbakumen
unzer zelbsztendigkajt als folk. Un mitn duner fun di ksejderdike
detonaejes un sziserajen in jiszuw un mit dos blut fun unzere tajere Korbones– di beste zin fun folk– welche faln tog teglech ojf di
azlachtfelder fun unzer hejmland, iz ojsgekriet geworn der far unz
azej tajere nomen " I s r a e l "– der nomen fun unzer zelbszten-
diker jidiszer medine.

Un wer is bekejach azoj gut opcuszaen dem wert fun dem historisan
moment- wi mir- di barojbte fun freijhajt in unzer langa golut.
Dem wert fun dem moment far der cukunft fun unz als folk in zajn
hejmland un ojch in der djaspore. A sztat- dos hejst fulsztendike
herszaft ojf a gewisn szetach- frejhajt cum bastzimen ojf a zelbs-
ztendikn ojfn ir gezelszaftliche struktur- on szterungen efenen di
tojrn far geplogte brider- di entwiklung fun di natirliche
rajchtimer fun land un di farborgene meglechkajtn fun der mesnz-
lecher wirtszaft. Dos hejst ojch bacijungen mit andere medines,
szchejnesdike un ojch wajte w i e g l a j c h e n i b -
g l a j c h e, di meglechkajt fun sankojes lgabe szlechte
szchejnim.

Un welndik analizirn di sibes fun der antastejung fun unzer medina,
torn mir nit hobn di iluzje un klern, an der ejnmoliker historiszer
fakt hot zi unz gegebn. Zi iz a produkt fun der misiras-nefeszdiker
arbajt fun draj dojres chaluóim, welche hobn arojsgerisn tojznter
dunam bodn fun der wiste. Geszafn hunderte blijende jiszuwim kempfn-
dik mit der malarie, azwere naturbadingungen un mit di wilde
uzchejnim. Di cejndliker tojznter jidisze zin un techter welche
hobn geszwaret grenecn un gegangen flastern di wegn ojskempfn
frajhajt un banajen unzer gezelszaft. Di ale hobn farwandlt dem
jiszuw farn center fun folk und zajn kare.

Zej hobn ejfgesztelt in land an ajngewarcl folk an arbetnde un
szafende, welche hot ojsgeformt ir parouf, ir kultur und szprach.
Erec Israel hot gebitn dem ponim fun unzer ganon folk. Di licht fun
jiszuw hot gebracht hofnung und glojbn in die kelern fun fil far-
pajnigte und derszlegene in golut.
Un noch fil szutfim zajnen do cu der grojser dergrajohungs di
milionen korbones in lectn kataklizm, unzer erec-isroeldike
brigade un di cendlike tojznter jidn in ale armejen fun di aliirte.
Un acharon, acharon- di Szejrit Haplejta in di lagern wos hot mit
farlorn ir hofnung ojsgelejzt cu wern un durchbrechnig ale
farcojmungen gekumen in land, kdej cuzamen mitn jiszuw mit a iber-
menszleche gwure azafn dem grojsn chaluciszn werk.

Es unterligt gor nit kejn sofek, az der baszlus fun UNO hot ba-
grenect unzere sztrebungen un farklenert di internacjonale far-
flichtungen legabe unz, welche iz unz gegebn geworn noch der erszt
welt milchome. Ober der bawustzajn, az in onblik fun der internac
naler lage muzn mir zuchn ale wegn kdej cu koncentrirn a geherign
tajl fun unzer folk in Erec Israel, hot unz gezwungen dos oncuno
Wajl ojb andersz, iz meglech, az di reder fun der geszichte
zoln durchgejen iber unzer kerper, als folk, un cersztern jede
meglechkajt fun hofnung. Defar hot di proklamirung fun " ISRAEL"
aza wert far unz, chocz zi iz entsztanen in aza klajner tejl fun
land.

Zoln mir hofn, az grenecn zajn nit ojf ajbik, man darf ober wegn dem
vinciger redn, nor mer ton in der richtung, wajl di grenecn fun der
tajl, welche iz unzer aker-ajzn.

Mir muzn bacejchnen, az lojtn baszlus fun UNO darf Jeruszalajim
blajbn unter a internacjonaler ofjzicht. Mer wi drajsig unzere
nkudot faln arajn in dem arabiszn sztat. Kimat ale berg zajnen fun
unz cugenumen geworn. Ober tröc dem wet in unzer rszus zajn der grester tajl fun jambreg, di merhajt fun di toln, di merhajt fun di
waserfaln, welche gibn unz grajse meglechkajtn fun kolonizacje.
Un cum sof ewej jamin, der mitlendiszer un rejter, welche machn
unz far ejne fun di ewej lender, welche darfn zich nit banucn

mitn suez-kanal cum gejn fun mizrach ojf majrew.

Ober der historiszer fakt iz noch nit genug. Di medina iz
ojfgesztanen ober zu muz ict wern farfestigt. Cu wet unz rajchn
kojach cum baszicn dos wos mir hobn derobert, cu weln mir kenen
forberajtn unzer wirtszaft, bafruchtern dem midbar un felz, kdej
ojfcuremen unzere bnider- di ale fragn szteln unz far an
e r n s t n p r u f - dem p r u f f u n u n z e r d o r .

Di brenentste frage hajnt cum tog- baszicn unzere grenecn gegen
der inwazje, wos di arabisze szchejnim hobn szojn ongehojbn mit
zajere organizirte armejen unter der regie fun England. In dem
gejridikn moment, darf zajn unzer lozung: " A l j e u s z w a l
s z a a n a h u t !"
Nit zajn baherszt durch a jeusz gefil- glojbn in heroiszn Jiscuw,
welcher iz befliglt mit a bajszpilozer gwure un in unzer heldiszer
armej, welche wet ophakn di hand, wos iz ojsgecogn geworn unz cum
farnichten.

Un ojch nit zajn baherszt mit a ruigkajt. Mir muzn machn a totale
mobilizacje fun ale unzere menszleche un materiele kojchez, fun
unz in der Szejrit Haplejta un fun dem gancn welt-jidntum. Mit
unzer geszraj ojfcitern dem moral fun der welt un in der erszter rej
fun di progresiwe felker welche hobn szojn anerken unzer zelbsztendigkajt.

Un in di histoisze teg, wen mir zajnen ale baherszt mit a hejlign
riter wegn di geszejeniszen in land, darfn mir zajn durchgedrungen
mitn tifn glojbn, az gekrojnt weln mir wern mit a nicochn in unzer
gerechtn kampf un nit wajt iz szojn der tog w e n m i r w e l n
z e n u n z e r e j e c t i g e k e m p f e r - w i d e r b a jn
a k e r i n f e l d - k l a j b n d i k d i f r i c h t n
f u n z i g .

DER SZETECH FUN DER JIDISZER MEDINE!.

Der ictiker szetech fun Erec-Jisroel basztajt in 26.318.ooo dunam
Lojt dem chaluka-plan fun UNO, wet di jidicze medine hobn aszetech
fun 14.477.ooo dunas (di arabisze medine wet hobn II.654.ooo dunam
43,6 proc.) un der unternacjonaler bacirk fun Jeroszolaim wet zich
ojsszprajtn ojf aszetech fun 187.ooo dunam (o,7 proc.)
Der Galil (I. 763.ooo dunam) wet anthaltn dem gancn mizrach tajl
fun galil dem bejt szaon tajl, dem mizrach tajl fun Ej-mek Jizrael
un dem klajnem-tajl fun majrew Galil, weleher gefunt zich in di
grenecn fun der jidiszer medine. Gefas wet zajn di hojpt sztot fun
bacirk.
Der Karmel (I.o2o.ooo dunam) anthalt den Karmel-barg, dem majrew
tajl fun Ejmek-Jizrael, dem Ejmek Zewulen un dem breg fun mitllen-
diszn jam biz Ejmek chafarhojpt sztot Chajfa.
Der Szarojn (I..137.ooo dunam) anthalt dem gedicht-bafelkertn
Jam breg czwiszn Ejmek Chafojr in Cefas un Beajr Towia in Darojm,
hojpt sztot Tel-Awiw.
Der Negew (2. 865.ooo dunam) wet anthaltn dem dorem-majrewdikn tajl
fun Jehuda un di merhajt fun gebitn fun geografiszn sztandpunkt cum
Negew-berg.

Ajelet (7. 597.000 dunam)- der grester fun unzere cukunftike
bacirkn-wet zich ojssprajtn fun di Negew berg in cafon biz eu di
buc'te fun Ajeles (ikwa) ojfm breg funrojtn jam in darojm
di swei darojmdike bacirkn hobn noch derwajl kajn hojpt sztot
nit: di naje sztet wos weln ingichn ojswaksn in unzer medine,
weln bildn di centern fun di gebitn.
Benogeja dem bodn ajgntum in der jidiszer medine iz kedaj cu
bamerkn az fun di 14. 477.000 dunam fun der medina-szetach farneut
di jidisze erd nit mer wuI.679.000 dunam (II,6%) fun den zenen
792.000 dunam kern kajemes-bodn 30 proc. fun bodn gefint zich in
arabisze hent, beajs 58,4 proc. bildn regirungs-ajgntum odor
sztochim,wos weln ibergjn in di hent fun unzer regirung.

                    אאא

             J E R U S Z A L A I M .

        Jeruszalaim unzer harc, unzer neszome
        mit tojznter fedem mit unz bist gebundn,
        in cores un lajd bist anechome
        in sakones tust in unz hofenung cyndn.

        Jeruszalaim di sztot fun cojber un pracht
        der amyd onon wos basztralt unsere wegn,
        der amyd ajsz wos palajcht unzer nacht
        mit dajn hajlikajt unzere neszomes tust' flegn.

        Bist det bagwinger fun harc un mojach
        der flam fun hofenung un glojbn,
        fun unzer ojsdojer der kojach
        tomed fun gefarn tust unz arojsbojbn.

        Niszt beojged zenen mir in dir cholile
        fareichten ojf dir weln mir kajnmol,
        tomed blajbstu, Jeruszalaim, unzer szenste tfile,
        du bist der narch fun folk isroel.

        Mir weln far dir unzer Kamf niszt ojfgebn
        sztark zajn in glojbn, fest in mut,
        der necochn wet zajn unzerer, wajl bist unzer lebn
        unzer arterje, unzer harc un blut.

                              F. Eichenbaum.

Julian Tuwim.

             POMNIK I MOGIŁA .

Nie żachnij się przyjacielu, i nie myśl, że bluźnie. Albo że
w słowach moich jest jakiś ukryty paradoks, lub że powstały
z tragicznej przekory.
Mówię w pełni świedomości i z pełną odpowiedzialnością za swoje
słowa. Posłuchaj:

    NIGDY NIE CZUŁEM SIĘ SWOBODNIEJSZY OD JAKIEJKOLWIEK
    WSPÓLNOTY NARODOWEJ, NIŻ DZIŚ GDY STOJĘ PRZED POMNIEKIEM
    OFIAR WARSZAWSKIEGO GHETTA, CZYLI NAD OGROMNYM GROBEM NA-
    RODU, KTÓRY MNIE WYDAŁ.

Nie przyszedłem tu jako Żyd, ani jako Polak, ani jako Europejczyk. Zbyt łatwy i nikły byłby mój hołd, zbyt płytką moja żałoba.
Odstąpiły ode mnie po drodze do tego miejsca narody i wiary, odpadły więzy plemienne. I choć najdalszy jestem od jakiegoś "kosmopolityzmu", bo to martwa nazwa, przychodzę tu jako człowiek bez ojczyzny.
Zjawiłem się odarty z wszelkiej chwały, jaką dać może jednostce przynależność plemienna, wychowanie, wiedza, talent czy los. Jestem Rodzaj Ludzki.Stoję tu, opromieniony najwyższym moim człowieczym dostojeństwem: poczuciem, że jestem Każdy i Wszyscy.
Trzeba to głęboko zrozumieć aby godnie ocenić.
Przyszedł tedy Jakiś Człowiek- i głosi swoje człowieczeństwo. Mówi syn ziemi w glorii swego wyróżnienia spośród zwierząt, roślin i kamieni.
Dano mi, Człowiekowi, największy skarb, jakim się szczycę: sumienie, czyli świadomość granica i podziału między Dobrem i złem, Dano mi instynkt moralny. To najpiękniejszy dar, jaki mnie uszczęśliwiła pełna tajemnic rozdawczyni darów- Natura.
Mogła mnie stworzyć dębem lub chwastem, lwem czy robakiem, skałą wyniosłą czy przydrożnym kamieniem.
Ale uczyniła ze mnie człowieka, t.j.dała mi duszę- czyli wagę na której bezumnie ważę własne i cudze postępki.
I TO jest istotą mego życia jego źródłem, biegiem, ujściem, sensem i celem. TO właśnie: niedostrzegalne, a bezustannie czynne prawo moralne.
Na nic mi arcydzieła poezji, na nic piękności sztuki. Nie pysznię się stupiętrowymi domami, ani lataniem w nadpowietrznych regionach, ani tą genialną skrzynką, ktora do mego mieszkania przynosi głosy z najdalszych zakątków świata.

Ale dumny jestem z gniewu, jaki się w mojej duszy zapala na widok krzywdy i niesprawiedliwości. Kamień milczy wtedy, kwiat dalej kwitnie i pachnie, zwierzę przechodzi obojętnie, ale ja, Człowiek, zaczynam wtedy płonąć i walczyć. Oto powód do mojej chwały.
Teraz rozumiesz już, przyjacielu, dlaczego mnie dzisiaj taka dal oddziela od jakichś imion i podziałów szczepowych.

Przyszedłem- Jakiś Ktoś, jakiś Pierwszy Lepszy- aby przy tym pomniku i nad tą mogiłą wzniecić płomień człowieczeństwa.
Nad waszymi prochami, ukochani bracia moi Żydzi, rozpalam ogień gniewu.
Wołam w imieniu norweskiego rybaka, rumuńskiego chłopa, radzieckiego żołnierza, misjonarza na wyspie Pacyfiku, łódzkiego tkacza, murzyna z Haarlem, stepowego Kirgiza i walczącego w Palestynie Żyda: "Stań się prochu niezmierny, żywą siłą walki człowieka o dobro i sprawiedliwość na ziemi!"
Przyszedłem tu, wspaniale bezimienny, bez godła i paszportu, bez metryki i dyplomu...
Ale nie bez sztandaru.
Niewidzialny, łopoce on przez cały czas nade mną. Pochyla się w hołdzie żałobnym i znowu się wznosi zwycięsko.
Sztandar gniewu, sztandar nadziei, sztandar walki.
Ale co najważniejsze, przyjacielu: Sztandar Polityczny.
Niech cię to słowo nie razi. Oto poświęcamy pomnik ofiar najpotworniejszego w dziejach politycznego morderstwa. Morderca był płatnym politykiem, płatnym raubritterem w służbie starodawnego, międzynarodowego sprzysiężenia chciwców, drapieżników i krzywdzicieli.

Jego polityce było na imię faszym.
Pamiętasz w " Beniowskim ?- :
"Ma nad za trupa ten szakal - i wraca " .
Sztandar polityczny - to sztandar wyboru, sztandar graniczny
między człowiekiem i szakalem.
Nie przyszliśmy tutaj płakać. Przyszliśmy rozpalić płomień
nieustający nie samej tylko pamięci, ale i dalszej walki o
zwycięstwo człowieka nad bestią. O zwycięstwo miłosierdzia
nad okrucieństwem, a sumienia nad ciemnym żywiołem.

Przyszliśmy także z awansem dla tych męczenniczych prochów:
aby się stały dynamitem duchowym.
Bo w tej mogile przyjacielu, leżą nie tylko kości zamordowanych
Żydów. Jest w niej także pogrzebane sumienie ludzkości.
I ono przede wszystkim zmartwychwstać musi.

ICH MACHE SIE MIT DEN PATIENTEN IN GAUTING BEKANNT!

Sie kennen sie schon? Sie glauben es nur, Sie haben keine
Ahnung mit wem Sie das Schicksal als Patient im Sanatorium
Gauting teilen. Sie wissen nicht wer Ihr zufälliger Nachbar am
Tisch im gemeinsamen Speisesaal ist, Sie wissen nicht bei wem
Sie im überfüllten Kinosaal sitzen, ja nicht einmal das, mit
wem Sie in einem Zimmer wohnen... Geben Sie zu, Sie haben
sich nie dafür interessiert wer alle die Menschen sind,
neben denen Sie täglich leben, was sie denken, wie sie fühlen,
wieviel sie erlebt haben, worüber sie sich freuen oder trauern.

Über einzelne Personen möchte ich Sie aufklären, Sie haben doch
nichts dagegen? Es kann nicht schaden die Menschen seiner Umgebung kennenzulernen.

Sehen Sie sich das blasse, zarte Mädchen da drüben in der Ecke
an. Wie ernst schaut sie mit ihren dunklen Augen vor sich hin.
Trotz ihres schwächlichen Aussehens (Sie werden es kaum für
möglich halten) hat sie schon einige Male mit dem Tode gekämpft. Der traurige Ausdruck ihrer Augen kommt davon, dass
sie Auge in Auge dem Tode gegenüber stand. Ein schwerer Kampf
war es für solch ein schwaches Geschöpf, doch ist sie immer
siegreich davongekommen, aber ihre Jugendfreude hat sie in
diesem Turnier auf immer verloren. Seien Sie gut zu ihr und
versuchen Sie sie zum Leben zu bringen, wenn Sie mit ihr ins
Gespräch kommen sollten!

Da! Sehen Sie diesen gelben, schiefäugigen, kleinen Mann,
der zwischen den Bäumen umherspaziert? Er ist ein echter
Chinese. Ich überlege immer, ob der Ausdruck seiner Augen
schlau oder eher neugierig ist. Er ist misstrauisch, wenn man
mit ihm ein Gespräch anknüpfen will.

Aber schon bald erzählt er über seine Kindheit in der arm-
seligen Hütte seines Vaters, über eine Kindheit, die nach
unseren Begriffen keine war. Er hungerte und bettelte, aber
klagte nie, denn anderen die er kannte, ging es noch
schlimmer und er brauchte nicht viel. Heute ist er ganz besonders zufrieden. Er findet unsere Rasse furchtbar gefrässig
und er lacht leise, wenn er an seine weissen Kollegen denkt, die
von einer Mahlzeit, die eine ganze chinesische Familie satt
machen könnte mit Klagen über Hunger aufstehen. So ist der
Chinese. Gewinnen Sie sein Vertrauen, er wird Ihnen eine
Menge interessanter Sachen erzählen.
Auf dem Liegestuhl liegt jemand. Diesen wollen wir nicht
stören. Das ist ein Träumer. Mit den Augen in den Himmel
gerichtet sucht er Mittel, die uns Menschen glücklich
machen sollen. Er lebt nur in seiner Gedankenwelt, in einer
Welt, in welcher alle seine Wünsche in Erfüllung gehen. Das
ist der einzig glückliche Mensch den ich kenne, ein verträum-
tes Lächeln liegt immer um seinen Mund. Der Gott hat ihn aus-
erwählt, hat ihm etwas von seiner Ruhe verliehen und lässt ihn
Dinge sehen, über welche wir nicht einmal träumen können.
Sie werden vielleicht spotten über ihn, da er so untätig den
ganzen Tag liegen kann. Und ich werde ihn beneiden. Denn
die meisten Menschen suchen nach Arbeit, weil ihre eigenen
Gedanken sie quälen, denn es sind keine guten Gedanken. Die
seinen sind solche eines unschuldigen Kindes, es sind seine
Freunde und sie beschäftigen ihn restlos. Er ist auch am
liebsten mit ihnen allein, er wird nur ungern mit uns sprechen.

Aha! Der blonde Kopf da drüben interessiert Sie! Ja, Sie haben
Recht, sie ist reizend! So hoch und so gerade gewachsen, wie
die Weizenähre ihrer nordischen Heimat ist sie das Kind der
Freude. Ihr Gesicht lacht, auch wenn sie sich traurig glaubt.
Sie ist es nie, denn sie ist ein Beweis des frohen Gemütes
ihrer Rasse. Wie kam sie hierher? Freiwillig? Oh, denken Sie
nicht gleich Schlimmes. In ihr ist eine unbesiegbare Lust des
Abenteuers und der Lebensneugierde. Sie nutzte die Gelegenheit
aus um sich loszumachen, um auszufliegen aus dem elterlichen
Nest und so fand sie sich hier. Sie meinen die Krankheit be-
trübt sie? Keinesfalls! Die allgemeine Meinung, welche glaubt,
die Krankheit wirkt auf die Gemüter der Menschen ist falsch.
Die Schwermütigen nehmen sie auf wie jeden Schicksalsschlag
auf welchen sie ihr lebenlang warten und wenn er kommt, sind
sie darauf vorbereitet. Der Frohgesinnte nimmt sie auf als
etwas Vorübergehendes, worüber es sich nicht lohnt, aufzuhören
mit lachen.

Die melancholische Dame auf der Bank ist auch sehr nett. Sie
ist die Tochter einst sehr reicher Leute und sie kann sich
leider nur sehr schwer an ihre heutigen Verhältnisse gewöhne
Sie kann keine gemeinsame Sprache mit den Menschen ihrer Umgebung finden und sie leidet am meisten darunter. Anpassungs-
fähigkeit hat eben nicht jeder und mich beschäftigt der Gedanke, wie man ihr helfen könnte.

Von den Studenten wollen Sie etwas wissen? Ja, er ist einer,
wie Sie schon bemerkt haben, wie auch jeder sogleich erkennt.
Nie sehen Sie ihn ohne ein Buch, so wissbegierig ist er. Heute
steht er erst an der Pforte der Wissenschaft, denn er glaubt
eines Tages genug zu wissen und am Ziele zu stehen. Er weiss
noch nicht, dass die Wissenschaft wie ein Wald ist: je tiefer
man geht, desto mehr Bäume findet man und so steht ihm noch ein
langer Weg zur Sokrates-Erkenntnis bevor. Er ist auch meistens
einsam, denn er fühlt sich erhaben über seine Mitmenschen,
oder ist er vielleicht scheu von der Brutalität der Masse? Ich
weiss es nicht genau. Lernen Sie ihn kennen, denn er wird bestimmt in seinem Gebiet Erfolg haben und man wird auf seine Bekanntschaft stolz sein.

Es gibt hier so viele Menschen und über jeden könnte man Bände
erzählen. Es sind hier Diebe, ja, sogar Mörder, die wie Kinder
zittern, wenn des Arztes Hand eine Nadel in ihre Brust steckt.
Es gibt hier Soldaten, die schon als Kinder über Kriege träumten,
die dann als Erwachsene mit Begeisterung die Erlaubnis zum
Mörden aufgenommen haben, heute fürchten sie das Messer, das
ihnen das Leben retten kann.

Niemand kann klagen Gauting sei ein langweiliger Ort. Wer
Augen und Ohren offen hält, kann genug sehen und hören. Wer sich
als Bruder seiner Mitmenschen fühlt, kann ihre Erlebnisse, ihre
Gedanken und ihre Erinnerungen teilen und so bereichert er sein
eigenes Leben. Und Sie, mein Freund, der Sie interessante Menschen
suchen, sehen Sie sich nur um! Gibt es solche nicht genug?
Aber interessante Menschen sind meistens diese, die selbst davon
nicht wissen, man muss sie selbst aufsuchen, sich ihnen nähern
und sie kennenlernen. Ein Psychologe kann hier alles finden was
er sucht, ein Unerfahrener kann hier die Menschen, wie sie in
seiner Gemeinschaft leben, kennenlernen und jeder kann an diese
Zeit als an eine erfahrungs- und erlebnisreiche zurückdenken.

                          K A M A .

               Ł Z Y

ZOSTAŁY MI TYLKO ŁEZ PLAMY.
NA PAPIER PADŁY .... I PO CO?
BY NIE DAĆ WSPOMNIENIOM TAMY,
BY MĘCZYĆ WE DNIE I NOCĄ,

BY RZEŹBIĆ W MÓZGU OBRYZY
SZCZĘŚCIA CO NIGDY NIE WROCI
BY GIĄĆ DO ZIEMI JAK GŁAZY
CZŁEKA CO Z ŚWIATEM SIĘ KŁÓCIŁ,

CZŁEKA CO CHCIAŁ PIĆ SZCZĘŚCIE
Z KWIATÓW SKĄPANYCH ROSĄ
I .... ODCZUŁ LUDZKIE PIĘŚCIE ...
ODEPCHALI .... JAK DZIADA BOSO ...

                          mierzwa.

BERÜHMTE LIEBESLIEDER.

Für unsere Patientinnen ausgewählt von Annuschka.

WIR ZWEI. (Emil Claar.)

Die Welt ist so gross, und wir sind so klein !
Doch sind wir in heisser Umarmung allein,
dann sinket die Welt in Dämmerung zurück.
Wie klein ist die Welt, wie gross unser Glück!

Frage (Arthur Rehbein).

Liebst Du mich auch? - Die Frage drang
aus ihrer Brust mit Sehnsuchtshauch
gleich einem Schwur so fest erklang
ihr meine Antwort: " Ja, Dich auch!"

Und weisst warum- (Theodor Storm)

Und weisst warum so trübe
so schwer mir das Herz muss sein?
Du hast mich geküsst ohne Liebe
das wolle Dir Gott verzeih'n!

Am Teetisch (H.Heine).

Sie sassen und tranken am Teetisch
und sprachen von Liebe viel
Die Herren- die waren ästhetisch
Die Damen - von zartem Gefühl.
" Die Liebe muss sein platonisch"
Der dürre Hofrat sprach.
Die Hofrätin lächelt ironisch
und dennoch saget sie : " ach!"
Der Domherr öffnet den Mund weit:
" Die Liebe sei nicht zu roh,
sie schadet sonst der Gesundheit"
das Fräulein lispelt: " wieso?"
Die Gräfin spricht wehmütig:
" Die Liebe ist eine Passion"
und präsentieret gütig
die Tasse dem Herrn Baron.
Am Tische war noch ein Plätzchen
mein Liebchen, da hast Du gefehlt;
du hättest so hübsch, mein Schätzchen
von Deiner Liebe erzählt.

Tausend und eine Nacht (Kästner).

Ein Sultan dem die Ruhe fehlte
herzcht' tausend und eine Nacht
auf das, was ihm die Sultanin erzählte;
So hätt' ich nicht die Nächte zugebracht!

Oczy (Słonimski).

Kiedy tylko otworzę oczy, to cię widzę
Włochy, Gecja i Egipt - to wszystko daremne.
Całemu światu przyznać się nie wstydzę-
Piękniejsze są twe oczy, usta, włosy ciemne.
Czasami upojony błękitem przezroczy,
Błądząc po morzu słodkiem i po niebie
Zapominam o wszystkiem i zamykam oczy,
A kiedy zamknę oczy- znowu widzę ciebie.

MIERZWA, Henryk.   Felieton.

B I L E T Y

Mieszkam w bardzo miłym pokoiku na CI. Mam jeszcze dwuch kolegów
doli i niedoli i jest nam nieźle, a byłoby może i dobrze gdyby
nie ten brzydki przypadek, że jeden z nas z woli ludu stoi na
świeczniku Komisji Oświecenia Kulturalnego tutejszych pacjentów.
Z tej też przyczyny dni naszego żywota nie przedstawiają się tak
różowo. Dotyczy to przeważnie przededni przedstawień teatralnych
na które wybiera się tradycyjnie całe sanatorium, a każdy w pierwsze
rzędy!
W taki oto wymarzony majowy poranek, leży sobie człowiek/ to niby
ja/ w łóżku i zaciąga się namiętnie smrodem ze zgniłych kartofli
wydzielającym się przez okienka piwniczne, gdy w tem z błogiego
opojenia budzi mnie głos interesanta:

" Czy tu mieszka ten pan od tej Komisji Kulturalnej co sprzedaje
    bilety? Ja bo jestem tutejszy, znany z wyższej sfery i w ogóle
    też, przeważnie, zawsze z tyłu owszem, miejsce, ale chciałem ze
    względów strategicznych raz z przodu prosić, a właściwie co tu
    prosić. Ludzie z mojej sfery:-"sieden lat kacetum Medjanek,
    Vaterio, Eiserne Kreutz, o przepraszam. W ogóle ja nie mogę zcier-
    pieć jak stale w pierwszych rzędach te same spaśne komitety, ko-
    mitetowe znajome, znajomi ich znajomych itd. Ja nie mogę. Ja,
    też mogę być komitet ale niechce, ja też mam pnoj jak i oni, ja
    też mam dziurę w płucu jaki oni, a może i większą, ja też plu-
    ję, a może i więcej i lepiej! To jest granda! Co oni sobie my-
    ślą! Co pan sobie myśli!!! Cooo!!!"

Przerywam płomienne przemówienie i twierdzę, że wogóle sobie nic
nie myślę, a nawet nieodważam się myśleć. Bo to nie mój resort i
ja nie jestem z tej kultury biletowej i nie ten komitet. Mój
mówca przeprasza mnie serdecznie patrzy na mnie jakbym mu ostatnią
kipę papierosową zabrał i wychodzi z uśmiechem na spoconej od
płynnej wymowy twarzy.

Odetchnąłem z ulgą. Przymknąłem oczy i nie trwało długo, a już
widzę przez uchylone powieki okulary, a w nich oprawioną głowę
poety z " UNZER LEBEN."

" Nima go. Wiedzieliśmy że nima. Gdzie on poszedł. Wyjechał? napewno wyjechał. Panie Mierzwa jak to jest z temi byletami?

Czy my jako redakcja nie powynni mnieć porządnego miejsca?
Człowiek twory, tłomaczy, tłomaczy, pysze, człowiek pracuje,
lata za tą gazetką i nie noże za swje pieniądze mieć dwa
porządne bilety? No tak co się pan patrzy. Dwa! Ja i ona. Co ja
jestem gorszy jak te zaspane komitety! Co? Gdzie on jest? Ja
tu jeszcze przyjdę."

Tak, tak. Przyjdź pan panie kochany i powiedz mu pan to wszytko. On się napewno ucieszy.
Ledwie wyszedł i dobrze drzwi nie zamknął, a już jest nowy kli-
jent w naszym sklepie.

" Gdzie jest ten z drugiego łóżka. On niedotrzymuje słowa. Obie-
cał bilety w pierwszym rzędzie żeby lepiej było dla fotografji
jak mu przywiozę książki. Książki przywiozłom już miesiąc cały,
a biletów jak nie było tak nima. To jest człowiek? To nie jest
człowiek!"
Przymknąłem oczy i myślałem. Przez te przeklęte bilety zerwali-
śmy stosunki dyplomatczne z fotografem. Szkoda. Psiakrew wszyscy się złoszcza. Dobrze że choć nasz trzeci z pokoju kolega,
który w charakterze latającego Holendra po świecię jeździ jeszcze nie wrócił bo i on miałby pretensję do biletów.
Ostatni słowa wymówiłem widocznie w złą godzinę bo w tej chwili
otwarły się z trzaskiem drzwi, a w nich w rozpiętym palcie z
rożczochraną od wiatru czupryną, z walizeczką w ręku stanął ten
trzeci z pokoju.

" Gdzie nasze Komitety. Ma on jeszcze bilety? Potrzebuję dwa. Tak
dwa. Tylko niech on mi znów idzie dać jak z łaski za moje pieniądze bilety prawie na scenie, że nie nie widać tylko majtki
i kurz, to ja jemu dam! To ja jemu cały" liegekur" będę na radio grał! Przeklęte komitety! W jednym pkoju się nim siedzi
i nic z tego nima. No powiedz pan panie Mierzwa. Wszytko dla
kogo oni biorą, wszystko dla siebie, Papierosy, lepsze palta z
paskiem, buty, piżamy- cholera- lepsze koszule, a my nie nawet
głupie bilety to w ostatnim rzędzie. Co my z tego many, że on tu
nieszka. Nie! Tylko ludzi cały dzień jak w magli, że człowiek musi do München przez dziurę uciekać. O słyszy pan już ktoś lezie.

Rzeczywiście w tej chwili po nieśmiałym pukaniu i długim wyciera-
niu butów weszło dwuch młodych ludzi. Powiedzieli " dzien dobry"
i tak się mniej więcej zaczęło:

" Czy jest pan Bazar, on ma dla nas bilety. My jesteśmy uczniowie
radioci z Kursu Radiotechnicznego O.R.T.-u. Powiedzieli nam w
mitecie, że to nie Komitet ale on biletów dać nam nie chce. My
się uczymy, my nie nożemy stać w ogonku. Ostatecznie, my możemy
stać. Ale jak nasz ogonek stanie /: przy kasie/ to on nas zobaczy.

Wyszli /

Nó myślę sobie teraz się zacznie. Teraz przyjdą inni uczniowie.
z innych kursów. Teraz przyjdą ci z kursów dentystycznych, ci z
polskich kursów wieczorowych i radiotechnicznych, przyjdzie ten
co codziennie na skrzypcach gra, i ten co na fortepianie mozol-
nie ćwiczy, przyjdzie cały zespół magistra Tregera. Przecież to
wszyscy uczniowie! Czekałem na tych co na uniwersytetach stu-
diując, tu się w sanatorium po całych dniach uczą it.d., it. d..
Ci nie przyszli ...... ale przyszli inni.

" Gdzie Bazar? Ma on jeszcze bilety? Niema co? To jest kolega.
Papierosa zapalić nie da. O bilety trzeba się prosić, ale turniej
szahowy to mu organizuj! Co się pan śmieje. Pan żeś taki sam!"

Pogrzebał w szufladce zabrał " kałgumi", pokręcił się po pokoju
i wyszedł zdenerwowany.
Drzwi otworzyły się znowu i w nich ukazała się nowa postać.

" Panie, czy to bilety z tego przedstawienia co wczoraj miało
być będą dzisiaj ważne? Co? Nie! No tak, to ja już mam takie
szczęście, jak jednam w roku pierwszy numer to teatr nie gra!
Szlak to trafi."

Wyleciał jak by w sieni pięć dolarów od wujka czekało.
Drzwi otwierały się ciągle. Wchodzili ludzie mniej lu więcej
ner/wowi, mniej lub więcej wymowni, byli różni, a każdy z
nich chciał siedzieć w lepszym rzędzie.
Pod koniec wpadł jeszcze jeden o atletycznej budowie i ten
był już ostatni.

" Czy tu są te komitety?! no co pan nie nie mówisz, he?!
Tu prawda. A gdzie jest ten co temi biletami kręci? Powiedz
mu pan, że ja tam idę stać do tego ogonka jako pierwszy. Ale
jak znowu dostanę 154 numer biletu to tej ondulowanej i
jemu wszystkie zęby wybije. Servus!"
Zimne oblały mnie poty. Wyszeptałem dowidzenia szanownemu
panu. Ubrałem się pośpiesznie i wyszedłem na ulicę.
Przy nowobudującej się scenie, na wolnym powietrzu, spotkałem
adresata do którego tylu dziś było miłych interesantów.
Stał w towarzystwie pani i prowadził ożywioną rozmowę z jakimś
mocno gestykulującym panem, z którego wymownych ust padały jak
grad słowa takiej mniej więcej treści:
" Co ja niedostanę biletu! Ja, dyrektor teatru i to poważnego,
Ja na moją legitymację dostaję bilety nawet do operrrry!!
Ja przecież nie stanę jako trzeci w ogonku. Mój prestiż na
to nie pozwala! Ja muszę siedzieć jako rzeczoznawca
przynajmniej w pierwszym rzędzie!!!"

Pozdrowiłem szanowne towarzystwo i opowiadałem pośpiesznie
o wszystkiem co zaszło, gdy wtem usłyszałem słodki jak
lukrecja jej przemiły głosik:

" Cóż ty myślisz Tolenku, że ja tam będę w ostatnich rzędach
siedziała, Ani mi się śni! Prawda panie Mierzwa?"

Zdębiałem. Spojrzałem na " Kulturalny Komitet " który robił
na mnie w tej chwili wrażenie człowieka łykającego szpilki
i wykrztusiłem przez gardło: " Prawda proszę pani"

Wracałem do tak zwanego domu.
Przez drogę myślałem dlaczego ci wszyscy panowie z komitetów
itd. Zapomnieli, że gdyby nas nie było, nas ogółu pacjentów,
nie mogliby piastować swoich funkcji. Nie byliby komitetami,
redaktorami, Nie mieliby możności korzystać z kursów, które
dla nas wszystkich są organizowane. Tak. Bo to co mają, z czego
korzystają jest naszą ogółu pacjentów zasługą. My im to dajemy
czy uprzystępniamy, a oni nam w zamian za to chcą, jeszcze
protekcyjnym sposobem odebrać lepsze miejsca w teatrze.
Ale pocieszcie się państwo, ja mam wyjście z tej sytuacji!
Zrobimy nowy teatr! Wybudujemy scenę w najdłuższej ścienie!
Ustawimy ławki na całą długość sali i tylk w trzy rzędy!
Będziemy mieli wszyscy dobre miejsca!
Wszyscy w trzech pierwszych rzędach!

                                              H.M.

Der lebendige PARADOX
als tägliche Erscheinung in unserem Sanatorium.

Motto: 1.) Seid hilfreich in allen Dingen

2.) Was Du nicht willst, was Dir man tu,
das füg' auch keinem andern zu!

3.) I shall do my best!

Wer den Begriff "Paradox" kennt, weiss genau, dass er das Ernste
und das Komische gleichzeitig verbindet. Wenn man einen Paradox
ernst auffassen will, so entstehen zwei Paradoxe: erstens, dass
man das Komische ernst nimmt, was schon ein Paradox ist, zweitens
der Inhalt, welcher den zweiten Paradox bildet.
Über diese zwei Begriffe wollen wir uns an Hand von konkreten Beispielen einige Augenblicke unterhalten, wovon für uns der zweite
von besonderer Wichtigkeit ist und alle interessieren soll.
Beispiel für Primo: Wenn man die Bretter oder Ziegel in den Zaun
abnimmt, nimmt das Loch in seiner Grösse zu- also paradoxal.
Beispiel für Sekundo: Worüber wir öfters polemisieren sollen, soll
eine lebendige Erscheinung aus unserem täglichen Leben im Sanatorium sein. Illustrationsmässig: Das Hauptquartier gibt allen
Lagern, auch dem Sanatorium eine Aufgabe, z.B. Formulare ausfüllen
oder mit Hilfe der Armee D.P.-Karten ausgeben, oder Musterung
durchführen oder eine ähnliche Aufgabe. Ein Lager, welches über
5 ooo Einwohner hat, macht diese Arbeit in 3 Tagen. Das Sanatorium,
welches nur looo Menschen hat, macht dieselbe Arbeit auch in drei
Tagen. Es begegnen sich der Vorsteher des Sanatoriums und der Vorsteher des Lagers- und Ersterer behauptet, seine Arbeit viel
schneller erledigt zu haben als derjenige vom Lager. Wir kommen
also zum Paradox in zweifacher Ausgabe, erstens in der Behauptung,
zweitens im Inhalt.
Wollen wir diese zwei Tatsachen analysieren um darüber klar zu
sein, warum man diese Paradoxe ernst auffassen soll. Die Behauptung
ist richtig, weil sie auf einem begründeten Inhalt, welcher ihr un-
ablehnbare Argumente liefert, basiert. Nun, und der Inhalt? Ja,
dieser ist erst richtig, weil wir ja mit Kranken zu tun haben!
Wenn in einem Lager der Gesunde kommt, seine Pflicht erfüllt und
weiterläuft, hat also die Arbeit in einem Lager ihren normalen
Gang. Wenn die Gesunden die Erfüllung ihrer Pflichten verweigern,
da steht noch immer die Möglichkeit bevor, mit Hilfe der Polizei
manche Arbeit zu regulieren. Wie ist es bei dem zweiten Fall?
Gerade das Gegenteil. Ein grosser Prozentsatz der Patienten kann
nicht kommen, man muss sie besuchen. Manchmal geht selbst das nicht,
wenn z.B. vom ärztlichen Standpunkt aus ihr Zustand oder ihre Ruhe
verlangen, sie nicht zu befragen, zu stören oder gar zu ärgern. Wenn
sich die in einem besseren Zustand sich befindenden Patienten zu
so einer Aufgabe versammeln, da kann man sie auch nicht lange halten, weil sie krank sind, weil sie Luft brauchen, weil man von
ihnen schon bald oder auch gleich am Anfang hört: " Ich bin krank,
ich werde und ich kann nicht warten!"
Und dafür haben wir auch Verständnis. Also hat der Vorsteher des
Sanatoriums doch recht! Oh ja, ich glaube vollkommen! Der Inhalt
des Paradoxes ist doch ernst aufzufallen.

Wer spürt diese Lage im Sanatorium am besten und am stärksten?
Derjenige, der in der ersten Linie unmittelbar mit den Patienten
zu tun hat, d.i. der Medical-Direktor, die Ärzte, der Welfare-
Officer, Patienten-Komitee u.a.
Wird das seitens unserer Vorgesetzten berücksichtigt? O, gewiss!
Mit vollster Anerkennung und auch Unterstützung. Die Sache ist
also klar, kein Pulver wurde damit entdeckt und doch ist es notwendig zu den Patienten darüber zu schreiben. Vielleicht auch an
das Gewissen mancher Patienten und Personalangestellten- die es
noch nicht begriffen haben- zu appelieren.
Wir stellen uns als Richtlinie die Arbeit in Sanatorium- bewusst
unserer Aufgabe - mit Liebe auszufüllen. Wir finden auch meistens
ein dankbares Echo, als grösste Belohnung für den Erfolg unserer
Bestrebungen. Es ist aber schlimmer, wenn das Gegenteil zum Vor-
schein kommen sollte. Kommt es? Leider, ja! Manchmal unvermeidlich.
Warum? Weil hier und da manche Patienten das verlangen, was für
uns noch immer " Mars" bedeutet und unerreichbar ist. Auch in
diesen Fällen gilt unsere Devise: " I shall do my best."
Der Zweck des Appeals ist aber: " Denke daran was Du verursachst,
wenn Du bewusst Deine Privilegien missbrauchst.

                                              Herman Bloch.

Es ist meine Pflicht, auch öffentlich Herrn Bloch zu danken
für seine Mühe und sein Interesse in unserer Angelegenheit.

                              Der Vorstehende der griechischen
                              Patienten:
Gauting, den 8.5.48.   K. Pandelis.

Unzer sanatorium fajert di proklamirung fun der jidiszer medine.

SzSzajn impozant iz ojsgefaln di fajerung cum proklamirn di
jidisze medina. Szojn dem 15 fri iz der sanatorium gewem dekorirt
mit bloje wajze fener welches hot arojsgerufn afrajd fun jojm-
towdikajt. Un fun di hercer hot zich arojsgerisn aszehechionu
broche, dos mir hobn derlebt cu wern birger fun unzer ajgn land.

Dem 16-tn 7 ownt iz ajngeordnt geworn in kino zal afajerlicher miting,
welcher iz geefnt geworn durchn ch. Finklszajn, di onweznde hobn
mit ojfsztajn in sztilszwajgn baert di gefalene kedojszim. Noch
der ajnlajtungs-rede fun ch. Finkelsztajn in iwrit un in jidisz.
In nomen fun der direkcje " I.R.O. dr. Herman welcher wintszt agichn
żig. Der h. Däwidowicz bagrist in nomen fun " dzszojnt", welcher
hot szojn zachlech batont: azoj wi di miorijm welche hobn unter-
drikt unzere eltern, hobn gefunenzajer maple in jam-suf azoj weln
di egipter un ale sonim unzere lajdn agrojse mapole. Nochn bagrisn
fun haraw Sznicer welcher hot gewunszn hacloche der jidiszer armaj
un gerufn mit cu helfn di kemfer.
Der Dr.Bergman hot gehaltn an inhaltsrajchn referat, wegn der badajtung fun dem grojsn jojm-tojw, citirndig dem tenach ojfgewizn
dos mir jidn wiln nit kajn krig, un az der hanowi Jeszajohu hot
gepredigt: "wegar zeew im kewesz" un az di jidisze medina wet

gebojt wern ojf sociale gerechte jesojdojt lojt der tora
wos hot angemerkt dem szenem gedank fun szemita un jojwl.az
mir jidn weln zajn an amhasefer. Der ch.Sztajnfeld lajent for
agedicht gewidmet der jidiszer melucha fun Ch.Safran fun Niu-
jork mitn titl: Mazl-tew ajch jidin" er lajent ojch for a telegrame
geszikt fun gautinger jidn cu der jidiszer regirung und der
jidiszer armaj, welcher wert mit bagajsterung ojfgenumen fun di
farzamlte. Direferatn un di bagrisungen wern hajs aplodirt durch
di farzamlte. Mit hatikwa wert geszlosn der miting.
In ownt iz in pacjentn klub forgekumen afajerlecher banket baj
serwirte tiszn. Gefnt dem banket hot ch.Waszersztajn mit akurce
rede un gerufn nit arajncufaln in jiusz. Es zenen geszpilt
geworn erec-jisroel lider ojsgefirt durchn pacjentn orkester
unter der lajtung fun mgr.Treger Eszenen gelajent geworn di
szafungen fun pacjentn. Der ch. Sztajnfeld lajent agedicht"
Jeruszolaim" fun h.Eichenbaum welcher hot szen arojsgebrüngt uzer
libe un ibergegebnhajt cu unzer historiszn land un der historeszer
stot Jeruszoldim. Der h.Waszersztajn lajent for alid geszafn fun
der jinge dichtern Cipora Blach " Es lebt di jidisze medne "
Wi ojch fun h.Eichenbaum " Blien wet di jidisze medina". Mit
grojs ojfmerkzamkajt zajnen ojsgehert geworn di lider gezungen
fun ch.Cila Markowicz " Mechorati" fun Ch.N. Bialik. Ir zingen
iz gewen harcik, mit gefilun angeneme sztime. Wi ojch der ch.
Sztajnfeld mit zajn lid fun rusisz in jidisz " dosrusisze dorf"
gezungen mit gefil. Es hot zich gehort di rusisze neszome, dos
grojse patriotiszkajt funm risiszn folk cu zajn muter land. Un
zajdi rusn hobn ojch farsztanen dos mir jidn darfn ojch hobn
an ajgn land.
Bichlal hobn di inciatorn fardint a hareikn jaszar kojach farn
organizirn dem banket adank dem pac.komitet farn kubud.
Es hobn fardint aharcign dank der orkester mitn mgr.Treger un
ch.Szernan far zajer lajstung ojfcuhajtern di kranke mit mizik
ojch dankn mir den ch.Sztajnfeld und Ch.markewicz far zajer
farsztendinisz unz nezake cu zajn mit 2 szene gut gezungene
lider. Der banket iz geszlosn geworn mit hatikwa.
Mir di ale antajlnener in die fajerungen hobn zich ongeszlosn
in di rajen fun ganon jidiszn folk. Es wajtogt dos hare wos mir
kenen nit bajm jeatikn moment mit helfn nit di kemfer.
Ober unzere hercer un nescomes zenen mit zaj. Mir szikn zaj
iber di harcigste beroches, un agichn zig.
         Zol lebn dos jidisze folk!!!
         Zol lebn di jidisze medine!!!
         bojm jojne

                    A j c h e n b a u m.

UWAGA POWRACAJACY DO KRAJU ! Polska Komisja Dewizowa zezwoliła
                          aż do odwołania na przywóz do kraju
zagranicznych pieniędzy papierowych odpowiadających wartości 100
tysięcy złotych na jedną osobę.   Zezwala się również na przywóz
złota we wszelkiej postaci do 100 000 Zl. na jedną osobę. Pieniądze
zagraniczne wymienia się w Bankach Polskich po kursie:
           400 Zl. za 1 Dolara;
           1600 Zl. za 1 Funt Ang.
           550 Zl. za 100 Marek Niem.

Powyższe ważne jest aż do odwołania.
                  M. Gajdzinska.

Biuro Zaiard Pacjentów
w Sanatorium
Gauting.

Do
KOMITETU ŻYDOWSKIEGO
w Sanatorium Gauting.

W pamiętnym Dniu Odzyskania Niepodległoci
Składamy Wam
N A J S E R D E C Z N I E J S Z E   Z Y C Z E N I A
pomyślnosci w pracy nad budową silnego i niezależnego
P A N S T W A   Ż Y D O W S K I E G O

P o l a c y
w Gauting

Sekretarz   prezes   v.prezes

/-/ Schmal Wl.   /-/ Mierzwa H.   /-/ Krakowiak Jan.

Jedes lebendige Wesen liebt sein eigenes heim, wo es sich auch
am wohlsten fühlt. So ist es auch mit den Menschen und Völkern.
Darum wäre es auch die natürlichste und beste Regelung der Verhältnisse zwischen den Völkern, dass jedes Volk, gross oder
klein, sein Leben in seinem eigenen Land und nach seinen eigenen
Sitten führen und regeln dürfte.
Im Zusammenhang mit der Proklamierung des jüdischen Staates
wünschen wir dem jüdischen Volk Glück und Erfolg in seinem
eigenen Staat " Israel."

Gauting, den 15.5.1948   L E T T E N .

Litauische Nationalgruppe
des Sanatoriums Gauting.   Gauting, den 15.5.1948

An das
Jüdische Patienten-Komitee
IRO-Sanatorium Gauting.

An dem für Ihr Volk so historisch wichtigen Tage wünschen die
Gautinger Litauer Ihnen Erfolg für die Zukunft.

Wir freuen uns mit Ihnen, dass am heutigen Tage der lange Krieg
und hartnäckige Kampf für die Freiheit Ihres Vaterlandes mit
Unabhängigkeit gekrönt wird. Dieser Tag soll Sie im Kampfe für
die Erhaltung der Unabhängigkeit stärken.

B a r a y
Vertreter der Litauischen
Nationalgruppe.

B A G R I S U N G E N.

UNZERE HERCLICHE GLIKWUNSZN IN DEM HISTORISZN GROJSN TOG
FUN VIDERGEBURT " JISROELS" IN UNZER HAJMLAND.
                ZOL LEBN UNZER NAJ OJFGERICHTETE UMAPHENGIKE
        MEDINE.
                IN NOMEN FUN DI IOpAGJ. GAUTINGER IN
        HAJDELBERG

                                JOSEF SZPERLING.

TELEGRAM.

CU DER REGIRUNG FUN UNZER FRAJER JIDISZER SZTAAT " ISRAEL"
CU DER ANTSZTAJUNG FUN DER JIDISZER MEDINA SZIKN MIR AJCH
IBER A HARCIKN MAZL TOW
                DI JIDN FUN SANATORIUM GAUTING.

TELEGRAM.

MIR SZIKN A FLAMIKN CHAZAK WEAMAC DI JIDISZE ARMAJ DI MEKABEER
FUN H " TAW SZIEN CHET !!!
MIR ZAJEN MIT AJCH ! ZOLN WERN GESZTARKT AJERE HENT IN GERECHTN
KAMF.

                DI JIDN FUN SANATORIUM GAUTING.

Theaterocke:

" R O S E B E R N D "
(Kritik aus einer Zeitung).

Dieser Theaterabend war eine Wohltat- ja, eine reine Wohltat
war es, wieder einmal richtige, runde pralle Menschen auf der Bühne
zu sehen, nicht diese dürftigen Theaterfiguren, die im Allerseich-
testen plätschern, nicht diese blutleeren Gestalten, die lebens-
fremd rede, ekstatisch schreien, hektisch fordern und schliesslich
doch nur der emporgequirlte Schaum eines nach Asphalt riechenden
Nihilismus sind. Was uns allein frommt, ist, dass wir lernen,
r e a l i s t i s c h zu sehen und zu denken, in der Politik,
im Leben- und auch auf dem Theater. An dem Realismus Gerhart
Hauptmanns- der weit mehr ist als eine Kunstrichtung- nämlich eine
männliche Haltung dem Leben gegenüber- haben sich ganze Generationen
von Schauspielern gebildet, und man spürte, wie es der jungen,
mutigen Spielerschar des " Schauspiels Rosenheim" darum zu tun
war, sich an diesem Quell vollzutrinken, als sie das Schicksals-
drama der jungen schlesischen Magd Rose Bernd über die vergänglichen
Bretter wandeln liess, hinter dessen wenigen Gestalten das ganze,
grenzenlos reiche Menschentums Hauptmanns steht. D i e H e i l i g-
s p r e c h u n g d e s M e n s c h l e i d e s - in unendlich
vielen Werken, die den noch unerschöpf n Schatz unserer Bühne
bilden, hat er sie vollzogen, und Rose Bernd ist ein voller Akkord
in dieser Sinfonie.

Wir haben das Drama in grossen Abständen gesehen, in Berlin
mit Lucie Höflich, in Wien mit Paula Wessely; aber wie dort, so
hat sich auch bei der sehr liebevollen Rosenheimer Aufführung
(unter der einfühlsamen Regie Adolf Gostla) erwiesen, dass es,
obwohl in einer versunkenen Welt und Zeit spielend, noch kein
körnchen Staub angesetzt hat, sondern nur die edle Patina grosser
Kunstwerke, und dass sein Weg noch lange nicht abgeschlossen ist.
Fünfundvierzig Jahre ist es nun alt, eine Welt ist zusammengestürzt,
die sozialen Probleme haben sich völlig verschoben, die schlesischen
Menschen, aus deren Mitte es geboren ward, sind in alle Winde zer-
streut, sein Dichter selber ist nicht mehr, und doch, wie hier aus
der wundervollen Naturlyrik der Anfangsszenen, über denen der Ruch
der reifen schlesischen Kornfelder lagert, das Schicksal mit der
unerbittlichen Gewalt eines Gewitters heraufzieht und einen schuld-
losen Menschen vernichtet, das ist ein Erlebnis von gestern und
heute.

K R O N I K A

URLAUBSTAGE

Das Patienten-Komitee hat der Direktion des hiesigen Sanatoriums
ein Memorandum betr. Erteilung der bisherigen Anzahl der Urlaubs-
tage übergeben.
Wir hoffen, dass die Direktion die dringende Bitte der Patienten
günstig erledigen und die erlassene Verordnung ungültig machen
wird.

-.-.-.-.-

BEKLEIDUNG:

Beim IRO-Hauptquartier sind Bemühungen betr. Bekleidung und Wäsche
für die Patienten eingeleitet worden. Die diesbezügliche Antwort
ist bis jetzt noch nicht eingetroffen.

-.-.-.-.-

Theater im Freien

Dank der unermüdlichen Bemühungen des Leiters der Kultur-
Kommission beim hiesigen Patienten-Komitee wird ein Theater im
Freien gebaut. Trotz verschiedener Schwierigkeiten kann man mit
der Eröffnung des erwähnten Theaters noch in diesem Monat rechnen.

-.-.-.-.-

VERBLIEBENE SACHEN.

Auf Grund einer Intervention des Patienten-Komitees sind sämtliche
in der Bekleidungskammer verbliebenen Sachen an die Patienten verteilt worden.

-.-.-.-.-

KALORIEN

Wie wir erfahren, wird in der nächsten Zeit die Anzahl der
Kalorien auf 3 625 erhöht.

-.-.-.-.-

ALLGEMEINES

Dank der Bemühungen der Administration des hiesigen Sanatoriums ist im Walde eine Reihe bequemer Bänke eingerichtet worden. Auch das Aussehen des Sanatoriums selbst wurde durch verschiedene durchgeführte Arbeiten entsprechend verschönert, sodass das Bild von heute sich dem Bilde eines wirklichen Sanatoriums nähert.

Es wäre wünschenswert, den in der Nähe der Garage liegenden und allgemein berühmten Mist, welcher mit dem eigenartigen und schädlichen Geruch die Luft des Sanatoriums verdirbt, zu beseitigen. Diese Änderung hätte den Patienten die Möglichkeit gegeben auf dem schon genug zum Spazieren begrenzten Teil des Sanatoriums sich frei zu bewegen.

Neuer Messing-Officer.

Die Stelle des Messing-Officers im hiesigen Sanatorium wird nunmehr von Frl.Krystyna M a t u s z a k bekleidet.
Unserem neuen Messing-Officer wünschen wir Erfolg in der Arbeit, welche den Zweck hat, die Magen unserer Patienten zufrieden zu stellen.

ROCZNICA. Dnia 12- go maja obchodziliśmy 13-tą rocznicę śmierci Pierwszego Marszałka Polski Jozefa Piłsudskiego.
Oto jedna z jego myśli:

" Polska ma przed sobą wielką pracę. Polska, ta wyśniona, wymarzona, ma wszystkie zewnętrzne cechy, któremi my, wychowani w niewoli, cieszyć się możemy: wielkie wojska wielkie tryumfy, wielką zewnętrzną siłę; wielką potęgę którą wrogowie i przyjaciele szanować i uznawać- chociażby nie chcieli - muszą. Mamy orła białego, szumiącego nad głowami, mamy tysiące powodów, któremi serca nasze cieszyć możemy.

Lecz uderzmy się w piersi. Czy mamy dość wewnętrznej siły? Czy mamy dość tej potęgi duszy, czy dość tej potęgi materialnej, aby wytrzymać jeszcze te próby które nas czekają? Przed Polską stoi wielkie pytanie, czy ma być państwem równorzędnym z wielkimi potęgami świata, czy ma być państwem małym potrzebującym opieki możnych.
Na to pytanie Polska jeszcze nie odpowiedziała, ten egzamin z sił swoich jeszcze zdać musi.

Czeka nas pod tym względem wielki wysiłek, na który my wszyscy, nowoczesne pokolenie, zdobyć się musimy, jeżeli chcemy obrócić tak daleko koło historji, aby wielka Rzeczpospolita Polska była największą potęgą nietylko wojenną, lecz także kulturalną na całym wschodzie. Wskrzesić Ją musimy i tak postawić w sile i mocy, potędzducha i wielkiej kultury, aby się mogła ostać w tych wielkich, być może przewrotach, które ludzkość czekaja. W pracy tej potrzeba umieć być ofiarnym."

                                             1920.

3-ci MAJ Polacy w Gauting obchodzili bardzo uroczyście rocznicę Konstytucji 3-go Maja. Po nabożeństwie majowym w kaplicy szpitalnej, odbyła się Uroczysta Akademja w Klubie Pacjentów, na całość której złożyły się: referat okolicznościowy, deklamacje, popisy zespołu smyczkowego. Uroczystość zakończono odśpiewaniem Hymnu Narodowego. Dzięki staranjom zarządu Koła i uprzejmości Dyrekcji rozgłośnia sanatorium nadawała transmisję audycji polskiej z okazji Święta Nar/odowego ze studja monachijskiego.

Kurs DOKSZTAŁCAJĄCY W dniu 24 kwietnia 1948 odbył się egzamin na kursie dokształcającym w obecności przedstawiciela Okręgu I-go Ingolstadt. Egzamin zdali PP. Dabrowski, Frystacki, Grabaś, Kompa, Kiełbik, Krupa, Laskowski, Stojda, Szutowski.

KURS RADIOTECHNICZNY. Egzamin na kursie radiowym odbył się w dniu 28 maja. Egzamin złożyło 6 ciu słuchaczów.

KURS KREŚLEN TECHNICZNYCH. Z dniem 15 czerwca br. zostanie otwarty kurs kreślarski. Zapisy na ten kurs przyjmuje p. Mierzwa C I-21. Od kandydatów wymaga się ukończone przynajmniej 7 Kl.Szkoły Powsz. Ze względu na ściśle określoną ilość miejsc prosimy o wcześniejsze zgłaszanie się kandydatów.

DO POLSKI. W dniu 8 czerwca odjechał transport chorych kolegów do Kraju. Wyjechali Koledzy: Frąckowiak, Chabrowski, Chytro i Lipski.

KACETOWCY UWAGA. Kto pragnie otrzymać Polską Odznakę Kacetową ze srebra, powinien złożyć 20 / dwadzieścia/ g. srebra, Bliższe informacje udziela prezes Koła.

WYCIECZKA negatywnych pac/jentów na Zugspitze została ze względu na zda pogodę przesunięta do końca czerwca.

.-

Herr B e l f e r hat für den Zeitungsfonds RM 100.-- gespendet und fordert die Nachstehenden ebenfalls zu einer Geldspende für den Zeitungsfond auf:

                      Herrn A .Sztajnfeld
                      Herrn F.Ajchenbaum
                      Herrn L.Feldberg
                      Herrn H.Buksbaum

.-

SCHACHTURNIER.

KALNINSCH SCHACHMEISTER

Im internationalen Schachturnier Sanatorium Gauting.

Die Resultate des internationalen Schachturniers im Sanatorium Gauting vom 13.5.1948 bis 8.6.1948 sind folgende:

Alle Teilnehmer waren in 2 Gruppen eingeteilt. Die stärkeren in die Hauptgruppe und alle übrigen in die Nebengruppe. Bis zum Ende haben in der Hauptgruppe 9 Schachspieler und in der Nebengruppe 6 Schachspieler ausgehalten. Die anderen haben unterwegs aufgegeben. In der Hauptgruppe sind die Resultate folgende:

1.) Kalninsch	14 1/2	Punkte
2.) Bortnijtschuk	13 1/2	Punkte
3.) Muschajew	1o 1/2	Punkte
4.) Krawiec	8 1/2	Punkte
5.) Murawsky	7 1/2	Punkte
6.) Ducens	6	Punkte
7.) Mikowski	5	Punkte
8.) Krawtschenko	4 1/2	Punkte
9.) Scharmangijew	2	Punkte

Die Resultate der Nebengruppe sind folgende:

1.) Beresin	9	Punkte
2.) Artischtschew	7	Punkte
3.) Rudy	5	Punkte
4.) Bobrowitzky	4	Punkte
5.) Sitakaruk	3	Punkte
6.) Miskiew	1	Punkt

Der ERSTE Preis	RM 4oo.--	Kalninsch
Der ZWEITE Preis	RM 3oo.--	Bortnijtschuk
Der DRITTE Preis	RM 2oo.--	Muschajew.

Um den VIERTEN Preis von RM 1oo.-- kämpfen Krawiec u. Beresin.

DAS RICHTERKOLLEGIUM:

M. Kalninsch   Bortnijtschuk   Mikowski

DIE RÄTSELECKE .

Es ist der Name des Komponisten untengenannter Werke zu nennen:

1.) Tristan und Isolde
2.) Halka
3.) Eugen Onegin
4.) La Bohème
5.) Borys Godunow
6.) Die verkaufte Braut
7.) Die Jüdin
8.) Per Gynt
9.) Zauberflöte
10.) Faust

Auch grosse Menschen haben ihre grosse Liebe. Wer nennt den entsprechenden Partner für:

1.) Mary Vetsera   6.) Orłow
2.) George Sand   7.) Maria Walewska
3.) Frau v.d.Stäel   8.) Isadora Duncan
4.) Madame Pompadour   9.) Frau Lupescou
5.) Esterka   10.) Mrs.Simpson

L O G O G R I F

Die Anfangsbuchstaben nennen einen bedeutenden Ort in Bayern.

1.) russischer Schriftsteller ....
2.) Bewerbung   ....
3.) undurchführbare Idee   ....
4.) Sportart   ....
5.) Schäfergedicht   ....
6.) Meeresgott   ....
7.) Freiheitskämpfer   ....

LÖSUNGEN DER RÄTSEL AUS NR.11

Die Aufgaben in der vorigen Zeitungsausgabe wurden mit 2o
Lösungen (volle und teilweise) beantwortet.

Die grösste Anzahl der Punkte erhielt die kleine Lucia aus dem
OP und Kartoffel, Pinkus.--

Die kleine Lucia soll sich bei der Redaktion melden, um ihre
Preise abzuholen.

–·–

N A D E S Ł A N E.

List do UKOCHANEJ W KRAJU....

Maleńkiej mojej, jam już daleki
Gdy nas przeklęte losy, na wieki chcą rozegnać,
Zasyłam, by Cię zarazem przywitać i pożegnać,
Tylko te słowa " Witam Cię!-" Bądź zdrowa na wieki!"
Tak umęczony w tej strasznej chorobie,
Piosnkę chcę smutnej myśli nadać wesela.
A kiedy niema komu śpiewać serce moje,
Śpiewam piosnkę dawną , starą przyjaciela,
Gdzie mowa o kwiatach, szczęściu i o różach,
Gdym z Tobą chadzał po warszawskich gruzach.
Lecz nim piosnkę przypędza echa ku Twej stronie,
Może mnie już wieczny sen pochłonie ....

                                                        J. Kittel.

–––––––

16.5.1948.

Drogi Pnie Chęciński,

Nie zdążyłem się pożegnać z braku czasu, toteż proszę Pana
uprzejmie w moim imieniu serdecznie pozdrowić Pacjentów z
życzeniami szybkiego wyzdrowienia.
Daj Wam Bóg najprędzej, najszybciej wyzdrowieć do normalnego,
zdrowego życia.

                Ściskam mocno dłoń

                                Dr.Neufeld

O G Ł O S Z E N I E.

        Zapisy na pociąg Czerwonego Krzyża przyjmuje się w biurze
        Welfare w każdy wtorek o godz. 3 pp.. Chodzi tylko o gruź-
        licę zamkniętą.
        Dla gruźlicy otwartej będzie niedługo uruchomione specjalne
        sanatorium w Polsce.
                                M. Gajdzinska I.R.O. Welfar Off.
                                        Altenstedt.

Anlässlich unseres vorläufigen Fortganges aus dem
Sanatorium Gauting möchten wir auf diesem Wege

     Herrn Oberarzt Dr.Sedlaczek

     herrn Dr.Herman
     Herrn Dr.Schmeisser
und insbesondere
     Herrn Direktor Dr.Siegfried

für ihre stete Mühe und aufopfernde Pflege nochmals
unseren herzlichsten Dank sagen.
Gleichfalls danken wir

     Herrn Oberarzt Dr.Rosenkranz
     Herrn Dr.Mahr
wie auch den Welfare-Officer Herrn Bloch.

     Erna und Major Kirschenbaum.

     München, den 2o.5.1948.

Verehrter Herr Direktor!

Als ich vor zwei Jahren in akutem Zustand in Ihre Anstalt eingeliefert wurde, vermochte ich es nicht zu glauben, dass mir jemals
eine wiedergewonnene Gesundheit und frischer Lebensmut vergönnt
sein werden. Meine Krankheit war die der zahlreichen meisten K.Z.-
Leidensgenossen, das Krankheitsbild sehr besorgniserregend und
selbst mir, in tiefste Verzweiflung gesunken, fehlte es an Glauben
an rasche Genesung.
Ihre Leute waren es allerdings, die Gautinger Ärzte, die mich zunächst psychische gestärkt und dann durch Anwendung kostbarer
Therapien und medizinische Eingriffe sich meiner angenommen haben.
Auch das übrige Krankenpersonal leistete seine hochwertige Hilfe
und wenn ich jetzt mein Dankschreiben an Sie richte, so sei damit
auch ihm mein Dank ausgesprochen.
Verehrte Direktion! Im Einsehen Ihrer unermesslichen Verdienste in
der Beibringung der einst verlorenen Gesundheit bei den D.P.-
Patienten wünsche ich Ihnen grössten Erfolg. Möge Ihnen das Schicksal Ihre wohltätige Arbeit im Dienste der Menschheit mit Recht be-
lohnen; möge mein Fall von diesen Wohltaten als einer der zahlreichen e pluribus unum, zeugen.

     Der kürzlich entlassene Patient
     Leon Danziger
     München 23
     Ohmstr. 8/o.

U W A G A   I N W A L I D Z I !   Inwalidzi którzy otrzymują rentę w
                         w Niemczech po przybyciu do Kraju
zgłoście się z dokumentami osobiście lub pisemnie do Zakładu Ubez-
pieczeń Społecznych :
     Warszawa, Czerniakowska 123.
  RENTY BĘDĄ WAM NADAL WYPŁACANE W POLSCE !

                                   M.G.

IRO-Sanatorium Gauting
- Messing-Office-   Gauting, den 2.6.1948

An die
Patienten-Zeitung
Hospital Gauting.

Betr.: Tätigkeit des Mess Officers.

Die Zuteilung der Nat.Cath.Welf.für christliche Patienten an 21.4.48
bestand aus folgenden Artikeln:

12	cans	chocolate food trink
12	"	Peassoup
5	cartons	Maccaroni
10	"	Milk evap.
10	"	Prune-Pudding
10	"	Vita snaks (chocolate)

Gemäss den Anordnungen der Organisation diese Artikel nur über
die Küchen zu verteilen waren wir instande zu erfüllen, da durch die
jüdischen Feiertage die Küchen getrennt waren. So wurde den Patienten
2 x Kakao serviert (Chocolate food Trink and Milk evap.) und auch
anderes wurde in der Küche verarbeitet, ausser der Schokolade, die
auf den einzelnen Stationen verteilt wurde (1 Tafel für 2 Personen).

Die nächste Zuteilung traf am 18.5.48 ein. Sie bestand aus:

10	cartons	Milk evap.
4	"	Maccaroni
4	cans	Chocolate food trinks
8	"	Peassoup
8	cartons	Prune Pudding
4	"	Peas
4	"	Vita snaks (chocolate)
50	Lbs	sugar granulatet

Diese Artikel wurden bis jetzt weder verteilt noch in der Küche ver-
braucht, da wir auf die Entscheidung über getrennte Küchen, die in
Kürze erfolgen soll, warten. Wir hoffen, bald, diese Artikel für
die christlichen Patienten in der Küche verarbeiten zu können.
Ferner wurde für alle Patienten Zucker und Bonbons verteilt. Für
April 48 je 400 g Zucker (am 8.und 21.4.48).
Für Mai 48 je 400 g Zucker (am 6.und 20.5.48).

                                        M a t u s z a k
                              .....   Messing-Officer.

                        Bekanntmachung.
Wie aus der   Bekanntmachung des JOINT-Gesundheitsamtes
hervorgeht, sind in ersten Rehabilitierungs-Center 20 Plätze für
Kranke des Sanatoriums Gauting reservier. Unter Patienten-Komitee hat
das neu eingerichtete Rehabilitierungs-Center in Passau persönlich be-
sichtigt und erteilt in der Zeit von 10-12 und 15-17 Uhr Auskunft an
Patienten, die ein Interesse an der Aufnahme dort haben.

                              Vorsitzender des Patienten-Komitees.

Gauting,dn. 2.juni 48   /-/ Chencinski

zebrał .....   H.M!?

D R O B N E   O G Ł O S Z E N I A

Uwaga! Ogłaszamy konkurs z nagrodami dla tych"szanownych prosze- państwa" którzy najwięcej zaśmieca lasek około swoich leżaków.

I tak: za skórki pomarańczowe po 9 punktów od kila.
za zwyczajny papier gazetowy- 5 punktów,
za każdy łeb od śledzia po 3 punkty,
za puszkę z konsew po 1 punkcie.
Za najwiekszą ilość punktów nagrody w postaci:
a/ bezpłatnego wyjścia przez dziurę/ bez prawa powrotu/
b/ bezpłatny wyjazd do sanatorium koło bramy.
c/ przydział do miejscowej stadniny baraniej, bez
prawa rozmnażania się.

Panom którzy podczas tak zw. "Liegekur" uprzyjemniają czas sympatyczną rozmowę tubalnymi głosami, na ławeczce między blokami B i C składają tą drogą serdeczne życzenia podwuj- nego "seitepnoj´u" od początkującego lekarza.
                                    Wdzięczni Koledzy Pacjenci.
                                           C- Bau.

Kolegom czekającym godzinami na golenie pod fryz: drzwiami, polecamy po cenach przystępnych leżaki i śpiewniki.

                            Firma "ZŁAMNO & GE."

KTO POTRAFI z ołówka i zeszytu od Katolickiej Organizacji zrobić kostke masła / bo ć zeszytu jeść się nie da/ niech się zgłosi do obdarowanych.

DLA WYGODY PAN , ktore nawet do obiadu przychodzą w szlafroczkach polecamy książkę pana Aloizego Flejtuchowakiego p.t. "Jak się kąpać nie zdejmując szlafroczku"

Medizinisches: " Aber Herr Doktor, ich habe doch noch gar nicht gewusst, dass ich t..? Habe"
" Sehen Sie, wie gut es ist, dass Sie sich recht- zeitig an einen Arzt gewandt haben. Sie hätten womöglich immer lustig weiter gelebt und wären alt geworden, ohne zu ahnen, was Ihnen eigentlich felte"

Aussländer. Arzt:" In welcher Gegend fühlten Sie zuerst die Schmerzen?"
Patient:" Zu allererst am Gautinger Banhof ".

wwwwwwwwwwwwwwwwwwwwwwwwwwwwwwwwwwwwwwwwwwwwwwwwwwwwwwwwwwwwwwwwwwwwwwwwww

DLACZEGO kobiety lubią tak dużo mówić? Bo większość z nich zdaje sobię sprawę z tego że żyje jedynie wtedy, gdy wydaje jakieś dzwięki.
wwwwwwwwwwwwwwwwwwwwwwwwwwwwwwwwwwwwwwwwwwwwwwwwwwwwwwwwwwwwwwwwwwwwwwwwww

K A M E R A D E N
die in der Zeit vom 14.4.1948 bis 2.6.1948
in die Ewigkeit eingegangen sind.

KURLIANCZUK, Simon
geb. 30.10.26 in Kauen/Lit. isr.
gest. 18.4.1948

LILLEWALLI, Ludwig
geb. 19.3.93 in Tadorma/Eston ev.
gest. 29.4.1948

B·E N K I E L, David
geb. 10.2.17, Lodz/Pol. isr.
gest. 3.5.1948

BIELKONJ, Peter
geb. 6.12.02, Nedoharki/Russ/Ukr.
orth.
gest. 3.5.1948

EFTIMIADIS, Maria
geb. 28.11.25 in Osiek, Greek/orth.
gest. 6.5.1948

WEISS, Ryfka
geb. 3.3.27 in Mad/Hung. isr.
gest. 16.5.1948

ROCHMAN, Chana
geb. 7.10.13 in Warschau/P.
isr.
gest. 19.5.1948

SUCHOWICZ, Iwan
geb. 12.7.23 in Kokoschenica
Poln.Ukr. gr.kath.
gest. 20.5.1948

KAPICA, Jan
geb. 16.7.25 in Ugori/Polen
gest. 22.5.1948

MIZGAITINE, Gene
geb. 12.10.26 in Kiparde/Lit.
gest. 23.5.1948

-.-.-.-.-.-

Aufnahme und Entlassung   2.6.1948

Bericht von 14.4.48 bis 2.6.1948

Neuzugänge: 123   Abgänge: 115

-.-.-.-.-.-

HERAUSGEGEBEN VON DER KULTUR-KOMMISSION BEIM PATIENTEN-KOMITEE.

Wegen technischen Schwierigkeiten erfolgte eine Verzögerung in der
Herausgabe der Zeitung. Wir hoffen, die Schwirigkeiten beseitigeh
zu können und die Zeitung in Zukunft in normalen Zeitabstände zu
veröffentlichen.

Die Redaktion.

Preparatory Commission for the
International Refugee Organization
U.S.Zone Hq.   Bad Kissingen
APO 62   US Army.

28.Mai 1948.

Administrative Order No.81.

Betrifft: Revidierter Rationsplan für Patienten in TB-Sanatorien
und Zusatzverpflegung für Arbeiter in TB-Sanatorien.

I. Zweck: Der Zweck dieser Anordnung ist, einen revidierten
Rationsplan aufzustellen für TB Patienten in TB-Sanatorien und
die Einleitung einer Zusatzverpflegung für alle D.P.'s/Flüchtlinge
die in TB-Sanatorien arbeiten, wie es im Provisional Order No.
61, Subject: PCIRO -Versorgungsgrundlage- Verpflegungs-Grundsätze
für Flüchtlinge vom 12.Mai 1948 gebilligt wurde.

II. Datum des Inkrafttretens:
Diese Anordnung wird sofort in Kraft treten.

III. Betreff: Diese Anordnung betrifft nur TB-Sanatorien der US-Zone,
die unten aufgeführt sind:

Area 1 Merxhausen	TB Sanatorium
2 Steinatal	TB Sanatorium
Area 2 Heilbronn	TB Sanatorium
Area 3 Nürnberg	Children's TB Sanatorium
Area 4 Amberg	TB Sanatorium
Area 5 Kempten	Children's TB Sanatorium
Area 6 Gauting	TB Sanatorium

Die Zusatzverpflegung betrifft nur D.P's/Flüchtlinge, die in den
obengenannten Sanatorien arbeiten und keine deutschen Staatsange-
hörigen oder Personen, die nicht berechtigt sind, I.R.O.-Status
zu besitzen

IV. Die Rationen für D.P.'s/Flüchtlinge, die sich als Patienten in
den obengenannten Sanatorien befinden, sind wie folgt:

TB-Krankenhaus-Rationen.

Art:	Gramms pro Tag pro Person	Kalorien pro Tag pro Person:
Mehl	390	1287
Nährmittel	125	437
Kartoffeln	400	272
Stärkemehl	5	17
Fisch	25	42
Fleisch	80	128
Butter	75	540
Käse	50	120
Frische Vollmilch	500	265
Frische Magermilch	250	87
Eier	50	70
Quark	20	22
Zucker	60	240

Obst und Gemüse	300	60.
Ersatzkaffee	7	-
Bohnenkaffee	1/1o	-
Tee	1/1o	-
Marmelade	18	45
	Total:	3623

Die Zusatzverpflegung für D.P.'s/Flüchtlinge, die in den oben-genannten Sanatorien arbeiten, ist wie folgt:

Art:	Gramms pro Tag pro Person	Kalorien pro Tag pro Person:
Fett	4o	288
Zucker	4o	16o
Fleisch	2o	32
Käse	4o	9o
	Total:	576

Dies ist in Zusatz mit den Arbeiter-Rationen von 32ol Kalorien täglich.

VI. TB Kliniken. Die obenangeführten Zusatzverpflegung wird zu einem späteren Zeitpunkt für D.P.'s/Flüchtlinge, die in TB Kliniken arbeiten, genehmigt werden. Für TB Kliniken, die nach den behelfsmässigen Anordnungen des Admin.Order No.76,Anlage zur Zusatzverpflegung für solche Arbeiter gelten, jedoch nur nach einer schriftlichen Genehmigung durch die Gesundheits-Abteilung, betreffend die Einrichtung solcher Kliniken.

II. Durchführung: Die Durchführung dieser Anordnung geschieht in Verbindung mit PCIRO US Zone Hauptquartier Adm.Order No.3 vom 1.Juli 1947-" Lieferungsdurchführung für PCIRO in der U.S. Zone Deutschlands (3) Class I Lieferung.Sub Paragraph G 2 a und b) und nachfolgende Veränderungen.

VIII. Rapport:- Halbmonatliche Berichte an dieses Hauptquartier alle empfangenen Rationen und Grundverteilungsplan in zwei verschiedenen Aufstellungen- eine für TB Patienten-Rationen und eine für TB Arbeiter-Rationen.

Paul B.Edwards
Chief of Operations.

Distribution "A".

PATIENTENZEITUNG DES SANATORIUM GAUTING

Nr.13.

Gauting, den 1o.8.1948

Zum einjährigen Jubiläum von " Unser Leben."

Am 25.Juli 1947 ist die erste Nummer unserer Zeitung erschienen.
Äusserlich wie auch inhaltlich sehr bescheiden- kein Vergleich mit
den Niveau, welches Sie heute erreicht hat. Sie entwickelt sich
mit jeder neuen Ausgabe, so wie auch wir uns entwickeln, sie steigt
auf ihrer Entwicklungstufe immer höher, so wie wir im Erkennen des
Lebens täglich reifer werden.

Wir und unsere Zeitung sind eins, diese Zeitung ist nichts anderes
als unser Leben. Begegnet sie mit Gleichgültigkeit, so gilt die
Gleichgültigkeit uns allen, erweckt sie ein Interesse, so ist es
ein Interesse für uns alle, für uns Patienten des Sanatoriums
Gauting.

Diese Zeitung ist unsere Stimme. Unser Rufen um Hilfe wurde oft
überhört, oft hat es taube Ohren gefunden. Die Zeitung kommt dorthin
wo man unsere Stimme nicht hört, wo man uns nicht kennt und wo man
unsere Krankheit fürchtet, wo man sich an uns als eine unangenehme
Last nur selten erinnert. Sie kommt dorthin und zwingt an uns zu
denken. Sie klopft an alle geschlossenen Türen und wird empfangen.
Sie lässt uns als individuelle Menschen kennenlernen, die trotz
ihrer Krankheit im Stande sind ihre Lage zu begreifen, sie sogar
mit eigenen Kräften zu bessern und sich ein klares Urteil darüber
zu bilden, ob die Pflichten die die Welt ihnen gegenüber zu erfüllen
hat tatsächlich erfüllt werden.

In der ersten Zeitung hatte Herr Dr.Siegfried das erste Wort. Unter
anderem meinte er: " Es ist falsch anzunehmen, dass wir auf Grund
unserer Erlebnisse in der Vergangenheit psychisch krank wären.
Dieses sich oder anderen einzureden ist sehr gefährlich, denn es
entspricht nicht der Wahrheit. Wahr ist jedoch, dass unsere
Patienten ohnedies als doppelt unglücklich zu betrachten sind, denn
sie sind krank und heimatlos.

Nicht jeder der abseits von unserem Leben steht kann das begreifen.
Wir müssen die Welt überzeugen, dass wir keine " psychisch-
Kranken" sind, dass man uns auch nicht bemitleiden, sondern helfen
soll, denn das Bewusstsein der tragischen Lage in welcher wir
uns gegenwärtig befinden ohne Aussicht auf eine glücklichere
Zukunft, erschwert uns gesund zu werden. Da wir uns in Zukunft
noch immer auf deutschem Boden sehen, da wir täglich merken,
dass man der Sorge um uns überdrüssig geworden ist und die Kräfte,
die uns betreuen sollen langsam erlahmen, glauben wir, dass unsere
Lage hoffnungslos ist und sind nicht weit davon entfernt, an
der Welt und der Hilfe zu zweifeln.

Der Zutritt zu denen, die die Möglichkeit haben uns zu helfen,
ist uns versperrt. U n s - aber nicht unserer Zeitung! Sie bahnt
sich ihren Weg, sie geht bescheiden aber sicher und findet überall dorthin, wohin wir nicht dürfen- als unser Bote und als Verbindung zwischen uns und der Welt!

                                R E D A K T I O N .

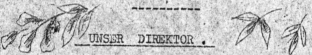

UNSER   DIREKTOR .

Direktor Dr. SIEGFRIED ist der dritte Direktor unseres Sanatoriums
seit seinem Bestehen Er ist jedem Patienten noch gut bekannt aus
der Zeit, wo er als Oberarzt zu den beliebtesten aller Ärzte gehörte.

Wir wollen hier etwas über den Lebenslauf und die Anschauungen
dieses ersten Mannes das Sanatorium betreffend, erfahren. Mit
derselben Freundlichkeit, mit welcher er alle Bitten der Patienten
erfüllt, erteilte er uns die gewünschten Informationen.

Er wurde am 16.1.1909 in Radomysl-Wielki, Bez.Krakau in Polen
geboren. Seine Studien beendete er in Prag im Jahre 1934. Die
Klinik für Innere Krankheiten war sein erstes Tätigkeitsfeld,
wo er auch nach 2-jähriger Tätigkeit in der Abteilung für Lungenkranke nähere Einsicht in dieses Gebiet gewann. Am Anfang des
Krieges evakuierte er nach Lublin und dann nach Tarnow, wo er
in Krankenhäusern tätig war. 1943 wurde er nach Auschwitz gebracht, ging durch die Lager Kaufering und Dachau und wurde in
Allach befreit. Nach den Kriege wartete er im DP.-Lager Neu-
Freimann auf die Rückkehr nach Polen. " Die für mich so unerwarte-
ten polnischen Nachkriegsverhältnisse hinderten mich daran
zurückzukehren - sagt Dr.Siegfried- und so kam ich im Dezember 1945
nach Gauting."

Im Januar 1947 zum Oberarzt und Stellvertreter von Dir.Dr.Weiss
ernannt, übernahm er im Oktober 1947 nach der Ausscheidung von
Dir.Dr.Weiss die Verantwortung als Direktor des Sanatoriums.

" Herr Dir.Dr.Weiss war als guter Direktor und guter Arzt bekannt.
Er war auch der Freund unserer Kranken, trotzdem sich viele
feindlich zu seinen neuen aktiven Heilungsmethoden einstellten
und sie als " experimentel" bezeichneten. Meiner Meinung nach hat
er das Sanatorium sehr zufriedenstellend geführt und ich bemühe
mich, unser Haus auf demselben Niveau zu erhalten."

Unser Haus entspricht allen Forderungen eines durchaus modernen
Sanatoriums. Bis jetzt konnte man unterscheiden: Hospitäler für
Lungenkranke, wo der Patient einer ärztlichen Behandlung unterlag,
um nach einer kurzen Zeit das Krankenhaus zu verlassen- und
Sanatorien, wo er eine längere Zeit der Rekonvalescenz zu verbringen hatte. Unser Sanatorium Gauting verbindet beides zugleich und behandelt einen Patienten durch alle Stadien seiner
Krankheit, sogar bis zu der Zeit, wo er zu einer Beschäftigung
fähig ist. Durch leichte Arbeit versucht man ihn an die Lebensverhältnisse eines gesunden Menschen zu gewöhnen.

Wir verfügen auch über modernste Einrichtungen, wodurch unser
Sanatorium weiter fortgeschritten ist, als manches Sanatorium
in der Schweiz. Als Vergleich zu den Verhältnissen in einem
Land wie Polen mag als Beispiel dienen, dass dort noch kein
Schicht-Aufnahmegerät vorhanden ist.

Unser Sanatorium ist nicht vollkommen und es gibt immer noch viele
Schwierigkeiten, die überwunden werden müssen. Das Personal
ist diszipliniert und ein ganz besonderes Lob sprach Dr.Siegfried
den D.P.Personal aus, welches im Gegensatz zu anderen Lagern
bei uns sehr verantwortungsvoll und zuverlässig ist.

Direktor eines Sanatoriums Gauting zu sein heisst gleichzeitig
Direktor eines D.P.Lagers Gauting zu sein. Und darin liegt die
grösste Schwierigkeit. Was in einem Sanatorium nicht erlaubt ist,
ist in einem Lager notwendig und es ist oft sehr schwer darüber
zu entscheiden.

Die Person unseres Direktors ist jedem gut bekannt: vom Krankenzimmer, wo er an Bett eines Patienten sich nach seiner Gesundheit und nach seinen Wünschen erkundigt, von Spalten unserer
Zeitung, wo er uns seine Anschauungen mitteilt und von seinen
für uns gehaltenen wissenschaftlichen Vorträgen.

Er kennt auch jeden von uns und nur wir beschäftigen alle seine
Gedanken, wenn er täglich an seinen Arbeitstisch sitzt.

INTERVIEWER.

DER VOLLKOMMENE ARZT.

.... Wenn Du wüsstest, wie beneidenswert und bewundernswert
Du bist! Du, dessen Beruf das einzige grosse Ziel verfolgt:
Die Menschheit von ihren mannigfachen Qualen und Leiden zu be-
freien! Du, dessen Beruf aus innerster Berufung gewählt worden
ist, aus Liebe zu den Menschen und der Welt!

Du heilst die Menschen, heilst ihre körperlichen und psychischen
Wunden machst ihren Körper und ihren Geist gesund und heilst
so gleichzeitig die Wunden unserer kranken Welt, indem Du sie
durch gesunde Menschen regieren lässt.

Für uns Kranke gleichst Du einem Engel, einem Heiligen und einem
Held! Wie ein Engel spendest Du uns Trost, vollbringst Wunder
gleich einem Heiligen und wie ein Held kämpfst Du tapfer gegen
den Mann mit der Sichel, welcher unsichtbar in jedem Krankenzimmer
gegenwärtig ist.

Dir ist alles, was Du für die Menschen tust, selbstverständlich.
Selbstverständlich ist Dir jede Hilfe für alle Bedürftigen,
denn nicht zufälligerweise bist Du Arzt geworden; nicht der Erwerbs-
sinn hat Dich getrieben diesen Beruf zu erwählen.

Du bist ein echter Diener der Wissenschaft, für welchen die Erfüllung seiner Pflichten allein schon die höchste Befriedigung ist. Deshalb bist Du auch nicht wie diese Ärzte mit Beamtenseelen, für welche das Wohlwollen der Vorgesetzten zu erlangen weit wichtiger ist, als die Pflichten gegenüber ihren Untergebenen zu erfüllen und auch nicht wie jene, die wie Schlächter ohne jede Empfindung für den menschlichen Schmerz und ohne jede Achtung für das menschliche Leben sind.

Es gibt wenige, die verstehen, dass der ärztliche Beruf kein Handwerk, sondern eine Kunst ist, dass um Arzt zu werden eine seltene Begabung, scharfe Intuition und eine Seelenverfassung, welche man bei den Dichtern Erleuchtung nennt, notwendig ist. Es gibt wenige die begreifen, dass ein schlechter Arzt kein Arzt ist.

Ein Arzt zu sein bedeutet, Menschen lieben und Menschen verstehen, bedeutet ganz ohne Vorurteile sein und über den menschlichen Schwächen in Selbstvergessen und Selbstaufopferung zu stehen.

                                             K A M A .

ANTONI SLONIMSKI

                          I Z R A E L .

" Powstanie ghetta i czyn zbrojny Hagany
dowiódł światu, że naród żydowski ma prawo
istnienia." (Z gazet.)

          PLEMIĘ bez wodzów ginące bezsławnie,
          Naród nieszczęsny kupców i proroków,
          Który historii nie dotrzymał kroku,
          Cierpiał bezprawnie i tworzył bezprawnie ..

          " Patrzcie, ten naród umie władać bronią,
          I na śmierć idzie bez zmrużenia powiek,
          Zabijać umie, to nasz brat, to człowiek!"
          Więc się stolice świata przed nim skłonią.

          Tak się zdobywa prawo człowieczeństwa,
          Tak się histora pisze wiek za wiekiem,
          I tak w niepamięć idzie krzyż męczeństwa,
          I ten, co tylko na wpół był człowiekiem.

Dr.Siegfried.

IST DIE LUNGENTUBERKULOSE HEILBAR ?

In Laienkreisen wird noch immer behauptet, dass mit der Diagnose
" Lungentuberkulose" das Schicksal des Kranken besiegelt ist. Man
kann die Tuberkulose zwar behandeln aber nicht heilen.

Das war vielleicht noch vor 3o Jahren richtig, heute ist aber
eine solche Behauptung von Grund aus falsch.

Die Lungen- wie auch Knochentuberkulose ist zu einem sehr hohen
Prozentsatz heilbar, und zwar vollkommen heilbar, so dass der Betreffende nach Beendigung seiner erfolgreichen Kur wieder ein
normales soziales und familiäres Leben führen kann.

Entscheidend sind zwei Faktoren:

1.) Der sogenannte immun-biologische Zustand des Körpers,
d.h. die Abwehrfähigkeit des erkrankten Organismus gegen
die die Krankheit verursachenden Tuberkelbazillen. Wie
bei jeder Infektionskrankheit findet auch bei der Tuberkulose ein Kampf zwischen den eingedrungenen Tuberkelbazillen und dem Organismus statt. Zum Glück gewinnt in
der überwiegenden Mehrzahl der Fälle der Körper die Ober-
hand, überwindet das akute Krankheitsstadium, hält sozusagen die Tuberkelbazillen in Schach, kann sie aber nicht
in allen Fällen vernichten, und es bleibt die sogenannte
Verschattung oder Kaverne. In diesem Stadium muss die
Therapie einsetzen.

Es gibt aber leider eine gewisse Anzahl von Fällen, bei
denen die Abwehrkräfte des Organismus so darniederliegen,
dass jede Therapie versagt und alle unsere Bemühungen erfolglos bleiben. Es kommt zur sogenannten galoppierenden
Schwindsucht. Diese kommt hauptsächlich bei Jugendlichen
vor und zum Glück auch nur selten.

2.) Entscheidend hängt das Schicksal des Kranken von der eingeleiteten Therapie ab.

Von grosser Wichtigkeit ist die richtige Frühdiagnose und
die fachmännische, rechtzeitig eingeleitete Therapie.
Dabei muss noch einmal ausdrücklich betont werden, dass zu
den wichtigsten Heilmitteln, die uns heute zur Behandlung
der Lungentuberkulose zur Verfügung stehen, noch immer die
Ruhe gehört (Bettruhe, Liegekur, innere, seelische Ruhe.)
Dieses Heilmittel genügt in vielen Fällen, um den tuberkulösen Lungenprozess zur vollkommenen Abheilung zu bringen.
Aber auch bei Anwendung aller anderen, eingreifenden Heil-
methoden ist die Ruhe eine unerlässliche Voraussetzung.
Der Pneumothorax mit der dazugehörenden Kaustik oder sogar
die Thorako-Plastik werden nicht nützen, wenn der Kranke
während der Behandlungszeit nicht eine entsprechende
Lebensweise führt.

Das ganze Arsenal der aktiven Behandlungsmethoden ist
unseren Kranken nur zu gut bekannt, als dass man es an
dieser Stelle noch einmal beschreiben müsste. Sie gehören
alle in die Reihe der sogenannten Kollaps-Behandlungen,
die eine Entspannung und teilweise Ruhigstellung der
Lungen bewirken (also auch Ruhebehandlung!)

Diese Behandlungsmethoden, die den Kranken aus dem normalen
Leben herausreissen, ihn für lange Zeit zu einem Sanatoriums-
Aufenthalt verurteilen und ihn nachher noch für Jahre an den
Arzt binden (Pneumothorax-Nachfüllungen) oder dauernde Rest-
zustände schaffen (Thorako-Plastik) sind unvollkommen und
nicht zufriedenstellend. Sie sind aber zur Zeit die einzigen
Methoden, die zum Ziel führen und müssen deshalb mit ihren
Nachteilen in Kauf genommen werden.

Ein hoffnungsvoller Lichtstrahl auf dem Gebiete der Tuberkulose-
Behandlung ist ein neues Medikament, das Streptomycin. Vorläufig
ist das Streptomycin nur in einzelnen, seltenen Fällen wirksam
(tuberkulöse Hirnhautentzündung). Für die Behandlung dieser
Fälle steht uns auch das Mittel zur Verfügung. Das Streptomycin
ist aber bis heute in der Behandlung der Lungentuberkulose nicht
wirksam, und da es nicht harmlos ist, soll es auch in Fällen,
in denen es nicht wirkt, nicht angewendet werden. Wir wollen
aber hoffen, dass mit der Erfindung des Streptomycin die
medizinische Forschung sich auf dem Wege befindet, das Mittel
gegen die Tuberkulose zu finden und so werden in der Zukunft alle
jetzigen, langwierigen Heilverfahren mit monate-oder jahrelangem
Sanatoriumsaufenthalt in die Geschichte gehören.

Dowid Pinski.

MAZL TOW !

Dos geula wunder iz geszen! Mazl tow! ojsgelejzt iz jisroel
in land jisroel! Wos dojrojs un dojrojs jidn hobn gewolt, ojf
wos dojrojs un dojrojs hobn gewart un gehoft, in wos zaj hobn
azoj sztark geglojbt, iz nekujam geworn, wojl unz, wos mir
hobn dos derlebt!

Jisroel tret wider arajn a folk cwiszn felker, azelbstsztendik
folk in zajn ajgenem land. Er tret arajn mit szolem hant
ojsgesztrekt co zajne szchajnim, mit szolem un broche cu der gancer
welt. Di szchajnim entfern mit milchome un cwingen im cu entfern
zej mit tojt un fajer. Er wert gecwungen ojscukojfn zajn land
mit zajn blut. " BEDUMAICH CHAJT "- durch zajn blut zol er kumen
cu zajn frajes folkslebn, di milchome wet bald ariber, un dos
fraje folkslebn wet zich onhajbn. Gelajtert un gerajnikt, mit
anajem harc un anajem gajst wet dos bafrajte folk jisroel in dem
bafrajtn land jisroel webn zajn lebn mit di fedem, wos zajne
wunderleche newiim hobn ojsgeszpint far in un far der Welt Alebn
fun emes un cedek, fun libe un szolem, fun frajhajt un glajch-
hajt. Amusterlobn far ale felker und far ale jidn, wos eln noch
blajbn in der ceszprajtkajt, alicht ojf zajer weg, wos es hot
dem jidiszn folk wen forgeszwebt, wet im in zajn banajter
zelbstsztendikajt wern dergrajcht. Lang lebn zol jisroel!
Lang lebn zol dos ojfgelebte folk ojf zajn ojfgelebtn land!

Zol leben di jidisze Medina!

Unzer folk iz bafligelt mit gewura un mut,
Far unzere rechten fargisen mir blut,
Mit welen nit lajgen sgewer fun der hant
Biz der farnichtung fun sonim in land.

A jidisze melucha iz haint in antsztejn,
Mir welen nit warten, cu ir welen mir gejn
Nito aza kojach wos farsztelen wet unz dem weg!
Es wet szojn ject nemen cu di cores a breg.

Mir hoben mit milionen far fremde gezejt,
Gecolt hoben zey uns curik mitn tojt,
Mir wilen nit mer kajn cugeworfenem bejn,
Unzer medina mir nemen alajn!!!.

Wen wagen wet wer unz cu szteren cil,
Mir welen rachmones nit beten mer sztil,
Der klang fun gewer far unz reden wet lojt
a kamf miten sojne ojf leben un tojt!!!

Un wagen wet kejner cu hojben a hant,
ojf bojer mit blut unzer hajlike land,
in friden mir/ln leben mit szchajnim arun,
Dos land wet den blien, wi in maj blit a blum.

Di hagana welche sztict unzer land, unzer werk,
Un ojch di wegen, di tolen un berg,
Di derfer di sztet, kibucim, moszawot,
Wet ojch wajter bawachen dos land fun awot.

Mir zenen mit ajch in lajd ojch in frajd,
Di szejgit haplajta co alem iz grajt,
Nit brechen wet kajner dem ajbiken brit,
Techi leolam hamedina haiwrit.

                              CIPORA BLOCH.

I.R.O.   15.7.1948.
Sanatorium for D.P's Gauting
   APO 4o7 US-Army
   Aufnahme u.Entlassung.

Aufstellung der Zugänge, Abgänge und Todesfälle
der jüdischen und nichtjüdischen Patienten
für die Zeit vom 1o.5.45 - 15.7.48.

	Juden:	Nichtjuden:	Gesamt:
Zugänge:	2 712	2 62o	5 332
Abgänge einschl. Todesfälle	2 3o6	2 17o	4 476

CZŁOWIEK - ISTOTA NIEZNANA
(urywek)

Tytuł powyższy jest plagjatem słynnej przed wojną książki. Treść
jej stanowi człowiek, który pod maską człowieczą, kryje istotę
nieznaną.

Byłem wtedy uczniem średnich klas gimnazjalnych. Życie " nieznane"
nabierało barw i powabu, a maska zdarta z szarego człowieka pozwa-
lała oczekiwać " Istotę nieznaną", istotę bogatą i interesującą.
Nadeszła wojna. Ciężkie chmury przesłoniły niebo i słońce, a szara
ziemia stała się wielkiem obserwatorjum ludzkiego szaleństwa.
Nasz stary dobry świat Robinsonów, Napoleonów, wielkich bohaterów
i małych zbrodniarzy, surowych ojców i drogich, dobrych matek,
szarzyzny dnia codziennego i promieni idei przebijających się
ponad tę szarzyznę złocona raną- ten świat stary zatonął- a na
jego miejsce wypłynęła nowa planeta: Planeta istot nieznanych.

Przebudziwszy się pewnego dnia na " nowej planecie" staliśmy
przywiązani do pala męczeństwa, a istoty nieznane ludobójców i
ludożerców wykonywały wokół nas taniec śmierci.

To była istota nieznana z prawdziwego wydarzenia. Oby nigdy nie
była ściągała swej maski człowieczej, obyśmy lata nasze przeżyli
nie oglądając ich szpetnych obliczy. Bylibyśmy zapewne szczęśliwsi.
Ale przeznaczenie chciało inaczej..

    .... Podało nam owoc z drzewa świadomości, owoc cierpki i
gorzki, ale oczy nasze przejrzały. Przejrzały Człowieka i jego
istotę nieznaną!!!

Po latach huraganowej burzy, rozjaśniło się niebo- a dobrotliwe
słonce wysłało swe pierwsze promienie znękanej ziemi i ludziom
złamanym, którzy powrócili z innej planety na swoja starą dobrą
ziemie. B Y Ł O   P O   W O J N I E.

Przebudziłem się w jasnym pokoju, na czystej, miękkiej poś-
cieli. Otworem stały drzwi na taras. Było cicho. W dali rysowała
sie wspaniała panorama Alp, tonąca w czerwonem złocie wschodzącego
słonca. Poraz pierwszy od lat odczułem błogi stan szczęścia,
spokoju i bezpieczeństwa. Czułem, że jestem spowrotem na mojej
starej, dobrej ziemi.

                              d. c. n.
                              B o s s.

In Kalejdoskop des Patientenlebens.

" Aequam memento rebus in arduis,
  non secus in bonis."

(Gleichgewicht behalten in jeder Lebenslage:
   schlechter und guter.)

Wie leicht und schnell- manchmal bemerkbar, manchmal unbemerkbar ist
ist es krank zu werden. Wie schwer, lange und auch kostenvoll ist
es gesund zu werden. Gerade in dieser Lage begreift man am besten
den Wert und den Preis der Gesundheit. Den Wert, der unschätzbar
ist und den Preis, der unbezahlbar ist.

Das wichtigste Problem für den Kranken ist gesund zu werden. Oft
verirrt sich ein Patient auf dem Wege zur Gesundheit und es ist
Sache der Ärzte, des Pflegepersonals, der Administration und auch
anderer Patienten wie z.B. des Patienten-Komitees, ihn auf den richtigen Weg zu führen, indem sie ihn über Hygiene, erforderliche
Lebensart und richtige Auffassung seiner Lage belehren.

Wenn man " A" sagt, muss man bekanntlich auch "B" sagen. So ist
der nächste Schritt, aus einem gesunden Menschen auch ein wert-
volles Mitglied der Gesellschaft zu schaffen. Wir können schon
unzählige Namen derjenigen aufzählen, welche von gewesenen Patienten bereits zu nützlichen Bürgern verschiedener Länder geworden sind.

Es gibt aber wiederum viele, welchen geholfen werden muss sich
einen richtigen Lebensweg zu bahnen, für welche auch nur eine
Anregung schon sehr viel bedeutet, um sie auf die richtigen Bahnen
zu bringen.

Die auswärtige Hilfe ist ORT. Seine Tätigkeit auf diesem Gebiete
ist allgemein bekannt und voll geschätzt. Die Bemühungen des
Patienten-Komitees, durch Theater, Bibliothek, eigene Zeitung,
die Bildung der Patienten zu vervollkommnen sind sichtbar und voll
anerkannt.

Es könnte viel mehr gemacht werden. Die Patienten sollen ihre Meinung und ihre Pläne für die Zukunft offen aussprechen, ihre Vorschläge über ihre Ausbildung, Möglichkeiten der Verbesserung ihrer
Lage und ihres Lebensstandarts auf den Spalten dieser Zeitung
äussern, um dadurch ein grösseres Interesse für ihre Not und ihre
Bedürfnisse bei den vielen Institutionen, welche bereit sind zu
helfen, zu erwecken und auf diese Weise aktiv dazu beitragen,
dass sie mutiger in ihre Zukunft blicken können.

                                    M. B L O C H .

Gauting, den 28.Juni 1948.

" ZWEI WOCHEN DER REINLICHKEIT "

Ausgehend von dem Standpunkt, dass Reinlichkeit für Kranke von
grösster Wichtigkeit ist und um das Niveau der Reinlichkeit im
Sanatorium zu heben, hat die Direktion des Hauses in engster
Zusammenarbeit mit dem Patienten-Komitee " Zwei Wochen der
Reinlichkeit" durchgeführt. Seit dem 15.Juni bis zum 28.Juni 1948 ha-
ben das von der Direktion gewählte Wettbewerbskomitee und das
Patienten-Komitee unter dem Vorsitz des Herrn Area Medical-
Officer's Dr.T a u b e r in drei Gruppen zu je 3 Personen die
Sauberkeit und Ordnung in den Zimmern geprüft.

Ausserdem wurden über die Radioanlage des Sanatoriums verschiedene
Vorträge von unseren Ärzten im Zusammenhang mit diesen" zwei
Wochen der Reinlichkeit" gehalten. So am 23.6. von Herrn Oberarzt
Dr.Rosenkranz, am 24.6. von Herrn Oberarzt Dr.Tuczek und am
25.6. von Herrn Oberarzt Dr.Saarse.

Es waren 11 Prämien in 3 Stufen ausgesetzt:

1. Gruppe	erhielt	2 Prämien
2. Gruppe	erhielt ebenfalls	2 Prämien
3. Gruppe	erhielt	7 Prämien

Die fünf besten Stationen wurden besonders hervorgehoben, von
denen die Schwestern und Putzfrauen prämiiert worden sind.

Die Kommission der " zwei Wochen der Reinlichkeit" veröffentlicht
hiermit das Ergebnis ihrer Arbeit.

Zur ersten Prämiengruppe gehören:

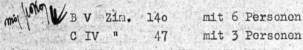

B V	Zim.	14o	mit 6 Personen
C IV	"	47	mit 3 Personen

Zweite Prämiengruppe:

C V	Zim.	128	mit 2 Personen
A IV	"	135	mit 5 Personen

Dritte Prämiengruppe:

A IV	Zim.	134
D II	"	9
D I	"	5
C III	"	2
B IV	"	41
O.P.	"	165
A III	"	121

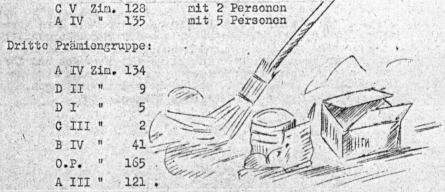

Die fünf besten Stationen sind:

C V, C IV, C III, B V, A III.

Diese Ergebnisse wurden durch das Radio des Sanatoriums bekannt-
gegeben.
Patienten, Schwester und Putzfrauen der namentlich aufgeführten
Zimmer und Stationen erhielten Prämien.

Nicht zufriedenstellend war der Zustand des Zimmers Nr.8 der
Station B I infolge Nichtabgabe der Gepäckstücke in der Bekl.-
Kammer und allgemein ungenügender Ordnung.

- - - - -

Es kann jedoch voller Genugtuung abschliessend festgestellt werden,
dass diese erstmalige Aktion der " Zwei Wochen der Reinlichkeit"
das allgemeine Niveau des Sanatoriums wesentlich gehoben hat
und gleichzeitig ein wertvoller Beitrag zur erhöhten Aufmerksamkeit seitens der Patienten auf die Ordnung und Sauberkeit ihrer
Zimmer war.

                              H. B l o c h
                              Welfare-Officer.

- - - - -

Als eingeladener Gast bei der Prüfung der Schüler des ein-
einhalbjähren radiotechnischen Kurses, eingerichtet durch
ORT., fühle ich mich verpflichtet, offiziell meine Überraschung
über das Resultat dieser Prüfung auszudrücken.

Ich wünsche den Absolventen für ihre weitere Arbeit
gleichfalls Erfolg und den Lehrern des Kurses sage ich an
dieser Stelle meinen aufrichtigen Glückwunsch zu den stolzen
Ergebnissen ihrer Tätigkeit.

                              H. B l o c h
                              Welfare-Officer.

- - - - -

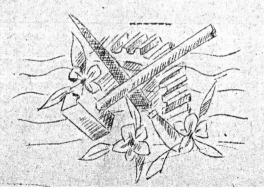

Zum 150. Jubiläum

VERTEIDIGUNGSREDE FÜR CASANOVA !

Was habt Ihr denn alle gegen Casanova? Ich kann nicht genug
staunen, wenn ein Mädchen ihren treulosen Geliebten als Strafe
" Casanova" zuruft, wenn die Männer einen, der sich besonderen
Glückes beim Frauengeschlecht erfreut, neidisch " Casanova"
nennen, wenn manche Frauen, welchen ein Verführertyp ganz besonders gefällt mit verzücktem Gesichtsausdruck:" Komm, Casanova,
küss mich" singen.

Und lassen Sie sich sagen, dass die allgemeine Meinung über
Casanova falsch ist, dass Abneigung, Neid oder Bewunderung nicht
an Platze sind.

Was ich für ihn empfinde ist ein tiefes Mitgefühl. In meinen
Augen ist er genau so ein unglücklicher Mensch, wie der ewige
Jude zum Beispiel. Der Letzte sucht, wie bekannt, vergeblich
nach einer Heimat, der Erstere ohne Erfolg nach einer vollkommenen
Liebe. Und was anderes ist Liebe als Heimat, oder bedeutet nicht
eine Heimat nur die Liebe?

So sucht Casanova eine Frau, bei der er in der Liebe seine Heimat
findet. Er sucht- und glaubt jedesmal gefunden zu haben. Doch er
merkt, er hat sich geirrt und schweren Herzens zieht er weiter
und ist unglücklich, denn er weiss nie, ob er sie je finden wird.
Und eine Sehnsucht, die jeder Mensch empfindet der heimatlos
ist, treibt ihn weiter zu suchen, und das unbefriedigte Herz,
soviele Male getäuscht, soviele Male hoffend zu Hause zu sein-
und dann gezwungen, weiter auf Reisen zu gehen. Das ist bestimmt
nicht zu beneiden! Seid froh, junge Männder, dass Ihr das Casanova-
Leben nicht führen müsst. Und Du, kleines Mädchen, verwechsele
einen billigen Verführer, der Dir die Liebe vortäuschte, nicht mit
Casanova. Casanova lügt nicht, wenn er einer Frau die Liebe
schwört. Jedesmal ist das die tiefste Wahrheit. Nur ist es auch
jedesmal ihre Schuld, dass sie keine vollkommene Liebe bieten
kann. Und Ihr Frauen, wenn Ihr Casanova wirklich begegnen solltet,
versucht ihn zu verstehen, aber nie ihn aufzuhalten.

Seid ihm dankbar für die wenigen schönen Stunden, die Euch niemand
ausser ihm schenken kann und saget Euch: Wir konnten ihm keine
vollkommene Liebe schenken, wie wäre es mit einer vollkommenen
Freundschaft? Die könnte er so gut gebrauchen, der arme, durch soviele
Frauengeschlechter missverstandene Mensch.

Nein, er ist bestimmt nicht zu beneiden. Glaubt mir bitte und
seid mild in Beurteilung des Casanova!

A N U S C H K A .

Julian Tuwim:

Do PROSTEGO CZŁOWIEKA

Gdy znów do murów klajstrem swieżym
przylepiać zaczny obwieszczenia
gdy " do ludnosci", " do żołnierzy"
na alarm czarny druk uderzy
i byłe drab i byłe szczeniak
w odwieczne kłamstwo ich uwierzy,
że trzeba iść i z armat walić,
mordować, grabić, truć i palić;
gdy zaczną na tysiączną modłę
ojczyznę szarpać deklinacją
i łudzić kolorowym godłem,
i judzić, " historyczną racją"
o piędzi, chwale i rubieży,
o ojcach, dziadach i sztandarach,
o bohaterach i ofiarach;
gdy wyjdzie biskup, pastor, rabin
pobłogostawić twoj karabin,
bo mu sam Pan Bog szepnął z nieba,
że za ojczyznę- bić się trzeba;
kiedy rozścierwi się,rozchami
wrzask liter z pierwszych stron dzienników,
a stado dzikich bab- kwiatami
obrzucać zacznie " żołnierzykow" -
- O przyjacielu nieuczony,
mój blizni z tej czy innej ziemi!
wiedz, że na trwogę biją w dzwony
króle z panami brzuchatemi;
wiedz, że to bujda, granda zwykła,
gdy ci wołają: " Broń na ramię!"
że im gdzieś nafta z ziemi sikła
i obrodziła dolarami;
że coś im w bankach nie sztymuje,
że gdzieś zwęszyli kasy pełne
lub upatrzyły tłuste szuje
cło jakieś grubsze na bawełnę.
Rznij karabinem w bruk ulicy!
twoja jest krew, a ich jest nafta!
I od stolicy do stolicy
Zawołaj, broniąc swej krwawicy:
" Bujać- to my, panowie szlachta!"

"OFF Limits - T U B E R K U L O S E !"
Lungenkranke von 14 verschiedenen Nationen suchen
in Gauting Heilung.

(Auszug aus der Zeitschrift " im Ausland" Nr. 12)

Mit fast 9oo Insassen im Mindestalter von 16 Jahren darf diese Heilstätte als die grösste ihrer Art innerhalb des Landes Bayern angesprochen werden. Ursprünglich Kaserne, wurde sie während des Krieges
zu einem Luftwaffen-Lungensanatorium umgestaltet und behielt diese
Bestimmung weiterhin bei, nur die Belegschaft wechselte. Die Tuberkulose hat sich auch unter den DP in steigenden Masse ihre Opfer gesucht und trat besonders häufig bei den befreiten Häftlingen der Konzentrationslager auf, sodass mit der Errichtung von DP-Lagern die Ab-
sonderung der Lungenkranken, die die Lagergemeinschaft gefährden, im
Jahre 1945 Hand in Hand ging. Seitdem beherbergte das Sanatorium
Gauting etwa dreieinhalbtausend Patienten verschiedenster Nationalität,
Polen, Russen, Ukrainer, Tschechen, Letten, Litauer, Esten, Griechen,
Jugoslaven, Kalmücken, Ungarn, Deutsche jüdischer Abstammung, einige
Türken und sogar einen Sohn des Reiches der Mitte, wie sie das Schick-
sal ohne Wahl zu Leidensgefährten gemacht hat. Der Anteil der Frauen
beträgt etwa 30%.

Wenn wir bisher mehrfach den Ausdruck " Lungeheilstätte" angewandt
haben, so ist das im Grunde genommen zu sehr spezifiziert. Die an
Lungentuberkulose erkrankten Patienten sind zwar weitaus in der Über-
zahl, doch werden auch Fälle von Knochentuberkulose, Kehlkopftuberku-
lose, die sich oft als Folgeerscheinung einer offenen Lungentuberkulose
einstellt- und seltenere Fälle von tuberkulösen Herden an anderen
Organen behandelt- soweit eine Behandlung möglich ist und es nicht
der Ruhe, der Luft und dem Essen überlassen werden muss, das Wunder
einer Besserung oder Heilung zu vollziehen. Dieser Therapie unter-
liegen vor allem die Knochenkranken, die, wenn es sich um eine
Wirbelsäulentuberkulose handelt, monate- ja jahrelang ans Gipsbett
gefesselt sind.

Wie finden wir nun die DP-Patienten selbst vor, um die sich alle
grossen und kleinen Räder drehen? Wer diese- wie übrigens auch jede
andere Tuberkulose-Heilstätte mit der Erwartung betritt, darin nur
blassen und hohlwangigen Elendsgestalten zu begegnen, wird sich getäuscht sehen. Die meisten, vor allem unter denjenigen, die nicht vollkommen ans Bett gebunden sind, erfreuen sich eines gesunden Aussehens, ohne dass sie sich bereits im Stadium der blühenden Schwindsucht befinden. Sie geben sich je nach Temperament heiter und vergnügt. Sie diskutieren die Bücher der Bibliothek, die ihnen die täglich
mehrstündigen Liegekuren im Zimmer oder auf der Halle verkürzen helfen.
Sie unterhalten sich über das Radioprogramm denn der Lautsprecher
in jeden Zimmer hält sie in ständigem, wenn auch unpersönlichem Kontakt
mit der Aussenwelt. Sie beschäftigen sich in der Freizeit zwischen
den Liegekuren mit Bastelarbeiten; denn die Welfare sorgte für einen
Bastelraum und das erforderliche Material und Werkzeug. Sie lassen
sich in die Geheimnisse des Radiobaues einweihen in einem Kurs, den
eine jüdische Vereinigung in Gauting für ihre kranken jüdischen Brüder
veranstaltet. Ihre Einstellung zu Zeitereignissen, ihre Probleme,
ihre Grübeleien in vielen müssigen Stunden finden ihren Niederschlag
in einer monatlich erscheinenden Zeitung " Unser Leben." Sie scheinen,
ohne offensichtlich von ihrer Krankheit belästigt zu werden, ein
sorgloses und unbekümmertes Dasein zu führen. Nichts scheint sie daran zu hindern eine frohe Miene aufzusetzen. Doch der Schein trügt
auch hier.

er näher hinsieht,weiss, dass ihr Humor oft einen bitteren Beige-
schmack hat.
Es gibt in Gauting jetzt noch Patienten, die ihren Einzug im Jahre 1945
hielten. Die meisten sehen ihre Zukunftspläne infrage gestellt. Die
vollkommene Isolation von der Aussenwelt trägt zur Zermürbung bei. Die
seelische Verfassung vermag den Verlauf der Krankheit nach der positiven
wie nach der negativen Seite hin entscheidend zu beeinflussen. Wenn die
Welfare und das selbst gebildete Patienten-Komitee deshalb alles tun,
um den Patienten Unterhaltung und Abwechslung zu bieten- was auch dank-
bare Anerkennung findet, so ist es doch unvermeidlich, dass Reizbarkeit
und Überempfindlichkeit auftreten, die das Personal, in der Mehrzahl
Deutsche, nicht immer vor leichte Aufgaben stellen Und es liegt ebenso-
sehr auf der Hand, dass sich in dieser zusammengewürfelten Familie,
deren Mitglieder teilweise reichlich mit Liebesgabenpaketen von Hilfs-
organisationen bedacht werden, auch dunkle Geschäfte treibende Personen
befinden, die nicht müssig sind.
Wenige Patienten verlassen die Heilstätte als geheilt; das liegt erstens
am Charakter der Krankheit, die nun einmal nicht mit einem Beinbruch
zu vergleichen ist, und ausserdem warten in allen Gegenden der Zone
Neuerkrankte auf Einweisung. Doch befinden sie sich in einem Zustand,
in dem der Arzt ihre Rückkehr in die Familie und Gemeinschaft verant-
worten kann, dann werden sie der Frage nicht mehr ausweichen können:
Wird uns mit dieser Krankheit noch eine Tür zur Auswanderung offen
stehen, oder sind die äusseren Grenzen, in denen sich unser künftiges
Leben abspielen wird, bereits endgültig vorgezeichnet? Man weiss von
früheren Gautinger Patienten zu berichten, die heute transozeanischen
Boden unter den Füssen haben- und das mag doch manchem einen neuen
Hoffnungsfunken schenken.

Wer jedenfalls, sei es als Patient oder als Aussenstehender, in
diese Einrichtung Einblick nehmen konnte, findet erneut bestätigt,
dass die UNRRA bzw. als ihre Nachfolgerin die IRO. ihre Hilfsver-
sprechungen gegenüber den DP. ernst nimmt.

Sie hat den doppelt Unglücklichen, die das Los tragen müssen, heimatlos und von einer tückischen Krankheit befallen zu sein, eine Stätte
geschaffen, auf die sie all ihre Hoffnung für eine entscheidende
Wendung setzen, die ihnen das Leben wiederschenken soll. Und auch
auf deutscher Seite weiss man die Grosszügigkeit der UNRRA/IRO, eigene
DP-Sanatorien zu unterhalten, voll zu schätzen; hätte sie die DP.-
Patienten doch genau so gut deutschen Sanatorien zuweisen und deren
heutige Überbelastung damit vollends ins Unerträgliche steigern
können.

THEATER- ECKE.

Unser Publikum im Spiegel .

So hiess der Einakter, der durch " Drei-Masken-Bühne" unter
Mitwirkung unserer Patienten gespielt wurde.

Die kurze Ansprache, mit welcher Pat. Mikowski das Spiel erklärt
hat, lautete ungefähr folgendermassen: " In diesem Spiegel wird
sich leider nicht jeder abspiegeln können, wichtig ist, dass alle,
die sich darin sehen sollen, sich wirklich wiedererkennen ....
Zum Trost will ich Ihnen sagen, dass unser Publikum nicht das
einzig schlechte ist und dass es allen schlechten Publikums der
ganzen Welt gleicht."

Damit hat sich der Vorhang aufgehoben und man sah drei Reihen von
Stühlen, welche den Raum eines Kinos bilden sollten. Nach und nach
sind Kinogäste gekommen und haben auf ihre Art die Plätze besetzt.
Natürlich kamen die meisten schon nach dem Anfang des Filmes.
Unsere Patienten (Mikowski, Tatarka, Löw, Baumgarten, Kujawski,
Froim) haben ihre Rollen so wunderbar und ganz natürlich gespielt,
ihre lauten Gespräche in verschiedenen Sprachen geführt, ihr Kommen
mit einem Trampeln begleitet, wobei sie über die Füsse der Sitzen-
den fielen. Sie haben ein ununterbrochenes Gelächter hervorgerufen,
sodass man die komischen Dialoge, die die Berufsschauspieler führten,
kaum verstehen konnte.

Als sich das " Publikum" auf der Bühne etwas beruhigt hatte, liess
sich eine Bass-Stimme, die einen Arzt zu seinen Pflichten rief,
hören. Kurz danach wurden alle Polizisten zur Wache gerufen, und
dann brach die Panik aus: niemand interessierte sich mehr für den
Film, alle überlegten laut, was wohl der Grund des Alarmos sei.
Bis eine der hysterischen Damen ausrief" es ist bestimmt ein Brand!"
Vielleicht brennt sogar die Baracke neun?" Da wurde nur der letzte
Satz von Mund zu Mund wiederholt und mit dem " Baracke neun brennt"
verliessen alle mit lautem Lärm den Saal. Auch der alte, elegante
Herr, der als Vorbild " wie man sich im Kino benehmen soll" diente,
hat sich von seinem Sitzplatz erhoben und kopfschüttelnd mit den
Worten" und es heisst, Kino sein ein stilles Vergnügen " den
Saal verlassen Zuletzt stand auch der Betrunkene, welcher während
der Vorstellung laut schnarchte und durch den Lärm geweckt wurde,
auf, und verabschiedete sich auf betrunkene Weise lallend " nicht
... mal .... schlafen .... kann .. man .. in .. Kino!"

Zum Schluss wurde durch das gesamte Ensemble ein Lied (mit der
Melodie ; das ist die Berliner Luft..) gesungen:

> Was sie eben hier geschn- sehn,-sehn
> ist tatsächlich schon geschehn, - schehn- schehn
>
> trieben wir es auch ein bisschen toll
> haben wir gezeigt,
> wie es nicht sein soll.

"Drum verehrtes, liebes Publikum
nehmt uns diesen Scherz nicht krumm- krumm- krumm
herzlich habt ihr ja gelacht- lacht- lacht
und gesehn wie man's nicht macht!"

Das Ganze dauerte 1o Minuten lang und 1o Minuten lachte unser
Publikum über ihr eigenes Benehmen.

Hoffentlich verfehlt das Stück, welches durch KAMA verfasst wurde,
nicht ihr eigentliches, belehrendes Ziel.

                                   Einer aus dem Publikum.

Wer iz der dokter?   M.Nudelman   Humoreske

Dokter: Jo her, ale wos ir hot mir gezogt iz mir klor! ojf wos
           noch baklogt ir zich?
Pacjent: Der kop! der kop hojbt mir on weh ton,, wer ich ojs mensz
           un ich wajs niszt wos cu ton.
Dokter: O, dos darft ir zich niszt szrekn. Dos treft zich zejer oft.
           S/iz niszt geferlich. Ich hob ojch kop wejtog.
Pacjent: Ir filt damols wi M/wolt ajch geszlogn mit hamers in
           kop?
Dokter: Wi mit hamers!
Pacjent: Un s/iz ajch szwer damols cu haltn ofn di ojgn?
Dokter: Azoj iz es! Di ojgn farmachn zich alejn!
Pacjent: Un ajder zej farmachn zich nemt ajch szwindlen far di
           ojgn?
Dokter: Es sztimt! Di gance sztub drejt zich mir damols.
Pacjent: Un ir zet ale toplt!
Pacjent: Ojb azoj, dacht zich, zenen mir szcojn ojf asztikl weg.
           Zogt mir Ch/bet ajch, un wi azoj iz mitn esn? Ir hot
           niszt kejn apetit?!
Dokter: Absolut!
Pacjent: Nu jo! S/iz majn majse. Wajzt nur dem puls ! O, der
           dojfek klapt normal, ober di ojgn gefeln mir niszt, un ir
           hot a hejsn sztern ojch, ze ich. Hert ojs, dokter? S/erszte
           mol iz mir szwer festcuszteln genoj wos es iz ajch, ober
           abisl iz mir szojn klor, ich halt, az ir darft es niszt
           farnachlesikn. Der jiker- ir darft nich obhitn. Ir " wakst"
           asach?
Dokter: Nejn.
Pacjent: Zer gut! Un wi iz es mit ajer szlofn. Wos anbelangt esn,
           megt ir ale, ober, leman haszejn, niszt kejn szwere zachn.
           Bamit ajch oft cu nemen kalte beder. Ich wolt ajch geratn-
           jam beder. Baj der zun tort ir lang niszt zicn. Di zun iz
           far ajch sam. Wen der kop hojbt ajch on weh ton, muzt ir
           glajch iberlozn di arbet, ir muzt hobn fulsztendike ruhe
           ich hob den ajndruk az di wejtog nemt zich fun ajer
           opgeszwachtn nerwn sistem. Di erszte refua cu nerwn, zolt
           ir wisn iz opru dokter. Tut ale azoj wi ich hajs un ich
           glojb az es wet helfn. Tomer niszt- wet men damols zen
           wos dos iz far a krankhajt, dokter, wos es lozt zich
           niszt ojshejln ojfn ort, gutn tog.
Dokter: Ir gezegnt zich, majn her, un hir hot fargesn, az men darft
           coln far a wizit....
Pacjent: Mojchl ! ch/ wel niszt nemen baj ajch gelt! .. Gutn tog.

Ein Mädchen und der Regen.

Das Mädchen steht am Fenster und schaut auf die Strasse. Der Abend
wird immer dunkler und das Mädchen immer trauriger.
Die Bäume rauschen und sprechen miteinander. Nein, sie klagen und
seufzen schwer und dann trösten sie sich, indem sie sich gegenseitig
umarmen. Es hört sich schrecklich an, so ein Weinen der Bäume an
einem Regenabend.

Selten geht ein Mensch an dem Fenster, an dem das Mädchen steht, vorbei.
Das Mädchen schaut ihm lange nach, bis er verschwindet. Es will ihm
nachrufen: " Komme zu mir, denn ich will jetzt nicht allein sein!"
Der Mensch, der durch die Strasse geht, ahnt nicht, dass ein Mädchen
sehnsüchtig nach ihm schaut, er eilt schnellen Schrittes, den Kragen
hoch, die Hände in den Taschen, davon.

Die Tropfen des Regens schlagen an die Fensterscheiben. Es sind
schwere Tropfen, die in grossen Pausen herabfallen, denn der Wind
lässt den Himmel sich nicht ausweinen.

" Auch ich kann nicht weinen "- denkt das Mädchen -" obgleich mein
Herz von nicht geweinten Tränen schwer ist."

" Warum gibt es soviele Regentage, warum sind die Wolken oft so
bleiern, schwer und grau und warum singen die Bäume nicht immer
fröhlich?" Und es erinnert sich der Zeiten, wo es für das Mädchen keine
traurigen Regentage gab. Regentage- waren Festtage! Die Strassen
glänzten und das Laternenlicht spiegelte sich darin. Die Schaufenster
leuchteten bunt, die Passanten gingen vorbei mit von Wasser glänzenden
Regenschirmen und Regenmänteln zum Takt einer Jazz-Musik, die von
irgendwoher ertönte. Diese Großstadtmelodie ergänzten noch Autosig-
nale und das Klingeln der Strassenbahnen. Das war die unvergessliche
Atmosphäre eines Regenabends. Man ging mit " ihm" unter einem Regen-
schirm, vom Glück erfüllt. Dann kam Abschied am Haustor und dann trat
man in ein helles Zimmer. Licht und Wärme strömten entgegen.
Klavierklänge- ein Träumen am Fenster in die Nacht hinein- das Gefühl
des Geborgenseins im kleinen weissen Zimmer in der Nähe der Seinigen -
das war der Regentag der Vergangenheit.

Heute bin ich krank- denkt das Mädchen - und doch so allein. Um mich
herum ist es kalt und in meinem Herzen auch, nur unter den Lidern
brennen heisse Tränen.

Im Zimmer ist es still. Auf dem zweiten Bett schlummert unruhig eine
Schwerkranke. In demselben Zimmer ein fremder Mensch.

Sie kümmert sich nicht um mich, genau so wenig wie ich um sie.
Und doch- denkt das Mädchen, ich und sie sind uns gleich. So gleich
wie eine und dieselbe Person. Sie denkt und fühlt dasselbe an einem
Regentag, sie vermisst auch die Wärme der Vergangenheit, sie ist
so traurig und allein wie ich. Und die Nachbarin aus dem zweiten
Zimmer auch. Sie steht genau so wie ich am Fenster und schaut in die
schwarze Leere.

So sind wir alle, Mädchen im Unwetter, welches über die Welt herein-
gebrochen ist - seufzt es noch vorm dem Schlafengehen- und dann
versinkt es in das Land der warmen und sonnigen Tage, in das Land
des Traumes.

A N U S C H K A .

DIE CHRONIK.

Neuer Welfare-Officer.

Die Stellung eines Welfare-Officers in unserem Sanatorium
übernahm Herr Paskevicius. Wir wünschen unserem neuen Welfare-
Officer Erfolg in seiner Arbeit für die Patienten.

Nach Passau

Eine Gruppe von 10 Kameraden begab sich nach Passau. Im dortigen
Rehabilitierungs-Zentrum werden sie eine Berufsausbildung erhalten.
Auf dem neuen Lebenswege wünschen wir ihnen viel Glück und Erfolg.

Reorganisierung der Bibliothek.

Zwecks Verbesserung der Tätigkeit unserer Bibliothek wird jetzt
eine Sortierung und Katalogierung durchgeführt. Die Arbeit führt
Kamerad Schmal mit ausgiebiger Hilfe einiger Patienten durch.
Alle werden um Abgabe der Bücher in der vorgesehenen Frist der
Bibliothekordnung gebeten, um dadurch die Arbeit zu erleichtern.

Neue " Waldbühne"

Die Arbeit an der neuen Bühne im Walde, verbunden mit einem Klub
unter freiem Himmel, geht zu Ende. Leider - das schlechte Wetter
und die finanzielle Lage nach der Währungsreform erlaubten nicht,
die Bühne so auszunutzen, wie es geplant wurde. Nichtsdestoweniger,
das zweckmässige und esthetische Aussehen wurde mit Anerkennung
und Sympathie begrüsst. Wir hoffen, dass wir uns in diesem Jahr
noch einige Male praktisch an ihr erfreuen werden.

Henryk Mierzwa.

Der Vorsitzende des polnischen Kreises in Gauting, einer der aktiv-
sten Patienten auf dem Gebiet der gesellschaftlichen Arbeit, der
Allgemeinheit unseres Sanatoriums durch seine ausgezeichneten
Feuilletone gut bekannt, wurde in den Personalstand aufgenommen.
Wir hoffen, dass er in der Zukunft weiter mit uns arbeiten wird
und die Patienten immer einen ergebenen Freund an ihm besitzen
werden. Auf dem neuen Posten wünschen wir ihm Glück und Erfolg!

Ein Gartenfest.

Aus der Initiative des Patienten-Komitees, bei liebenswürdiger Mit-
hilfe der Direktion, wird ein Fest in dem Raum der Waldbühne bei ent-
sprechendem Wetter am Mittwoch, den 18.d.Mts. stattfinden. Es werden
Gäste von ausserhalb erwartet, welche eingeladen wurden, um die Arbeit
und das Leben der Patienten näher kennenzulernen.

Der Volksuniversität:

Es ist ein Plan des Patienten-Komitees, im Herbst eine Volksuniver-
sität zu gründen. Es werden Vorträge und Vorlesungen auf dem Gebiet der populären Wissenschaft gehalten.

FEUILLETON.

Placic, placic ..

- Dziendobry panie Walenty, co pan tak nosa do gory podnosisz,
jakby pana w tygodniu czystosci mendalem nagrodzili.

Panie Teofil, z ten tygodniem od nieczystosci ...
- Od czystosci panie Walenty, od czystosci.

No niech mu tam bedzie od czystosci, to tylko klopot mialem, bo
mi akurat szwagier w odwiedziny z bagazami przyszedl i musialem
go pod lozko pchnac i gazeta reszte przykryc.

Kogo szwagra?
E djabla tam nie szwagra, bagaz panie Walenty.
Acha no i ..?

Buty mu z pod lozka bylo widac, a ze brudne mial bo byl z drogi to
oczywista caly pokoj podpadl i nagrode djabli wzieli
Wszystko djabli biora panie Teofil nawet i te dwadziescia marek od
wymiany to tez sie tak jakos dlugo wymieniaja, az sie na zero
wymienia.

I znow De Pi dostanie w skore.

No a kto ma dostac panie Teofil, kto? moze te bidne Niemcy, oni juz
i tak ledwo niektore bokami robia od dzwigania" karopaketow."
Wiadomo bidaki namordowali sie przez 5 lat przy tresowaniu w obozach auslendrow to teraz ich musza opiekunowie tych tresawanych
podreperowac.

No nie tylko ich, ale i naz reperuja. Taka ciocia IRO to se wykom-
binowala, ze ten depista przez trzy lata zarl galopzupke za darmo
a moze ja jeszcze gdzie sprzedawal i foray nagromadzil i moze sobie
na zime jaki korzuch albo porzadne buty dwa jednakowe " do pary"
kupi, to juz tym wszystkim co pracuja predko po 70 Marek za odzy-
wianie co miesiac potraci.

Siedemdziesiat marek! Fui, fui to chaba z obsluga z lokajem we
fraku i na stole z obrusami ze srebrna zastawa te Depisy beda teraz
zarli.
Co? Obsluzyc to sie pan sam musisz, jedna lyzka i zlamanym widelcem
a w ogonku z menacha jak w kacecie stac, zebys pan przypadkiem nie
zapomnial zes Depi,

A to ci czasy nastali, fui, fui!
No tak zle nie jest, jeszcze sie za oddychanie nie placi i za chodze-
nie po niemieckiej ziemi tez nie.
Jeszcze se taki depista na wystawy popatrzec moze, tranwajem na
gape jeden przystanek pojedzie, moze se zobaczyc jak dawne szarfirery
sobie w samochodach jezdza. Moze se radia na ulicy posluchac..
Wszystko mu prawie wolno, za wyjatkiem tego co mu nie wolno.
Jak jest pacjentem naprzyklad u nas to mu jeszcze i wolno podziekowanie dla Welfare-Officera w gazecie napisac. Albo przy szczesliwym
wypadku za gline czyli policjanta sluzyc i trzy cwierci zarobku na
IRO za wykwintne kalorje jak derektor jaki placic.

Ot a pan co panie Teofil tak gembe rozdziawil, he?
Powietrze lapę, panie Walenty powietrze, i mysle ze juz ta nieboszcz-
ka Uryna lepsza jak ta IRO, byla. Przynajmniej zrec ludziam za darmo
dawala. I Ameryki jak psu chleba, nie obiecywala.
Z latanymi plucami pan ta i tak nigdzie nie pojedziesz. Jezdes pan
nikomu nie potrzebny. Niezdolny do pracy.
Jedynym przedsiebiorstwym ktoreby pana zatrudnilo bez otracania za
zarcie, to bylby kacet, ale kaceta narazie Niemcy nie prowadza.
Jak pan chcesz, to pan czekaj, a jak nie to wroc pan tam skad pan
przyszedl.
Tam na pana czekaja. Szanowanie!

An die Redaktion " Unser Leben."

Ich bitte folgenden Aufruf in unserer Zeitung zu veröffentlichen:

Seit 14 Monaten bin ich an das Bett gebunden, da ich gezwungen bin im Gips zu liegen. Das Leben ist unter solchen Umständen sehr eintönig und recht traurig. Ich erfahre, dass unsere Patienten Gelegenheit haben, an vielen Vergnügungs-Veranstaltungen teilzunehmen, was für uns undenkbar ist.

Wäre es nicht möglich, dass die Menschen guten Willens uns helfen könnten? Es handelt sich um solchen einfachen Dienst, wie das Besorgen einer Leselektüre und den Umtausch von Büchern.

Bemerkung der Redaktion:

Das Patienten-Komitee bearbeitet eine samaritanische Selbsthilfe der gesünderen Patienten für ihre schwerkranken Kollegen. Vorschläge und Anmeldungen bitte in den Redaktionskasten zu richten.

———

Achtung, Achtung!
======================================

Am Mittwoch, den 25.d.Mts. findet die erste grosse Veranstaltung nach der Währungsreform statt. Das uns wohlbekannte Ensemble, welches unser Sanatorium mit dem Zigeunerbaron erfreute, bringt uns diesmal die zwei Opern" Bajazzo " und " Cavaleria rusticana." In der Besetzung der beliebte Heldentenor Herr Seyferth. Genauere Angaben über das Programm, welches drei Stunden dauern wird, erfahren Sie aus den Anzeigen.

———

D r o b n e   o g l o s z e n i a .
===

W związku z zamykaniem bram na blokach o godz.10 tej, poszukuje mieszkania z niekrepujacem wejsciem. Oferty skladac pod " nocny ptaszek."

Poszukuje pokoju, mozliwie w okolicy negatywnej z osobna szafa i uzywalnoscia kuchenki elektrycznej. Zgloszenia pod " Wegetarjanin."
Gmachu na " nowa poczte" poszukuje komitet pacjentow.
Kupie parcele 500 x 100 m, pieknie polozona, na budowe basenu plywackiego. Zgloszenia: Komisja kulturalna.
Wynajme duzy lokal, mozliwie na linji A-B, celem sprawnej obslugi pacjentow. Kantyna.
Najtansze ceny, najwiekszy wybor, najlepsza obsluga tylko w KANTYNIE.
Lekarz, specjalista chorob plucnych, z dlugoletnia praktyka, doswiadczony rentgenolog-chcialby nauczyc sie dawania odmy. Zgloszenia pod " drzaca reka."

———

Poznam szlachetnego pana o szlachetnych zamiarach.
                                              Rozwodka.
Poznam inteligentna, dobrze zbudowana panne, do wspolnego czytania wzruszajacych romansow. Zgloszenia pod
                                              Pacyfista.
Dobrze sytuowanego pacjenta, o malych wymaganiach, poznam celem przetrwania ciezkich warunkow powerungowych. Zgloszenia pod
                                              Ambitna.
Kto pozyczy, bedacemu w klopotach materjalnych, 50 nowych niemieckich marek? Jako zastaw - Care paczka w drodze. Zwrot po nowym Währungzapewniony. Zgloszenia: Mikowski.
————

Koleżance mojej Broni Kleinhammer Stat.A IV
z okazji opuszczenia " Madejowego łoża ", życzę
" Maximum szczęścia i minimum trosk"
Wszystkim kolegom i koleżankom rychlego wyzdrowienia

HALINA UBFALL.

Pani Paszkowskiej i panu Walkiewiczowi składamy podziekowanie
za dar lo ksiażek

Kierownictwo bibljoteki.

Wir geben hier Namen derjenigen Patienten bekannt, welche durch
Zurückhalten der Bücher die Arbeit der Bibliothek erschweren:

Name:	Stat.	Zimm.	Anzahl d. Bücher:	Monat :
Ageew, W.	C IV	48	2	1 1/2
Aufscher, B	C I	8	2	2
Altman, M.	B V	11o	1	8
Birman, Czerna	C III	3	2	1
Baumgartner, Walter	C I	8	4	2
Blitzer, Michal	B II	1o9	4	3
Braun, L	D I		2	4
Balter, Jonat.	B I	14	1	14
Bajnhorn, S.	D II	11	1	6
Bobnan, Kad.	OP.	156	1	8
Beker, J.	D II	16	?	
Chwiczko, N.	D II	13	1	6
Dinner, Lina	C IV	47	1	6
Dutkiewicz, J.	A III	1o7	1	14
Erlich, M.	C II	115	1	16
Felman	B	35	1	5
Furzyfec	B II	1o4	1	6
Grinszpan,	D I	8	1	2
Gruber, C	A IV	1o7	1	3
Galos	C III		2	4
Glajd, L	C IV	41	1	6
Hobrath, Sofia	C IV	45	2	2
Isailowitsch, Anka	A IV	125	1	2

und viele andere mehr!

KAMERADEN
die in der Zeit vom 2.6.1948 bis 11.8.48
in die Ewigkeit eingegangen sind.

CYMBERKNOP, Helena
geb.6.1o.2o in Belchaduv.isr.
gest. 6.6.48

CZAPAN, Jan
geb.21.11.21 in Rohodno,Pole
gest. 22.7.48

HELLSZEIN, Mundel
geb. 15.1.31 in Marachowicze,isr.
gest. 27.6.48

STEFANOWICZ,John
geb. 5.6.87 in Philadelphia/USA
gest. 24.7.48

STARESINIC, Nikola
geb. 8.8.23 in Mischinici,Jugosl.
gest. 28.6.48

WYSOCKYJ, Mykola
geb.18.7.85 in Baraska,poln.Ukr.
gest. 3.8.48

MANTONS, Ilona
geb.26.7.26 in Riga, Lettin
gest. 6.7.48

NIEWIADOMSKI,Stanislau
geb.7.4.15 in Blankenburg/Pole
gest. 31.7.48

REISMAN, Benö
geb. 15.1.o8 in Tiscesaver,isr.
gest. 11.7.48

KULIEW, Alikbar
geb.13.2.o3 in Lenkoran,Türke
gest. 6.8.48

Aufnahme und Entlassung

Bericht vom 2.6.- 11.8.1948

Neuzugänge: 189   Abgänge: 2o5

ARTIKEL, die mit dem Namen des Verfassers oder dessen Initalien
gezeichnet sind, stellen die Meinung des Autors, nicht aber unbedingt
die Meinung der Redaktion dar.

HERAUSGEGEBEN VON DER KULTUR-KOMMISSION BEIM PATIENTEN-KOMITEE.

PATIENTENZEITUNG DES SANATORIUM GAUTING

Nr. 14   Gauting, den 1.Oktober 1948

ZUM GEDENKTAGE DER OPFER DES FASCHISMUS! (am 12-ten Sept.48)

Wir Gautinger Tbc-Kranken, wir die n o c h l e b e n d e n Opfer des
Faschismus, auch wir gedenken heute in feierlicher Weise unserer vielen
toten Kameraden.
Wir verneigen tief unsere vom Fieber müden Köpfe und unsere trockenen
Lippen wiederholen den heiligen Schwur :

Wir werden Euch nicht vergessen !

Elf Millionen Opfer des Faschismus !

ELF MILLIONEN OPFER DES FASCHISMUS !

Nur wenige Worte. Die Bilanz von 12 Jahren abgrundtiefen Verderbens, Vernichtung, Terror, Grausamkeit, Tyrannei und Mordens.
Hat das deutsche Volk, hat die Welt den Ernst, die Ungeheuerlichkeit dieser wenigen Worte, erfasst ?
N E I N !
Und dieses " Nein " ist es, das uns aufs Tiefste ergreift, das an uns die
Wunden nagt, das unser Vertrauen und unsere Hoffnung auf eine bessere Welt
erschüttert.
Wir haben jahrelang moralische und physische Folter ertragen, wir haben
täglich, ja stündlich dem Tod, in verschiedenster Gestalt ins Angesicht ge-
schaut und doch den Glauben an eine Zukunft in Freiheit und Gerechtigkeit
nicht aufgegeben.
Wir haben alles verloren, unser Hab und Gut, unser Heim, unsere Familie und
auch unsere Gesundheit.

Uns blieb ein ausgemarteter und von der tückischen Tbc-Krankeit geplagter Körper,eine,vom Schmerz des unersetzlichen Verlustes,zerrüttete Seele und die Illusion, dass unsere Nächsten nicht umsonst ihr Leben gaben.

Wir haben uns geirrt !

Heute , 3 Jahre nach Kriegsschluß ist immer noch kein Frieden unter den Menschen,kein Frieden unter den Völkern. Missgunst, Intrigen und Hass – dominieren. Wirrnisse und Streitseligkeiten verschiedenen Ausmasses, sind an der Tagesordnung. Heute, 3 Jahre nach dem Zusammenbruch des faschistischen Regimes, stellen wir mit Entrüstung fest, dass der größte Teil der Schuldigen sich noch auf freiem Fuß befindet. Die vom Gericht erfasst,werden mit außerordentlicher Milde behandelt, und wir erlebten jüngst, dass einer der bedeutendsten " Steigbügelhalter " des " Führers " freigesprochen wurde.

Das ist Missachtung unserer Toten !

Das ist Verspottung unserer noch währenden Leiden !

Das ist Ermutigung der Neo-Faschisten !

Voller Inbrunst quillt aus unserer kranken Brust ein Schrei :

Nie wieder Entfesselung der bestialischen Instinkte !

Lasst Brüderlichkeit unter den Menschen, lasst Verständigung unter den Völkern walten !

Dieser Schrei soll von aller Welt vernommen werden. Er soll nicht nur in ihre Ohren dringen,er soll an ihrem Herzen pochen, er soll ihr Gewissen ermahnen. Möge die Kraft unserer Stimme nicht unterschätzt werden. Auch die Schneeflocke hat kein Gewicht, aber in ihrer Zusammenballung als Masse erreicht sie die Kraft der Lawine.

Wir wollen keine Rache üben. Wir wollen nicht Gleiches mit Gleichem vergelten,aber wir fordern

Piätät gegenüber unseren Toten.

Wir fordern

Wiedergutmachung an den dem Tode Entronnenen.

Wir fordern

gerechte Bestrafung der Schuldigen.

Alle Spuren des unheilvollen nationalsozialistischen Systems müssen ausgemerzt werden. Eine neue Zeit muss beginnen,die sich von den rohen Symbolen der Gewalt abwendet. Die Organisierte und anonyme Aufhetzung zur Willkür,muss aufhören. Es muss verhindert werden, dass Einzelne oder Gruppen ihre verderblichen Eigenschaften zum Schaden von Millionen gebrauchen. Das ewige Gesetz von der Menschenwürde und Achtung des Menschenlebens,muss sich wieder vollste Geltung verschaffen.

Wir sind die lebenden Augenzeugen des grössten Massenmordens aller
Zeiten. Das Schicksal hat uns auserkoren. Es hat uns am Leben erhalten,
damit wir das Weltgewissen aufrütteln, wach halten und ihm als Warnung
dienen.
Unsere Mission ist, über alle Erwarten, schwierig. Doch wir lassen uns
von keinen Enttäuschungen entmutigen.

                    Wir werden unsere Mission erfüllen !
Das sind wir dem Andenken unserer toten Kameraden, das sind wir der Zukunft, einer lichteren Zukunft, schuldig.

                                                    G. D.

Der Verfasser des Buches " Der SS-Staat ", Eugen Kogon, erzählt, dass
er anonyme Briefe erhält, in denen es heisst: " Deutschland wird nicht
eher leben, als bis das vollgefressene Gesindel der KZler, das uns aus-
saugt und regieren will, festgesetzt sein wird und die Strafe erleidet
die es verdient. Durch den Fleischwolf werden wir euch Packzeug drehen
und den Zirkustieren vorwerfen."
Es hat vielen Deutschen noch lange nicht genügt, dass sie Millionen Menschen umbrachten, sie sind dabei, sich auf die Wiederholung gründlich vorzubereiten.
Nirgends sieht man eine Kraft, die ihnen das Handwerk legt.

Menachem

Iber sztume kworim ...

        Dem 12-tem September – in tog cum ondejnk fun di korbones
fun faszizm, machn mir jidn, zejer a trojerikn sachakol. Fun der
algemajner col korbones, welche zajnen gefaln in Europe in di blu-
tige jorn fun der naci-erszaft, hobn mir cum farcajchenen 6 miljon
umgekumene. Dos iz 1/3 fun ganen jidiszn folk un 2/3 fun Europeiszn
jidntum.
        Ganec miszpoches zajnen opgemekt geworn – niszt als ejcelne
faln nor zu hunderter un tojzenter. Tojzenter jidisze gemejdes zaj

nen farszitn' geworn in fuln zin fun wert - un es iz niszt geblibn fun zej kein sorid. Kimat a gancer dor iz opgemekt geworn,
welcher iz gewezn der lebhafster in jidiszn folk. Ober der tog fun
12 September iz fil mer far unz, wi a gedenkngs tog fun di file
milionen tajere korbones. Wen wir brejngen arojf ojtn zikorn di
umgekumene, banajn mir dem ondenk fun hunderter un tojznter, welche
hobn gekemft un gewejtokt, gelitn un gesztorbn.

Dis ejn date hot festgesztelt dem gedejnk tog far di file kemfer in di getos un lagern, ojfn wegn un in welder, in farszejdene plecer un farszejdene cajten. Fun ale masn jidn welche hobn
gekemft un gefaln jeder lojt zajn ojfn un sztejger.

Mir banajen dermit dem ondenk fun ale ojsbruchn fun nekome un corn un dem gancn farwejfultn widersztand kegn dem szrek-
lichn unterdriker - ejn wen di tatn zajnen gelajstet geworn fun
ejncelne oder fun masn, ejn cu di teter zajnen farblibn unbekante
oder mit a nomen.

Zoln mir dermonen cwiszn andere dem heldn tat fun der jidiszer froj, welche sztejendik ojfn szwel fun krematorium in ajnem
fun di farnichtungslagern, hot zich geworfn ojfn SS-Man in im er-
szosn mit zajn ejgenem gewer. Dem ojndenk fun chsidiszn jid, mela-
med in Bialystoker geto - welcher hot zich kegngesztelt naci- hejn-
kers mit szwebl-zojer. Dem ojndenk fun di tojznter jugendliche in
ojszichtlozn kamp fun Warszewer un andere getos.

Dojres weln erceln mit sztolc un libe wegn der unmenszli-
cher gwure fun jene odlers. Fun di hunderter jidn, welche hobn
geszafn di legende fun di jid.partizaner grupn in di welder fun
Pojln, Russland un andere lender.

Ober zejer wenik fun dem gancn wejtog un jeusz iz geworn
farwandlt in tat. Der umglik hot zich cu sznel aropgelozt iber di
umszuldike karbones. Kejn menszlicher gedank hot zich niszt gekent farszteln az di grojzamkejt fun di merder zol dergejn cu aza
madrejge. Un wer es hot szojn jo ongehojbn bazinen di tawlonisze
plener, hot zich niszt gekent meszajer zajn az di kawone fun fajnt
iz cum farnichtn ales un alemen; alte un junge, frojen un mener,
gezunte un kranke, kinder in wig un kinder in der muters lajb.
Di farmiszpete cum tojt zajnen gewezn farszlosn in tojznter ge -
tos, obgerisn fun der gancer welt, niszt hobndik di meglichkajt cum
bakumen di klenste jedies in ejn geto wos es kumt for in cwajtn.

Un wer gedejnk niszt di chalojmes fun " gejn in wald " !

Ende zumer un herbst 1942 in der cajt wen demsoj-
nes szwert hot farnichtet di merhajt fun di jidn,hobn zich far-
szprajt farszejdene jedies wegen pojlisze partizaner-grupn un
untererdisze bawegungen. Tojznter un cendliker tojznter jidn
woltn gegangen mit frajd in di welder,wen es wolt in der emesn
dan epes egzistirt. Di erszte jidisze grupn welche zajnen arojs
in wald,hobn getrofn ojf a sztarke syne mycad di niszt jidisze
grupn un ojf antisemitisze swiwe, welche hot gelojert ojf lebn
fun di unglikliche. Umzist zajnen gewezn di banijungen cu cuza-
menarbeit,bytl un bas,kaltkajt un fremdkajt hobn umetum bagegnt
di erszte jidisze partizaner.

A lange cajt, a tojere cajt, iz farbaj bis man iz
gekumen cu der ibercajgung az umzist iz cum wartn ojf hilf fun
drojsn,un es iz gefaln der baszlus ojfcumsztejen un ton alajn.
Di ale kemfer hobn niszt geklert afilu wegn a zig ibern fajnt,
zejer milchome iz gewezn a simbolisze. Zej hobn gebracht cum ojz-
druk ale wejtogn un lechen fun fil konfdursztige welche zajnen
gesztorbn mitn wort "Nekome" ojf zejere lipn. Mit gebajlte fojstn
iz ojfgesztanen der klajner ejfl un gelozt hern zajn protest far
der achzorjesdiker welt,welche hot farsztopt ire ojren cum hern
dem wej-geszraj fun an untergejendike folk.

Un zoln mir ojch gedenken un niszt fergesn in dem teg
di grojse hilf,wos di nacis hobn bakumen in der ojsrotung fun di
jidn fun di faszistn fun farszejdene felker. Niszt umzist hobn
gearbajt," hitlers profesorn " in meszech fun jorn lang un cuge-
rojbt dem bodn az di mase fun polakn,ukrainer,litwiner un andere
zoln baglajtn mit aplodismentn un frajd dem naciszn merder,wen er
hot getojtet a jidiszn kind mit zajn sztifl. Mir wejsn wifil on-
geherike fun jene felker hobn gedint in di dajcisze S.S.-trupn
un gemiszte dewizjes. Un dawke zej,di ferszklafte alajn zajnen
gorniszt untersztelik gebliba lygabe di Dajczesze faszistn,mit
zejere merderajn.

Un zoln mir hajnt,bajm hajlikn ondejnk fun unzere korbones szworn,az kejnmol woln mir niszt erlojbn az di welt zol for-
gesn di file korbones fun faszizm. Zej darfn zajn a fajordiker wo-
renung un monung der welt far ir cukunft,un far dem jidiszn folk

cum farlozn wi amsznelstn dem emek-habocho, un zich ferfestgn
in unzer land - I S R A E L !

6 / WET OJFDEMERN

S/wet ojfdemern a morgn a najer
A naj lebn wet baginen,
Di welt wet zajn prechtik,fraj
Di nacht wi acholem wet cerinen.

    Has funm ojberflach wet farszwundn
    Mentszn libe farnenen zaja ort,
    Ajn metsz mitn cwajtn filn zich gebundn
    Szeker farsztumen, emes wet hobn dos wort.

        Di alte welt wet zich atrajsl gebn
        Cefaln zich un ceszitn,
        A naje welt wet ojfsztajn,ojflebn
        mit ire gezeen unhogim un zitn.

Ajn mentsz dem cwajtn wet respektirn
Dos gewer in nueliche mechszirim farwandlt wern,
Kajn krig kajnmol di felker weln filn
Di ojeres cu der gancer mentszhajt gehern.

    Der szolem gekreftigt un geszmidt
    iber der welt forojs wet szpanen
    Niszt herszn wet kajn rasn unterszid
    Mentszhajt farsztajn az ale bruder zenen

        Di ojeres geherik ojsgenuct weln wern,
        Ansztat churwes,palacn weln sztajn,
        Di rajchtimer der gancer mentszhajt gehorn
        Di welt a bliender gan - ejdn zajn.

                                        F. AJCHENBAUM

J.Kittel

Coś dla ofiar hitleryzmu.

Gdy wspomnę tak niedawny okres bezprzykładnej
walki osamotnionego getta warszawskiego,a potem beznadziejne-
go powstania warszawskiego, gdy patrzyliśmy z rozpaczą w niebo puste,roziskrzone, w niebo które miało nam dać pomoc naszych
aljantów,porownuje te tak tragiczne chwile z dzisiejszą teraźniejszością - obecna walka o Berlin.

Całość dostaw powietrznych,które otrzymała Warszawa od W. Brytanii,wyraźn sie iloscią stu ton uzbrojenia. To
byżo wszystko !

Berlin otrzymuje dziennie kilka tysięcy ton.

Prasa brytyjska,która milczała gdy krwawiło getto,
a potem ginęła Warszawa,dzisiaj stara sie robić jak najwięcej
hałasu,reklamując mężną postawę biednych berlinczyków.

Dzisiaj trwa walka o wyżywienie połowy stolicy,
która przez wiele lat była stolicą zbrodni !

Dokarmianie biednych Niemców jest akcją niespotyka-
nego humanitaryzmu,podobno nie podyktowanego względami politycznej natury ? !

To wygląda jakby : " Kto na ciebie bonbą,ty na niego chlebem".
Zachód potraktował sprawę Berlina z niewiarygodną łatwowier-
nością,a z drugiej strony dyplomacja sowiecka wykazuje swój
lwi pazur. Zachód został wystawiony do "luftu" bez furtki od-
wrotu.

I znow stoi mi przed oczyma płonąca Warszawa i set-
ki tysięcy czekających na pomoc aljantów, w patrzonych w puste
roziskrzone gwiazdami niebo.

Dostarcza się dzisiaj wszystko, wczorajszym śmier-
telnym wrogom, na przekór wczorajszym na śmierc i życie za-
przysiężonym przyjaciołom.

Zakrawa to na olbrzymi paradox ! Aleź niestety to jest realizm dzisiejszych czasów.

Temu kilka lat wstecz leciały bombowce na Berlin, a Churchill w Izbie Gmin żartobliwie prosił o darowanie, że cyfra bombowców nie wyraża się jeszcze liczbą pięciocyfrową. Dziś lecą tysiące samolotów z żywnością, a każdy z nich jak mówił p. Eden jest "przyjacielem".

Na lotnisko w Gatów i Tempelhof spadają z hukiem tony mąki, a echo zdaje się mówić: "To za wygłodzenie połowy Europy!"

Przy tak zwanym błyskawicznym wyładunku węgla słyszymy słowa : "To za palenie żywcem ! Za krematorja Oswiecimia! Za Tremblinke i Majdanek !"

Gdy na lotnisko spadają skrzynie lekarstw, echo woła: "To za doświadczenia przeprowadzane na bezbronnych ! Za wiwisekcje!"

Gdy ładuje odzież, echo zdaje sie mowic: "To za rabunek, za to żeście miljony ludzi odarli do skóry i puscili nagich do komór!"

Każde okrucieństwo będzie wynagrodzone, każda zbrodnia znajdzie rekompensatę w postaci pomocy dla was, o dobrzy, niewinni Niemcy !

Jesteście godni podziwu Berlińczycy, bo od 2-ch miesięcy znosicie niewygody, wy - którzy zabraliście nam wszystko co ma wartość dla człowieka !

Ofiary nadal cierpią, a sprawcy odbierają nagrodę i czułą opiekę.

Taka jest sprawiedliwość dzisiejszego świata !

Czyż warto było cierpieć i walczyć ? Pytanie to pozostaje ciągle bez rozstrzygającej odpowiedzi.

Die Übersetzung des obigen Artikels v. J. Kittel unter den Titel " Etwas für die Opfer des Faschismus."

Ich erinnere mich an das beispiellos kämpfende Ghetto un an das in höchster Verzweiflung aufständische Warschau, als man Hilfe

Hilfe erwartend von den Verbündeten,vergeblich zum Himmel
emporschaute - und ich vergleiche diese noch nicht weit ent-
fernte Zeiten mit den gegenwärtigen Kampf um Berlin.
            Die Gesamtlieferung,die Warschau damals von
Groß-Britannien erhielt, betrug ca loo Tonnen Ausrüstung.
Und das war alles ?
            Berlin erhält t ä g l i c h einige tausend
Tonnen!
            Die britische Presse schwieg zum blutenden Ghetto
und untergehenden Warschau - heute schlägt sie Lärm und macht
Reklame für die tapferen Berliner.
            Die Versorgung der armen Deutschen ist ein Akt
von unvergleichlicher Humanität und den Versorgern kann als
Motto dienen: " Wer Dir Bomben sendet,den bringet Du Brot."
            Man liefert alles den gestrigen Todfeinden,den
bisherigen Freunden zum Trotz,mit denen man auf Tod und Leben verbunden war.
            Das scheint paradox zu sein - ist aber leider die
Realität unserer Zeiten.
            Vor einigen Jahren fielen Bomben auf Berlin und
Churchill scherzte im Unterhaus inden er sich für die noch
nicht fünfstellige Zahl der Bombenflugzeuge entschuldigte.
Heute fliegen auch tausende von Flugzeugen mit Versorgungs-
güter und jedes von ihnen ist, wie sich Eden ausdrückte " ein
Freund."
            Auf den Flugplätzen Gatow und Tempelhof fallen
krachend schwere Mehlsäcke und der Widerhall scheint zu rufen:
" Das ist das Lohn dafür,das ihr halb Europa verhängern lie-
ßet!"
            Tonnenweisen Fleischladungen werden von den Echo
begleitet: " Das ist für Dachau und Matthausen!"
            Bei blitzschnellen Verladungen von Kohle,läßt sich
hören: "Das ist für die lebendig Verbrannten ! Für die Krematorien von Auschwitz ! Für Treblinka und Maidanek !"
            Wenn die Kisten mit Arzneien fallen,ruft der Wi-
derhall: " Das für die Experimente mit den Wehrlosen !"
            Wenn die Bekleidung landet,glaubt man die Worte
zu hören: "Das ist für die Millionen Menschen, die ihr bis
auf die Haut beraubt und in die Gaskammern geschickt habt!"
            Jede Grausamkeit wird belohnt,jedes Verbrechen
findet eine Rekompensate in Form von Hilfe für Euch, Ihr guten,unschuldigen Deutschen!
            Wie bewundernswert ist die Haltung der Berliner,die
seit zwei Monaten die ganze Unbequemlichkeit der Blokade er-
leiden müssen,- wie bedauernswert sind sie, die uns alles,was
Wert für einen Menschen bedeutet,genommen haben !
            Die Opfer leiden ununterbrochen weiter - die Tä-
ter bekommen Belohnung und Schutz.
            Das ist die Gerechtigkeit unserer Welt !

IM BUNKER..

(Aus den Erinnerungen an jene Zeit.)

Es herrscht eine vollkommene Finsternis. Sie ist gruselig und so dicht,daß man sie wie etwas greifbares empfindet.

Ich fühle einen heißen Atem auf meiner Wange und höre eine Stimme die in Flüstern erstickt : " Weg sind sie?"

Und wieder Stille. Eine Stille voller Spannung. Eine Hand umfaßt meinen Arm. Und ein Seufzen: Oh Gott !

Die Herzen schlagen wie eiserne Hammer,welche die Brust zersprengen wollen.

Es schmerzen die Augen,die die Dunkelheit durchdringen wollen. Die Schläfen drücken und die Gedanken sind wie gelähmt.

Diese Finsternis gehört zu den unterirdischen Kerker. Sie wird Wochen vielleicht Monate um uns herum sein.Sie wird so lange dauern wie das Leben hier, das Leben voller Sehnsucht nach Licht und Freiheit.

Wir werden verfolgt und ausgerottet. Mit den Instinkt der Tiere, verstecken wir uns in den tiefen Höhlen. Wir flehen Gott an -- Er möge uns Wache stehen.

Die Stille ist gütig. Sie bringt Entspannung und Beruhigung. Zuweilen glauben wir, unsere Nerven könnten den Lärm und das Gestampfe oben nicht mehr ertragen, das Beklopfen der Wände durch unsere Verfolger bringt uns fast zum Wahnsinn.

Sie kommen immer wieder. Und immer wieder entfernen sie sich.

Ein leises Geräusch läßt uns aufhorchen.. Diesmal sind es nur die Ratten. Ihre Zahl vermehrt sich täglich und sie machen Lärm um uns, ohne jede Achtung für das höhere Wesen. Sie teilen mit uns ihre Behausung. Wir teilen mit ihnen die erbärmliche Nahrung und täglich werden sie mit uns vertraulicher -- mit uns der neuen, unterirdischen Gattung.

Boss.

Myśli na czasie ..

Zwolna mijają lata i zwiększają dystans od ponurej tragedji.
Zwolna groźne słowa potępienia stają się rzadkie, puste i bez
oddźwięku.
Zwolna ludzkość godzi się z tem "co było" i chce zapomnieć,
bo zmora wspomnień czyni życie ciężkiem.
Zwolna zaciśnięte w ślubowaniu pięście rozluźniają się i opa-
dają bezradne i bezsilne.

Utarło się po wojnie określenie: zbrodnie wojenne. Zbrodnie
wojenne miały miejsce wszędzie i zawsze tam, gdzie była wojna
i wydają się być czemś naiwnie niewinnem w stosunku do tego
co miało miejsce w ostatniej wojnie.
Proponuję, aby na określenie obecnego pojęcia zbrodni wojennych używać zupełnie nowego terminu, nieznanego i niespoty-
kanego dotąd w słowniku ludzkim.
Zanim pomysłowy słowotwórca wpadnie na szczęśliwe określenie,
które wzbogaci nasze słownictwo, będziemy się posługiwali po-
jęciem niewiadomym "X". - Chcę przez to osiągnąć jaśniejsze
sprecyzowanie pojęcia, które w dziejach ludzkości nie miało
precedensu.
Okres lat 1933-1945, wykoszławił bieg historji, w sposób gwał-
towny i brutalny, urywając krzywą postępu. Otworzył nową erę
u której progu stoi precedens "X".
Precedens "X" jest wynalazkiem na które złożyło się planowa-
nie, organizacja, technika, osobowość i to co w tym wypadku
odegrało rolę najistotniejszą - odkrycie nowego pierwiastka
w psychice indywidualnej i zbiorowej.
Ludzkość zawdzięczała swój postęp i rozwój - wynalazkom.
Dzięki genjuszowi wynalazczemu stwarzała rzeczy nieprawdopo-
dobne. Dźwigała się wzwyż. Zbliżała się szybko do Boga. Szyb-
ciej i pewniej jak za czasów biblijnej "Babel". Wtedy pomie-
szał Bóg ludziom języki. Dzisiaj zesłał im precedens "X".
Wynalazki mają to do siebie, że mimo patentu - szybko stają
się własnością konkurencji i tych wszystkich, którzy zechcą
zeń zrobić użytek. I dlatego broń "V", broń atomowa i precedens

"X", stały się dorobkien ludzkości.
Zdaje się nie ulegać wątpliwości, że ze wszystkich zrobi ona
użytek w nadchodzacej epoce u ktorej progu stoi precedens "X".

Nauka historji zna pojecie pragnatyznu, czyli związku niedzy
przyczyna a skutkien. Otwarta księga historji jest jednym lan-
cuchen przyczyn i skutkow.
Historyk, ktory opracował dzieje pewnej epoki, kojarzac wydarzenia na podstawie faktow, dochodzi do wnioskow koncowych za-
wartych zazwyczaj w rozdziale zatytulowanym: "Charakterysty-
ka epoki."
Historyk przyszłosci zajnie sie niewatpliwie nasza epoka.
Bedzie znal juz te fakty, ktore nan w tej chwili sa nieznane
i zakonczy swe wywody, teni nniej wiecej slowy: "Gdyby ludzie
tej epoki wyciagnoli nalezyte wnioski z tragedji II-giej wojny swiatowej, nie doszloby zapewne do tego, co sie stalo - poten.

Sprawiedliwość powojenna jest oszustwen. Liberalizn chrzesci-
janski i denokratyczny konedjanctwen. Oficjalne gadulstwo i
deklaracje niepotrzebnen narnotrawienien czasu.
Nie wdawac sie w dyskusje ! Slowa nikogo nie przekona a. Przed-
stawiaja bowien tylko wtedy wartosc, jezeli za nini jest sila.
Dobry krasonowca w tyn wypadku jest nniej wart od plutonowego,
ktory noze wydać konendę : Ognia !!!

Odkrywca precedensu "X", odkryl w lukach psychiki ludzkiej "bestje." Bestja ta, nie jest wytworen jakiegos specjalnego narodu
czy pewnego okresu. Istniala i drzenala wsrod spoleczenstw
ludzkich, zawsze. Rozpanoszyla sie wsrod roznaitych narodow
przybierajac na sile u jednych bardziej, anizeli wsrod innych.
Odkrywca precedensu "X" otworzyl klatki zanknicte dotad przoz
ludzka przezornosc, wypuscil bestje i rzucil in na zer bezbronnych ludzi. I chodza bezkarnie bestje wsrod ludzkiej trzody
po dzien dzisiejszy, spedzaja ludzion sen z oczu - i niena ni-

kogo,ktoby im lby poukrywał.

Jedenaście miljonów pochłonął precedens "X". Przyjmijmy,że
jedna bestja ma na sumieniu loo bezbronnych ofiar. Łatwo doj-
dziemy do wniosku,że na 11 miljonów rzuciło się llo tysięcy
bestji.- Po wojnie upolowano zgóra tysiąc. Stodziewięć tysięcy bestji, z których każda ma na sumieniu sto bezbronnych ludzi, nie pragnących niczego innego jak spokojnego życia — nie
powróciło do klatek, lecz ociera się o ciebie każdego dnia,
wyczekując sprzyjającej okazji,abyś stał się jej stopierwszą
ofiarą.

Prawo karze zbrodnie.Unicestwia zbrodniarza, odstrasza od naś-
ladownictwa.
Sto dziewięć tysięcy stokrotnych zbrodniarzy nie zostało uni-
cestwionych,nie zostało nawet ukaranych.
Bestje mordowały nietylko dla żądzy krwi,ale przedewszystkiem
dla żądzy łupu. Zbrodniarze wypełnili sakwy złotem i objucze-
ni łupem powrócili na łono rodzin.
I zbrodniarze z rodzinami żyją w dobrobycie i życ będą do os-
tatka dni swoich — wychowując dzieci swe i wtajemniczając je
w intratny interes zbrodni.
Nieukarana zbrodnia znajdzie naśladowców — gdyż zbrodnia się
opłaca !

B o s s .

Übersetzung des obigen Artikels
" Gedanken zur Zeit "

Seit dem letzten Krieg hören wir so oft den Ausdruck "Kriegsverbrechen." Solche gab es wohl immer und überall wo Krieg
geführt wurde nur daß sie harmlos erscheinen im Vergleich zu
jenen,die uns aus dem letzten Krieg bekannt sind.
Daher schlage ich vor,einen neuen Ausdruck zu prägen,bisher
unbekannt in menschlichen Wortschatz für das, was wir heute
Kriegsverbrechen nennen.

Welches ist das wahre Gesicht der Menschen ?

Schon längst haben wir begriffen,daß weder das deutsche Volk,
noch die Welt im Stande sind,die ganze Tragödie,die in der Sam-
melbezeichnung " Opfer des Faschismus " enthalten ist,zu verstehen oder auch nur zu ahnen.
Für einen Menschen,der vom Faschismus nicht sehr betroffen wurde,bedeuten dessen Opfer,eine Masse toter Menschenkörper,von
denen er sich bei Besichtigung eines KZ-Lagers mit Ekel abgewandt hat. Oder zu Skeletten ausgehungerte Geschöpfe,die man
ihm in Kino zeigte und bei dessen Anblick er alles nur keine
Rührung empfand. Diese Opfer bleiben für ihn eine Masse fremder Menschen,an welche er sich sehr ungerne erinnern läßt,weil
in seinem Innern doch ein unbewußtes Mitschuldgefühl erwacht.
Wie oft habe ich einen Ausruf der Empörung von Deutschen,welche
gezwungen worden sind einen KZ-Film anzusehen,gehört: " Ich will
das nicht sehen,ich will nichts davon wissen,laßt mich in Ruhe!"

Sie wollten nichts davon wissen,damals als sie noch dagegen wirken konnten. Sie wollen auch heute nichts davon hören.Sie wollen
keinesfalls ihr Gewissen beunruhigen.
Sie haben aber davon gewußt und mit ihnen die ganze Welt. Sie
alle schauten gleichgültig und kaltblütig zu. Sie ließen ruhig
die Tragödie neben sich geschehen. Sie wußten,daß täglich Menschen verschwinden, sie wußten daß Ghettos errichtet werden.
Sie wußten,daß sie später liquidiert wurden. Sie haben nicht gefragt: Was geschieht mit all den Menschen ? Sie fragten nicht,
denn sie w o l l t e n   n i c h t s   w i s s e n. Sie vertrauten ihrem " Führer ",daß er für das Wohl seines Volkes sorgt,
und wenn es auch unschuldige Menschenleben kostet -- soll es geschehen.
Das deutsche Volk und die ganze Menschheit wollten von den Millionen an Opfer nichts wissen und sie wollen heute ihrer nicht
mehr gedenken. Diese Millionen Schicksale,die gleich waren und
doch so individuell von jedem einzelnen getragen wurden -- rühr-

ten kein einziges Herz.

Ich mußte mit Erstaunen feststellen,daß bei einem Film,welcher
das Schicksal eines kleinen franz.Mädchens darstellte,die Zuschauer zu Tränen gerührt waren. Und doch waren es dieselben
Menschen,die tausendfach größere Leiden eines jüdischen Kindes
vollkommen ruhig ließ.

Ich fragte mich, Sind diese Menschen jetzt besser geworden ?
Ich höre und sehe täglich,wie die ganze Welt für das deutsche
Kind sich einsetzt. Wie wird für seine Ernährung,seine Bildung
und seine Erholung gesorgt. Man glaubt, das deutsche Kind ste-
he heute im Mittelpunkt der Interessen der Welt.

Wie anders sah dieselbe Welt und dieselben Menschen noch vor Kurzem für das jüdische Kind aus! Die Welt,die es durch den Sta-
cheldraht des Ghettos sah,war grausam und ohne Erbarmen. Die N
Menschen,welche es nicht wagte um Hilfe anzurufen,denn es wußte , daß es ohnehin vergeblich wäre - stellten sich gefühllos.

Das jüdische Kind wußte nichts von euch,großherzigen,erhabenen
Geistlichen,die heute Menschlichkeit predigen. Es wußte nichts
von euch,barmherzigen philantropischen Organisationen,die heute
in der Hilfe für deutsche Kinder sich überbieten.

Man könnte annehmen die Menschheit will an dem deutschen Kinde das alles gutmachen,was sie an dem jüdischen verbrochen hat.
Ist das Gewissen der Welt erst jetzt erwacht,oder haben die Menschen zwei Gesichter ?

Du armes jüdisches Kind hast nur eines gekannt - das andere er-
blicken heute die deutschen Kinder.

Seite der Frau

K L A R A.

Eines Tages erschien sie in unserer Klasse. Sie kam aus
Deutschland und sah aus, als wäre sie einer Kinder-Modezeitung entsprungen. Sie war sehr ernst für ihr Alter und benahm
sich mit einem schlichten Selbstbewußtsein, womit sie sogleich
unsere Bewunderung gewann.
Wir konnten uns leider sehr wenig mit ihr unterhalten, da
unsere Kenntnisse der deutschen Sprache zu gering waren.

Einige Wochen lang stand sie im Mittelpunkt des grössten
Interesses der Klasse. So haben wir bald festgestellt, daß
sie ein Paar herrlich-glänzende Augen hatte und daß sie jede
freie Minute zum lesen benutzte. In den Pausen, ja sogar
während des Unterrichtes las sie heimlich unter der Bank.

Wir haben oft Versuche gemacht in unseren gebrochenen deutsch
uns mit ihr zu unterhalten. Wir stellten ihr kurze Fragen :
" Wie sind die Deutschen ?" Da erhob sie ihre schönen Augen
von dem Buche und antwortete immer das Gleiche: Oh, schrecklich, schrecklich! "

Und damit endete unser Gespräch, weil unser Wortschatz
weiter nicht reichte.

Mit der Zeit erfuhren wir mehr von ihr. Man hat sie von
Schulunterricht entführt und mit der Eisenbahn in unbekannte
Richtung verschleppt. Was mit ihren Eltern geschehen ist, wußte sie nicht, da man ihr keine Zeit gab, sich mit ihnen zu verständigen. Man brachte sie nach Polen. Einsam und verzweifelt
stand sie nun an Bahnhof einer fremden Stadt und weinte bitterlich. Da nahm sie eine gerührte Frau zu sich ins Haus.

Es ergab sich, daß auch ihre Eltern Deutschland verlassen
mußten und auch sie kamen nach Polen ohne zu wissen,wo sich
ihr Kind befindet. Nach langen Suchen haben sie sich dann gefunden.

Man merkte bald, daß Klara in der neuen Heimat Armut
leidet. Ihr Vater suchte vergeblich nach einer neuen Existenz.
Die Zeiten waren sehr schwer,besonders für Juden,für welche
die Unterdrückung in Polen immer schlimmere Formen annahm.

Dann kam der Krieg und ich verlor Klara aus den Augen.
Es kamen solch schreckliche Zeiten,die wenn man sie beschreiben möchte, unglaublich erscheinen würden. Auch meine Eltern
wurden verschleppt um nie mehr zurückzukehren. In dem Kampf
um das nackte Leben, verlernte man das Weinen,man wurde gefühllos und hart für sich und für die Anderen.

Täglich ging ich auf den Markt,wo ich ebenso wie viele andere jüdischen Frauen,eigene Kleidungsstücke verkaufte um damit meinen bescheidenen Lebensunterhalt zu bestreiten.
Deutsche und polnische Frauen kauften uns unsere Sachen ab
und nicht selten wurden wir mißhandelt,indem man uns die Wa-
re abnahm ohne bezahlen zu wollen.

Eines Tages stand vor mir ein Mädchen. Ich beobachtete sie
eine längere Zeit. Sie bewegte sich nicht. Sie ließ sich von
allen Käufern und Verkäufern stoßen und ich sah niemanden,der
sich bei ihr aufhielt um etwas einzukaufen.

Ich trat näher und erkannte .. Klara. Sie sah mich nicht.
Ihre Augen waren auf ein Punkt gerichtet. Das waren nicht mehr
Klaras schöne Augen. Verschleiert,ohne jeden Glanz,schienen
sie Augen einer Toten zu sein. Die ganze Freude und Lebenslust
war in ihnen erloschen. In der Hand hielt sie zwei alte Krawatten,es war sicherlich schon das Letzte was sie zu verkaufen
hatte. Bei diesen Anblick weinte ich nach langer,langer Zeit
wieder. Ich begriff die ganze Hoffnungslosigkeit unserer Lage
die in Gestalt von Klara,die zwei alte Krawatten verkaufen wollte, verkörpert war ...

Wyrwana   Karta.
(Dachau, w grudniu 1944)

Stoj ! psiakrew, gdzie idziesz !
Wróć się ! No na Rany Boskie ... wróć się ! → Nie szarp się,
pobudzisz ludzi.. Właa..adek, ja cię nie puszczę. Pomyśl..to
już przecież niedługo ! Wrócimy .. Tam matka na ciebie czeka
i Hanka. Właa..dek, no stojże chłopie kochany i mów że coś ..
No mów.. Zastanów się co ty robisz.. Po co to?! Czyś ty nie
nasz ? Nie Zagłębiak ?! Nie żal ci kopalni i tych czarnych kę-
sów węgla coś ich tak kochał ? No Władek, nie chcesz do nich ?
Nie szaarp.. się, ja fest trzymaam ! Pójdziesz to cie rozwalę !
"Cicho"! .. syknął przez zaciśnięte zęby i szarpnął mocniej.
Słabe ręce nie wytrzymały. Wyrwał się ! .. Został mi tylko skra-
wek koszuli. Poszedł szukać śmierci. Przez okno. Pół nagi. Poszedł jak przyrzekł na druty..
Leżę z szeroko otwartymi oczyma i słucham i widzę w czarnej ot-
chłani nocy. Leżę, a idę za nim...
Tam na rogu bloku mignęła jego postać. Ostrożnie jak kot doszedł
płotu szpitalnego.. Przesadził go... Jest na drugiej stronie.
Serce bije mu tak mocno, jak mnie teraz. Biegnie szybko przez
rabaty.. Już jest przy fosie.. Przesadza ją ! Wpadł wdół – nie
udało się, psiakrew !! Widzę jak skrobie się z dolu na wierzch.
Widzę jak pod pazurami obsypują się kamienie. Już jest na wierz-
chu skarpy. Stanął .. Zastanawia się chwilę.. Może wróci..
Władek, nie rób tego .. Władek !! Nie słucha. Wchodzi między
zasieki. Przeszedł je. Jest juz przy drutach, pod prądem. Już
chwycił !!
Słyszę chrzęst repetowanej broni. To strażnik na wieży.
            Strzał !...
            Jezus Maria !!! ...

Coś ty zrobił Władek ? .. Coś zrobił. Coś zrobił.. Może i dobrze.. Tyś już wolny. Śnieg cię do jutra przykryje. Tyś wolny.
Wieczne odpoczywanie racz mu dać Panie ....

                                                P/ 13066

ZUR EINLEITUNG !
=.=.=.=.=.=.=.=.=.=.=.=.=.=.=.=.=.=.=

Vor gut 6 Jahren sprach ich hier im Rundfunk und hob damals unseren Sender aus der Taufe. Ich bekenne, dass ich etwas skeptisch
war und mit Sorge in die Zukunft blickte, : was wird aus dem Kinde
werden? Nun inzwischen ist es ganz schön herangewachsen ! Wenn ich
heute diese Zeilen als Beitrag für unsere "FESTZEITSCHRIFT"schreibe,
so darf ich daher wohl mit Recht all denen gratulieren, die sich in
uneigennütziger Weise für die Durchführung des uns damals vorschwe-
benden Programmes eingesetzt haben.

Der Heilstättenpatient macht während seiner Kur, ich möchte sagen, 3 Phasen mit.

In der ersten Zeit lehnt er sich gegen das Schicksal auf, an einer Krankheit erkrankt zu sein, die ihm egtl. sein ganzes künftiges
Leben begleitet. Er lehnt sich auf gegen die Notwendigkeit der Heilstättenkur, bedeutet sie doch für ihn eine Cesur nicht nur der bisher gewohnten Lebensweise, sondern nur allzuoft eine, auf länger e
Zeit beschränkte Unterbrechung seiner gesellschaftlichen Bindungen,
seiner sozialen Stellung, ja auch seiner Bindung zu seinen nächsten
Anverwandten, seiner Familie. Dieses Stadium weicht dann einer gewissen Apathie, einer Gewöhnung an das ruhige Leben ohne Verantwortung in der Heilstätte. Oft versucht er sich dagegen aufzulehnen und
gerät so manchmal in ärgerliche Situationen. Schliesslich kommt die
Sorge und Angst vor der Rückkehr in das Leben mit all seiner Belastung.

Wir Ärzte haben Verständnis für diese Umstände und dieses Verständnis geht soweit, dass es uns andererorts oft als Gutmütigkeit
wenn nicht als Laxheit ausgelegt wird. Diese erzwungene und auch für
die Heilung der Krankheit notwendige Lebenseinstellung und Lebensart
zu überbrücken, ist eine der vornehmsten Aufgaben unserer kulturellen Betreuung. Die Erhaltung einer mens sana ist für die Heilung und
Zukunft des Patienten nicht minder wichtig, als die Vorbereitung auf
die Rückkehr in das Alltagsleben und die Wiederaufnahme der Arbeit.

Was alles für das Letztere getan wird, will ich heute nicht behandeln, sondern nur ganz kurz streifen, was im Laufe der Jahre für
die seelische und kulturelle Betreuung des hier in Behandlung stehenden kranken Menschen geschaffen wurde

Dem Patienten steht in unserem Haus-Sender " RADIO-GAUTING "eine
Möglichkeit zur Verfügung, wie kaum in einer anderen Anstalt.Das tägliche Radioprogramm ist ihm zur Gewohnheit geworden. Jeden Monat
läuft die Sendung " DIE GLÜCKSWELLE ". Der Samstag und Sonntag gehört religiösen Sendungen.

Wir haben eine Bibliothek von ca. 5000 Bänden. Sie finden dort die neuesten Erscheinungen auf dem Gebiete der Unterhaltungs-Literatur, die modernsten Schriftsteller, Werke über Kultur und Wissenschaft. Selbstverständlich haben wir entsprechend dem internationalen Charakter unseres Hauses Bücher sämtlicher europäischer Sprachen. Ich glaube, dass es wohl kaum ein zweites Krankenhaus in München gibt, das eine so umfangreiche, aber auch inhaltlich moderne Bibliothek besitzt. Wir haben einen Lesezirkel mit 40 Illustrierten Zeitschriften. Im Umlauf auf den Stationen befinden sich ungefähr weitere 200 Exemplare. Für die bettlägerigen Patienten stehen 4 Tages-Zeitungen zur Verfügung. Sie kennen alle unser Haus-Kino, das nicht nur zweimal wöchentlich das Programm des Städtischen Kinos in Gauting bringt, sondern auch für die bettlägerigen Patienten Schmalfilme und zwar sowohl mit unterhaltendem als auch mit kulturell-politischem Inhalt.

Wir haben ein Archiv von 300 neuen Schallplatten sowie 30 Tonbändern. Zur Auswahl haben sie Stücke der leichten Muse bis zu Werken ernster klassischer Musik.

Einige Male im Jahre kommt ein grosser Unterhaltungsabend mit kabarettistischen Einlagen im Kino-Saal zur Aufführung, der in sämtliche Krankenzimmer übertragen wird. SCHACH-Turniere werden veranstaltet. Es besteht die Möglichkeit zu Theater-Fahrten nach München; zwei-bis dreimal im Jahre wird ein gemeinsamer Ausflug unter Aufsicht eines Arztes in die weitere Umgebung durchgeführt. Dass an beiden letzten Veranstaltungen nur eine kleine Zahl von ausgewählten Patienten teilnehmen kann, ist wohl einleuchtend.

Wir haben vor, mehrere Fernseh-Apparate aufzustellen, um sich auch in das Programm des bayerischen Fernsehfunks einzuschalten. Es wäre noch viel anderes anzuführen und wir wissen auch, dass manches anders und vielleicht auch besser gemacht werden könnte. Wir sind dankbar für jede Anregung und es hat jeder Patient die Möglichkeit, nicht nur zur sachlichen Kritik, sondern auch zu ernster Mitarbeit. Bedenken Sie bitte, dass wir all dies ohne finanziellen Zuschuss von aussen machen müssen. Wir selbst sehen im kulturellen Programm nicht ein Mittel, um dem Patienten hier die Zeit zu vertreiben, sondern neben der Unterhaltung einen Weg zur Belehrung, einen Weg des Kontaktes zwischen Anstalt, Arzt und Patienten und nicht zuletzt und das möchte ich ganz besonders betonen, einen Teil unserer Therapie, unserer Behandlung, bewusst der Tatsache, dass der Patient als Ganzes zu behandeln ist und nicht, wie es manchmal geschieht, dass wegen des erkrankten Organes der MENSCH vergessen wird.

Dr.H.TUCZEK.
Chefarzt

ANLÄSSLICH UNSERER

1000. R A D I O S E N D U N G

SIND FOLGENDE GLÜCKWUNSCH-TELGRAMME EINGEGANGEN.

Die 1000. Sendung von " Radio Gauting " nehme ich gerne zum Anlass, allen Mitarbeitern und Hörern meine herzlichsten Glückwünsche zu übermitteln.

Ganz besonders möchte ich bei dieser Gelegenheit allen Mitarbeitern danken, die in uneigennütziger Tätigkeit das Sendeprogramm gestalten und durchführen und dadurch unseren Patienten eine lebendige Teilnahme am kulturellen Leben ermöglichen.

Ich hoffe und wünsche, dass " Radio Gauting " auch in Zukunft durch seine Darbietungen dazu beitragen möge, den Patienten ihren Aufenthalt in unserem Hause angenehm zu gestalten.

(Dir.Dr.RESENBERG)

- -

Anlässlich der 1000. Sendung sprechen wir dem " Radio Gauting " , der Leitung sowie allen Mitarbeitern, unsere besten Glückwünsche aus.

Die Idee, den Patienten im Sanatorium Gauting das Leben abwechs - lungsreicher zu gestalten, wurde durch " Radio Gauting " realisiert , und das kam nicht zuletzt zustande durch die intensive, uneigennützige Mitarbeit der Patienten. In den vergangenen Jahren hat sich " Radio Gauting " um vieles erweitert und verbessert. Zu dieser Entfaltung hat die Leitung des Hauses mit finanzieller Unterstützung und verständnisvollem Entgegenkommen wesentlich beigetragen. Im Namen aller Patienten sagen wir dafür unseren herzlichsten Dank.

Patientenausschuss der heimatlosen
Ausländer

- -

Der freiwillige Ausschuss der deutschen Patienten für kulturelle Angelegenheiten übermittelt die herzlichsten Glückwünsche zur 1000. Sendung von " Radio Gauting ". Möge der Festwoche voller Erfolg beschieden sein und der "Rundfunksender Gauting" weiterhin blühen und gedeihen.

Auf den vollen Einsatz des deutschen Ausschusses für kulturelle Angelegenheiten können Sie in brüderlicher Zusammenarbeit mit dem Patientenausschuss der heimatlosen Ausländer auch weiterhin in jeder Hinsicht rechnen.

Freiwilliger Ausschuss der deutschen
Patienten für kulturelle Angelegenheiten.

- -

Unser aller Dank gebührt denen, die einen wesentlichen Beitrag zur Gestaltung des kulturellen Lebens leisteten. Sie haben mitgeholfen,uns den Aufenthalt in der Heilstätte zu verschönern:

Direktor Dr. Resenberg und Chefarzt Dr. Tuczek durch ver-ständnisvolles Entgegenkommen und materielle Unterstützung.

Herr Dr. Saupe durch Vorträge.

Herr Dr. Stein durch ärztliche Begleitung bei Ausflügen.

Herr Böhm durch musikalische Vorträge im Radio.

Herr Schleichert durch Vorträge: Interessantes aus allen Gebieten.

Herr Greusslich, Hausverwalter, durch Entgegenkommen bei der Ausgestaltung der Bibliothek und Materialbeschaffung.

Herr Ingenieur Mierzwa durch technische Unterstützung unserer Einrichtung, sowie auch aktive Mitarbeit bei unserer Zeitung.

Herr Kotala als Glückswellenonkel und durch Mitarbeit im " Radio Gauting ".

Frl. Landgraf als Sprecherin am Donnerstag und Freitag und als Matritzenschreiberin dieser Zeitung.

Frau Bartoschko als Montags-Sprecherin im "Radio Gauting".

Herr Velkme durch Hilfsbereitschaft in allen technischen Angelegenheiten.

Frl. Kreidt durch Buchbesprechungen.

Herr Gröters durch Rat und Tat bei Filmvorführungen, Veranstaltungen und dieser Zeitung.

Frau Bigalke als Sprecherin im "Radio Gauting".

Frau Hoffmann als Sprecherin im "Radio Gauting".

=.=.=.=.=.=.=.=.=.=.=.=.=.=.=.=.=

1948 - 1953

Folgende Patienten haben sich um die Gestaltung des kulturellen Lebens im Sanatorium Gauting sehr verdient gemacht durch aktive Mitarbeit. Für ihre Einsatzbereitschaft und ihre uneigennützige Arbeit haben sie sich die Anerkennung der Direktion und aller Patienten unseres Hauses erworben. Als Dank wurde ihnen von Herrn Direktor Dr. Resenberg ein Diplom überreicht.

Alksnis,	Alfred	
Boenisch,	Martin	entlassen am 15. IX.52
Brisch,	Ingeborg	entlassen am 19.7.51
Brisch,	Kurt	entlassen am 26. 6.51
Busch,	Elmar	verstorben am 6.7.52
Dechtiaruk,	Roman	
Golebiowski,	Wladislaw	
Jasaitis,	Algirdas	entlassen am 24. 6.52
Karpec,	Jan	
Katz,	Stefan	entlassen am 7. 8.52
Klemenz,	Joza	entlassen am 1. 1.53
Kowal,	Jaroslaw	entlassen am 1. 4.54
Kowalew,	Dimitri	entlassen am 15. 2.54
Kupasz,	Laszlo	entlassen am 10. 9.53
Maricz,	Welmir	entlassen am 10. 9.53
Mezatucz,	Leonore	entlassen am 3. 6.54
Michalak,	Kazimir	
Naruns,	Mirdza	
Pongracz,	Gaspar	entlassen am 10. 7.53
Reich-Graf,	Gerda	entlassen am 10. 4.53
Reinfelds,	Gaida	entlassen am 17. 4.52
Stankaitis,	Pranas	
Soosar,	Edward	
Torjaji,	Margrit	
Velkme,	Vladislaus	
Witenstein,	Leontine	entlassen am 1. 1.53
Witols,	Ilmars	entlassen am 24.11.53

1954

Am 8. Oktober wird Herr Direktor Dr. Resenberg folgenden Patienten als Anerkennung für die geleistete Arbeit einen Ehrenbrief überreichen:

Fräulein	Martha	PURSCHKE
Herrn	Janis	BERZINS
	Karlheinz	HOEFER
	Gints	KABUCIS
	Alfons	UMENHOFEN
	Zoltan	MINARIK
	Jonas	OLEKA
	Boris	TARASOW

=.=.=.=.=.=.=.=.=.=.=.=.=.=.=

AUSSCH. d. HEIMATL. AUSLÄNDER - AUSSCH. d. DEUTSCHE

KULTUR AUSSCHUSS

SENDE LEITER
TECHN. LEITER
BIBLIOTHEKS-MITARBEITER
LESEZIRKEL-MITARBEITER
RADIO FAMILIE-MITARBEIT.
AUSSCH. d. AUSL. PAT.
AUSSCH. d. DEUTSCH. PAT.
BLOCKWEISE

AUSSCH. d. HEIMATL. AUSLÄNDER PATIENTEN

AKTIVE MITARBEITER

Am 26.August 1954 fand in den Räumen des Kinosaales eine Sitzung des Kulturausschusses statt. Zum ersten Mal nahm der Ausschuss der deutschen Patienten für kulturelle Betreuung, der sich erst vor kurzem gebildet hat, daran teil. Die Disskussion war bald eifrig im Gange, und man spürte das grosse Interesse für alle kulturellen Fragen. Mit Ablenkung vom Grübeln über das eigene Schicksal, durch das Bemühen, Langeweile und Einsamkeit aus den Krankenzimmern zu verscheuchen, ist eine grosse Aufgabe zu erfüllen. Gemeinsames Schicksal schafft oft menschliche Bindungen, und hier konnte man feststellen, wie jeder mit Rat und Tat helfen wollte, um der gemeinsamen Sache zu dienen. Jeder wußte vom anderen, dass er sich mit den gleichen Problemen beschäftigte, und das schaffte irgendwie die Atmosphäre des Vertrauens.

Zunächst wurden zwei Briefe verlesen, in denen Patientenkomittee und deutscher Kulturausschuss sich ihr gegenseitiges Vertrauen aussprachen und beste Zusammenarbeit zusicherten. Ein Hauptthema der Sitzung war dann die Besprechung der Radiofestwoche anlässlich der tausendsten Sendung von Radio Gauting. Neben dieser Festschrift, die eingehend erörtert wurde, besprach man die Gestaltung der Festwoche. Es wurde geplant, das Jubiläum nicht wie andere nur an einem Tag, sondern eine ganze Woche lang zu feiern. Man will dadurch die Hörer mehr auf Radio Gauting aufmerksam machen, um neue Mitarbeiter zu werben, denn an aktiven Mitarbeitern fehlt es noch immer. Aus Mangel an aktiven Mitarbeitern konnte bisher auch die Sendepause des Bayer.Rundfunks am Freitag nicht mit einem eigenen Programm ausgefüllt werden. Allerseits war man der Ansicht, daß auch am Freitagvormittag eine Sendung stattfinden müsste.

Die hauptverantwortlichen Mitarbeiter der einzelnen Sachgebiete, wie Lesezirkel, Bibliothek, Radiofamilie, referierten kurz über ihre Arbeit und die gemachten Erfahrungen. Das Interesse für Zeitungen und Zeitschriften nimmt ständig zu, so dass die Abonnements nicht ausreichen. Mehr Tageszeitungen für die Bettlägerigen wären notwendig. Es wurde angeregt, dass Patienten, die Tageszeitungen abonniert haben, diese nach dem Lesen in der Betreuungsstelle abgeben, damit sie anderen Patienten zur Verfügung gestellt werden können. Nachdem eine Zeitung, die ein Patient bereits gelesen hat,

ja für den Betreffenden wertlos ist, wäre es ein schönes Zeichen der
Kameradschaftlichkeit, wenn er sie anderen Patienten überlassen würde,
die nicht in der glücklichen Lage sind, jeden Tag eine neue Zeitung zu
haben.

Der Referent über die Bibliothek stellte fest, dass die Zahl der Leser zwar beträchtlich zugenommen hat, jedoch es zu wünschen wäre, wenn
diese noch weiter wachsen würde. Der Bibliotheksraum wird in den nächsten Wochen wesentlich verschönert. Neonlicht ist bereits vorhanden .
Jetzt sollen Schaukästen, in denen jeweils die neuangeschafften Bücher
ausgestellt werden können, eingebaut werden. Ebenfalls wird ein Teppich
angeschafft. Wahrscheinlich werden auch im Oktober neue Bucheinkäufe gemacht. So ist also mit einer "äusserlichen" und "innerlichen" Bereicher-
ung unserer Bücherei zu rechnen.

Um das Thema "Radiofamilie" entstand ein interessanter Disput. Warum
überhaupt Radiofamilie, wurde gefragt. Die einen waren gänzlich gegen
diese Einrichtung, die anderen hielten sie für eine Notwendigkeit. Über
den eigentlichen Sinn der Radiofamilie wird in diesem Heft an anderer
Stelle berichtet. Zweifellos hat die Radiofamilie einen Wert, und sollte
es auch nur der sein, dass dadurch die wirklich interessierten Patienten in den vollen Genuss der Veranstaltungen kommen können, indem man
dauernde Störenfriede ausschliesst. Der Name "Radiofamilie" fand bei
vielen Anwesenden nicht sonderliches Gefallen. Es wurden Vorschläge gemacht: Kulturfreunde, Kulturgemeinschaft, Kulturkreis. Kulturkreis dürfte sicher nicht die schlechteste Bezeichnung sein, aber man war der
Meinung, dass darüber die Patienten in einer Abstimmung selbst entscheiden sollen.

Trotz mancher Meinungsverschiedenheiten merkte man bei den Teilneh-
mern der Versammlung immer wieder eines: Alle wollen an der gemeinsa -
men Sache arbeiten, um durch die Gestaltung des kulturellen Lebens im
Sanatorium Gauting den Patienten den Aufenthalt abwechslungsreich und
so angenehm wie möglich zu machen --- und das hilft wohl auch ein klein
wenig mit, die körperliche Gesundheit schneller wieder zu erlangen.

                                                                G.

                    ▪.▪.▪.▪.▪.▪.▪.▪.▪.▪.▪.▪.▪

    FREIWILLIGER AUSSCHUSS DER DEUTSCHEN PATIENTEN FÜR KUL-
                  TURELLE ANGELEGENHEITEN.
          -.-

Am 11. August 1954 wurde gleichzeitig mit unserer ersten Zusammen -
kunft ein freiwilliger Ausschuss der deutschen Patienten für kulturelle
Betreuung ins Leben gerufen. Dieser Ausschuss setzt sich aus aktiv. Mitarbeitern und Vertretern der deutschen Patienten des A,C und D Baues zusammen und arbeitet eng mit der kulturellen Abteilung der Betreuungsst.
zusammen. Unser freiwilliger Ausschuss der deutschen Patienten hat sich
auch in den bereits bestehenden allgemeinen Kulturausschuss eingeschaltet, und wir wollen somit eine kameradschaftliche Zusammenarbeit mit allen Patienten ohne Unterschied auf Nationalität oder Religion erstreben.
Wir wollen die Interessen der deutschen Patienten vertreten und durch
aktive Mitarbeit die bereits bestehenden kulturellen Einrichtungen unterstützen und fördern. Wir begrüssen genau wie alle unsere Mitpatienten diese Einrichtung; das Kino, die Bücherei, das Hausradio mit seinen

vielseitigen Programmen, die Veranstaltungen im Kinosaal etc.als will-
kommene Abwechslung und als ein grosses Plus für das Wohlbefinden in
dieser Heilstätte. In der Weiterentwicklung unseres freiwilligen Ausschusses der deutschen Patienten hoffen wir auf eine gute und kameradschaftliche Zusammenarbeit mit Direktion, Betreuungsstelle und mit dem
Ausschuss der heimatlosen Ausländer dieses Sanatoriums auf kulturellem
Gebiet. Nicht nur der Ausschuss, sondern alle mögen mithelfen bei der
Bildung einer freundschaftlichen und kameradschaftlichen Gemeinschaft!

=.=.=.=.=.=.=.=.=.=.=.=.=.=

DIE FRAUEN IM KULTURELLEN LEBEN

Wir haben in den letzten Jahren viel über Gleichberechtigung gehört.
Hier ist vom Recht, vom gleichen Recht die Rede. Wäre es nicht einmal
gut, wenn man von Verantwortung, vielleicht von gleichen Verantwortung-
en sprechen würde! Zweifellos hat die Frau Pflichten und Verantwortung-
en und zwar auch solche, die sich nicht direkt auf Haushalt und Familie
beziehen. Besonders in früheren Zeiten galten die drei K's (Küche,Kin-
der,Kirche) fast als der alleinige Bereich, in dem die Frau ihre Aufgabe haben durfte. Natürlich wird die Frau hier vorwiegend ihre Bestimmung finden. Darüber hinaus hat die Frau aber auch andere Wirkungsmög-
lichkeiten.
Im kulturellen Leben der einzelnen Völker hat die Frau zu allen Zeiten eine Rolle gespielt. Kulturelles Leben heisst all das, was im Bereich der Kultur lebendig ist: es ist das bildende und unterhaltende ,
künstlerische Element. Alles auf kulturellem Gebiet Geschaffene lässt
sich nicht betrachten ohne die Beachtung des Anteils, den die Frau daran hat. Mögen wir hinschauen wohin wir wollen, gehen wir in die Kunst-
ausstellungen, Konzerte, Theater! Nicht einmal soweit müssen wir gehen,
denn sitzen wir nur daheim und hören Radio, lesen Bücher, Zeitschriften,
Zeitungen, überall können wir den kulturellen Einfluss der Frau erleben.
Viele Aufgaben gibt es, die von Frauen besser und feiner erfüllt werden
können, für die Frauen geeigneter sind. Was wäre der Rundfunk ohne die
Frau! Wie oft hören wir hier die angenehme Stimme einer Vortragenden .
Wie gross ist der Anteil der Frau an Dichtung und Theater gewesen!Verse
der griechischen Dichterin Sappho sind von bleibender Gültigkeit und
Schönheit. Unvergleichliches schufen Frauen wie Annette von Droste -
Hülshoff, Ricarda Huch, Isolde Kurz, Elizabeth Barret Browning, Emily
Dickinson. Viele könnte man nennen, grosse Schauspielerinnen, Sänger -
innen, schaffende Künstlerinnen. Aber wie soll man erklären, dass es gar
keine grossen Komponistinnen gibt? Viele grosse Frauen der Geschichte
widmeten sich kulturellen Dingen, denken wir nur an Königinnen, Äbtis-
sinnen, Mäzeninnen. Neulich stand über eine Dichterin geschrieben, ihr
Lebenswerk wäre es gewesen, die Menschen von ihrer Einsamkeit zu erret-
ten und die Beziehung von Mensch zu Mensch zu vertiefen. Wahrhaftig ein

schönes Werk! Nicht zuletzt sind der Frau gerade kulturelle Aufgaben gestellt im engen Bereich der Familie, wo sie selbst die bescheidenste Wohnung mit Behaglichkeit und der Atmosphäre eines echten Zuhause erfüllen
kann.

Die Werte des kulturellen Lebens gehören zu den kostbarsten, weil sie
zu den Dingen zählen, die Freude bringen, zum Schönen und Edlen erzieh-
en, Langeweile vertreiben, vor Einsamkeit bewahren, Werte vermitteln ,
bilden und formen. Aber wir Frauen können nicht alle zum Grossen berufen sein. Das sind nur wenige Auserwählte, die um dieser Auserwähltheit
willen oft auch grosse Verzichte leisten müssen. Nach Kräften und Fähigkeiten können wir jedoch einen Beitrag leisten. Selbst eine konstrukti-
ve Kritik kann manchmal nützlich sein.

G.

=.=.=.=.=.=.=.=.=.=.=.=.=.=.=

Liebe F r e u n d i n !

Mit grossem Interesse habe ich Deinen ersten Brief aus dem Sanatorium gelesen. Wie sehr ich es bedauere, dass Du dort einige Monate sein
mußt brauche ich Dir wohl nicht zu sagen. - Dein ausführlicher Bericht
über das kulturelle Leben in eurem Hause hat meine besondere Aufmerksamkeit erregt - Radiosender - Bibliothek - Lesezirkel - Kinovorstellungen-
usw.. Was habt Ihr da nicht für Möglichkeiten zur Unterhaltung. Weisst
Du, es würde mir einen königlichen Spass machen einmal eine Radiosendung
vorzubereiten. Wir sitzen doch immer nur am Rundfunkgerät und hören an was
man uns bietet; aber einmal selbst etwas zu veranstalten, aktiv mitzu -
machen und nicht immer der passive Teil zu sein, ist das nicht schön?

Du berichtest mir von Wunschkonzerten und Glückwunschsendungen. Da könnt
Ihr ja wirklich einmal so viele schöne und wenig gespielte Melodien
wünschen und müsst Euch nicht immer die abgedroschenen Schlager anhören,
die am Bayerischen Rundfunk gespielt werden. Ich mache schon oft das Gerät aus, weil sie mich langweilen. Platten die Ihr Euch wünscht müssen ja
angeschafft werden. Mir fallen jetzt während dem Schreiben schon Wünsche
ein. --- Oder wünscht Ihr Euch am Ende auch immer die gleichen Strassen-
hauer??? Nein, ein so grosses Armutszeugnis werdet Ihr Euch sicher nicht
ausstellen. Habt Ihr auch eine Sendung für die Frau? Du schreibst gar -
nicht darüber. Das gehört doch unbedingt zu Eurem Programm.

Eine umfangreiche Bibliothek steht auch zur Verfügung. Sicher gehörst
Du zu den eifrigsten Leserinnen. Mit guten Büchern werden Dir die langen
Liegekuren garnicht mehr so unendlich vorkommen. Wie Du schreibst kann
ein Buch, dass bei mehreren Patienten Interesse findet, gekauft werden.
Wie gut kann ich mir Deinen Wunschzettel vorstellen, den Du vor dem Neu-
einkauf vorlegen wirst.

Ihr Frauen solltet mit besonders grossem Schwung und Eifer das Programm durch Eure Ideen bereichern und erweitern. Wenn Du mithelfen kannst
Deinen Mitpatienten die Zeit angenehm und abwechslungsreich zu gestalten
hilft es Dir sicher auch Deine eigene, momentan schwere Situation zu meis-
tern. Ihr solltet Euren ganzen Ehrgeiz daran setzen das Programm so vielseitig wie nur eben möglich zu gestalten, ohne den Anderen Schund vorzu-
setzen.

ELIZABETH.

=.=.=.=.=.=.=.=.=.=.=.=.=

WER WIRD MITARBEITER VON " RADIO GAUTING ".

Diese Frage möchte ich am liebsten ganz kurz beantworten, indem ich sage: " Der, der kommt". Viele werden einwenden: " Ich weiss nicht, ob ich vor dem Mikrophon sprechen kann " ? Dazu möchte ich nur bemerken , dass noch keiner, der seine Stimme auf Tonband gehört hat, sie sofort als seine eigene wiedererkannt hat. Also nicht gleich von vorn herein ablehnen, sondern auf jeden Fall mal einen Versuch machen. Es braucht sich niemand zu fürchten, dass er einfach, wenn er keine geeignete Stimme zum Sprechen hat, abgeschoben wird. Wir sind alle Patienten, die freiwillig für die, die mit uns das gleiche Los tragen, arbeiten. Ja es ist wirklich produktive Arbeit und keine Spielerei wie es manche be - zeichnen. Es sind so viele Möglichkeiten der Beschäftigung, so viele Wirkungsbereiche, die gar nicht so sehr in Erscheinung treten. Wer fragt denn bei einer Sendung nach demjenigen, der die Tonbandaufnahmen ge - macht hat, sie listenmässig erfasst und das Programm zusammengestellt hat, wieviel Arbeit das Plattenarchiv macht, wer bettlägerige Patien - ten besucht und nach ihren Wünschen fragt! Das wird als selbstverständ - lich hingenommen. Wir sind ja alle keine Fachkräfte, das möchte ich in diesem Zusammenhang betonen, und es wäre grundfalsch uns mit dem Bayer - ischen Rundfunk zu vergleichen. Wir geben uns alle Mühe, nette und un - terhaltende Sendungen zu bringen und hoffen dabei in Zukunft auch auf Ihre Mitarbeit.

Ich selbst bin seit dem 4. März 1954 hier im Sanatorium. Von Anfang an war ich bestrebt, meine Zeit auch hier zu nützen, und so kam ich da - rauf, Mitarbeiter von Radio Gauting zu werden. Gleich zu Beginn fühlte ich, dass ich durch diese Arbeit meine Freizeit zweckdienlich ausfüllen konnte. Ich glaube, dass es vielen wie mir eine Freude bereiten würde , die Musestunden durch eine Betätigung, zu der man Lust und Liebe hat , zum Teil verwenden zu können. Es gibt doch kaum jemanden, der nicht eine gewisse Leere empfinden wird, wenn er hier untätig herumsitzen muss . Auch als Mitarbeiter bleibt einem für andere Dinge noch genügend Zeit übrig. Ich möchte auch erwähnen, dass, seitdem ich bei unserem Hausfunk mitarbeite, ich nicht mehr soviel über meine Krankheit nachgrübele wie früher und meine Heilung dadurch wesentliche Fortschritte gemacht hat.

Vielleicht überlegen Sie einmal und fragen sich, ob Sie nicht auch Lust haben, Mitarbeiter von Radio Gauting zu werden.

J. HOFFEREK

KULTURELLES LEBEN DER NATIONALGRUPPEN.

Durch Kriegseinwirkungen wurden wir gezwungen unsere Heimat und unser Vaterland mit all seinen geistigen und materiellen Gütern zu verlassen . Wir haben uns hier zusammengefunden aus verschiedenen Ländern, von verschiedenen Nationalitäten und mit verschiedenen Schicksalen. Uns blieb Zeit über die ganze Sinnlosigkeit des Geschehenen nachzudenken,und unsere Herzen bluten noch immer im Schmerz um das Verlorene. Nur wer solches verlor, kann unseren Schmerz ermessen. Und wenn unsere Heimat auch noch so weit ist, wir gedenken ihrer immer. Wohin uns auch immer das Schicksal treiben mag, wir leben unser geistiges und seelisches Leben wie wir es zu Hause gewohnt waren und wir es geübt haben. Wir bemühen uns, unsere Sitten und Gebräuche zu erhalten. Hier im Sanatorium haben wir einen Kulturkreis gegründet, um wenigstens im kleinem Masse unsere Gepflogenheiten zu bewahren. Mit geringen Mitteln, die wir zur Verfügung haben, brachten wir es zustande, dass zu pflegen und zu fördern, was tief in unserem Herzen verwurzelt ist: die Eigenart unseres Volkes und seine kulturellen Werte.

Die Nationalsendungen unseres Hausradios bieten uns dazu eine grosse Hilfsmöglichkeit. Sie haben nämlich für uns Heimatlose nicht nur den Zweck der reinen Unterhaltung. ------------ Jede Nationalsendung bringt besondere Freude, hören wir doch hier den Klang der alten Heimat und spüre n die Macht des heimatlichen Liedes über unser Herz. Erinnerungen werden in uns wach, Gedanken steigen in uns auf, die oft das Auge feucht werden lassen. Aber nicht nur wehmütige Stimmungen rufen sie bei uns hervor,sondern auch Stolz und Glück, das Wissen um grosse Güter, die wir besassen und denen wir verpflichtet sind. Wir dürfen diese Lieder, diese Dichtung, all diese kulturellen Werte nicht vergessen, wenn wir nicht etwas von unserem Selbst aufgeben wollen. Das auf kulturellem Gebiet Geschaffene ist von den Völkern oft durch Kampf und durch Opfer errungen und bewahrt worden. Uns ist die Aufgabe gegeben, es weiterhin zu behüten. Die kulturellen Werte unseres Volkes bedeuten uns, die wir hier krank und oft hoffnungslos sind, auch eine Kraftquelle. Sie geben uns Stärke und Geduld auf jene Zeit zu warten, die unseren Völkern Freiheit, Gerechtigkeit bringt und halten in uns die Hoffnung wach, einmal in die Heimat zurückkehren zu können. Die Nationalsendungen, überhaupt die Pflege der kulturellen Güter der einzelnen Völker, haben noch einen weiteren Sinn, denn sie sollen zum gegenseitigen Verstehen beitragen. Kein Volk kann man kennen, wenn man nicht um seine Kultur weiss. Und wie in der grossen Welt vieles getan wird, um sich gegenseitig verstehen zu lernen, so wollen wir uns hier im Kleinen um dieses Verstehen bemühen. Wenn man sich um die kulturellen Werte des Anderen kümmert, sie achten und sie schätzen lernt, dann ist auch hier viel zur allgemeinen Verständigung getan.

Die grosse Bedeutung unserer Nationalsendungen, unserer Veranstaltungen und unserer Bücher in der Muttersprache darf nicht verkannt werden, wo wir hier gezwungen sind mit Menschen von den verschiedensten Nationalitäten zusammen zu leben. All jenen, die sich für unsere Sendungen eingesetzt haben, gebührt unser Dank. Unser Wunsch und unsere Bitte ist es, weiterhin uns Verständnis entgegenzubringen, damit wir, die vieles verloren haben, uns wenigstens noch der Kulturellen Güter unserer Heimat erfreuen können. Die Erfüllung dieser Bitte dürfte wohl nur ein Gebot der reinen Menschlichkeit sein.

                                          B. TARASSOW

Wissen Sie dass:

im Sanatorium Gauting
      771 Männer und
      262 Frauen sind.

von den 1033 Patienten
      453 Deutsche und
      580 Ausländer sind.

im Sanatorium Gauting
      24 verschiedene Nationen vertreten sind.

Albanien	2	Lettland	66
Bulgarien	6	Litauen	33
Byelo USSR	7	Nansen	42
CSR	21	Österreich	3
Deutschland	453	Polen	135
Estland	13	Pol.Ukr.	100
Frankreich	1	Rum.Ukr.	1
Franz.Marokko	1	Rumänien	5
Griechenland	6	Saarland	1
Italien	2	USSR	29
Jugoslavien	25	USSR Ukr.	21
Juden	37	Ungarn	23

=.=.=.=.=.=.=.=.=.=.=.=.=.=

IM JANUAR 1949
=.=.=.=.=.=.=.=.=.=.=.=.=.=.=.=

"Ausschnitt einer Sendung"

Vor 28 Wochen - und zwar am 5.10.1948 kamen 12 Damen u. Herren
-Patienten und Angestellte des Sanatoriums- abends um 7 Uhr in der
Patientenbibliothek zusammen. Sie hatten sich vorgenommen verschiedene Veranstaltungen zu organisieren und darunter auch einen Haus-
sender, der einmal in der Woche senden sollte, zu gründen. Sie dis-
kutierten bis spät in die Nacht hinein. Fast jeder hatte eine andere Idee. Das müsste man machen, dies müsste man machen. So wäre
es gut, so wäre es besser. Jeder hatte Recht und jede Idee war gut.
Und so verschieden die Ideen auch waren, das Ziel, dass sich diese
Menschen gesetzt hatten, war das Gleiche. - Nämlich: Alle Hebel in
Bewegung zu setzen und alles zu tun was im Bereiche ihrer Macht
steht, um ihren kranken Mitmenschen das eintönige Leben, die leeren
Tage und schlaflosen Nächte des Krankseins so erträglich und ab -
wechslungsreich wie nur möglich zu machen.

Und 14 Tage später, genau vor 26 Wochen - hörte man zum ersten
Mal die Anfangs-Trompetenstösse von James Trompetenkonzert als Pau-
senzeichen des neugegründeten Haussenders Gauting. Die Einen lachten, die Andern sagten: "ach wie interessant"; Die Einen boten uns
sofort ihre Mitarbeit an, die Andern lachten weiter und sagten:
" das machen sie nur einmal, zweimal oder höchstens dreimal, und dan
ist es vorbei." Die Einen arbeiteten unerschüttert weiter daran, die
Sendungen technisch und programmässig weiter auszubauen und zu verbessern, die Andern stöhnten und sagten: " das macht zuviel Arbeit,
wir können es nicht auf die Dauer aushalten" . Und während man sich
in diesem Sinne darüber unterhielt, nahmen die Sendungen ihren Lauf
fort, denn die Begründer kannten nur eine Parole, nämlich: wir wol-
·len, wir können und wir müssen durchhalten.

Und heute, nach siebenmonatiger Sendedauer, ist der Sender für
die Patienten eine Selbstverständlichkeit geworden.

Wir möchten Ihnen, liebe Hörerinnen und Hörer, unsere 1. Sendung in Erinnerung rufen.-

Vor zweieinhalb Jahren, am 19.8.1949 erklang die Stimme unserer damaligen Mitarbeiterin Frau Dawidowitsch, die inzwischen leider verstorben ist.

"Hallo, hallo, - hier ist Radio Gauting, der Haussender des Sanatoriums.- Wir beginnen mit der Serie unserer regelmässigen Sendungen. Keiner darf unser heutiges Programm versäumen! Wir bringen Ihnen viel Wichtiges und Interessantes und deshalb ergeht an Sie eine kleine Bitte.- Schauen Sie bitte schnell zu Ihrem Nachbarn von nebenan und von gegenüber hinein und vergewissern Sie sich, ob auch sie ihre Lautsprecher eingeschaltet haben. Wir lassen jetzt eine Platte laufen. Und Sie sorgen inzwischen dafür, dass keinem unsere heutige Sendung entgeht.-

Sind Sie schon meiner Bitte nachgekommen? Vielen Dank! Ich freue mich, Sie alle jetzt vollzählig an den Lautsprechern versammelt zu wissen.

Ich begrüsse Sie nun- meine lieben Hörer und Hörerinnen, liebe Patienten des Sanatorium Gauting und erlaube mir, mich Ihnen vorzustellen. Mein Name ist - S a h a r a - Eigentlich ist das mein Künstlername. Ja, ich bin nämlich - Lebenskünstlerin! Sie lächeln? - Sie sollten es nicht tun, denn es ist mein Ernst.- Schenken Sie mir einige Augenblicke Gehör und Sie werden sich von der Richtigkeit meiner Behauptung überzeugen. Nun - ich habe zwei Weltkriege hinter mir, habe das KZ, mit allen seinen Grausamkeiten und Schrecknissen überlebt. - Seit 1945 bin ich ununterbrochen Patientin des Sanatoriums Gauting und bei alldem - bin ich, wie Sie hören vergnügt und munter. -

Liebe Hörerinnen und Hörer!

Es ist schon lange her, dass sich eine Gruppe
von Patienten zusammengeschlossen hat, mit dem Ziele,
das kulturelle Leben im Sanatorium aufzubauen, um
den Patienten in dieser Hinsicht das Leben zu er=
leichtern und angenehmer zu gestalten. Eines von ihren
Zielen war, die Gründung eines lokalen Radio-Senders
mit eigenem Programm. Nicht viele der heutigen Patienten,
erinnern sich an die ersten Sendungen. Die Wenigen aber,
die die Gründung unseres Senders miterlebt haben, wissen,
mit wieviel Mühe, Arbeit und Enthusiasmus die Patienten
an die Verwirklichung der Idee herangegangen sind.

Die Freitags-Sendungen wurden seit dem zu einem
Begriff und Bestandteil unseres Sanatorium -Lebens.
Die technischen Verbesserungen, haben neue Arten von
Sendungen ermöglicht wie z.B. Glückswelle, Mitarbeit der
bettlägerigen Patienten u.s.w., u.s.w. Dadurch wurde auch
das Interesse der Zuhörer gesteigert. An Geburtstagen von
seinen Freunden gegrüsst zu werden, oder sich eine beliebte
Schallplatte zu wünschen, über Sanatoriums-Neuigkeiten
informiert zu werden und einen gesellschaftlichen Abend
beim Leutsprecher, der alle Patienten verbindet, zu ver=
bringen, das ist das Ziel und die Freude, die diese zwei
Stunden den Hörern bringen sollen. Wir wollen auch weiter=
hin bemüht bleiben, Ihnen liebe Hörer, jeden Freitag zur
gewohnten Stunde, ein bis'chen Unterhaltung zu bringen.
Damit aber der persönliche Kontakt zwischen Ihnen und uns
weiter gefördert wird, würden wir uns sehr erfreuen, wenn
aus Ihren Kreisen, Wünsche, Kritiken und Vorschläge an
uns gehen, denn wir wollen ja gerne jeden Geschmack
treffen und alle zufriedenstellen.

Sicher sind unter den neuen Patienten einige darunter
die ein wenig Begabung und vielleicht auch Lust haben
an unseren Sendungen mitzuwirken.

Nun haben wir für Sie ein Verzeichnis unseres Platten=
archives angefertigt, das Ihnen anschliessend vorliegt.
Sie werden sicher feststellen, dass eine lange Reihe guter
und schöner Platten dabei ist. Für die Freunde klassischer
Musik besondere Kunstgenüsse, aber auch die leichte Muse
kommt nicht zu kurz. Wir werden weiterhin den Platten=
vorrat mit den neuesten und beliebten Erscheinungen ver=
mehren. Sie sehen also liebe Hörer, man ist bemüht, Sie
zufriedenzustellen. Lesen Sie sich unser Verzeichnis durch
und lassen Sie uns Ihre Wünsche wissen, wir werden gerne
versuchen allen gerecht zu werden.

"Der Sender Gauting"

ETWAS VON EINER TONFILMKABINE.
=.=.=.=.=.=.=.=.=.=.=.=.=.=.=.=.=.=.=

Jeder Besucher eines Kinos weiss wohl heute, dass die Einzelbildchen
des Films von einem Projektionsapparat auf die Leinwand geworfen werden
und durch ihre rasche Aufeinanderfolge für das Auge zu einem bewegten
Bild verschmelzen. Neben der Bildreihe aber hat der Tonfilm, für den Zuschauer nicht sichtbar, die "Tonschrift", die von besonderen Geräten aufgenommen, verstärkt und im Lautsprecher hörbar gemacht wird. Das geschieht
in der Vorführkabine.

Man kann diese Vorführkabine, die sich hinter der Rückwand des Thea-
terraumes befindet, das Herz des Kinos nennen. Denn dort "pulsiert" der
Film in der Projektionsmaschine, die das Bild auf die Leinwand wirft.

Ein modernes Kino besitzt meist zwei oder drei solcher Maschinen, die
etwa zwei Meter gross sind. Früher wurden die Vorführungen in einzelne
Akte unterteilt. Da ein Programm mit Spielfilm, Wochenschau und Kultur-
film durchschnittlich dreieinhalb Kilometer Film umfasst, der in sechs-
hundert Meter langen Streifen auf Spulen gewickelt ist; ein Meter etwa
zwei Sekunden abläuft, eine Rolle also in etwa zwanzig Minuten, musste,
weil nur ein Projektor da war, die Handlung zum Spulenwechsel unterbroch-
en werden. Heute dagegen "überblendet" der Vorführer, das heisst, er läßt
kurz vor dem Ende des einen Filmstreifens den nächsten auf der zweiten
Maschine anlaufen, öffnet deren Lichtklappe und schliesst die der ersten Maschine. Von diesem Wechsel, der durch einen Handgriff ausgelöst wird,
merkt der Kinobesucher nichts.
Zur Projektion muss das einzelne Bild seine Bewegung einen Augenblick lang
unterbrechen und vollständig ruhig stehen. In jeder Sekunde machen so vier-
undzwanzig Filmausschnitte hintereinander einen kurzen Halt vor dem Ob-
jektiv und rücken dann geschwind weiter. Eine HUNDERTSTEL-SEKUNDE dauert
das Schalten von einem zum nächsten Bildchen. So wandern in einem Kino-
programm etwa einhundertfünfundachtzigtausend einzelne Bildchen durch die
Maschinen. Damit die Weiterbewegung des Films zwischen zwei Bildern nicht
stört, hat man in den Strahlengang der Lampe eine rotierende Flügelblen-
de eingeschaltet, die das Licht während des Vorschubes abdeckt.

Die Bogenlampe in dem grossen Gehäuse hinter dem Werk, deren Licht-
punkt eine Temperatur von sechstausend Grad, also Sonnenhitze hat, kon-
zentriert ihr Licht mit Hilfe eines Hohlspiegels auf dem Film. Wie hell
die Lampe und wie scharf das kleine Filmbildchen, das Abmessungen von
15,2 mal 20,3 Millimeter hat, sein muss, kann man daraus ermessen, dass
die Szene auf der Leinwand in etwa hunderttausendfacher Vergrösserung erscheint.

Th.Gröters

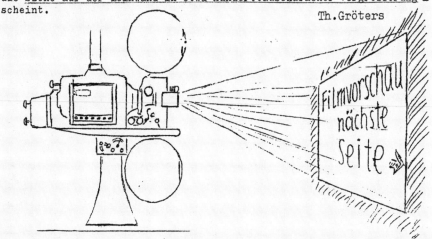

RADIO - GAUTING

Wie Sie ja alle wissen haben wir verschiedene Arten von Sendungen und Programmen.

Am Montag beginnen der Sendeleiter Herr DECETIARUK und Frau BARTOSCHKO mit der Sendung "Glückwünsche und Telegramme". Für diese Sendung können Sie am Samstag zwischen 1o.3o und 11.3o Ihre Wünsche mit den entsprechenden Platten in der Betreuungsstelle angeben und wir übermitteln dann für Sie die Geburtstags- Namenstags- und Entlassungswünsche. Mit der Auswahl der Platten stellen Sie mehr oder weniger selbst diese Sendung zusammen. Wenn Sie also nicht immer die selben Schallplatten auswählen, werden auch diese Sendungen viel mehr Abwechslung als bisher bringen. Die selbe Art von Sendung serviert Ihnen am Mittwoch der Sendeleiter Herr TARASSOW und Herr OLEKA. Für diese Sendung können Sie die Glückwünsche am Dienstag von 11 - 12 Uhr in der Betreuungsstelle abgeben. Wie schon gesagt sind Sie es, die die Sendungen eigentlich zusammenstellen. Nachdem Sie nun Ihre Glück- wünsche abgegeben haben gehen unsere Mitarbeiter an die Arbeit. Die ganzen Einsendungen müssen nach den einzelnen Platten aus- sortiert und auf die Richtigkeit des Wortlautes geprüft werden. Oft kommen nähmlich sehr schlecht geschriebene Glückwünsche und es ist sehr schwer alles richtig zu entziffern. Darum die eine Bitte: Schreiben Sie gut leserlich, wenn möglich in Druckschrift. Ihnen wird das ja sicher nicht viel ausmachen und Sie erleich- tern uns dadurch die Arbeit um ein beträchtliches Stück.

Die Diensttagssendung die vom Sendeleiter Herrn UMMENHOFER und Herrn KOTALA geleitet wird steht unter dem Motto "Zauber der Melodie". In dieser Sendung kommen alle Freunde auf Ihre Rechnung, die gerne Operetten und leichte Unterhaltungsmusik hören. Gern erfüllen wir in Zukunft auch Ihre diesbezüglichen musikalischen Wünsche Am Donnerstag führt Sie Herr Sende- leiter HÖFER mit Frl. LANDGRAF durch das Reich der klassischen Musik und Oper, denn schliesslich wollen wir ja allen, auch den Freunden der ernsten Musik, mit unseren Darbietungen eine Freude be- reiten. Im Rahmen dieser Sen- dung bringen wir Ihnen auch Originalübertragungen aus unserem Senderaum. Frau NARUNS spielt Ihnen am Flügel Musikstücke. Ausserdem machen wir Sie mit dem Leben und Schaffen der einzelnen Komponisten bekannt. Gleichfalls erfüllen wir auch von Zeit zu Zeit die musika- lischen Wünsche der Freunde dieser Art von Musik.

Und nun hat der Sendeleiter Herr MINAREK noch die Freitag- Abendsendung, in der Ihnen wohl am meisten geboten wird. Als Sprecher fungieren in dieser Sendung Frl. LANDGRAF, Frl. PURSCHKE, Herr KOTALA,

Stankaitis

der nebenbei bemerkt auch unser Glückswellenonkel ist, Ferr HÖFER und Ferr
LUTZ. An diesen Abenden bringen wir
Ihnen Glückswellen, Hörspiele, Kleine
Rätselsendungen, erfüllen Ihre
musikalischen Wünsche, spielen für
Sie ernste und heitere Melodien,
alte und neue Schlager, kurz wir
versuchen für jeden etwas zu
bringen. Für jede dieser Art von
Sendungen muss ein Manuskript
ausgearbeitet werden. Bei den
Glückswellensendungen muss ein aus
fünf bis sechs Personen bestehen-
des Grämi- um die Auflösungen
durchsehen und die Richtigen
von den Falschen aussortieren.
Die Verlosung geht unter verschiedenen Zeugen, die teilweise aus Patienten bestehen
vor sich. Oft müssen <u>für</u>
<u>die einzelnen Sendungen</u> auch
<u>noch verschiedene Tonband-</u>
<u>aufnahmen</u> gemacht werden.
Sie sehen also, dass ziemlich
viel Fleiss und Arbeit notwendig sind um eine Sendung
darbieten zu können. Wir wollen
Ihnen nun auch am <u>Freitag</u>
<u>Vormittag</u> eine kurze Sendung
während der Sende-pause des
Bay. Rundfunks bringen. Verschiedene Male stellte Ihnen
Herr HÖFER bereits neue und

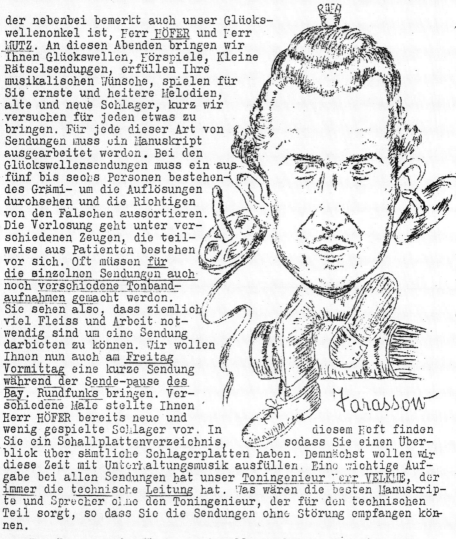

Farassow

wenig gespielte Schlager vor. In   diesem Heft finden
Sie ein Schallplattenverzeichnis,   sodass Sie einen Überblick über sämtliche Schlagerplatten haben. Demnächst wollen wir
diese Zeit mit Unterhaltungsmusik ausfüllen. Eine wichtige Aufgabe bei allen Sendungen hat unser <u>Toningenieur Herr VELKLE</u>, der
<u>immer die technische Leitung hat</u>. Was wären die besten Manuskrip-
te und Sprecher ohne den Toningenieur, der für den technischen
Teil sorgt, so dass Sie die Sendungen ohne Störung empfangen können.

    Das Programm der Woche sowie alle Verbesserungen der Sen-
dungen werden in den Versammlungen der Radiosendeleiter, die jeden Donnerstag in der Betreuungsstelle stattfindet, besprochen
und beschlossen. Doch auch unsere Ausländischen Leidensgenossen
hören gern ihre vertrauten Heimatklänge und so haben <u>am Montag</u>
<u>die Ukrainer am Dienstag die Balten</u>, <u>am Mittwoch die Polen</u> und
<u>am Donnerstag die Russen oder Serben</u> Sendungen in ihrer Heimat-
sprache. Wir bringen also für jeden Patienten etwas und somit
trägt unser Hausradio einen grossen Teil zum Wohlbefinden der
Patienten bei.

                                        KARLHEINZ HOEFER

LIEBE FREUNDE,

Sie alle haben sicher schon viel von der sogenannten
Radiofamilie gehört. Doch was für eine Einrichtung ist
das eigentlich und welchen Zweck verfolgt sie ? Die
wenigsten von Ihnen werden etwas Genaueres darüber
wissen; Ihnen ist lediglich bekannt, dass die Mit‑
glieder eine rote Legitimationskarte besitzen,
einen kleinen Beitrag zahlen und gelegentlich er‑
mässigte Eintrittskarten zu Kino- Varieteé- und
Theatervorstellungen bekommen.

Das eigentliche Ziel unserer Gemeinschaft
liegt aber woanders. Um es Ihnen besser ver‑
ständlich zu machen, möchte ich ganz kurz über
die Entstehung der Radiofamilie berichten.

Als unsere kulturelle Arbeit noch in den
ersten Kinderschuhen steckte, hatten alle
Patienten gleichen Zutritt zu allen Ver‑ bei
anstaltungen. Leider mussten wir da- mals tungen
Kulturfilmen und auch bei anderen Ver- anstal‑
sehr unangenehme Erfahrungen machen.
Einige Patienten denen das Gezeigte
nicht so zusagte, benahmen sich sehr
laut und ruhestörend. Zunächst ver‑
suchten wir die Patienten zurechtzu‑ weisen
und baten sie von den Vorstellungen fern zu
bleiben, aber leider ohne Erfolg. Unsere
Vorstellungen wurden immer wieder gestört.
Wir überlegten nun, wie dem abge‑
holfen werden könnte. So kamen wir zu dem Entschluß,
alle Patienten die an kulturellen Veranstaltungen interessiert
sind, zu einer Gemeinschaft zusammenzuschliessen. Es bildete sich damals
ein kleiner Kreis, den wir Radiofamilie nannten. Unser letztes Ziel in
der Radiofamilie war es aber von jeher, alle Patienten in Kameradschaft
zu einem Kulturkreis zusammenzuschliessen. Dies kann uns natürlich nur
gelingen, wenn Sie möglichst zahlreich beitreten. Wir haben jetzt ca.
250 Mitglieder, hoffen aber sehr, diese Zahl bald zu verdoppeln.

Jeder Patient des Sanatoriums, ohne Ausnahme, kann aufgenommen werden.
Auch die bettlägerigen Patienten sind als Mitglieder herzlich willkommen.
Die Aufnahmegebühren betragen DM -.30. Der laufende Beitrag beläuft sich
auch nur auf DM -.30 im Vierteljahr. Jeden Mittwoch zwischen 11 und 12
Uhr können Sie sich in der Betreuungsstelle anmelden.
Nur eines verlangen wir strikte von allen unseren Mitgliedern:- Einwand‑
freies Benehmen. Dieser Bestimmung müssen sich alle ohne Ausnahme unter‑
werfen. Ein Zuwiederhandeln hat unweigerlich den Ausschluss aus der Ge‑
meinschaft zur Folge. Sollten Sie einmal berechtigte Klagen vorzubring -
en haben, so können Sie das auch am Mittwoch zwischen 11 und 12 Uhr tun.
Wir bemühen uns mit allen uns zur Verfügung stehenden Mitteln Ihren Auf‑
enthalt angenehm und abwechslungsreich zu gestalten, dafür dürfen wir aber
von Ihnen ein einwandfrei korrektes Benehmen verlangen.
Für den Herbst und Winter ist schon ein Programm in Aussicht genommen.In
den nächsten Monaten sollen Theaterfahrten, Kulturfilme, Unterhaltungs‑
filme, Bildervorträge, Veranstaltungen usw. stattfinden. Sie sehen, daß
Programm scheint einiges zu versprechen.

Bei unserem letzten Kulturausschuß wurde bemerkt, daß der Name "Radio‑
Familie" auf viele Patienten befremdend wirkt. Dies scheint mir die Ur‑
sache, warum sich längst nicht alle Patienten an unsere Gemeinschaft an‑
geschlossen haben. Nun, für unsere Arbeit spielt der Name keine Rolle .
Wir haben deshalb im Kulturausschuss beschlossen, diese Frage den Patien‑
ten zur Entscheidung vorzulegen. Sie sollen also unter drei vorgeschlagen‑
en Namen entscheiden.: 1.) Kulturkreis, 2.) Kulturgemeinschaft, 3.) Radio‑
familie. - Die Umfrage wird in nächster Zeit stattfinden.

MENARLI

F I L M V O R S C H A U :

In den nächsten Wochen werden in unserem Kino unter anderem folgende
bekannte Filme vorgeführt:

" Vom Winde verweht "   mit Gable und Leigh

" Quo. vadis "   mit Taylor und Kerr

" Sauerbruch das war   mit Balser und Hatheyer
        mein Leben "

" Der Zigeunerbaron "   mit Hörbiger

" Das fliegende Klassen-   mit Dahlke, Klinger und einer Schar
        zimmer "   Lausbuben

" Ännchen von Tarau "   mit Ilse Werner

" Die Glenn Miller Story"   mit James Stewart

" Die Toteninsel "   mit Pampanini

" Brot, Liebe u. Fantasie"   mit De Sica u. Lollobrigida

" Menschen der Nacht "   mit Gr. Peck und Crawford

" Schloß Hubertus " Der erste Garutso-Plastorama-Farbfilm.

Im Anschluss an das Schallplattenverzeichnis aus Film und Operetten
finden Sie die Voranzeige für Schmalfilme, die wir für Bettlägerige
Patienten vertraglich abgeschlossen haben.

SCHMALFILM - VORANZEIGE

für die bettlägerigen Patienten

Tanz u. Unterhaltung

1. **ACCELERATIONEN**
Walzer. (Johann Strauss)
Hans Bund mit seinem Orchester.

2. **ARME KLEINE MARINA**
Lied und Slowfox. Paul Giese-Rolf Merz.
Gesang: René Carol und die Telestars.
Tanzorchester Hans Köpke

3. **ANGELINA**
Fox-Step aus dem Film "Le chanteur
inconnu" ("Der unbekannte Sänger")
A.Roberts - D.Fisher. Tino Rossi.

4. **AN DE ALSTER, AN DE ELBE, AN DE BILL**
Lied. (Rothenburg-Strassmann-
Rothenburg).
Richard Germer mit Chor und Orchester-
begleitung

5. **A LA FRANCAISE**
(Ledru - Fontenoy)
Maurice Chevalier mit Jo. Boyer und
seinem Orchester

6. **AGNES WALZER**
William Hannah. Mantovani und sein
Orchester

7. **AMARA, DAS ZIGEUNERMÄDCHEN**
Walzerlied (Kessler)
Friedel Hensch und die Cyprys
Horst Wende mit seiner Tanz-Besetzung.

8. **AUF JAMAICA SCHENKEN ABENDS DIE MATROSEN**
Baiao - Degarro - Hoff.
Sylvia Dahl mit Gesangsterzett.
Sigi Stenford mit seinen Solisten

9. **ANNA**
(The Baion) (El Negro Zumbon)
Originalaufnahme a.d. I.F.E. Schorcht-
Film "Anna" . (Roman-Giordano)
Silvana Mangano mit Instrumentalbe-
gleitung

10. **AVE CANTORA**
Argentinischer Tango. (Malando)
Malando und sein Orchester

11. **ADIOS, PAMPA MIA**
Tango. (Canaro) Malando und sein Tango-
Orchester. Sänger: Anna Sandor und
Frits Wanders.

Wissen Sie dass:

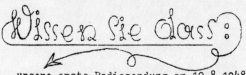

unsere erste Radiosendung am 19.8.1948 stattfand.

unsere erste Glückswelle am 1. September 1951 anlässlich der 100sten Radiosendung und Herr Martin Boenisch unser erster Glückswellen-Onkel war.

Radio Gauting über 5000 Glückwünsche gesendet hat.

in den ersten 25 Sendungen nicht weniger als 123 Personen mitgewirkt haben.

unser Chefarzt Dr. Tuczek an der ersten Sendung teilgenommen hat.

Beachten Sie bitte dass:

wir Glückwünsche Montag und Mittwoch senden und daß diese jeweils am Samstag von 10.30 - 11.30 Uhr und am Montag von 11 - 12 Uhr in gut leserlicher Schrift in der Betreuungsstelle abzugeben sind.

die Bücherausgabe Montag, Mittwoch und Donnerstag von 15.45 - 17 Uhr in der Patienten-Bücherei über C II stattfindet.

ein Buch nicht länger als 2 Wochen behalten werden darf und dann wenn nötig, der Termin beim Bibliothekar verlängert werden muss.

neue Mitglieder in die Radio-Familie mittwochs von 11-12 Uhr in der Betreuungsstelle sich anmelden können.

=.=.=.=.=.=.=.=.=.=

Anfang September 1954 wurde unser Mitarbeiter Herr Karlheinz HOEFER vom Sanatorium entlassen.
So sehr uns seine volle Genesung erfreut, bedauern wir einen ausgezeichneten Mitarbeiter und Kameraden verloren zu haben.
Unserem Karikaturzeichner ist es leider nicht gelungen sein gutes Profil in Karikatur zu fassen.
Nichtdestoweniger sollen diese Zeilen als Ausdruck der Sympathie seiner Mitarbeiter eine dauernde Erinnerung an die gemeinsame Arbeit verbleiben.

=.=.=.=.=.=.=.=.=

Bemerkung: Versehentlich haben wir den Namen von Herrn VELCAS, Vytautas ausgelassen, der auch Inhaber von unserem Diplom ist.

=.=.=.=.=.=.=.=.=

WIR BESUCHEN UNSERE BIBLIOTHEK.

Es lohnt sich, von der Station C 2 aus noch eine Treppe hoch zu steigen. Wir kommen dann in einen hellen, schönen Raum. Erst vor kurzem wurde
Neonlicht eingebaut, weitere Verschönerungen sind in nächster Zeit zu erwarten. Aber das Wichtigste ist nicht der Raum und seine Gestaltung, sondern es sind die "Schätze" in den Schränken.

--------Wir befinden uns nämlich in der Bibliothek des Hauses. ------

Kurz nach Einrichtung des Sanatoriums wurde auch der Grundstein für
diese Bibliothek gelegt. Die ersten Bücher stifteten Organisationen und
Komitees. Damals war Gauting ausschliesslich ein Sanatorium für heimatlose Ausländer, und es wurden hauptsächlich ausländische Bücher benötigt.
Durch Verlegung von Patienten und Auflösung von DP Sanatorien wie Amberg,
kamen nicht nur Kranke sondern mit Ihnen auch Bücher, ja kleine Bücherei-
en in unser Sanatorium. So wuchs und erweiterte sich die Bücherei. Mit der
Zeit nahm die Zahl der deutschen Patienten zu und auch die Sprachkenntnisse
und das Interesse für deutsche Literatur bei ausländischen Patienten. Die
Anschaffung von deutschen Büchern wurde notwendig. Allein im letzten Jahr
konnten durch grosszügige Spenden der Direktion 350 Bände hinzugefügt werden.

Wir besitzen zur Zeit:

1500 Deutsche Bücher	470 Russische Bücher
1022 Ukrainische Bücher	354 Litauische Bücher
663 Lettische Bücher	weiter Estnische und
600 Jüdische Bücher	Englische u.a.
570 Polnische Bücher	

Wenn auch die ausländischen Patienten mehr
mehr die deutsche Sprache beherrschen, so ist
es doch selbstverständlich, dass sie am liebsten Bücher in ihrer Muttersprache lesen. Wie
aus den angegebenen Zahlen ersichtlich ist,
hat die Bibliothek eine Anzahl ausländischer
Werke. Eifrige Leser aber haben oft ein Buch
schon mehrmals durchgelesen, und sie wünschen sich sehr etwas " Neues ".

Sie finden in unserer Bücherei für jeden Geschmack etwas. Ein kurzer Blick in das
Verzeichnis wird sie informieren, daß von
leichter Unterhaltungslektüre bis zu klassischen Werken alles vorhanden ist. Auch die
Liebhaber von Kriminalromanen können zufrieden gestellt werden.

Also, kommen Sie einmal an einem Montag,
Mittwoch oder Freitag zwischen 15.45 und 17Uhr
in die Bibliothek. Wer nicht aufstehen kann, der
findet sicher jemanden, der für ihn diesen Gang tut.
Leihgebühren sind keine zu entrichten.

Neben der Bücherei hat unser Haus einen Lesezirkel. Dieser besteht schon über 5 Jahre. Von der Betreuungsstelle werden jede Woche ca. 40 verschiedene
und Zeitschriften gekauft. Ausserdem werden 4 Tages-
Bettlägerige verteilt. Die Ausgabe erfolgt jeden
3 - 9.30 Uhr in der Betreuungsstelle. Nach Er-
werden jede Woche etwa 200 - 250 Illustrierte
aller Stationen verlangt oder umgetauscht. So
einem Monat etwa 1000 Zeitschriften den Weg in die

Illustrierte
zeitungen an
Samstag von
fahrungen
von Patienten
finden dann in
Krankenzimmer.

Lieber Leser, nur eine Bitte haben wir an Sie. Jeder möchte gern ein sau-
beres Buch, eine saubere Illustrierte, gehen Sie schonend damit um!!!!!

R.DECHTIARUK

weiter zum Thema erschienen

Rüdiger von Reichert

Als die Amis kamen

Kriegsende im Würmtal
1945

Das militärische, politische, zivile und soziale Geschehen des Krieges und besonders des letzten Kriegs- und ersten Friedensjahres hat bis tief ins Private hinein und auf Dauer, ja bis heute unser Leben bestimmt und gelenkt.

Vom Chaos der letzten Monate und den Zuckungen des Regimes bis zur Not der Bevölkerung und der Opfer reicht das äußerst spannende so materialreiche wie stimmige Buch tief in die neue Epoche von Entnazifizierung und Neugestaltung hinein.

Von den großen Ereignissen des Jahres 1945 bis zu exemplarischen Einzelschicksalen entwirft es ein detailreiches Zeitbild, breitet das unerläßliche Wissen für ein lebendiges Geschichtsbewußtsein aus und faßt es zusammen. Mit über 50 Fotos und mit Zeitzeugenberichten, Biographien, Dokumenten, Exkursen, Graphiken, Tabellen und Organigrammen.

2004. 194 Seiten, Fadenheftung, ISBN 3-87410-101-0

„Eine erstklassige Rekonstruktion der dramatischen Ereignisse des Jahres 1945 und gleichzeitig ein wichtiges Stück Heimatgeschichte …"

Dr. Christian Hartmann, Institut für Zeitgeschichte

„Ein authentischer Dokumentarbericht aus menschlich-liberaler Sicht. Für mich … spannend und sehr bewegend".

Susanne Forster

P. Kirchheim Verlag

www.kirchheimverlag.de
info@kirchheimverlag.de

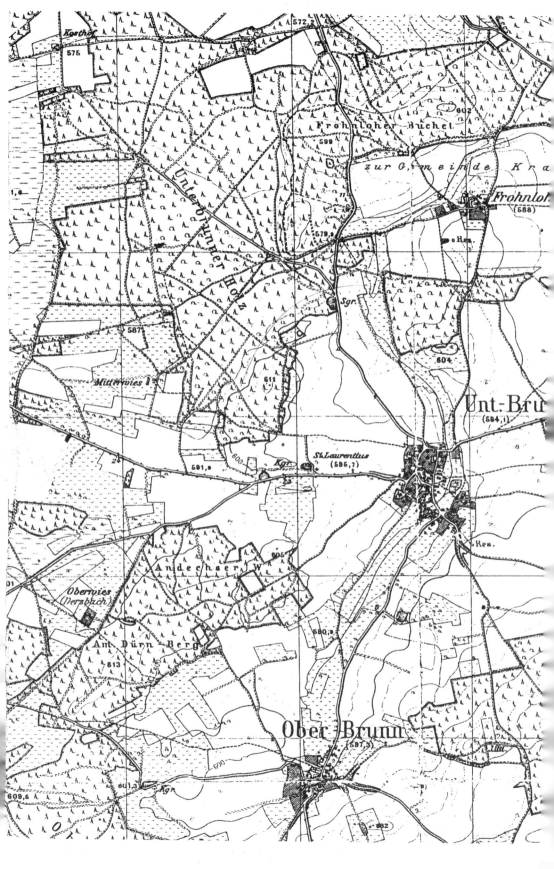